名师工程
教 研 提 升 系 列

2018年重庆市研究生教育教学改革研究重点项目
“名篇教学PCK研究与教育硕士案例库建设”
（编号yjg182010）成果

统编本
# 语文名篇
## PCK 教学案例

荣维东　倪　岗　主编

八年级

西南师範大學出版社
国家一级出版社 全国百佳图书出版单位

图书在版编目(CIP)数据

统编本语文名篇PCK教学案例. 八年级 / 荣维东, 倪岗主编. -- 重庆 : 西南师范大学出版社, 2021.7
ISBN 978-7-5697-0802-8

Ⅰ. ①统… Ⅱ. ①荣… ②倪… Ⅲ. ①中学语文课—教案(教育)—初中 Ⅳ. ①G633.302

中国版本图书馆CIP数据核字(2021)第134336号

统编本语文名篇*PCK*教学案例(八年级)
TONGBIANBEN YUWEN MINGPIAN *PCK* JIAOXUE ANLI

荣维东　倪　岗　主编

---

**责任编辑**: 李　君　王传佳
**责任校对**: 张　丽
**装帧设计**: 汤　立
**排　　版**: 李　燕
**出版发行**: 西南师范大学出版社
**印　　刷**: 重庆市正前方彩色印刷有限公司
**幅面尺寸**: 185 mm×260 mm
**印　　张**: 19.25
**字　　数**: 420千字
**版　　次**: 2021年7月　第1版
**印　　次**: 2021年10月 第2次印刷
**书　　号**: ISBN 978-7-5697-0802-8

---

**定　　价**: 50.00元

# 丛书编委会

# 前言

## 沙里淘金，炼制名篇教学知识

“名篇”向来是语文课程的重要内容。可名篇教学教什么，怎么教，尤其是为什么这样教，这在我国一直是个难题。老师们通常的做法是“想教什么就教什么，想怎么教就怎么教”，这种“想当然”和“随意化”是语文教学专业化程度低的表现，既不利于专家型语文教师的培养，也不利于学生语文核心素养的培育。

名篇之所以成为名篇，在于其内蕴的思想光辉和艺术价值，历经千百年或数十载时光淘洗仍熠熠闪烁，照耀并指引着我们的精神旅程。它们往往是语文学科教育最宝贵的内核，在文化传承和学生的精神成长以及语文素养提升方面都起着重要的奠基作用。名篇不同于一般课文，具有文化传承功能。朱自清先生曾说经典的价值“不在实用，而在文化”。要实现经典的教育功能，先要鉴别出它有哪些思想的、人文的和艺术的价值。王荣生认为名篇(即“定篇”)是构成学生语文素养的重要材料，需要全面地学习蕴含其中的全部信息和精神价值。这些信息和精神不应局限于教材编撰者或个人对作品的把握，而应取自“文化、文学等专门研究者对该作品的权威解说”。这是我们可以认同的一个原则。

可在实际教学中，普通一线教师很难有足够的时间、精力和条件去深入研究那些权威解说。《教学参考书》似乎承担着某些类似的功能，但学术性往往差强人意，有时编写随意且不成体系。因此，对名篇展开“文本解读综述”工作殊为必要。同时，我们须知，为学术研究目的的名篇解读、鉴赏及批判，多是从社会学、文化学、文艺理论等角度进行的，对中小学教学工作者来说，尚须经过基于社会、学生和教育目标的筛选与提炼——需要一个语文课程和教学的转化。这构成了我们名篇研究的第一项内容。

名篇教学除关注文本解读外，还要了解关于这篇课文"如何教/如何学"的知识。这些知识主要源于对名师课例、优质教案等资源的整理、研究与分析。名师、优秀教师、专家教师的课例含金量相对较高，就像沙里淘金一样，我们需要通过研读一定数量的名师课例或优秀教学课例，冶炼出那些优质"学科教学知识"(PCK)。这构成名篇研究的第二项内容。

十年来，我们联合语文优秀教师、本科生、教育硕士，对中小学语文教材中的名篇教学进行了系统的研究，对名师的教案、课堂实录等进行了大量梳理，已经取得了比较可靠的成果。我们觉得，这些研究有必要分享给语文教育界的同行，尤其是苦于资料匮乏而盲目摸索的一线教师们。

基于上述思考，本书设计了四大板块：文本解读综述、典型课例综述、教学建议和参考教例。

第一板块【文本解读综述】。主要是从文学史、文艺评论、阅读鉴赏、文本解读等角度，对这一名篇的学术研究资料进行系统全面的梳理。基于该名篇最重要的研究成果、学术观点、文本解读，梳理其在主题、结构、艺术上的价值，对文本做出全方位多层次的解读，以发掘出该名篇文本的"佳妙之处"与"原生价值"。

第二板块【典型课例综述】。主要是从课程论、教学论以及实际教学知识分析等角度，基于一定量的名师教学资料(一般要求至少10份以上的教案、教学设计、教学实录等)，利用文献法、量化统计法、内容分析法，系统梳理教学目标设定、教学内容确定、教学方法选择等方面的基本教学知识状况，并尽可能采用图表醒目直观地呈现出来，辅之以适量的"之所以这样教"的原理、道理、依据的理性分析。

这部分也就是舒尔曼(Shulman)所说的"学科教学知识"，也可以简单地理解为该名篇"应该教的内容和方法"。过去，关于这些名篇的教学知识，通常靠教师的经验和想当然，比较主观和随意。我们编写这套书的一个基本想法是：运用大数据方法，尽可能收集关于某一篇课文的教案材料和教学实录，分析概括出该名篇教学的共通的核心知识。这是本书较有技术含量、也是研究过程中最为艰巨的地方。

第三板块【教学建议】。主要是依据新的课程标准，根据不同的学习任务群的要求，基于文本特征和名师教学经验，提供名篇教学的基本定位、目标、内容、方法、策略，给出教学指导和建议。这种教学建议，有的是粗线条地提供若干教学路径，有的是提供简要的教学设计。当然，具体篇目的教学，还需要教师根据具体情况灵活安排。

第四板块【参考教例】。主要是依据上述研究成果，编者依据自己的专业判断和教学风格，撰写的真实的教案，可以供一线教师参考。

我们认为上述四个板块分别回答了名篇教学的“为什么这样教”“教什么”“大致怎么教”和“具体这样教”等问题，环环相扣，协同作用，从而为名篇教学提供科学系统的理据和教学指导。

本书在编写之初，就确立了如下宗旨：适应核心素养教育需要，紧扣语文新课标新教材要求，基于名篇研究和教学最新成果，冶炼有效的名篇教学知识，提升语文教师的专业化水平。

本套丛书中《高中名篇教学》四卷已由高等教育出版社出版，引发了业界比较热烈的反响。此次出版的三册，辑录的是统编初中语文教材中筛选出的60篇重要篇目。当然，这些篇目主要是一个个例子，给予使用者一种研究思路和专业化名篇教学的工作方式。

感谢深圳市宝安区教育局的领导三年来对我们的研究提供的大力支持，他们谦虚地表示不具姓名。感谢“薪火项目”初中语文骨干教师素养提升项目，是她把我们这些来自全国各地的学者、专家聚集在深圳这个我国创新改革的前沿阵地。这里有灵活高效的体制机制，有真诚炽热的教育情怀，有创新开拓的时代精神，有踏实细致的工作作风，有争创一流的责任担当。在此项目实施过程中，我深切地感受到这个“研修共同体”所焕发出来的教育变革的神奇力量，感受到教育学术走进教学现场——走进这个在由具体鲜活的教师、学生和课堂组成的田野所焕发出来的新气象，感受到我国基础教育不断创新开拓的新希望。

作为项目主持人，我要真诚地感谢参与项目实施的所有指导专家学者：他们是倪文锦（教授、博导），董小玉（教授、博导），王荣生（教授、博导），谭旭东（教授、博导），王从华（教授、博士），汲安庆（教授、博士），王萍（博士、副教授），胡根林（博士），陈家尧（硕导），张水鱼（《新作文》主编），还有新加坡教育部的吴志伟（博士）等，他们要么亲临指导，要么担任导师，要么莅临讲座，还有的参与审稿校稿。在此，我要特别感谢宝安区的教研员倪岗老师（正高级）和所有“薪火项目”初中语文骨干教师成员，他们是这套书的主创。这套书是专家学者、教研员、一线骨干教师三方联手的产物，期间搜集材料、研究梳理、撰写初稿，上课验证，反反复复，数易其稿。这是凝结着我们共同的汗水、学术良心、事业初心的芬芳成果。

这项研究从2017年11月启动到如今还不到三年，却硕果累累，成绩骄人：项目成员在全国重要的语文教学杂志上发表科研论文已经有60多篇，其中有多篇被人大复印资料转载；因项目而开辟的“薪火创课”“名篇教学研究”等杂志专栏在一线教师那里反响良好；一大批课题纷纷立项，一大批名优骨干教师脱颖而出，有的成为学校中层，正发挥更大的带头作用。尤其值得庆贺的是在此期间倪岗老师主持的《共建·共享：初中整本书阅读课程区域推进的实践探索》获基础教育国家级教学成果奖一等奖。值得一提的是在项目实施过程中，教研员倪岗老师所发挥的作用至关重要。他是整个团队的灵魂，他的组织协调能力、无私奉献精神和深厚敏锐的学养，为项目的实施提供了强有力的保障。

现在这个项目暂告一段落，但我们的友谊长存，我们在事业和学术上的追求不会止步。我们经常在网络群组里研讨交流，分享彼此拥有的好的资源、信息并为彼此的进步点赞。我们已经成为一生的同道和好朋友，因为我们有着共同的爱好、目标和追求，我们都在以绵薄之力和责任担当为我国语文教育建设添砖加瓦，为我国语文教育和教师教育的专业化、科学化、正规化贡献着自己的力量！

荣维东

（西南大学教授、博导）

2020年9月10日于重庆缙云山

# 目录
contents

# 聚焦文眼，体悟回忆性散文的情感

## ——《藤野先生》教学知识(PCK)的择定与建构

深圳市宝安区官田学校　付冬薇

《藤野先生》是鲁迅的经典名篇，回忆性散文集《朝花夕拾》中的第9篇。文章因思想内涵丰富、语言表达精妙等特点，先后入选人教版、苏教版、北京课改版教材，统编版教材仍有保留。同时，该文在日本也入选教科书，并被奉为经典，成为中日文化交流的一条重要纽带。

## 第一部分　文本解读综述

### 一、写作背景

此文创作于1926年，这一年是鲁迅思想最为复杂，情感也最为矛盾的一年。重大事件有："'女师大风潮'引起的与'现代评论派'的论争、'三·一八'惨案、受北洋军阀政府通缉辗转流离、离开北京南下到厦门、与许广平的情感纠葛等。面对这些难解之事，前面的路该如何走深深地困扰着鲁迅，他在彷徨，在抉择。"①这一处境与他在东京求学时何等相似：在孜孜不倦求索道路上的苦闷与彷徨。

在某种程度上，鲁迅在"写些为'正人君子'之流所深恶痛疾的文字"时，要写这篇《藤野先生》，"其实是要从自己青年时代老师的记忆中，发掘出'理想的人性'来和现实对抗，也和自己内心的'坏脾气'对抗"。②

鲁迅先生"写作了《藤野先生》一文，究其实质，则是内心深处对当年那一决定终生命运的人生选择的不可忘怀。换一个角度，正是这样'无聊'的现实，使得他把目光投向那'温暖'的'旧事'，转向昔日鼓励自己的老师，转向自己的青年时代，转向当年豪情万丈的人生选择，在怀念中得到慰藉和寄托"③。

① 金红.写他人与写自己——《藤野先生》主题倾向辨[J].名作欣赏，2007(7)：38—41.

② 钱理群.《藤野先生》：鲁迅如何写老师[J].语文建设，2009(9)：14—18.

③ 郑燕.怀念藤野先生的背后[J].语文教学通讯，2007(2)：50.

## 二、主旨探究

（1）一种观点认为，本文主要写藤野先生，抒发了作者对藤野先生的感激和怀念之情。

文中写道："但不知怎地，我总还时时记起他，在我所认为我师的之中，他是最使我感激，给我鼓励的一个。""他的性格，在我的眼里和心里是伟大的，虽然他的姓名并不为许多人所知道。"

钱理群明确表示："在我看来，《藤野先生》就是写自己恩师的，是《朝花夕拾》'人物系列'中的一篇。"①而对于文章中那些看似与藤野先生无关联的文字，钱理群把它们归结为鲁迅作品行文的一大特点：总是有许多所谓的"闲文"，这些"闲文"表面上游离于文本核心之外，实则是叙述作者自己与藤野先生交往的伏笔和交代。

郑桂华认为："《藤野先生》是一篇纪念性回忆文章。所谓纪念者，无非是表达作者对某位故人的怀念之情，那被纪念的故人，自然也就是被叙述的主角……《藤野先生》也不例外，不仅以藤野先生的人名入题，还详细描写了藤野先生的外貌、性格等特点，尤其是介绍了藤野先生对'我'不同寻常的帮助，最后表达了强烈的怀念之情，是典型的'怀人'文章。"②

何以作者对藤野先生评价如此之高，竟用上了"最""伟大"这样的字眼？

钱理群认为，只有在充分理解了"我"的种种生存的、精神的困境以后，才能理解藤野先生对于"我"的意义，"藤野先生正是在'我'无法摆脱困境的绝望情况下出现的，他对'我'的毫不经意的关怀，对于'我'孤寂的心灵无疑是巨大的慰藉"，"藤野先生用他'为中国''为学术'的大心，超越了狭隘的民族主义，让'我'看到了另一类型的日本人、另一类型的知识分子，这对再次处于绝望的黑洞里的'我'，无疑是一线曙光"。③

何锡章和日本的大村泉等人认为，鲁迅在文中对藤野先生没有民族偏见的讴歌并不是文本的核心，文本的核心是藤野先生传授给鲁迅的科学精神。何锡章等人认为"藤野先生作为教师和科学工作者的严谨与认真，是深深打动并引发鲁迅记忆的重要因素"④。大村泉认为"鲁迅要感谢藤野的是，藤野传授给他的科学精神，这是藤野指导的精华"，"抛齐旧习俗，放下艺术家的架子，以科学精神面对各种事物的重要件，是鲁迅从藤野那里学来的。近代科学精神是超越民族利害关系的存在，以此为基础才有可能重建中国。这些都是鲁迅从藤野那里学来的"。⑤

① 钱理群.《藤野先生》：鲁迅如何写老师[J].语文建设，2009(9)：14—18.

② 郑桂华."有什么"与"教什么"——《藤野先生》教学内容的开发[J].语文学习，2008(3)：20—23.

③ 钱理群.《藤野先生》：鲁迅如何写老师[J].语文建设，2009(9)：14—18.

④ 黄春黎等.《藤野先生》：做戏、做事与做人[J].语文教学与研究（读写天地），2012(2)：6—7.

⑤ [日]大村泉.鲁迅的《藤野先生》一文是"回忆性散文"还是小说？[C]，解泽春译，纪念鲁迅逝世七十周年国际学术讨论会论文集《鲁迅：跨文化对话》.2006卷.郑州：大象出版社，2006：45.

张瑛认为“藤野先生因严谨的精神和坦荡的胸怀等优秀品质成了影响鲁迅的关键人物，他写文章怀念这样的恩师怕不为过”①。

多年来，藤野先生一直给作者鼓励，带给作者继续战斗的勇气和力量，所以文章结尾这样写道：“每当夜间疲倦，正想偷懒时，仰面在灯光中瞥见他黑瘦的面貌，似乎正要说出抑扬顿挫的话来，便使我忽又良心发现，而且增加勇气了，于是点上一枝烟，再继续写些为‘正人君子’之流所深恶痛疾的文字。”

（2）一种观点认为，本文主要写作者自己，是作者对自己早年留日生活的梳理和总结，在于写自己心路历程的转变，作者对藤野先生的情感只是留学往事回忆中诸多情感中的一种。

闻国新从《〈朝花夕拾〉——小引》来看文章的写作目的，并结合当时国内政治斗争的写作背景，再以文章的最后一段作为佐证，认为文章是从作者自己的思想发展变化这一角度着眼的，目的是在于以回忆藤野先生来策动自己，使更多人受到教育 。②

金红认为1926年的鲁迅正处在思想彷徨需要抉择的痛苦时期，《藤野先生》正是写于这一时期，它不仅是鲁迅怀念自己恩师的真挚作品，更是战斗中的鲁迅最孤独、最矛盾时刻的真实思想情感变化的写照。“鲁迅书写自己的人生历程，不能不涉及藤野先生，而写藤野先生，立足的又是自己探索的轨迹。”③

吴奔星认为作者回忆藤野先生，只是为了理清自己从1904年到1926年二十多年来思想感情变化的轨迹，明确自己是如何生活、战斗过来的 。④

张占国、高剑芳认为本文并不是为记藤野先生而记藤野先生，“它主要记了鲁迅在日本时期的留学生活，目的在于清理自己，藤野先生是作为深刻影响了鲁迅选择的人而被载入文章的”⑤。

## 三、文本误读之处

### （一）将“爱国主义情感”确定为本文的主题思想

多篇文献将此文的主题思想定位为“爱国主义情感”，如赵璧仁的《〈藤野先生〉课文分析》、尹永彬的《深沉的爱国主义——谈〈藤野先生〉的主题》、徐锡安的《也谈〈藤野先生〉的主题思想》等。这就把文本客观再现的“爱国主义情感”转化为文本的主观表现。

《藤野先生》着重梳理自己日本留学时期的思想、情感，叙述中虽然不可避免地流露出自己的爱国主义感情，但它只是一种客观再现。作为读者，我们需要分清作品的主观

① 张瑛.谁是主角——《藤野先生》的主题之争与教学体系的紊乱[J].中学语文，2007(12)：39—41.

② 闻国新.读鲁迅《藤野先生》[J].语文学习，1954(10)：14—17.

③ 金红.写他人与写自己——《藤野先生》主题倾向辨[J].名作欣赏，2007(7)：38—41.

④ 吴奔星.对鲁迅《藤野先生》一文若干内容、词语的理解[J].语文学习，1978(7)：61—65.

⑤ 张占国，高剑芳.人生转折关口的事件与人物纪念——重读《藤野先生》[J].语文教学通讯，2007(10)：41—42.

意图与客观效果，不能把两者混为一谈，更不能将两者颠倒。

### （二）隐去时空线索，而代之以“以表现藤野先生为主线或明线，以爱国主义的思想感情为暗线”的两线论

《藤野先生》是按“东京—仙台—回国”的时空线索结构文章的，它所记载的是鲁迅在每个地方，尤其日本各个地方的见闻感受。这种感受又有一定的方向性，即在人生选择的关口，哪些事、哪些人触动了他，就此而言，作者所记每个地方的人、事内容都有其独立意义，它们都是自己思想、情感变化链条中不可缺少的环节。[①]但多位学者和一线教师将非常明显的时空线索隐去，而代之以“以表现藤野先生为主线或明线，以爱国主义的思想感情为暗线”的两线论。

为何会有以上两种误读呢？这与20世纪60年代的“形散神不散”的散文观念以及“艺术服务政治”的文艺观念的双重影响[②]有关。鲁迅的《朝花夕拾》是在“大可随便”的五四散文背景下的写作，这个时期的散文最大特征是“每一个作家的每一篇散文里所表现的个性，比从前的任何散文都来得强”。“现代的散文，却更是带有自叙传的色彩了。”[③]《藤野先生》的个性表达表现在它紧扣个人经历，着重梳理自己日本留学时期的思想、情感。

第一个错误就是将作者的个性表达隐去，把“爱国主义情感”解读为作者的主观表现。第二种误读的根源在于，“大可随便”的五四散文被解读为“形散神聚”的新时代散文范本，所以时空线索被隐去，而代之以“以表现藤野先生为主线或明线，以爱国主义的思想感情为暗线”的两线论，这显然是一种散文观念上的削足适履。

## 四、艺术特色

### （一）语言风格：两种叙述语调交替使用

凡是写到与藤野先生的交往以及表达对藤野先生的怀念时，用的是冷静的、严正的、庄重的语调；凡是写到自己在日本的生存境遇的时候，用的是一种嘲讽的、调侃的语调。[④]两种叙述语调的交替使用，就形成了文章审美趣味上的丰富性。[⑤]

### （二）体式特点：文中有两个“我”，有两种类型的情感交织

本文是一篇回忆性散文，它不同于其他散文的最大的特点是文中有两个“我”——过去的“我”和现在的“我”，有两种类型的情感交织——过去的“我”的感受和现在的“我”回

① 张占国，高剑芳．人生转折关口的事件与人物纪念——重读《藤野先生》[J]．语文教学通讯，2007(10)：41—42.

② 张占国，高剑芳．人生转折关口的事件与人物纪念——重读《藤野先生》[J]．语文教学通讯，2007(10)：41—42.

③ 郁达夫．中国新文学大系·散文二集[M]．上海：上海文艺出版社，2003：5.

④ 王荣生．散文教学教什么[M]．上海：华东师范大学出版社，2014：115.

⑤ 钱理群．《藤野先生》：鲁迅如何写老师[J]．语文建设，2009(9)：14—18.

忆往事时产生的感受。忽视这种体式特点，就容易把这篇散文和其他类型的散文混淆起来。作者通过两种视角去表达自己的情感，使表达的情感更丰厚、更深刻。

### （三）写作方法

**1. 把人物放在大背景中写**

潘旭澜在《〈朝花夕拾〉的艺术》一文中，注重从艺术角度分析人物的构建手法，提道“总是将他们放在一定的时代与社会背景之中，注意把握和表现他们与时代、社会的内在联系”[①]，写藤野先生时亦是如此，把藤野先生放到“匿名信事件”“幻灯片事件”等所反映的日本举国上下鄙视中国人的风气中写，写他在这样的大环境中对中国人的友好与尊重。

**2. 白描的写法**

鲁迅的散文渗透着小说勾画人物的笔法“白描”。写人物时“他总是能够抓住人物的主要特征，用最简洁的笔触，三言两语就勾勒出一个人物的形象”[②]。藤野首次出现在读者面前是这样的：“其时进来的是一个黑瘦的先生，八字须，戴着眼镜，挟着一叠大大小小的书。一将书放在讲台上，便用了缓慢而很有顿挫的声调，向学生介绍自己道……”作者抓住藤野先生非常鲜明的特征，以洗练的笔触勾画，使其声态传神。

**3. 选取典型事件来塑造人物形象**

记写人物，选材要能表现人物的基本特征与性格。作者写与藤野先生的交往，主要选了五件事：添改讲义、纠正血管图、关心解剖实习、了解中国女人裹足、师生惜别。每件事中既有先生，也都有“我”这个学生，既表现出了藤野先生的正直热忱、认真负责、治学严谨求实、没有民族偏见的品质，又比较全面地写出了藤野先生对“我”的关怀、爱护与尊重。

## 第二部分　案例设计综述

对于这样一篇篇幅较长、含蓄难懂、意蕴深刻的文章，不同的老师所选取的教学点以及设定的教学内容、教学方法不太一样。本文收集了九则公开发表的《藤野先生》课例，并对课例中选取的教学内容、教学点、教学方法进行梳理。

---

① 复旦大学中国语言文学研究所鲁迅研究室．纪念鲁迅诞辰一百周年论文集[C]．上海：复旦大学出版社，1981：193.

② 钱理群．《藤野先生》：鲁迅如何写老师[J]．语文建设，2009(9)：14—18.

## 一、从教学内容看选择的教学点

表1　九则课例教学内容及教学点统计表

| 执教或设计老师 | 教学内容 | 教学点 |
|---|---|---|
| 余映潮(课堂实录) | 1.概括文中的典型事件,厘清全文脉络。<br>2.将事件分为三类,明确全文明暗两条线索。<br>3.通过典型事件分析藤野先生的品质,体认作者对藤野先生的感激怀念之情。<br>4.补充时代背景资料,感受作者的爱国情感。<br>5.结合事件概括鲁迅的思想历程。 | 1.他是最使我感激,给我鼓励的一个。……他的性格,在我的眼里和心里是伟大的。<br>2.呜呼,无法可想!但在那时那地,我的意见却变化了。 |
| 董水龙(课堂实录) | 发现文本曲折反复的结构:失望—希望—再失望—再生希望(作者的心路历程)。 | 1.东京也无非是这样。<br>2.大概是物以希为贵罢。<br>3.感到一种不安和感激。<br>4.呜呼,无法可想!但在那时那地,我的意见却变化了。<br>5.他是最使我感激,给我鼓励的一个。……他的性格,在我的眼里和心里是伟大的。<br>6.每当夜间疲倦,正想偷懒时,……再继续写些为"正人君子"之流所深恶痛疾的文字。 |
| 朱则光(教学设计) | 1.聚焦"伟大",发现矛盾。<br>2.结合典型事例和具体词句,品味藤野先生的"伟大"。<br>3.结合作者当时的困境,感受藤野先生的"伟大"。<br>4.补充背景资料,升华"伟大"。 | 1.他是最使我感激,给我鼓励的一个。……他的性格,在我的眼里和心里是伟大的。<br>2.东京也无非是这样。<br>3.大概是物以希为贵罢。<br>4.中国是弱国,所以中国人当然是低能儿,分数在六十分以上,便不是自己的能力了:也无怪他们疑惑。<br>5.呜呼,无法可想!但在那时那地,我的意见却变化了。<br>6.每当夜间疲倦,……再继续写些为"正人君子"之流所深恶痛疾的文字。 |

续表

| 执教或设计老师 | 教学内容 | 教学点 |
| --- | --- | --- |
| 李军(课堂实录) | 1.选择文中带有“无”字的词语作为教学切入点。<br>2.以词语带动句子，以句子带动全文，品读感悟作者寄寓的情感。<br>3.抓住作者与藤野先生交往的典型事件，分析藤野先生的形象，感受其伟大人格和作者对藤野先生的情感。 | 1.东京也无非是这样。<br>2.中国是弱国，所以中国人当然是低能儿，分数在六十分以上，便不是自己的能力了：也无怪他们疑惑。<br>3.呜呼，无法可想！但在那时那地，我的意见却变化了。<br>4.每当夜间疲倦，……再继续写些为“正人君子”之流所深恶痛疾的文字。 |
| 高冉(课堂实录) | 1.以地点入手，厘清作者思路。<br>2.概括作者与藤野先生交往的典型事件。<br>3.品味五次对话，感受藤野先生的伟大人格。<br>4.提取匿名信事件和看电影事件，理解文章主题：藤野先生的伟大人格、作者的爱国情感。 | 1.中国是弱国，所以中国人当然是低能儿，分数在六十分以上，便不是自己的能力了：也无怪他们疑惑。<br>2.呜呼，无法可想！但在那时那地，我的意见却变化了。<br>3.他是最使我感激，给我鼓励的一个。……他的性格，在我的眼里和心里是伟大的。 |
| 郑美玲(课堂实录) | 1.寻找关键段落——第37段。<br>2.简洁概括藤野先生的典型事件。<br>3.品读人物的细节描写，感受藤野先生的品质。<br>4.悟读“多余之笔”，深层解读藤野先生的伟大人格，同时再现作者的心路历程。<br>5.写作训练：二十多年后师生重逢，模仿作者口吻，给藤野先生写一段话。 | 1.他是最使我感激，给我鼓励的一个。……他的性格，在我的眼里和心里是伟大的。<br>2.中国是弱国，所以中国人当然是低能儿，分数在六十分以上，便不是自己的能力了：也无怪他们疑惑。 |
| 尹庆华(教学设计) | 1.概述故事：以“藤野先生”为主线，概述“藤野的故事”；或以“我”为中心，概述“我的足迹”。<br>2.真情朗读：关于藤野先生的精妙描写，“我的心情”。<br>3.镜头品读：用“鲁迅致藤野先生”体会作者对藤野先生的感激之情，用“我致鲁迅”体味作者的爱国之情。<br>4.探究悟读：品味难点，揣摩作者的心路历程。 | 1.其时进来的是一个黑瘦的先生，八字须，戴着眼镜，……便用了缓慢而很有顿挫的声调，向学生介绍自己道：“我就是叫作藤野严九郎的……”<br>2.东京也无非是这样。<br>3.大概是物以希为贵罢。<br>4.中国是弱国，所以中国人当然是低能儿，分数在六十分以上，便不是自己的能力了：也无怪他们疑惑。 |

续表

| 执教或设计老师 | 教学内容 | 教学点 |
| --- | --- | --- |
| 徐晓妍（教学设计） | 1.抓住藤野先生的典型事件，分析藤野先生的形象，理解其高贵品质。<br>2.找出作者直接对藤野先生抒情的句子，感知作者此时的语气语调：温暖、严正、庄重。<br>3.找出另类语言风格的句子，品味作者“辛辣”的语言风格。<br>4.补充背景知识，体悟作者在异乡求学时的心路历程。 | 1.他是最使我感激，给我鼓励的一个。……他的性格，在我的眼里和心里是伟大的。<br>2.宛如小姑娘的发髻一般，还要将脖子扭几扭。实在标致极了。<br>3.大概是物以希为贵罢。<br>4.中国是弱国，所以中国人当然是低能儿，分数在六十分以上，便不是自己的能力了：也无怪他们疑惑。<br>5.呜呼，无法可想！但在那时那地，我的意见却变化了。 |
| 龚斌（教学设计） | 1.以地点切入，梳理文章结构。<br>2.品读人物细节，分析藤野先生的形象。<br>3.在细节中体会作者对藤野先生的敬佩与感激。<br>4.概括背景内容，分析作者的爱国情感。 | 1.东京也无非是这样。<br>2.中国是弱国，所以中国人当然是低能儿，分数在六十分以上，便不是自己的能力了：也无怪他们疑惑。<br>3.呜呼，无法可想！但在那时那地，我的意见却变化了。<br>4.每当夜间疲倦，……再继续写些为“正人君子”之流所深恶痛疾的文字。 |

## 二、分析教学点

表2 九则课例教学点分析表

| 选择的教学点 | 数量 | 占比/% | 句子的作用 |
| --- | --- | --- | --- |
| 中国是弱国，所以中国人当然是低能儿，分数在六十分以上，便不是自己的能力了：也无怪他们疑惑。 | 7 | 77.78 | 作者积蓄了极大的不满、愤怒与辛酸，为下文弃医从文做铺垫。 |
| 呜呼，无法可想！但在那时那地，我的意见却变化了。 | 7 | 77.78 | 作者陷入极度的绝望和痛苦之中，也激起他作为弱国子民的自省和图强之心，从而走上了弃医从文的道路。 |

续表

| 选择的教学点 | 数量 | 占比/% | 句子的作用 |
|---|---|---|---|
| 他是最使我感激,给我鼓励的一个。……他的性格,在我的眼里和心里是伟大的。 | 6 | 66.67 | 这是作者直接抒情的句子,用庄重、严正的语调表达了对藤野先生的景仰与感激之情。 |
| 东京也无非是这样。 | 5 | 55.56 | 开篇第一句,表达了作者的失望、痛苦、愤怒、厌恶等复杂而沉重的心情,奠定全文情感基调,也为下文离开东京去仙台做铺垫。 |
| 每当夜间疲倦,……再继续写些为"正人君子"之流所深恶痛疾的文字。 | 4 | 44.44 | 文章最后一句,收束全文,再次表达多年来藤野先生一直给"我"鼓励,带给"我"继续战斗的勇气和力量。 |
| 大概是物以希为贵罢。 | 4 | 44.44 | 作者在幽默自嘲的语言中将受"优待"时本应有的感激、高兴和愉悦的情感转向了辛酸与无奈,揭示出当时的困境。 |
| 其时进来的是一个黑瘦的先生,八字须,戴着眼镜,……使用了缓慢而很有顿挫的声调,向学生介绍自己道:"我就是叫作藤野严九郎的……" | 1 | 11.11 | 用白描的手法,抓住藤野先生非常鲜明的特征,以洗练的笔触勾画,使其声态传神。 |
| 宛如小姑娘的发髻一般,还要将脖子扭几扭。实在标致极了。 | 1 | 11.11 | 运用反语,正话反说,作者将内心的厌恶倾泻而出,极富幽默感,极尽嘲讽之能事。此处体现了作者鲜明的语言风格。 |
| 感到一种不安和感激。 | 1 | 11.11 | 写出打开讲义时,当时的"我"的情感。 |

从以上两表来看,选择的教学点具有一定的趋同性,其中教学点出现四次以上的有六处,研究发现,这六处教学点集中于表现作者的心路历程和作者对藤野先生的感情两方面,这符合回忆性散文这一文体特征。其余三处教学点各出现一次,主要集中于写法方面:白描、语言风格、当时的"我"的情感。其中语言风格和当时的"我"的情感,涉及了这篇回忆性散文独特的创作手法:两种叙述语调交替使用所产生的艺术效果、文中两个"我"在叙述中的作用,但仅出现一次。

## 三、统计教学方法

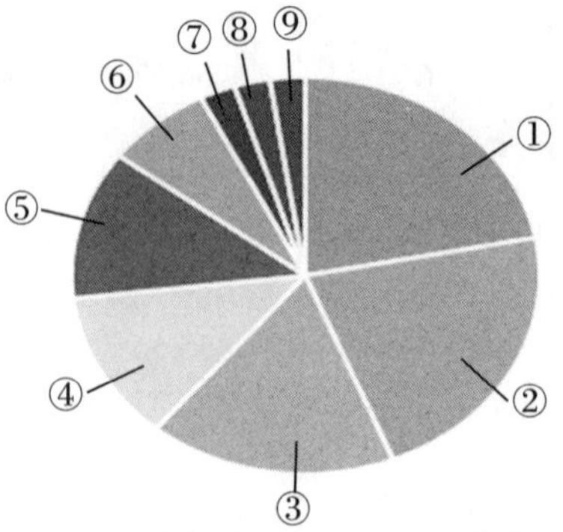


①问题引导法 ②品读法 ③朗读法 ④合作讨论法 ⑤补充背景法
⑥情景导入法 ⑦读写结合法 ⑧模拟语气对话法 ⑨换词比较法

图1　九则课例教学方法统计图

教学方法的主要聚焦点有:问题引导法、品读法、朗读法、合作讨论法、补充背景法。

问题引导法、合作讨论法,体现了"以生为本"的理念,注重提升学生的学习兴趣,致力于提高学生自主、合作、探究的能力;品读法、朗读法,尤其品读法,则体现了散文阅读教学的特点,即学生通过教师指导下的文本细读,增长自己的语文经验;补充背景法,是为学生提供学习支架,帮助学生了解作者当时所处的背景,以便更好地理解作者的感情。

# 第三部分　教学建议

## 一、依循文本体式、探测学情来确定教学内容

### (一)依循文本体式

《藤野先生》是一篇回忆性散文。散文教学重在体认与分享作者丰富、细腻、独特的人生感受,这篇回忆性文章写了作者早年留学日本时的一段心路历程,以及对这段经历中的人、事、物的感受,其中饱含着作者对藤野先生的感激和怀念之情,文章深情写道:"他的性格,在我的眼里和心里是伟大的。"

### (二)探测学情

从学生的阅读发现和困惑着手教学内容的选择。学生集中提出的问题,1.结构上:题目为"藤野先生",可是为什么作者却用了大量篇幅写和藤野先生无关的见闻和感受?2.内容上:藤野先生为"我"所做的算不上什么大事,作者为何在藤野先生身上用了"伟

大”这样一个词？除此之外，学生存在的突出问题是对内涵丰富的语句不敏感，咂摸不出其深刻意蕴。

基于以上认识，我们将教学内容确定为：通过对文中关键词句的细读品味，理解“我”留学日本时的心路历程，体认“我”对藤野先生的独特感情。

## 二、教学思路

### （一）选准教学切入点：“伟大”

“伟大”一词基于学生困惑，同时也符合散文教学需关注抒情语句的特点，在文章的尾声部分，作者蓄势已久的感激之情终于爆发而出：“但不知怎地，我总还时时记起他，在我所认为我师的之中，他是最使我感激，给我鼓励的一个。……他的性格，在我的眼里和心里是伟大的，虽然他的姓名并不为许多人所知道。”这里，“‘伟大’成了作者感激之情的最高标识，也是统摄全篇最鲜明的文眼！”[①]

### （二）厘清教学意脉

以“伟大”作为教学的切入点，并以此为纵线贯穿全篇。以学生的困惑和认知规律为理据，将本课教学意脉设计为：直奔“伟大”—质疑“伟大”—体悟“伟大”—升华“伟大”。

### （三）注重篇性开掘

篇性是文本彰显出来的独特言语表现智慧，需师生共同开掘，“一旦捕获、开掘，往往能顺利地破解人物心灵密码，发现形式表现的秘妙，而且更容易激发学生的认知冲突，调动他们的求解兴趣”[②]。如前面学生所提出的“题目为‘藤野先生’，可是为什么作者却用了大量篇幅写和藤野先生无关的见闻和感受？”“作者为何在藤野先生身上用了‘伟大’这样一个词？”等等，文中有很多妙句，将在参考案例中呈现，此处不一一列举。

# 第四部分　参考案例

### 教学目标

1.抓住作者与藤野先生交往的典型事例，细读关于藤野先生外貌、神态、动作、语言等的描写，体认作者对藤野先生的独特感情。（重点）

2.品味关键词句，感受“我”的困境，理解“我”的心路历程。（难点）

① 汲安庆.点、线、体的营构艺术——以《藤野先生》一文教学为例［J］.福建教育，2016(3)：33—35.

② 汲安庆.点、线、体的营构艺术——以《藤野先生》一文教学为例［J］.福建教育，2016(3)：33—35.

## 教学方法

1.矛盾开掘法。

2.词句玩绎法。

3.背景联系法。

## 教学流程

### 一、抓核心词，直奔“伟大”

#### （一）提取核心句

对于自己的老师，鲁迅只写过三个人，一位是三味书屋的寿镜吾老师，一位是国学大师章太炎先生，再就是本文所写的藤野先生。请同学们从文中找出作者直接对藤野先生抒情的段落。

明确：“但不知怎地，我总还时时记起他，在我所认为我师的之中，他是最使我感激，给我鼓励的一个。……他的性格，在我的眼里和心里是伟大的，虽然他的姓名并不为许多人所知道。”（生齐读）

#### （二）抓住核心词

若从中选出一个词，来表达作者对藤野先生的评价，你选哪个词？（“伟大”）对于这一个词你有疑问吗？

藤野先生只是一个普通的医专教授，两人仅有不到两年的相处时光，况且鲁迅后来也弃医从文，为什么在二十多年后，作者对藤野先生评价如此之高，竟用上了“伟大”这样一个大词？

### 二、看几件事，质疑“伟大”

#### （一）梳理事件见精神

1.请同学们找出两人相识交往的段落，看看作者选取了和藤野先生交往中的哪几件事？

明确：6—23段、32—35段；添改讲义，纠正血管图，关心解剖实习，询问中国女人裹脚，师生惜别。

2.初识藤野：指名读6—9段，其他学生谈谈作者对于藤野先生的第一印象。

严于治学、生活简朴、工作中规中矩、生活不拘小节、刻板且有点儿马虎……认真负责、严谨、尊重人、富有人情味、有探究求实精神……

3.交往日深：认识一个人，就要“听其言，观其行”。请同学们两人一组，从交往事件中任选一件，抓住关于藤野先生动作、语言、神态等的描写，说说藤野先生是怎样的一个人。用“由__________，看出藤野先生是一个________________的人。”句式回答。

## （二）凸显词语现感情

比较阅读下面两段话在表达作者情感方面有何差异。

改文：我交出所抄的讲义去，他收下了，第二三天还我，并且说，此后一星期要送给他看一回。我拿下来打开看时，吃了一惊，同时也感到一种不安和感激。我的讲义已经从头到末，用红笔添改过了，增加了许多脱漏的地方，文法的错误，也一一订正。这样继续到教完了他所担任的功课：骨学，血管学，神经学。

原文：我交出所抄的讲义去，他收下了，第二三天便还我，并且说，此后每一星期要送给他看一回。我拿下来打开看时，很吃了一惊，同时也感到一种不安和感激。原来我的讲义已经从头到末，都用红笔添改过了，不但增加了许多脱漏的地方，连文法的错误，也都一一订正。这样一直继续到教完了他所担任的功课：骨学，血管学，神经学。

明确：改文缺少了“便”“每”“很”“原来”“都”“不但……连……”“都”“一直”等词语。虽然也文意通顺，藤野先生的人物形象也能够被刻画出来，但是“我”的情感缺失了。删掉的词语乃点睛之笔，激活了原来的情感，使“我”那时那地的惊疑、惊喜、惊叹、感激和敬佩之情酣畅地表达出来。

## （三）质疑问难解困惑

关于“我”与藤野先生交往部分的内容，你还有困惑吗？（师生、生生互问互答）

参考问题：

1. 老师给学生批改作业纯属分内之事，为什么鲁迅看了藤野先生的批改，还感到不安和感激？

2. 藤野先生仅是指出鲁迅所画的血管图移了一点位置，为什么20多年后鲁迅还充满了感激，并为当年的任性自责不已？

3. 藤野先生明明知道鲁迅所学的解剖学对生物学没有多大帮助，为什么不对之当头棒喝？这不是“见死不救”吗？①

…………

小结：作者选取了五件事，每件事中既有先生，也都有“我”这个学生，既表现出了藤野先生的高贵品质，又比较全面地写出了藤野先生对“我”的关怀、爱护与尊重，这就是典型事件。通过细读文本及大家的讨论，我们虽然感受到了作者对藤野先生由衷的感激之情，但还不能很好地回答我们提出的问题：为什么作者对藤野先生评价如此之高，竟用上了“伟大”这样的字眼。

---

① 汲安庆. 点、线、体的营构艺术——以《藤野先生》一文教学为例［J］. 福建教育，2016（3）：33—35.

## 三、品关键句,体悟"伟大"

过渡语:根据大家的经验,一个人在什么情况下最易感激别人,给予对方高度评价?

在一个人走投无路的时候,对方给了自己最需要的东西。下面我们看看作者和藤野先生是在怎样的背景和情形下相识交往的。

### (一)从地点着手,感受"我"的困境

1.在东京

(1)细读1—3段,抓住流露"我"情感的语句。

(2)全班朗读第1段,思考从"东京也无非是这样"这句话中读出作者怎样的感情。

明确:"头顶上盘着大辫子,顶得学生制帽的顶上高高耸起,形成一座富士山。也有解散辫子,盘得平的,除下帽来,油光可鉴,宛如小姑娘的发髻一般,还要将脖子扭几扭。实在标致极了。"将"清国留学生"的丑态鞭辟入里地揭露出来。"实在标致极了"为反语,正话反说,意味深长,作者将内心的厌恶倾泻而出,极富幽默感,极尽嘲讽之能事。

(交流后,再请一位同学朗读第1段,读出"清国留学生"的滑稽之感,"我"的厌恶之情。)

(3)结合以下三则补充材料,再次品味"东京也无非是这样"这句话中作者的感情。

补充材料一:《藤野先生》选自鲁迅的散文集《朝花夕拾》,是其中的第9篇。在第8篇《琐记》中曾用"乌烟瘴气"形容南京水师学堂的生活,文中还写道:"爬上天空二十丈和钻下地面二十丈,结果还是一无所能,……所余的还只有一条路:到外国去。"

补充材料二:明治维新的日本开始走上资本主义道路,对外积极侵略扩张。1894年甲午战争爆发,这场战争以中国战败、北洋水师全军覆没告终。1895年清政府被迫签订了《马关条约》。1901年清政府被迫签订丧权辱国的《辛丑条约》,中国面临亡国的危险。

补充材料三:1902年4月,鲁迅去日本留学,入东京弘文学院补习日语。积极参加反清爱国活动,1903年毅然剪掉辫子,在一张剪掉辫子的照片背面题写了《自题小像》这首诗,诗中发出"我以我血荐轩辕"的誓言,以表达自己为国捐躯、矢志不移的决心。

明确:读出作者的失望、痛苦、愤怒、厌恶等复杂而沉重的心情。"清国留学生"如此丑态百出,如此不学无术,与他在国内所见到的情景如此相像,"我"的心理落差不言而喻。眼前的情景深深地刺伤了怀抱救国理想的青年作者。他不愿与他们同流合污,这又让他有着一股发自内心的悲伤感与孤独感,于是有了到别处去看看的念头。

2.在仙台

(1)作者到仙台后,除了遇到藤野先生外,还遇到了哪些事?

明确:初到仙台受优待,匿名信事件,幻灯片事件。

(2)细读第5段,作者对所受到的优待持怎样的态度?

品味关键句:大概是物以希为贵罢。……我到仙台也颇受了这样的优待,……几个

职员还为我的食宿操心。……但一位先生却以为这客店也包办囚人的饭食，我住在那里不相宜，几次三番，几次三番地说。我虽然觉得客店兼办囚人的饭食和我不相干，然而好意难却，也只得别寻相宜的住处了。于是搬到别一家，离监狱也很远，可惜每天总要喝难以下咽的芋梗汤。

明确：从以上关键句中，读不出“我”的感激，调侃的语言间充斥着一个弱国子民的一腔无奈、辛酸和苦涩。

(3)在这样的境况中，“我”遇到了给“我”关怀、令“我”感激的藤野先生，后来又因为什么“我”不在仙台学医了呢？请找出两次事件中表达作者情感的句子，并试着分析隐含的情感。

明确：

①匿名信事件：“中国是弱国，所以中国人当然是低能儿，分数在六十分以上，便不是自己的能力了：也无怪他们疑惑。”

因为是“弱国”，所以出现“低能”的荒谬因果，极大地反讽了日本干事的无理，从“所以”“当然”“便”“也”几个词中，我们读出作者积蓄了极大的不满、愤怒与辛酸。

补充材料四：周君来的时候是中日战争之后，又过了相当的年数，很可悲的是，当时日本人还骂中国人做猪头三。在有这恶骂风气的时候，所以同级生之中也有这样的一群，动不动就对周君加一白眼，另眼看待。——[日]藤野严九郎《谨忆周树人君》

②幻灯片事件：“但在我，这一声却特别听得刺耳。……——呜呼，无法可想！但在那时那地，我的意见却变化了。”

“呜呼，无法可想！”写出了“我”当时内心震撼之大，所以“但在那时那地，我的意见却变化了”。(请看课下注释)

匿名信事件、幻灯片事件使“我”内心陷入极度的绝望和痛苦之中，也激发起“我”作为弱国子民的自省和图强之心，“我”走上了弃医从文的道路。

3.小结：作者留学日本的心灵轨迹：寻求→失望→学医→弃医从文。

### (二)结合“我”的困境，体悟先生之“伟大”

1.作者就是在这样的背景和情形下与藤野先生相识交往的。学至此，请大家再来讨论：为什么作者对藤野先生评价如此之高，竟用上了“伟大”这样的字眼？

明确：藤野先生对“我”的关心是“发生在这样的心理背景之下——不但是在失望中苦苦追求，而且在追求中常常受辱；是发生在这样的社会背景下——日本举国都在歧视中国人，中国人自己也麻木不仁”。[①]“我”仿佛被困在一个黑屋子里，绝望、压抑、无法喘息。藤野先生对“我”的关怀，无疑像一线光明的曙光，照进“我”的心里，让“我”看到希望，获得继续前行的勇气和力量。

---

① 朱则光.《藤野先生》教学设计[J].中学语文教学，2011(1)：47—50.

2. 请同学们进一步讨论，藤野先生身上体现出的什么品质在鲁迅看来是“伟大”的。

明确：毫无民族偏见、学术精神（科学精神）……

补充材料五：藤野传授给他的科学精神，这是藤野指导的精华……抛弃旧习俗，放下艺术家的架子，以科学精神面对各种事物的重要性，是鲁迅从藤野那里学来的。近代科学精神是超越民族利害关系的存在，以此为基础才有可能重建中国。这些都是鲁迅从藤野那里学来的。……藤野的教导使鲁迅懂得了还有比祖国“大”的东西，所以说藤野是“伟大”的。超越民族利害关系的科学精神的重要性，是鲁迅在医专学到的。在仙台一年半的留学生活，其意义真是太深远了。——［日］大村泉《鲁迅的〈藤野先生〉一文是“回忆性散文”还是小说？》

3. 全班饱含感情齐读第37段。

## 四、思结尾语，升华“伟大”

### （一）观照现在，继承“伟大”

1.“我”弃医从文后，藤野先生还对“我”产生影响吗？

生读：每当夜间疲倦，正想偷懒时，仰面在灯光中瞥见他黑瘦的面貌，似乎正要说出抑扬顿挫的话来，便使我忽又良心发现，而且增加勇气了，于是点上一枝烟，再继续写些为“正人君子”之流所深恶痛疾的文字。

明确：可见多年来，藤野先生一直给“我”鼓励，带给“我”继续战斗的勇气和力量。

### （二）了解处境，升华“伟大”

1. 怎样理解“再继续写些为‘正人君子’之流所深恶痛疾的文字”？

“正人君子”参考课下注释。

补充材料六：1926年秋天，在反动军阀及其御用文人的迫害下，鲁迅被迫离开北京，南下到厦门。《藤野先生》就是这时在厦门大学图书馆楼上写成的。前面的路该如何走深深地困扰着鲁迅，这一处境与他日本求学时何等相似：在孜孜不倦求索道路上的苦闷与彷徨。

补充材料七：在某种程度上，鲁迅在“写些为‘正人君子’之流所深恶痛疾的文字”时，要写这篇《藤野先生》，其实是要从自己青年时代老师的记忆中，发掘出“理想的人性”来和现实对抗，也和自己内心的“坏脾气”对抗。　——钱理群《〈藤野先生〉：鲁迅如何写老师》

明确：藤野先生的人性光辉不仅是对作者过往人生的点亮，更是作者面对未来的巨大精神支柱。

2. 再次深情朗读第37段，结束课堂。

## 五、作业布置

阅读鲁迅的《〈呐喊〉自序》，探究作者的思想情感变化，并深情朗读、摘抄喜欢的段落。

### 板书设计

藤野先生

鲁迅

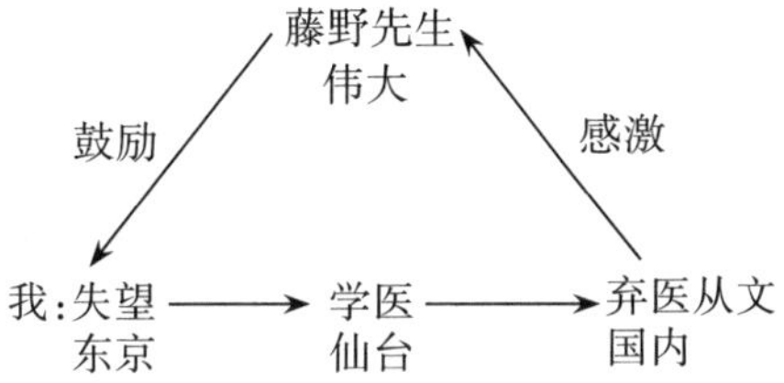

# 语言品析：入画意悟诗意

## ——《三峡》教学知识（PCK）的择定与建构

深圳市宝安中学（集团）第二外国语学校 郭得勤

## 第一部分 文本解读综述

《三峡》是《水经》中《江水》“（江水）又东过巫县南，盐水从县东南流注之”的一条注。其结构严谨，布局巧妙，浑然一体，文笔绚烂，具有较高的文学价值，堪称模山范水抒情写意方面的典范，曾入选多个版本的初中语文教材。但是，其文体和作者却有争议，想要挖掘更深层次的内蕴，也有一定的难度。

### 一、各版本教材中的《三峡》

表1 各版本教材中的《三峡》

| 版本 | 单元位置 | 单元组合 | 单元提示 | 课前预习提示 | 课后练习 |
|---|---|---|---|---|---|
| 部编版 | 八上第三单元 | 短文二篇<br>与朱元思书<br>唐诗五首 | 阅读作品，获得美的享受，净化心灵，陶冶情操。整体感知、反复诵读，进入诗文意境，感受山川灵秀，体会作者寄寓其中的情怀。 | 了解三峡山水特点。感受句式整齐、声韵和谐的特点。 | 1.写景顺序。<br>2.四季景物的特征。<br>3.翻译后对照原文体会语言特点。<br>4.拓展阅读。 |
| 人教版 | 八上第六单元 | 短文二篇<br>观潮<br>湖心亭看雪<br>诗四首 | 激发灵性，陶冶情操，丰富文化积累。学习本单元描绘自然山水的优秀诗文，整体感知。进入文中情景交融的境界，体会语言特色。 | 三峡雄奇险拔，清幽秀丽，想做一次三峡之旅。 | 1.背诵。<br>2.找出描写三峡景观的句子。<br>3.找写景句，体会语言特点。<br>4.解释词语。<br>5.阅读《早发白帝城》，说与本文联系。 |

续表

| 版本 | 单元位置 | 单元组合 | 单元提示 | 课前预习提示 | 课后练习 |
|---|---|---|---|---|---|
| 语文版 | 七上第七单元 | 卖油翁<br>陌上桑<br>诗五首 | 进一步加深体会我国古代诗歌散文深邃的内涵和优美的韵味。《三峡》描绘了长江两岸的壮丽景色，使我们感受到大自然的美。学习古代诗文，背诵尤为重要。 | 无 | 1. 三峡景物有哪些特点，找相关语句说明。<br>2. 解释关键字。<br>3. 行楷誊抄课文并背诵。 |
| 苏教版 | 七上第四单元 | 济南的冬天<br>春夏 | “春游芳草地，夏赏绿荷池。秋饮黄花酒，冬吟白雪诗。”这是古时候一个孩子写的一首咏四季的诗。四季景色千姿百态，美不胜收。关键是要善于从美的事物中发现美，并用美的语言表现美。 | 无 | 1. 写三峡风光为何从山写起，为什么不按春夏秋冬顺序来。<br>2. 查找三峡工程资料图片，推想到那时，郦道元笔下的景色变化。 |
| 北师大版 | 八下第四单元 | 与朱元思书 | 无 | 无 | 1. 本文与《与朱元思书》的区别。<br>2. 李白、郦道元的三峡诗文各自表达的重点是什么。<br>3. 背诵并解释字词。<br>4. 品味关键词。 |

《三峡》在各个版本教材的单元编排上有较大差异：语文版七上放两个单元文言文，要求高、难度大；苏教版以多彩四季为主题，将写景的现代文、文言文与古诗整合；人教版和部编版均把写景抒情的现代文《春》《济南的冬天》等放在七年级上册，把写景的文言文放在八年级上册，梯度合理；而北师大版将其放在八下天人对话主题单元，看似选文都是写景抒情，但加入古今对比探究，难度更大，放八下更合适。

从单元提示语和课后练习的设计看，除了均注重文言字词解释及背诵外，各个版本教材对《三峡》学习的侧重点表述不同：部编版关注写景顺序、景物特点，比较古文与译文的语言特点的不同，倾向语言本身及意境寄寓的情怀；人教版找景观，分析语言特点，对比阅读，设计由浅入深，有梯度；语文版需要概括三峡特点，尤其用行楷誊抄课文，强调七年级学生练字，抓基础习惯，符合七年级学生的特点；苏教版关注写景的顺序层次，景的美和优美语言表达美，贴合其单元写作的要求，是七年级写景作文的基础知识；北师大版关注比较探究其情趣。

各版本教材的编者明显对一线教师如何用好教好《三峡》这篇文章的要求和期望有所不同，但基本都关注本文行文顺序、景物特点、语言特点，部编版多涉及了人文情怀。

## 二、本文研究综述

### （一）文章结构

陈仁志在《〈三峡〉的艺术特色》中认为本文总分结合，层次分明。开篇俯视三峡地貌，先写三峡之长，再写三峡山多、峰高、峡险，由此突出了三峡总体特征——山高水急，接着分写四季景色，突出三峡景色的壮丽秀美，文章总分结合，由空间到时间，由视觉到听觉，由观赏景物到情感融汇，层次分明。

陈同友《山势·水势·山景——〈三峡〉分段与思路新探》一文注意到本文在苏教版中不分段，在人教版、语文版、北师大版中均分为四段，分别写两岸的山、夏水的凶猛、春冬景色、秋景。他认为文章写景顺序是山势、水势、山景，应分为三段，第一段不变，第三段从"绝巘多生怪柏"到结尾，这样的划分符合地理学著作的特点，其中第三段写山景是按春夏秋冬的顺序写的，"每至晴初霜旦"承接春夏，转写秋冬，二者对比。

孙会芳《论郦道元〈水经注〉的文体特征》认为《水经注》是体系分明、编创合一的志书体例，"因水以证地，即地以存史"。

陈东林《郦道元〈水经注〉的编辑体例及特色》认为它是一部地理类科学著作，以全国水道为纲，水系大小为序。

张斗和在《〈三峡〉五问》中强调《水经注》是地理学著作，以水为纲，多角度描述三峡水的季节变化，引用余光中"本文是山水记而非游记"的观点，认为文章开头写山势是因为与后文水势相关，"绝巘、怪柏"是画面背景，"良多趣味"是水之趣，对三峡四季说提出疑问，认为文章按照水势大小只写了夏季和春冬。

夏秀云在《关于〈三峡〉中"四季"的两个问题》中认为秋景放在最后无关乎山水，只关乎人情。三峡夏水最盛，春水平静，秋冬水枯谷空，作者把秋景放在最后是卒章显志，借猿鸣之悲哀流露郦道元对苦难人民的同情。

以上研究对于《三峡》文体是写景散文还是地理著作类山水记看法不同。对结构化分也有不同意见。但多数倾向于文本结构是以"水"为纲，因水记山，先写水路后写水势，水势又先写水流湍急的夏，后写水势平缓的春、秋、冬。

### （二）艺术特色

#### 1. 展示概貌突出重点

陈仁志强调本文写景点面结合。首先作者擅长简笔勾勒，展示概貌，如写山连绵、高峻，写江水之急湍。其次注意突出重点，如作者对"湍""潭""柏""悬泉""瀑布"的细致描写，突出了三峡春冬季节"清荣峻茂"的特色。[①]刘春文认为作者采用大笔点染手法。"点染"，即先"点"明中心，再予以渲"染"或烘托。抓住景物特征，轻轻几笔就勾勒出景物的

① 陈仁志.《三峡》的艺术特色[J].语文天地，2009(11)：4—5.

神韵。如写春冬之景用“素”“绿”“清”“影”数字,写秋景用“寒”“素”“凄”“哀”数字,寥寥几个字,便抓住景物神韵。[①]

本文在展示三峡概貌中,突出重点,扣住山水景物的精神特质着力打造,大笔点染、细致描绘。

**2. 语言凝练生动传神**

陈仁志关注句式用词,首先,文中语言句式整齐,如“重岩叠嶂,隐天蔽日”“素湍绿潭,回清倒影”。其次,本文用词准确、精炼传神。“重”“叠”“隐”“蔽”四字着重刻画了山的高峻,“素”“绿”“清”“影”描绘了春冬水的清澈澄净。“清荣峻茂”一字一景。李团谈到作者善用多种修辞。如用乘骏马、驾长风来比喻江水滔滔、急流滚滚、一泻千里的雄阔之势。还用了不少“句中对”。如“重岩”和“叠嶂”对偶,“隐天”和“蔽日”对偶等。文中大体押韵,如月、绝、也、宣、漂、间、旦、响、裳等韵脚,使文章读起来朗朗上口。[②]向爱芳关注语言凝练,提到本文155个字却含义丰富,与文言文简约之美关系大,“重岩叠嶂、隐天蔽日、林寒涧肃”运用互文手法,“自非亭午夜分,不见曦月”应理解为“自非亭午不见曦”“自非夜分不见月”,将两套主谓结构合在一起叙的合叙手法。[③]

**3. 动静结合**

静山动水,单从水看,夏季动,春冬静,秋季寂,从春冬一节看,峡水静泉水动。莫湘灵认为“湍”是动态,“潭”是静态,以“素”饰“湍”,以“绿”饰“潭”,益见深沉宁静。俯视水面动静相杂,色彩各异。下文再写仰视所见,由峡底写到山上。由静态的怪柏写到动态的悬泉、瀑布。[④]

**4. 音乐美**

李团提及本文音乐美的特点。夏水奔腾如三峡狂想曲。春冬曲调平和,潭水悠然泉水泠泠。如一曲悦耳的山水叮咚曲,突然转为悲秋,猿猴悲啼。周春华认为第一层展示雄伟壮丽的高音部,两岸高山连绵而险峻,有雄壮之美。第二层夏水凶险迅疾,让读者感受到速度,更有激情,和第一层相比更加雄壮激越,进入了慷慨激越的倍高音区。第三层春冬之景秀丽,给人带来无穷的趣味,让人内心平和,符合中音区的特点。第四层秋景凄凉,涧底寒意、猿鸣之悲,渔歌凄凉,过渡到凄凉幽美的低音区。[⑤]两位老师的解读另类,但触及本文文体争议处,文本独特处。李团和周春华从音乐性的角度解读,他们发现了本文按照情绪流转安排文章写景顺序这个文章的内在逻辑,能让我们看到除了水势这个地理特征外,更有情绪的流转这一文学特征。没有作者的身影却在客体的山水中有情绪

① 刘春文.大笔点染 形神兼备——《三峡》微格作文训练指导[J].新作文(中学作文教学研究),2014(7):86—87.

② 李团.赏山鉴水,陶冶情操——从美学角度赏析《三峡》一文[J].快乐阅读(中旬刊),2012(6):74.

③ 向爱芳.简约而不简单,精炼铸就经典——读《三峡》知文言文遣词造句的特点[J].中学语文,2010(7):70—71.

④ 莫湘灵.《三峡》中“动静结合”指瑕[J].语文教学之友,2009(9):20—21.

⑤ 周春华.郦道元《三峡》中的音乐美[J].中华活页文选(教师版),2016(7):37—39.

的流转变化，作为地理著作中的一篇，本文很诗意。

**5. 多角度描写**

赵一新大致抓了四个方面：形态、动势、色调、音响。概述部分，突出幽深之气抓形态；夏季一节，显示凶险之气抓动势；春冬一节铺张清峻之气抓色调；秋季渲染肃杀抓音响。[①]杨仁立认为作者多视角描写三峡山水，总观山势是远景，细描四季是近景，悬泉瀑布怪柏是仰观，素湍绿潭是俯视，作者用多视角的写法全方位立体式让读者感受三峡之景。

《三峡》作为《水经注》中的篇目，本应该是为《水经》作注，《核舟记》那样的说明文的写法更适宜，但作者却没有平铺直叙，而是采用一系列文学手段让文章错落有致。本文不是游记，却融情入境，在三峡山水的客体中融入主观情感。

## 第二部分　案例设计综述

表2　典型课例

| 执教老师 | 教学内容 |
|---|---|
| 李月（《三峡》课堂教学实录，2002） | 厘清结构，三峡地貌特征，品析略无阙处的“略”，配合画面看三峡四季水的特点（水枯谷凄）（从修辞角度谈渔歌作用）。 |
| 颜碧伟（《三峡》教学设计，2006） | 探究：品赏美点（三峡真美，美在——，你看），从言语形式角度探究（三峡真妙，妙在——，你看）；对话沟通古今（你想对作者说些什么）。 |
| 余映潮（《三峡》教学实录，2007） | 教偏旁识字法，圈山旁、三点水旁的字；教读法，如拖音、节拍、顿音等；品读第三段美点（层次美、色彩美、选景美、语言美等，重点推介大笔点染法）。 |
| 林福才（《三峡》教学设计，2008） | 从“峡”字字形入手造境。入境谈山水奇特，品春冬特点。融境深入文本细节，回归语言品三峡，描述三峡秋景，化境抒发独特感受。 |
| 杨丽红（《三峡》教学实录，2009） | 读正字音，读出停顿，读中翻译，再读课文知三峡地貌特征，提示赏析角度（修辞，色彩，观察角度，精炼语言），熟读成诵记三峡。 |
| 代立然（《三峡》教学实录，2013） | 读课文赏美景（山水特点），四读课文析语言（分析第一段好在哪，明确赏析思路再细读二、三、四段）齐背，学生现场创写三峡旅游宣传广告。 |
| 张蕊云（《三峡》教学实录，2013） | 析读晓文意（找写山水的句子概括特点），品读说蕴藉（根据山水特点读出缓急语气，看四季顺序），美读咏真情。作业再朗读，读出对文中的理解。 |
| 杨立环（《三峡》教学实录，2016） | 读第三段，找概括春冬的句子，春冬之趣在哪里，品读关键词，概括景物特点——美雅趣，对比夏秋，概括特点，四季美景均涉及，第一段是否画蛇添足。再读。 |

① 赵一新.精读方知文律细——谈《三峡》的写作艺术[J].语文学习，1978(5)：104—107.

续表

| 执教老师 | 教学内容 |
| --- | --- |
| 戴杨钒(《三峡》教学设计,2016) | “峡”字引入,从第一段看山的特点,解答“乘奔御风,不以疾也”。为何先写山后写水,为何侧重写水,关注仰视的特殊视角。依写水顺序归纳水道特点和不同季节水势。 |
| 田玲(《三峡》教学实录,2017) | 品读,读出特点(分两栏列举写山水的词并分析特点,读出缓急,概括三峡奇山异水的整体特征),研读学习写法,赏读传承文化(文人的山水情结)。 |

教学方法分析:朗读法是课例中均用到的方法,多数在教学的各环节都有朗读,有指导有层次,个别只在上课伊始朗读;导入环节三人用到拆字法,一人运用识字法;涉及山水特点的教学内容基本采用分析归纳法;行文顺序的教学内容都采用质疑探究法;品味语言欣赏山水之美的课例基本都采用品读赏析法,其中两位老师采用固定句式降低赏析难度,个别老师提供了明确的赏析角度,一人借助图片辅助赏析;涉及文化的教学内容采用拓展文本资料的方法,教学方法的选择有很大共性,基本随教学内容而定。但杨立环老师抓住“清荣峻茂,良多趣味”这一个教学点,抓住“趣”字立骨,围绕一个教学点不断深入,挖掘水的特点,品析语言美,还注意到写四季景色的三段布局上有个特点,前文写景,最后一到两句明显饱含情绪,人的形象呼之欲出。杨老师一字立骨,在谋篇布局方面抓住了文章的关键处,显得特别。

表3　十则课例教学点选择分析表

| 选择的教学点 | 数量 | 占比/% | 句子作用 |
| --- | --- | --- | --- |
| 两岸连山,略无阙处。重岩叠嶂,隐天蔽日。 | 5 | 50 | 写出三峡两岸山高而连绵的特点,体现三峡雄壮之美,以及因水记山,为后文写水做铺垫。 |
| 自非亭午夜分,不见曦月。 | 3 | 30 | 侧面描写山高的特点。 |
| 夏水襄陵,沿溯阻绝。 | 7 | 70 | 写出三峡水急的特点,峡高江急,体现三峡豪情之美。 |
| 虽乘奔御风,不以疾也。 | 1 | 10 | 侧面描写水急的特点。 |
| 素湍绿潭,回清倒影。 | 5 | 50 | 语言表现力,写出景的色彩,动静结合的手法。 |
| 悬泉瀑布,飞漱其间。 | 1 | 10 | 动静结合手法。 |
| 清荣峻茂,良多趣味。 | 7 | 70 | 表现三峡的秀丽,体现三峡雅趣之美。 |
| 晴初霜旦,林寒涧肃。 | 4 | 40 | 写出三峡之水秋季的景物特点。 |
| 高猿长啸,属引凄异。 | 4 | 40 | 写出三峡秋水给人凄清之感,体现三峡悲凉之美。 |

教学点分析:(1)以“两岸连山,略无阙处。重岩叠嶂,隐天蔽日”“夏水襄陵,沿溯阻绝”“清荣峻茂,良多趣味”为教学点,概括景物特点的,占50%或以上;(2)以“素湍绿潭,回清倒影”为教学点,抓文章关键词,品读文章语言美的,占50%;(3)以“自非亭午夜分,不见曦月”“虽乘奔御风,不以疾也”“悬泉瀑布,飞漱其间”为教学点,学习抓住景物特点,

动静结合侧面描写等描写方法的,占30%或以下;(4)以“晴初霜旦,林寒涧肃”“高猿长啸,属引凄异”为教学点,谈秋景触及本文作者情感的,各占40%。

# 第三部分 教学建议

## 一、依循文本体式选择教学点

《三峡》是一篇文言文,“学习文言文,实质是体认它们所言志、所载道”以及“品味作品中富于表现力”的“炼字炼句处”。文言文阅读教学着力点,是引导和帮助学生通过“章法考究处,炼字炼句处”具体地把握作者的“所言志,所载道”。①

在文言文这个体式下继续细分:《世说新语》是笔记体小说,《咏雪》来自《言语篇》,重点在言辞之美,教学点可以是“未若柳絮因风起”,《陈太丘与友期》来自《德行篇》,重点是人物品德,教学点可以是“日中不至,则是无信;对子骂父,则是无礼”;《〈论语〉十二章》是语录体,谈与学习相关的零碎道理,教学点抓住“学”“乐”“仁”,层层递进;《伤仲永》借事说理,前叙后议,重点在理,教学点可以是“受于人者不至也”;《小石潭记》是游记散文,通过作者行踪把握景中所含的情感,教学点可以是“凄神寒骨,悄怆幽邃”。

那么,《三峡》是什么文体呢?这就有争议了。编者基本将本文归入山水游记散文或者写景散文。可本文作者郦道元身处北魏,没有去过三峡,《三峡》是在袁山松《宜都记》、盛弘之《荆州记》的基础上修改而成,胡良华、杜飞认为游记体三大核心要素“游踪”“游观”“游感”本文均不具备,无时间推移,方位变化也没明确观察点。②但胡良华、杜飞将本文作为说明文,蒋德仁《郦道元〈三峡〉的科学解读》、毋小利《郦道元〈三峡〉疑难解读》把本文完全当科学文本就矫枉过正了。本文文笔绚烂,在模山范水抒情写意方面堪称典范,本文的教学既要考虑到地理著作“因水记山”的顺序,又要考虑到山水散文的文采,有人称之为“山水记”。

多数课例依据写景散文的文体确定教学点,将教学点落实到理解和感受“炼字炼句处”。戴杨钒、杨立环依据“因水记山”的山水记文体设计教学。戴杨钒的教学点是“自非亭午夜分,不见曦月”,不关注侧面描写,而分析仰视的视角。杨立环教学点是“清荣峻茂,良多趣味”,让学生思考“因水记山”的山水关系。两人将教学点落实到理解和感受“章法考究处”。但再往下“言志、载道”的文化层面就进行不下去了,多数老师在背诵、仿写中结束,个别老师对比三峡古今变化,仅田玲老师设计的文人山水情结涉及文化层面。

① 童志斌,张继妍.把握“四位一体”特质,有效实施文言文教学——2012年语文教育研究论著评析之九[J].中学语文,2013(9):15—18.

② 胡良华,杜飞.《三峡》是游记吗[J].中学语文教学,2010(10):59—60.

这与多数老师没有注意到文言文一体四面的特点有关，与本文作者争议、文体争议也有关系，导致挖掘本文更深层次的内蕴有难度。

## 二、分析学情确定教学点

王荣生教授提道："'语文教学内容'是语文教学层面的概念，它同时面对两个问题：一是针对具体情境中的一个班乃至一组、一个学生，为使他们或他(她)更有效地实现既定的课程目标，'实际上需要教什么'；二是为使具体情境中的这一班乃至这一组、这一个学生能更好地掌握既定的课程内容，'实际上最好用什么去教'。"①

学生水平层次有别，学情有差异，十则教学案例中多数都有学情分析，能考虑到学生实际情况。赵晓霞、王荣生认为教学难点的确定要充分考虑学情，"从学生阅读的困难处着手，随文教学相关知识"②，在学生起点与教学目标之间需要老师搭起支架，层层深入，有的放矢。倪刚认为《三峡》这样的名作，各版本的交叉篇目要作为定篇类选文，不应只是语言的学习，还应是文学的欣赏，是文化的熏陶和情感的陶冶，要满足塑造中学生文化人格和人文底蕴的需要。③

## 三、依据教学点确定教学内容

文言文是中国传统文化的载体。在文言文中"文言""文章""文学""文化"，一体四面，相辅相成。教学内容是四者择其一作为重点，还是面面俱到，需提前考虑清楚，以确定随之的教学点。

先找出文章景物有哪些，并且分类整理，学生自然能明白本文山水的比重，记山还是记水，一目了然；抓住"两岸连山、重岩叠嶂""沿溯、湍、潭、涧"这样章法考究的字句，顺序这个难点，"因水记山"这个特点也就迎刃而解。文言文教学如何避免一字一句地讲解翻译，做到让学生整体感知课文，笔者建议设置画画这一活动，要把三峡画好，需要学生认真研读文章，抓住文章关键词句、山水特点，能用自己的话介绍画中之景。无需老师过多讲解。

文章真正的难点是本文不同于一般写景抒情类散文，情感不明显，主旨不明确，这才是学生读的吃力处、疑惑处。这就需要老师牵线搭桥。笔者的教学设计运用学生喜欢的角色扮演的形式，运用补白的手段，给文章补上人物。先补李白、陶弘景、柳宗元这些大家耳熟能详的文人，通过他们的文章寻找与本文三峡四季之水的契合点，这时老师要引导学生把握文章炼字炼句处，比如抓住写春冬三峡的"趣"字，对比陶弘景文章中的"奇"

---

① 王荣生.语文课程与教学内容[M].北京：教育科学出版社，2015：225—226.

② 赵晓霞，王荣生.阅读教学备课路径探析：从文本中来，到学生中去[J].课程·教材·教法，2018，38(02)：85—90.

③ 倪刚.初中语文课程内容重构[M].北京：商务印书馆，2017：56.

字，找文字相似性，这样文字背后的情感就浮现了。引入作者郦道元的简介，学生就能明白文字背后的情怀了。

本文教学内容可以概括为：(1)文言知识；(2)抓住“两岸连山、重岩叠嶂”“沿溯、湍、潭、涧”这样章法考究的字句厘清顺序；(3)抓住“疾”字，分析夏水特点，抓住“趣”字，分析春冬之水特点，抓住“哀”字品味“寒、肃、长啸”等字词，体会秋水凄清；(4)理解文言文的文化内涵，文人情怀。

## 第四部分　参考案例

### 教学目标

1.在反复诵读中进入文中情景交融的境界，感受文章的画面美，品味语言美。

2.感受“疾”“趣”“哀”的内涵，在三峡山水的诗意美中体悟古代文人的山水情怀。

### 教学方法

1.默读、朗读、诵读。

2.图文结合，以图画形式让学生了解三峡山水特点。

3.角色扮演，补白文章，理解文人的山水情结。

### 教学流程

#### 一、朗诵诗歌《三峡石》，导入

#### 二、读《三峡》，读出节奏美

1.第一遍读，读准字音。

2.第二遍读，读准节奏[四字词语，读出节拍感，指导拖音(如“则\素湍绿潭”)、顿音(如“清\荣\峻\茂”)]。

#### 三、观三峡，知山水顺序

1.本文写了哪些景物？

在黑板上分两类列举有关景物的词语，让学生发现汉字造型特色，与山有关的多是“山”字旁，与水有关的多是“水”字旁。

山：两岸连山　重岩叠嶂　绝巘　空谷传响

水：夏水襄陵　沿溯阻绝　素湍绿潭　回清倒影　悬泉瀑布　飞漱其间
　林寒涧肃

2.本文重点写山还是水(看板书列举的景物数量对比,可知重点写水,四季的水。)

3.写水顺序不合常理,为何?

江—湍—潭—涧,根据江水的四次变化即可知文章是按照江水盛枯变化的顺序所写。

4.既然重点写三峡的水,是否可以把第一段放最后一段,或者是否可以将第一段删掉?

由"峡"字字形看两山夹水为峡,这是三峡的地理特征。

分析第一段看三峡山的特点:高峻、连绵。

一读:自三峡七百里中,两岸连山,(　　)。重岩叠嶂,(　　),(　　),(　　)。

再读:自三峡七百里中,两岸连山,略无阙处。重岩叠嶂,隐天蔽日,自非亭午夜分,不见曦月。

5.比较:无非是说三峡两岸山高岭连,一读时,文字足以说明,"略无阙处""隐天蔽日""自非亭午夜分,不见曦月"。为何从正反两方面不断强调两岸山势连而高的特点?结合水的特点思考。

郦道元为水作注,因水记山。山势高峻、连绵,水道不见曦月的狭窄,才有了夏水襄陵的壮观水景。

## 四、画三峡,为三峡代言

以分组、分段小组合作画图的手段,来促使学生思考三峡山水的特点及课文文字表达的准确与美,画完后,选一位代表上台展示画作,为所画的三峡代言,结合文段介绍画中的三峡,学生评委根据绘画、创意、讲解与该段落景物特点吻合度打分,全班小组竞赛。

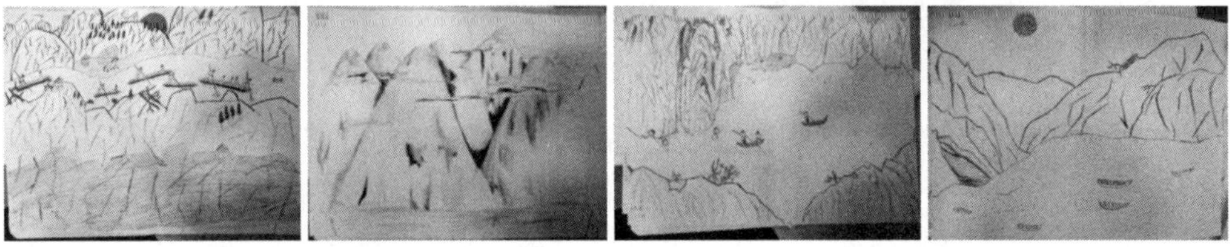

## 五、游三峡,感悟诗意美

子曰:"有朋自远方来,不亦乐乎?"今天老师请了三位"高朋"来到我们班,陶弘景、李白、柳宗元,大家欢迎三位新同学,"独乐乐不如众乐乐",去三峡旅游,我们一起如何?以他们的经历、个性、气质,你推荐他们哪个季节去?请在课文中画出显示三峡四季特点的关键词,结合三位同学的诗文来判断。

### (一)夏水襄陵的三峡

1."疾"字解释,从哪里能看出夏季的三峡江水急流呢?

“阻绝”说明水势大而急,沿溯之船难停难避;“白帝”“江陵”距离千二百里,朝发暮到夸张的时空变化说明水速急,末句夸张比喻手法侧面反衬水之大而急。

2.谁会这么急性子,喜欢这奔流浩荡的夏日三峡呢?(参考《早发白帝城》)

3.总结:呼朋引伴,粉丝簇拥,游船航行。这样浩荡豪迈的夏日江景才能配得上把酒临江的“诗仙”李白。

### (二)春冬之时

1.三峡多美景,哪个季节三峡最繁华呢?朗读第三段。

2.“良多趣味”可以翻译成“好多趣味”吗?

(“良”翻译为“甚,很”,不是“好”)为什么强调三峡的趣味呢?春冬之景趣在何处?

3.品味以下词语的趣处。

**素湍绿潭　回清倒影　绝𪩘多生怪柏　悬泉瀑布　飞漱其间**

营造了色彩丰富、动静相宜、灵动秀丽的奇幻世界,构造了下有急湍、深潭,上有悬泉飞瀑的奇妙空间。“清荣峻茂”,重在一个“清”字,因湍、潭、泉、瀑四种不同的水而有了不同的形态与色彩,春冬旅游,太适合一家人行于这样的三峡之中,良多趣味。

陶弘景当爱这趣味的三峡(参考《答谢中书书》)。

4.总结:陶弘景喜欢山水的奇妙之景,奇在高山清流,色彩搭配,动静相称。一叶扁舟,一二知音,春冬的三峡当是一个好去处。

### (三)秋日三峡

1.第四段写哪个季节?

从“霜”“寒”“肃”“空”可见。“霜”明示季节,“寒”“肃”“空”暗示季节特点。

2.如何写出三峡秋日的“哀”呢?请品味下列词语.

**高猿长啸　林寒涧肃　渔者歌曰**

将“高猿长啸”与“猿鸟乱鸣”比较:乱字重在闹,此处猿声有热闹的生机;啸是延长声音,解释“属引”联系“空”“久、三”,此处猿声是在水枯气寒中延长的哀伤。

视听结合、动静结合的写法。从“寒”林“高”中,我们看到了枯瘦的三峡;从猿“啸”、渔者“歌”中我们听到了三峡低吟浅唱,哀愁在作者的多种写法下将会引发多少人生的体验与思考。

3.谁会来三峡看这样的秋景呢?

介绍知识:《小石潭记》“坐潭上,四面竹树环合,**寂寥**无人,**凄神寒骨**,悄**怆**幽邃”。

4.总结:这严霜、寒林、枯木、肃涧,还有催泪猿鸣的三峡,太适合孤身独行的柳宗元。

### (四)文人的山水情怀

1.三位新同学喜欢同学们推荐的三峡旅游的季节吗?(角色扮演,自我介绍)

例如，柳宗元同学自我介绍：永贞革新失败后，我被贬永州。到任后，暂居在龙兴寺。半年后母亲因病去世，我百病所集，不食自饱。受不了江水浩荡，看不得色彩繁复，还是寒林、肃涧适合我独行。

2. 山水有诗意，山水会说话，它们诉说着文人的内心。真实的大江怎会变成素湍绿潭，更不会是林寒涧肃，但文人的喜怒哀乐却可以寄情山水，形成文人的山水情结。

3. 那作者郦道元喜欢哪个季节的三峡呢？

身居北魏的郦道元一生都没到过三峡，这是一件多么遗憾的事，请阅读郦道元简介，结合他的性格经历，向他推荐游览三峡的季节。

## 六、结语

君生我未生，我生君已老。世间多了出平湖的高峡，少了奇险多彩的三峡。感谢郦道元，把它的多彩之美化为文字流传世间，感谢同学们为三位新同学李白、柳宗元、陶弘景推荐旅游时节，让他们完成畅游三峡的愿望，也感谢三位新同学，让我们了解山水是打开文人心结的钥匙。

## 七、作业：群文阅读

比较杜甫《闻官军收河南河北》、余秋雨《三峡》，探究同样的三峡，文人笔下有什么不同的画意、诗意。

## 板书设计

三　峡

郦道元

| | | |
|---|---|---|
| 画意<br>重岩叠嶂<br>悬泉瀑布 | 文<br>人<br>情<br>怀 | 诗意<br>乘奔御风（疾）<br>素湍绿潭（趣）<br>高猿长啸（哀） |

# 读中见洒脱不拘，议中赏心境自闲

## ——《记承天寺夜游》教学知识（PCK）的择定与建构

深圳市塘尾万里学校　吴　聃

## 第一部分　文本解读综述

《记承天寺夜游》写于元丰六年（1083年），是一则短小隽永的游记小品，全文仅85字，却空灵蕴藉，言约义丰，是苏轼的散文代表作之一。《记承天寺夜游》从各个层面重新确立了小品文的创作模式，是历代小品文作家摹写最多的作品之一。

苏轼创作出了大量流芳于世的文学作品，又富有质朴纯真、率性自由的鲜明个性，再加上坎坷的人生经历和屡遭挫折而不失旷达的人生态度，因而深受古今读者喜爱。林语堂称："一提到苏东坡，在中国总会引起人亲切敬佩的微笑。"[①]苏轼的文化世界被学术界誉为"苏海"，王水照言非大海之广不足以言其"波澜浩大，变化不测"；非大海之深不足以言其"力斡造化，元气淋漓，穷理尽性，贯通天人"。[②]正是这样一片汪洋恣肆的大海，引来了或感性赏析，或理性阐释的"观海者"。这种绵延千年不断的文化怀念，也让苏轼成为古典文学研究中的一个热点，而《记承天寺夜游》也犹如大海中的一颗明珠，吸引着后人不断去领悟与解读。

### 一、《记承天寺夜游》的写作背景

元丰二年（1079年），苏轼在经历了130天的牢狱生活之后，因"乌台诗案"最终被贬黄州，这次贬谪是他平生遭受的第一次政治打击。苏轼晚年在《自题金山画像》中评价自己："问汝平生功业，黄州惠州儋州。"黄州居首，不光是在时间序列上，也是在文学创作上，苏轼就是最先在此迎来了思想的成熟期。这段经历是苏轼人生的转折点，也使苏轼的人生观念、创作实践、审美情趣都发生了深刻变化。

由于宦海失意，苏轼开始逐渐成熟，性格也变得既旷达又坚强。自此之后，苏轼从关注外在社会转向关注内心世界，最终养成了儒、释、道三家思想相互杂糅、彼此融合的境

① 林语堂．苏东坡传［M］．西安：陕西师范大学出版社，2008：6.

② 王水照．走近"苏海"——苏轼研究的几点反思［J］．文学评论，1999（3）：135—141.

界。这种超越现实而仍执着于人生的态度，也演变成为苏轼独特的个人气质，并展现在他的散文创作之中。

## 二、《记承天寺夜游》的主旨内涵

### （一）共识：贬谪之作，寓情于景，意境旷达

万历三十九年（1611年），王纳谏编成《苏长公小品》，此书中最早将“小品”视为文学概念，专指篇幅短小、隽永新异的散文作品。苏长公即苏轼，可见小品文从诞生的第一天起，就与苏轼密切相关。王纳谏在《苏长公小品叙》中认为，苏轼的随笔小品比之“高文大册”“春容大篇”，具有“圆融精妙”“意趣猛跌”“活我心灵”的独特艺术魅力，是苏轼散文中文学性更强的体裁，也是自然真率之美的典型代表。明代散文家袁宏道也极为推崇苏轼的小品文，他说：“坡公之可爱者，多其小文小说。使尽去之而独存高文大册，岂复有坡公哉？”①又云：“东坡杂记有寂寥短章而函虚神于实叙。意到、笔到、神到，字里行间，自然韵流，有在笔墨蹊径之外者。如《记承天寺夜游》，似约而丰，似寂寥而酣足，笔情萧闲，其原盖出《檀弓》，意在笔先，神余篇终。”②

对《记承天寺夜游》的评价，今人与古人大体维持一致，如《唐宋十大家全集录》卷九评《记承天寺夜游》云：“仙笔也。读之觉玉宇琼楼，高寒澄澈。”③吕叔湘亦称：“此篇寥寥数十字，其意境可与陶渊明之‘采菊东篱下，悠然见南山’相比。”④

### （二）分歧：如何理解“闲人”

《记承天寺夜游》结尾“何夜无月？何处无竹柏？但少闲人如吾两人者耳”几句，展现出了苏轼彼时谪居的旷达胸襟。但苏轼所流露出的情感却不是扁平单一的，而是非常富有层次的，尤其是针对“闲人”一词，诸家的理解大相径庭。

吴战垒在《一首清冷的月光曲——苏轼〈记承天寺夜游〉赏析》中认为，当时苏轼虽为微官，然有名无实，“闲人”二字，则不无牢骚。诚然有自豪的意味，但较多的还是惆怅和悲凉。⑤许兆真《随物赋形空灵拔俗——苏轼〈记承天寺夜游〉赏析》也认为，只有“我”和张怀民才是“闲人”，才有闲情雅致，懂得赏月之妙。⑥然而这种“闲”却不是心甘情愿的，苏轼屡遭贬谪，因贬得“闲”，可以说是被迫自放于山水之间，虽可聊以自慰，终有难以排遣的忧闷愁苦。文中夜不能眠，也可为这一说法提供佐证。

刘中黎的《“闲人”七解——兼谈宋代笔记小品〈记承天寺夜游〉的文本生命》则认为，

---

① 徐中玉．苏东坡文集导读［M］．北京：中国国际广播出版社，2009：92.

② 郭预衡．中国古代文学史长编·宋辽金卷［M］．北京：首都师范学院出版社，1993：198.

③ 姜光斗．苏轼散文精品选［M］．西安：陕西人民出版社，1995：132.

④ 吕叔湘．笔记文选读［M］．北京：语文出版社，1992：55.

⑤ 西渡．名家读古文（二）［M］．北京：北京联合出版公司，2017：249.

⑥ 许兆真．随物赋形空灵拔俗——苏轼《记承天寺夜游》赏析［J］．古典文学知识，2001（2）：25—29.

苏轼不愿做芸芸众生中为名誉、财货、权力而忙的忙人,他宁愿做一个“闲人”。“闲人”一词包含了苏轼对人生“忙”与“闲”的辩证认识,隐含了他对世人争权夺利的讽刺。①

针对以上两种观点,孙丽红在《〈记承天寺夜游〉解读》中罗列了九条关于苏轼的史实,主张若《记承天寺夜游》写于作者被贬黄州初期,是有可能流露出作为“闲人”的忧闷和惆怅的。但在三年之后,苏轼陶醉于躬耕陇亩的生活,早已知命无忧了。②

在实际教学中,大多教师对主旨的解读都是落脚于苏轼“豁达”的心境、“乐观”的人生态度,但我们认为,文章中的“月色入户,欣然起行”以及庭院中月光如水的描写,所反映出的都是那时那刻作者的性情喜好——对世间万物的热爱,对大自然的热忱。正如苏轼在给朋友的信中所写的:“江山风月,本无常主,闲者便是主人。”③因此,苏轼才在文中发出“但少闲人如吾两人者耳”的慨叹,只有在有限的生涯中能够宁静自适,忙里偷闲,随遇而安,才能真正享受闲适。

《记承天寺夜游》最让人欣喜之处,就在于让我们认识了一个既寂寞又高雅,现实遭遇窘迫而精神境界富足的超凡灵魂。文中所揭出的“闲”字,是苏轼写作的必要心境,唯有在“闲”中才能随时随处体味到天地人间之美。在沉浮不定的人生面前,苏轼表现出了极强的适应力,生活的艰难、环境的险恶非但不能摧辱其身,反而成为他领悟人生哲理、汲取精神力量的推动因素。旷达只是我们所看到的表面,对人生的执着热爱、坚毅的品格才是其真的内核。

## 三、《记承天寺夜游》的艺术特色

### (一)文风转变

苏轼贬居荒僻贫瘠的黄州,亲友不愿惹祸,都与他断绝往来。苏轼只能亲自躬耕东坡,平日借酒浇愁。生活困窘加之精神上的摧残,苏轼思想上发生了急剧的变化,也带来散文创作风格的巨大转变,许多写于此时的作品揭示了他内心的挣扎与感伤。后经过四年多的茫然与思考,苏轼终于走出了落魄心态,在创作《记承天寺夜游》之时,文学风格已发生了明显的转变,艺术造诣更上层楼。苏辙《亡兄子瞻端明墓志铭》云:苏轼“既而谪居于黄,杜门深居,驰骋翰墨,其文一变,如川之方至,而辙瞠然不能及矣”。④

### (二)章法结构

苏轼的散文如行云流水,流畅自然,独抒性灵,不落俗套。具体至其写作的章法结构,则如潮水波湖层出,有一种简洁、清晰的美感。《记承天寺夜游》第一部分记事,第二部

---

① 刘中黎.“闲人”七解——兼谈宋代笔记小品〈记承天寺夜游〉的文本生命[J].语文教学通讯,2012(32):41—42.

② 孙丽红.《记承天寺夜游》解读[J].语文月刊,2010(1):63—64.

③ 苏轼.苏轼文集[M].孔凡礼点校.北京:中华书局,1986:1453.

④ 苏辙.苏辙集[M].陈宏天、高秀芳点校.北京:中华书局,1990:1127.

分写景，第三部分抒情。三部分过渡自然，丝丝相扣，层层深入。

余映潮在《〈记承天寺夜游〉的章法》一文中指出，这篇在教材里只用一个段落来呈现的文章其实有着古老的"美妙结构"：起，写月色入户，直抒欣然的心情；承，写月下寻友，流露孤寂的心态；转，写月景清丽，表现陶醉的心境；合，写月夜偶感，抒发复杂的心绪。可谓方寸之中，尺幅千里，含义丰富，精深微妙。[①]

### （三）表达手法

苏轼在黄州时期创作的游记散文，突破了传统游记纯写景物的模式，山川、景物只是苏轼触发情志的媒介，重在表达自我感受，而非着笔于山水景物的描摹与欣赏。自然山水在其笔下，不仅显示出客观的美，而且成为人生的映照，从而达到物我同一的最高境界。

《记承天寺夜游》先交代出游时间，接下"月色"是写景的纲领，"欣然"则是抒情的主调。下文的写景，以写月景为主；下文的抒情，重在抒发月下所生之情。"念无与为乐者"，道出了苏轼在黄州的处境和心境，从布局章法的角度来说，这一句引出承天寺，带出同样贬官、闲居黄州的张怀民。

全文的主体是写景文字，也是全篇的精神所在，寥寥数十字，苏轼就勾勒出承天寺庭院中优美的月色，此句中的比喻饶有趣味，新奇而不生硬：用"积水空明"比喻月光的清澈，不仅使得描写对象具体可感，并且使语言表达形象化、生动化；以"水中藻、荇交横"形容月下竹柏，营造出参差朦胧之美，运用错觉的艺术，勾勒出动态的画面，让读者沉浸其中又恍然大悟，隐喻贴切，给人以清新、恬静之感，充满诗意。

末尾"闲人"几句议论发人思索，看似缺少含蓄，直接道破，但细读又觉文章意味因此而更深一层。

### （四）语言特色

王圣俞云："文至东坡直是不须作文，只随笔记录便是文。"[②]从《记承天寺夜游》前面的叙事部分可以看出此文的创作随性挥洒、率性而为，全文以平易自然的文字进行叙事、抒情和议论，毫无矫揉造作之语，读之使人耳目一新。张大联、汪佑民在《苏轼散文的语言特色与创作个性》中这样评价："苏轼散文破除了骈文格律化的束缚，用语新奇而不失平易。如《记承天寺夜游》一篇寥寥八十余字的游记小品，叙事、写景、抒情一气呵成，用语平易，简洁流畅，就好像是晤言一室之内的家常夜话。"[③]

---

① 余映潮.《记承天寺夜游》的章法[J].新作文（初中版），2015(12)：43.

② 王圣俞评选.苏长公小品[M].北京：正蒙印书局，1914：11.

③ 张大联、汪佑民.苏轼散文的语言特色与创作个性[J].沈阳师范大学学报（社会科学版），2005，29(6)：94—96.

### (五)美学追求

李泽厚从美学角度评价苏轼"追求的是一种朴质无华、平淡自然的情趣韵味"。[①]在这一追求下,苏轼的小品文绝非索然无味,反而呈现出一种超然淡泊、余韵悠远的艺术风格。在《记承天寺夜游》中,这种淡然融入了苏轼对于人生和创作的深刻领悟,是苏轼寄绚烂于平淡的结果。正如他在《与二郎侄书》中所言:"其实不是平淡,绚烂之极也。"[②]这种境界并非无心得之,而是苏轼主动追求的美学境界。

# 第二部分 案例设计综述

## 一、教材选录状况

当前各个版本的中学语文教材对苏轼的作品都给予足够的重视,入选的篇目普遍不在少数。其中《记承天寺夜游》一文的选编情况如下:

表1 初中各版本教材中《记承天寺夜游》所处的位置情况

| 教材版本 | 教材位置 |
|---|---|
| 部编版 | 八年级 |
| 苏教版 | 八年级 |
| 语文版 | 八年级 |
| 鲁教版 | 七年级 |
| 北师大版 | 九年级 |
| 台湾翰林版 | 国文2(八年级) |
| 台湾康轩版 | 国文1(七年级) |

苏轼是一位多产的文学家,所考察的教材中有七种收录了《记承天寺夜游》一篇,可见在语文教材编纂者的眼中,这的确是一篇能代表苏轼作品风格,也是最有利于初中生阅读理解的典范作品。《记承天寺夜游》在最新部编版教材中位于八年级上册的文言文单元中,是初中生接触苏轼的第一篇散文作品。由于此篇短小简练,意蕴丰富,明净雅致,足以充当苏轼作品入门的重任。

## 二、教学目标课例综述

我们选取了近二十年来25个在核心期刊发表或获奖的《记承天寺夜游》教学设计

① 李泽厚.美的历程[M].北京:文物出版社,1981:161.

② 苏轼.苏轼文集[M].北京:中华书局,1986:2523.

（实录）进行研究，发现《记承天寺夜游》教学目标的设定主要有两点：（1）朗读课文，整体感知文意；（2）品味语言，体会作者的思想情感。具体统计数据如下：

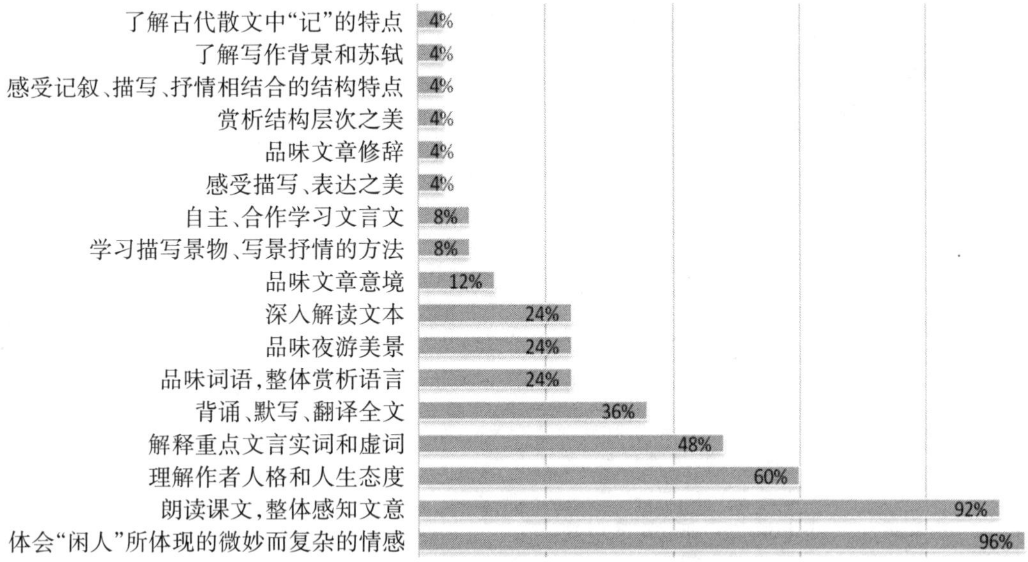


图1 《记承天寺夜游》课例教学目标比较图

## 三、教学点课例综述

《记承天寺夜游》有许多值得品味之处，不同的老师所设定的教学点、选取的教学内容都不太一样。根据15则公开发表的课例，对课例中选取的教学内容进行梳理，推论出教师们确定的教学点：

表2 十五则课例教学点选择统计表

| 执教老师 | 教学内容 | 教学点 |
|---|---|---|
| 余映潮 | 1. 助读资料：苏轼在文学史上的地位、写作背景、艺术成就。<br>2. 有味地朗读：文言味、宁静氛围、夜游兴致、复杂情愫。<br>3. 有味地分析：试将课文重新编排分为两层（叙事、抒情）、三层（记叙、描写、抒情）、四层（起、承、转、合）。<br>4. 有味地欣赏：谈课文观感。<br>5. 小结：六个美点——篇幅精短、内容丰满、结构灵动、月色描写、情感波澜、“闲人”意味。 | 1. 怀民亦未寝。<br>2. 庭下如积水空明，水中藻、荇交横，盖竹柏影也。（以下简称“庭下”句）<br>3. 何夜无月？何处无竹柏？但少闲人如吾两人者耳。（以下简称“闲人”句） |

续表

| 执教老师 | 教学内容 | 教学点 |
|---|---|---|
| 王亚利<br>(2009年重庆市第二届中学语文青年教师优质课大赛初中组一等奖) | 1.整体阅读把握全篇。<br>2.寻友赏月。<br>3.庭中月色。<br>4.月下抒怀。<br>5.与苏轼同行。 | 1.解衣欲睡，月色入户，欣然起行。念无与为乐者，遂至承天寺寻张怀民。怀民亦未寝，相与步于中庭。(以下简称“念无”句)<br>2.“庭下”句。<br>3.“闲人”句。 |
| 倪岗 | 1.标题：记、承天寺、夜游。<br>2.初读：正音、解字、赏美景、看闲人。<br>3.精研：知人论世、细读文本、品析叙事。<br>4.再说“闲”。<br>5.拓展背诵。 | 1.“庭下”句。<br>2.元丰六年十月十二日夜。<br>3.“念无”句。<br>4.“闲人”句。 |
| 余耀清 | 1.初读、基础性朗读、情感化阅读。<br>2.紧扣“行”字，从文本获取信息。<br>3.概括景色，反复朗读，感受作者融情入景、忘我神驰的心境。<br>4.反复朗读中展示作者无奈与复杂的情感。 | 1.欣然起行。<br>2.“庭下”句。<br>3.但少闲人如吾两人者耳。 |
| 包国华 | 1.紧扣游记体式，整体感知课文，初探苏轼心境。<br>2.知人论世，了解夜游的背景，感受苏轼的孤独。<br>3.通过对关键语句的鉴赏来体会苏轼超越孤独的旷达情怀。<br>4.创造对话，体验苏公心境。 | 1.“庭下”句。<br>2.“闲人”句。 |
| 李小甜 | 1落实知识：朗读、字词解释、句子翻译、游记的文体特点。<br>2品读文章，把握作者情感：出游的原因、景致。<br>3体悟作者抒发的人生感怀：用助读材料进一步加深对“闲人”的理解。 | 1.解衣欲睡，月色入户，欣然起行。<br>2.“庭下”句。<br>3.但少闲人如吾两人者耳。 |
| 陈俊<br>(2011年安徽省初中语文优质课评比一等奖) | 1.读文正音。<br>2.词句释义。<br>3.从“闲”入手理解本文：闲游、闲暇、闲适、闲情。<br>4.体会作者“闲置”下的乐观和豁达。 | 1.遂至承天寺寻张怀民。怀民亦未寝，相与步于中庭。<br>2.“庭下”句。<br>3.但少闲人如吾两人者耳。 |
| 段岩霞<br>(2012年山东省初中语文优质课评比一等奖) | 1.诵读：字音、停顿、文意。<br>2.品读：作者的快乐。<br>3.探究：“闲人”的魅力。 | 1.“庭下”句。<br>2.念无与为乐者，遂至承天寺寻张怀民。怀民亦未寝，相与步于中庭。<br>3.但少闲人如吾两人者耳。 |

续表

| 执教老师 | 教学内容 | 教学点 |
| --- | --- | --- |
| 王中美<br>（2012年第二届全国中学语文教师教学基本功展评优秀课例二等奖） | 1.初读：读音、停顿。<br>2.疏通文意。<br>3.研读品味：月色、竹柏影、比喻、作者感慨。<br>4.感悟体会。 | 1."庭下"句。<br>2.但少闲人如吾两人者耳。 |
| 施群<br>（2012年浙江省宁波市第五届语文优质课展评初中组一等奖） | 1.解题。<br>2.朗读：读通顺、读出味。<br>3.找"两"，赏析：两个人、两种植物、两个问号。 | 1.念无与为乐者，遂至承天寺寻张怀民。怀民亦未寝，相与步于中庭。<br>2.月色入户，欣然起行。<br>3."庭下"句。<br>4."闲人"句。 |
| 赵学东<br>（2014年第四届"中语杯"全国优质课评比一等奖） | 1.朗读、自主翻译、解决疑难词句。<br>2.指导朗读，读中悟情。<br>3.拓展写作背景，深化理解。<br>4.指导背诵。 | 1.解衣欲睡，月色入户，欣然起行。<br>2."庭下"句。<br>3."闲人"句。 |
| 殷秀德 | 1.读与断句，初解文意：念、遂、盖、但。<br>2.关注人物，深入文本：张怀民。<br>3.明晰情感，研读文本：文中体现作者心情的关键词、小组讨论整理作者心理变化图。 | 1.念无与为乐者，遂至承天寺寻张怀民。<br>2."庭下"句。<br>3."闲人"句。 |
| 王峰<br>（2015年西宁市教师基本功大赛一等奖） | 1.读：自由朗读、学生评价、小组合作落实句子翻译。<br>2.品：见景—赏月—抒怀。<br>3.悟：苏轼经历的启发。 | 1.念无与为乐者，遂至承天寺寻张怀民。<br>2."庭下"句。<br>3."闲人"句。 |
| 蒋兴超 | 1.反复诵读：字音、停顿、疏通文意。<br>2.庭下赏月：比喻、如真似幻的错觉。<br>3.知音共赏：遂、亦、怀民、相与步于中庭。<br>4.月夜抒怀：补充材料悟"闲人"。 | 1.月色入户。<br>2."庭下"句。<br>3.念无与为乐者，遂至承天寺寻张怀民。怀民亦未寝，相与步于中庭。<br>4."闲人"句。 |
| 黄斌 | 1.读通：无标点朗读、范读、停顿。<br>2.读懂：独立翻译、合作解决疑难。<br>3.读透：乐——美景、知己、美事；闲——悲凉、自嘲、自得；悟——笑对人生。 | 1."庭下"句。<br>2."闲人"句。 |

从上述十五则课例中选择的教学点来看，教师选择的教学点有较高相似性。所有的课例都将“庭下如积水空明，水中藻、荇交横，盖竹柏影也”这一写景名句和“但少闲人如吾两人者耳”这一体现作者情感之句作为教学点，这一选择把握住了该文的关键。各句被选中的具体情况如下：

表3 《记承天寺夜游》课例教学点选择分析表

| 选择的教学点 | 被选率 | 句子的作用 |
|---|---|---|
| 元丰六年十月十二日夜，解衣欲睡，月色入户，欣然起行。 | 47% | 叙事，交代故事的时间、背景，写出苏轼心有所感而无法入睡、欣喜赏月的心绪。（重点赏析：欲睡、入户、欣然） |
| 念无与为乐者，遂至承天寺寻张怀民。 | 53% | 叙事，寻找同游同乐同感者——张怀民。体现出苏轼的毫无迟疑，径直前往。（重点赏析：念、遂） |
| 怀民亦未寝，相与步于中庭。 | 47% | 叙事，相同遭际，相似处境，同样无眠。一起散步中蕴含着微妙的气氛。（重点赏析：亦、步） |
| 庭下如积水空明，水中藻、荇交横，盖竹柏影也。 | 100% | 写景，写出了月光的清澈、竹柏倒影的清雅，无一字写月，却营造出空明澄澈、似真似幻的朦胧月夜。（重点赏析：盖、空明、竹柏） |
| 何夜无月？何处无竹柏？ | 67% | 议论，月夜常有，竹柏常见。（重点赏析：问号） |
| 但少闲人如吾两人者耳。 | 100% | 抒怀，只因两个“闲人”赏月而有所不同。种种难言的情感尽在其中。（重点赏析：闲人） |

## 四、教学内容分析

在统计《记承天寺夜游》的核心教学内容后发现，绝大多数教学设计把对“闲人”的解读、字句的翻译和赏析、作者的人生态度作为重点内容来教授，这说明在教学内容的把握方面也存在普遍的共识。具体统计数据如下：

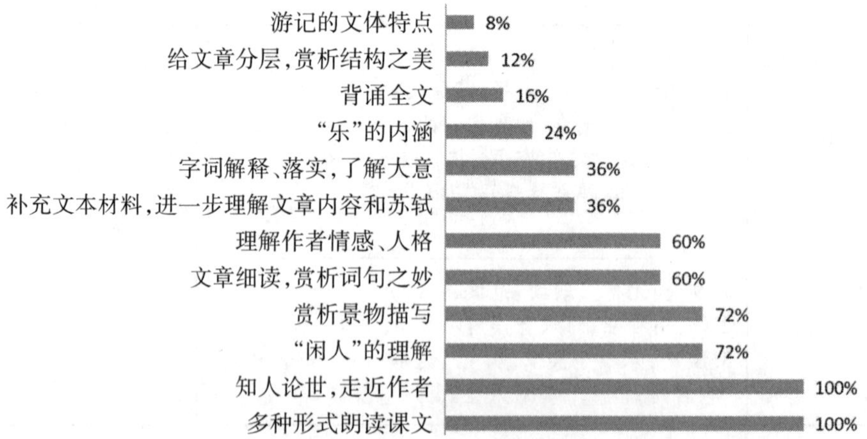


图2 《记承天寺夜游》课例教学内容比较图

# 第三部分　教学建议

## 一、依循文本体式选择教学点

《记承天寺夜游》是一篇文言文，所以首先要指导学生解决文言问题，通过对重要字词、句子的解析加深对内容的理解。通过对课下注释的筛选，重点提出“念”“相与”“空明”“盖”“但”等词语，再根据学生学习经验和日常经验的缺失，补充“户”“遂”“庭下如积水空明，水中藻、荇交横”等字句的解析。

《记承天寺夜游》是一篇记叙个人经历感受的散文，了解苏轼生平及创作背景对理解全文有很大帮助。其中“怀民亦未寝”一句，既可以介绍张怀民生平，又可以跟苏轼的“未寝”缘由发生关联，这一句很适合作为教学的切入点。

《记承天寺夜游》所写的景物其实十分寻常，随处可见，但苏轼却在寻常的景物中发现了被人们所忽视的美，并在这种异乎寻常的常感之中领悟到了某些人生哲理。学生在学习完这篇小品文之后，不仅要领略到承天寺月夜的那种自然宁静，也要能理解苏轼内心世界的丰富性与矛盾性。“庭下如积水空明，水中藻、荇交横，盖竹柏影也”，以极精炼的文字，绘形、绘影、绘色，描绘出庭院中优美的月色，表现出浓郁的诗情画意，可谓描写月夜的神来之笔。教学中要让学生通过诵读、细读、想象等方式来领悟这千古佳句所创造出的恬静月夜、梦幻境界。

《记承天寺夜游》中流露出富有层次的情感，这在“何夜无月？何处无竹柏？但少闲人如吾两人者耳”寥寥数语中得以充分体现。散文末尾所传达的思想感情相当复杂，一方面表现出超脱闲适的情趣，另一方面又透露出不得其所的不平与孤独。但正因成了“闲人”，才是这美妙月夜、无主江山的真正主人。多少胜境佳景都被忙碌的人们匆匆错过，他们哪有“闲人”的此种心境、这般享受呢？苏轼把自己和同样贬居于黄州的张怀民称为“闲人”，既有无奈，又有自慰，既是写实，更是抒怀。

意韵丰富的文章要靠诵读才能细细品味，诵读是学习文言文的基础，语感也要依赖诵才能培养出来。对于《记承天寺夜游》的诵读，教师可以通过音节拉长、改变语速、音调轻柔等方式，指导学生注意品味文字中蕴含的情感，使学生体会到“文言的滋味”“月夜的宁静”“夜游的缘由”“复杂的情愫”。如果学生能通过诵读沉浸到作品中，仔细品读作品的情感和味道，读出自己理解和感悟，实现了“个性化诵读”，那课堂教学就已经成功了一半。

此外，《记承天寺夜游》标题中的“夜游”既是全文发展的线索，又起到了明确文体为游记散文的作用。着眼于文体特征，可以更加准确而深入地解读文本，往往能事半功倍，也应作为教学点之一。

## 二、分析学情确定教学点

八年级上学期的学生已经学习了一定数量的文言文，而《记承天寺夜游》中没有特别难理解的词句，学生能够借助课下注释和工具书，整体感知全文大意。对学生而言，《记承天寺夜游》的难点约有三处：其一，“庭下如积水空明，水中藻、荇交横”一句，只是比喻朦胧的月光，实际上没有积水，也没有藻、荇；其二，苏轼与张怀民两人的关系；其三，末尾“闲人”数句中所凸显出的复杂情感。

孟子强调“知人论世”，主张要想真正理解一个人的作品，就首先要了解他的为人、生平及所处的时代背景。古人的作品，也是诗人心声的流露。在学习《记承天寺夜游》时，要注意贬谪经历对苏轼创作心态的影响，以及他与张怀民二人的情谊。教师不要按部就班地介绍写作背景，而应该打破固定的教学程式，灵活、适当地穿插背景介绍，“不愤不启，不悱不发”，这样更有利于学生养成自主的、综合的分析能力。

## 三、依据教学点确定教学内容

学生在学习《记承天寺夜游》时，他们已有的经验与文本关键处之间的落差，就是教师需要填补的空白，亦即教学内容。要理解偌大的黄州，苏轼为何单单找张怀民，就要为学生们补充作者生平、创作背景、张怀民的简介，以理解那一代知识分子的心境。在学习“庭下如积水空明，水中藻、荇交横”时，要为学生补充农村生活图景，营造静谧月夜的情境。在学习“何夜无月？何处无竹柏？但少闲人如吾两人者耳”时，要为学生补充作者在黄州期间的经历、其他作品、相关评价等，才能让学生对“闲人”内涵形成较全面的理解。譬如对“闲人”一词，可以有多种理解，甚至前人对此也争论不休，就可以将这类词句单独挑出来设计成教学问题，以启发学生的独立思考能力。可以通过设问，让学生讨论自己更赞同哪一种说法，或另有什么创新的解读，还可以进行小组讨论，集思广益，触类旁通。

# 第四部分　参考案例

### 教学目标

1.借助课本注释与词典，扫清字词障碍；记住“户”“念”“遂”“相与”“空明”“盖”“但”在文章当中的音、形、义。通过诵读，联系上下文结合语境，理解文意，会翻译“庭下如积水空明，水中藻、荇交横”。

2. 能够从修辞、意境的角度赏析写景名句“庭下如积水空明，水中藻、荇交横”。

3. 通过“遂至承天寺寻张怀民”等句理解苏轼的遭遇和个性，再结合助读材料感受作者“闲人”二字中复杂多层的情感。

## 教学流程

### 一、“闲人”信笔出精品

导入：老师非常喜欢《记承天寺夜游》，愿意把它比作一首清雅的歌曲，也有人把它比作一幅画轴。著名作者梁衡在《秋月冬雪两轴画》这篇散文中这样高度评价道：

有一种画轴，且细且长，静静垂于厅堂之侧。她不与那些巨幅大作比气势、争地位，却以自己特有的淡雅、高洁，惹人喜爱。在我国古典文学宝库中，就垂着这样两轴精品，这就是宋苏东坡的《记承天寺夜游》和明张岱的《湖心亭看雪》。

——梁衡《秋月冬雪两轴画》

从中，我们可以看出梁衡认为《记承天寺夜游》有些什么样的精妙之处？

明确：简约、淡雅、小而美。

### 二、诵读“闲人”之文

1. 自由朗读，纠正读音：学生先自由朗读，然后请学生展示，其他学生点评读音。

注意：“遂”“荇”“柏”的读音。

2. 小组合作，疏通文意：通过对课下注释的筛选，重点提出“念”“相与”“空明”“盖”“但”等字词，再根据学生学习经验和日常经验的缺失，补充“户”“遂”等字词的解析。

3. 提出疑难，全班交流：“庭下如积水空明，水中藻、荇交横”是比喻句，抓住“如”字理解。

4. 再读全文，初悟情感：最后，全班齐读一遍《记承天寺夜游》，在理解文意的基础上，注意停顿和情感。

### 三、品读“闲人”之情

1.“闲人”的游踪

这是一篇游记，游记最重要的是所至、所见和所感。

根据文章内容，填写以下表格。

| | |
|---|---|
| 时间 | |
| 地点 | |
| 人物 | |
| 所见 | |
| 所感 | |

2."闲人"的知己

结合文章内容，根据助读材料，小组探讨苏轼为何寻张怀民。

助读材料1：苏轼，中国历史上罕见的全才，在诗词、书画、散文等创作上都有极高的造诣，堪称一代典范。林语堂曾评价苏轼："一提到苏东坡，在中国总会引起人亲切敬佩的微笑。"苏轼创作出了大量流芳于世的文学作品，又富有质朴纯真、率性自由的鲜明个性，再加上坎坷的人生经历和屡遭挫折而不失旷达的人生态度，因而深受古今读者喜爱。苏轼一生不为权势折腰，无论是为官从政，还是创作诗文，都敢于突破常规，发常人所不敢言，写常人所未曾写。

助读材料2：元丰二年（1079年），苏轼在经历了130天的牢狱生活之后，因"乌台诗案"被贬黄州，这是他平生第一次遭受的政治打击。这次贬谪生涯成为苏轼生活的转折点，也使苏轼的人生观念、艺术创作、审美情趣都发生了深刻变化，从此他的人生犹如"缥缈孤鸿影"，尝尽"人生几度秋凉"。苏轼晚年在《自题金山画像》中评价自己："问汝平生功业，黄州惠州儋州。"黄州居首，不仅是在时间序列上，也是在文学创作上，苏轼最先在此地迎来了他思想的成熟期。

助读材料3：张怀民，名梦得，又字偓佺，清河（今河北省清河县）人。他于元丰六年（1083年）贬谪到黄州，初到时寓居在承天寺。他曾筑亭于住所之旁，在那里能够纵览长江胜景，苏轼名之为"快哉亭"，并写了一首《水调歌头》词赠他，词中有"一点浩然气，千里快哉风"的名句。苏轼的弟弟苏辙也为他写了一篇《黄州快哉亭记》，文章中说张怀民虽然屈居主簿之类的小官，但心地坦然，不把迁谪放在心上。公务之暇，以山水怡情悦性，处逆境而无悲感之容，是一位有过人的自制力的性格倔强的人。

明确：相似的遭遇、相仿的个性。

原文当中，特别能体现二人"知己"的字是哪个呢？请同学们来找找看。

明确：

(1)"亦未寝"的"亦"字，写出这二位情怀相似，心情相仿；怀民的"未寝"也在作者意料当中。苏轼只用这一句，就足以表达出两人的默契同心之情了。

(2)"寻"有一种急切的感觉，好像丢了东西一般。如果改成"访"就失去了这样的焦急迫切之感，这就熨帖地写出了作者渴望与知心好友共同赏月的急切心理。

3."闲人"的所见之景

"庭下如积水空明，水中藻、荇交横，盖竹柏影也。"

这一句妙在何处？

(1)提示：写了月吗？用了什么修辞？营造了一种怎么样的意境？

明确：短短三句话，没有一个月字，却无处不是皎洁的月光。作者用"积水空明"比喻庭院中月光如水、清澈透明；用"藻、荇交横"比喻月下交织的竹柏倒影，精炼得无以复加。

"积水空明"，形容月光，给人以一池春水的静谧之感；"藻、荇交横"，用竹柏倒影来烘托月光，具有水草摇曳的动态之美，整个意境静中有动，动而愈见其静。从而创造出一个冰清玉洁的透明境界。

(2)变式比较：庭下月光如流水空明，竹柏影似水中藻、荇。跟原句比有什么不一样？

明确：都是比喻，以水喻月并不新颖，新奇的是苏轼不用普通的明喻，而用隐喻先声夺人，水月莫辨，造成庭院积水的错觉。进而写清澄水中交错着藻、荇的清影，使人感到扑朔迷离，正当读者恍惚迷惘、沉浸其中并细细体味时，作者却轻轻地点出："盖竹柏影也。"于是恍然大悟。体现了苏轼与月色融为一体的沉醉，通过艺术的错觉写出了动态之美，隐喻贴切，塑造出了一个充满诗意的境界。

4."闲人"的丰富内涵

被贬的遭际往往令人沮丧、失落，但苏轼却在行文中流露出赏月的欣喜。

从中我们发现一种矛盾。为什么会有这样的矛盾？接下来我们就要一起来探寻游记的核心，作者的感慨。最能体现这篇文章灵魂的字是——。

"闲"，金文("夕"或"月"，代表夜晚)+(门，代表家居)，表示入夜后居家而无所事事。

造字本义：由白天的外出奔波，转入夜晚的家居休闲。"入夜"加"家居"，便构成无所事事的"安闲"。

"闲"除了安闲外，在此文中还能怎么理解呢？

结合助读材料，理解"闲人"的丰富含义：

助读材料1：遭贬黄州的苏轼，俸禄微薄，难以糊口。住在城东一个很简陋的居所，他的老朋友马正卿帮他把黄州城东的一片荒地要了过来，交给他去打理。这片荒地在黄州东门外，苏轼又效仿白居易忠州东坡之名，称为"东坡"，并以之作为自己的别号。尽管生计窘迫，苏轼却以一种坚韧的执着坚持了下来，并逐渐学会苦中作乐，享受生命中的一切。

助读材料2：苏轼在给朋友的信中写道："江山风月，本无常主，闲者便是主人。"

助读材料3：苏轼《前赤壁赋》《后赤壁赋》《念奴娇·赤壁怀古》《记承天寺夜游》《定风波》等流传千古的作品，全都是在最困顿的黄州时期所完成的。

助读材料4：苏轼："古之立大事者，不惟有超世之才，亦必有坚忍不拔之志也。"

明确："闲人"——一忧一喜。忧的是仕途之闲，贬官谪居在黄州，要亲自务农才能勉强维持生计。喜的是心灵之闲，可以静赏江山风月之大美。

苦难才是对这位天才文人的玉成。以后的岁月中，苏轼不管身居何处，不论官位高低，都能做到随遇而安，有所作为。可以肯定的是，苏轼在黄州这个顽疾之地依然过得自然洒脱，的确应归功于他豁达的人生观。旷达是我们所看到的表面，对人生的执着热爱、坚毅的品格才是其真正的内核。

## 四、再读融“闲人”之心曲

《记承天寺夜游》写于元丰六年（1083 年），是一则短小隽永的游记小品。这短短 85 字，带我们跨过近千年的时间深渊，看见那年的月光，那刻的苏轼。这就是文字的力量！这是苏轼用心声谱写的一曲清歌，寄予着自己的几分闲情，也许我们不能做最好的歌唱家，但我们可以做一个朗读者。

活动：制作朗诵图谱，小组诵读。

依据作者所见之景、所感之情，用拉长声音、轻重变化、高低起伏、改变语速等变化，在文章上用箭头标示出朗诵图谱，所呈现出的就是古文中情感起伏的律动。

## 五、作业布置

1. 背诵《记承天寺夜游》。

2. 拓展阅读：林语堂《苏东坡传》。

**板书设计**

记承天寺夜游

苏轼

知己——相随——被贬遭际　闲　忧　→　热爱、坚毅

月色——作伴——愉悦欣喜　　　喜

# 悟道山水：斟酌情志表达的简约之美

## ——《与朱元思书》教学知识（PCK）的择定与建构

深圳市福永中学 陈宇峰

《与朱元思书》是吴均写给好友朱元思信中的一个片段，最早见于初唐人编的类书《艺文类聚》（卷七），全文仅144个字，却是历来为人们所称道的骈文佳作。其述说富春江沿岸之美，语言清丽简练，将奇山异水描绘得极为生动逼真，既用人的感受反衬出山水之美，也抒发了吴均对功名利禄的鄙弃和对官场繁务的厌倦之情，含蓄地流露出爱慕大自然，流连山水，避世退隐的高洁情趣。此篇文章现被选入部编版语文教材八年级上册，其独具特色的山水描写和情志表达，为中学生赏析与学习优秀诗文的写作手法提供了一个很好的范本。

## 第一部分 文本解读综述

### 一、《与朱元思书》的写作背景

#### （一）吴均其人

吴均（469—520年），字叔庠，吴兴故鄣人。南朝梁时期的文学家，官至奉朝请（一种闲职文官）。想撰写《齐书》，却不被允许，后私自撰写《齐春秋》，在书中称梁武帝为齐明帝佐命之臣，因而触犯了武帝，不仅书稿被焚，还遭罢官。之后又奉旨撰写《通史》，却在51岁时去世，未能完成书稿。吴均既是历史学家，又是著名的文学家，其注释范晔《后汉书》九十卷，写就《齐春秋》三十卷以及《吴朝请集》、小说《续齐谐记》等。

《梁书》本传说他“文体清拔有古气，好事者效之，谓为‘吴均体’”。他的诗文也深受沈约的称赞，清代的许梿在他的《六朝文絜笺注》评吴均的《与朱元思书》：“扫除浮艳，澹然无尘，如读靖节《桃花源记》、兴公《天台山赋》。此费长房缩地法，促长篇为短篇也。”给予吴均之作《与朱元思书》极高的评价。今存吴均书札有《与施从事书》《与朱元思书》《与顾章书》三篇。

### （二）朱元思其人

《与朱元思书》是一篇经典的山水小品，因脍炙人口的描写而为后人称道。然而，这篇作品的题目却有"与朱元思书"和"与宋元思书"二说。曾有学者就朱元思姓"朱"还是姓"宋"展开过举证讨论，有学者认为马东震的《元思姓氏考略》中所举证的认为"元思宋姓"之说较可靠。其实，收信人是谁无关宏旨，因为吴均这封信的选段专谈风景，虽也隐含着自己的志趣，但几乎不涉人事交往方面的事项[①]，故也不必作赘述。

### （三）关于写作缘由

宗白华曾指出，魏晋南北朝时期是中国政治最混乱，社会上最苦痛的时代，却又是精神上极自由、极富有智慧和艺术的时代。[②]当时盛行的佛道思想影响了很多像吴均一般的官场失意者，这些知识分子受之影响，产生归隐之意，于是寄情山水来排解心中的苦闷。吴均也因自身坎坷的遭遇，在动乱中生发寄寓山水风光之情，其乘船游览富春江，见山水宜人，遂融合其情，给他的朋友朱元思写了一封书信，《与朱元思书》即是其中的片段，后成了独立的经典山水小品文。

## 二、《与朱元思书》的词句考释

《与朱元思书》虽多用骈偶的句子，却一点也不呆板繁复，可以说是"吴均体"的一个样板。但即便如此，对于文本的结构与内容上的争论在学术界还是存在的。通过整理发现，主要有两大方面：

### （一）"负势竞上，互相轩邈"的主语为何

1. 主语为"高山"

在部编版教材中，"负势竞上"解释为"山峦凭借（高峻的）地势，争着向上"，可以看出编者认为此句的主语为"山"。钱锺书先生在《管锥编》中指出："负势竞上"这样的话，在南北朝文章中并不少见，已经成为熟语。如鲍照《登大雷岸与妹书》云："南则积山万状，负气争高。"《水经注》中则有"山峰之上，立石数百丈，亭亭桀竖，竞势争高""左右岫壑争深，山阜竞高""双峰共秀，竞举群峰之上"等句。在这些句子中，"负气""竞势"的主语无疑是山。其进而认为："吴、郦命意铸词，不特抗手，亦每如出一手焉。"从当时惯用写法的角度来看，"负势竞上"的主语应是"高山"。[③]

孙丽莉在《也谈〈与朱元思书〉的两处注释》中指出：从语法上说，"负势竞上，互相轩邈"前边的两句"夹岸高山，皆生寒树"。不容置疑，主语是"高山"，宾语为"寒树"。按汉语语法，后面句子的主语如果和前面的主语相同，可以承前省略，但主语和前面句子的宾

① 顾农．四望亭文史随笔[M]．南京：凤凰出版社，2012：163.

② 宗白华．美学散步[M]．上海：上海人民出版社，2015：250.

③ 钱锺书．管锥编[M]．北京：中华书局，1979：1460.

语相同，一般不能省略，否则会造成歧义。从修辞的角度看，这个句子应看作比拟。在作者的想象中，重重叠叠的山峦各仗着自己的地势争相向上，仿佛要比一比，看谁爬得最高，伸得最远，由此而形成了无数的山峰。按常规想法，说山借着高峻的地势不可思议，但是本文想象新奇，在这里以动写静，说山在比高，更显山之高，山之奇，也使文章更摇曳生姿。①

顾农在《四望亭文史随笔》中认为，"负势竞上，互相轩邈，争高直指，千百成峰"就是一种化静为动的手法，形象地写出了舟行途中所见高山层出不穷，令人应接不暇，并与开头几句暗暗地遥相呼应，可见其亦支持此句主语为"高山"。

**2. 主语为"寒树"**

李恩中在《〈与朱元思书〉两处注释的商榷》一文中指出：此句的前句为"夹岸高山，皆生寒树"，因此"高山"和"寒树"都可能是主语；"负势竞上"的"势"，课本注释为"（高峻的）地势"，这个"（高峻的）地势"即指"山势"，而"高山"负着（高峻的）地势是说不通的，因此，只能是"寒树"负着高峻的山势；从修辞的角度来说，这个句子应是比喻，即作者是想通过描写夹岸高山上依恃着山势争着往高处和远处伸展的、好像形成无数个山峰的阴森森的树木，来表现山的高峻。②

张万葵在《与〈朱元思书〉注释商榷》一文中则从文意和常理指出：从文意上推敲，本文第一段把富春江一带的山水之美概括为"奇山异水，天下独绝"；第二段对"异水"做形象生动的描绘；第三段是写"奇山"。"夹岸高山，皆生寒树"句，已明确指出了山的高，但句意却重在写高山上的"寒树"。"寒树"大约是指耐寒常绿的松柏之类。"负势竞上""争高直指"正是这类树木的特点。因此，"负势竞上，互相轩邈"应当是指这些树木凭依山势的起伏和走向，互相攀比着向高处和远处生长。"争高直指"意为这些树木互争高下，竞相上长，笔直地指向天空，而"千百成峰"则是说那些树木因长势的不同，使山峰呈现出千姿百态。③

孟宪永在《"负势竞上"的主语是什么?》一文中指中：富春江两岸高山上以松杉树居多，树形多呈宝塔状，远远看上去，"寒树直指苍穹，参差起伏，蜿蜒连绵"，正像一座座山峰。它们长在高低不同的山上，才形成了"千百成峰"景象。后文写到的泉水、好鸟、蝉、猿，与"寒树"一样，都是高山的一个有机组成部分，所以，只有将"负势竞上……"的主语理解为"寒树"，才能和后文的几个景物统一起来，共同构成富春江高山的独特美景。作者并"没有铺写重岩叠嶂，奇壁陡削之状"，而有了山上"树"之奇、"鸟"之奇、"蝉"之奇、

① 孙丽莉.也谈《与朱元思书》的两处注释[J].语文教学之友，2005(6):40.

② 李恩中.《与朱元思书》两处注释的商榷[J].语文教学之友，2005(3):31.

③ 张万葵.《与朱元思书》注释商榷[J].语文月刊，1997(9):37.

“猿”之奇、“泉”之奇，“山”能不奇？[①]

丁长河曾指出，“负势竞上，互相轩邈”是指寒树不畏天高气寒，顽强地生长，互比高低，给山增加了无限生机。[②]从中我们可以看出他所认为的“主语”乃是“寒树”。

### （二）《与朱元思书》的结构

经整理发现，多数学者认为《与朱元思书》一文的结构就是典型的“总—分”格式，先以“奇山异水，天下独绝”从总体上概括了富春江山“奇”水“异”的特点，并总领了下文对第二段“异水”和第三段对“奇山”的分写。

另有学者认为此文第二段应写“奇山”，第三段应写“异水”，因没有注意到前后的照应，致使“白璧”有了“微瑕”，所以其认为将第一段“奇山异水”改为“异水奇山”更为妥帖。[③]

而姚勇文则依据钱锺书先生在《管锥编》中提到的“‘有起必承，而应承之次序与起呼之次序适反’的现象称为‘丫叉句法’。即从‘句法到章法，都运用“甲乙—乙甲”的次序，逆接遥应，而不顺次直下’”的看法，认为《与朱元思书》的这一结构实是“丫叉句法”的体现，它既可用于数句片段，也可用来谋篇布局。[④]

### （三）有关文末四句

部编版教参对“横柯上蔽，在昼犹昏；疏条交映，有时见日”的解释是：横斜的树枝在上交错遮蔽，挡住了天空，虽在白昼，林间仍显得昏暗；稀疏的枝条交相掩映，有时还能见到阳光。这四句写景的句子，因其在“鸢飞戾天者，望峰息心；经纶世务者，窥谷忘反”这一表达作者归隐情志的句子后边，故有学者提出了自己的不同观点。

孔德普和陈致认为末句无论从结构、内容还是文章中景与情的关系上看，都显得突兀，甚至有悖于人们的认识和思维规律，故应该删去为好。[⑤]

孙绍振则认为，这一个句组并非多余，它表现了作者在激发了自己情致的高峰体验以后，并没有向理性升华，因而也没有转移对于自然景观的迷恋，仍然一如既往地沉醉在美好多变的景色之中，它构成了文章结束感和欣赏者欣赏持续的一种张力，实为妙处所在。[⑥]

还有学者认为最后的四句是在常态的空间世界里加入了时间要素，人似乎把握了自然瞬间变化的感觉，在“横柯上蔽，在昼犹昏”的常态背景中，插入了“疏条交映，有时见

---

① 孟宪永.“负势竞上”的主语是什么?[J].中学语文教学，2009(11)：52.

② 袁行霈.历代名篇赏析集成[M].北京：中国文联出版公司，1988：501.

③ 唐军文.《与朱元思书》结构指瑕[J].语文教学通讯，1996(Z1)：110.

④ 姚勇文.从《与朱元思书》的结构看“丫叉”句法[J].语文知识，1998(2)：49—50.

⑤ 孔德普，陈致.《与朱元思书》末句删去如何[J].语文教学通讯，2002(5)：24.

⑥ 孙绍振.在骈体的约束中抒写情志——读《与朱元思书》[J].语文建设，2013(6)：44—47.

日”这两句。对“有时见日”的描写，既可能暗示了有时起风的状况，枝条摇摆中，把阳光漏进来；也可能并没有风，只是时间移动，太阳绕开了重叠的厚密枝叶，从一些相对稀疏的枝条中，把阳光穿透进来。而人在感受这种细微的变化中，和自然一起分享的时间意义、生命意义才得以凸显。①

操乐发在《〈与朱元思书〉结尾三解》中提出，作者并不会作无用之笔，此句能达到以景喻“境”、以景喻“理”、寓“情”于景的美妙效果。②

## 三、《与朱元思书》的艺术特色

### （一）卓尔不群的语言

《与朱元思书》作为一封友人来往的书信，又是一篇专描山水的散文作品，它也是一篇具有骈文特色的文章。文章以四字句和六字句为主，在后半部分则出现大量对偶句，如“泉水激石，泠泠作响；好鸟相鸣，嘤嘤成韵”“蝉则千转不穷，猿则百叫无绝”。此种对偶语言读来朗朗上口，节奏感极强，并且具有句式整齐、音韵和谐、对比立意、相映成趣的表达效果。

但本文一改当时骈文形式上束缚，脱颖而出，可以说是一种可贵的突破与创新。其一，在四字句、六字句中运用了“鸢飞戾天者，望峰息心；经纶世务者，窥谷忘反”这样的五字与四字交替运用的句式，使语言变得更为活泼；其二，文章前半部分几乎没有对偶，无异于一般散文（尤其是第一节），后半部分则基本上都是工整的对偶句，这样骈散结合、疏密相间的安排，使语言灵活多变，更具韵律美。③

### （二）简而脱俗的用典

《与朱元思书》并没有像一般骈文那样堆砌典故以致生成隐晦难懂的弊病，而是自然形成一大特点，那就是用典精炼有致、含蓄典雅。

全文两处用典都恰到好处，一是在描写山水之间的声响时，作者写道：“泉水激石，泠泠作响；好鸟相鸣，嘤嘤成韵。”这里巧妙地引用了《诗经·小雅·伐木》中的：“伐木丁丁，鸟鸣嘤嘤……嘤其鸣矣，求其友声。”但并不直引，而是用自己的语言将相向和鸣以求友的鸟声描写了出来，从而让山林的寂静、山境的深邃表现得更加美好。再一处是“鸢飞戾天者，望峰息心；经纶世务者，窥谷忘反”，这“鸢飞戾天”引自《诗经·大雅·旱麓》“鸢飞戾天，鱼跃于渊”一句；这“望峰息心”语出《南史 · 何点传》“豫章王嶷命驾造点，点从后门遁去。司徒竟陵王子良闻之，曰：‘豫章王尚，忘尘不及，吾当望岫息心。’”两处用典自然，说明景物对心情的影响，虽有消极避世的思想，但又有对祖国美好山水的流连忘返，表达了寄情

① 詹丹.关于《与朱元思书》的结尾及其他——从赵昌平等先生的解读谈起[J].语文学习，2018(12)：43—46.

② 操乐发.《与朱元思书》结尾三解[J].语文教学之友，2006(3)：31.

③ 霍燕生.景美 情美 辞美——《与朱元思书》课文赏析[J].现代语文(教学研究版)，2009(8)：116—117.

于山水，不欲与世沉浮之意。除此两处用典外，其余均采用白描手法，准确且传神地写景状物，让文章语言更为灵动自然，一改当时绮丽浮靡的骈文流风，从而构造出清新脱俗的新境界。

### （三）丰富多彩的手法

夸张、比喻、拟人等修辞手法的应用以及视听觉角度的精彩描写，让简短的文字俨然成为跳动的音符，谱出动人的乐章。

在对“异水”的描写中，“缥碧”一词从颜色上表现了江水晶莹剔透的静态美，“千丈见底”则运用夸张的手法表现了江水虽千丈之深却能一望到底的“清透”，以至“游鱼细石”都可以“直视无碍”。“急湍甚箭，猛浪若奔”两句，更是通过比喻、夸张等修辞把江水的动态美勾勒了出来，其“急猛”之态，让人心潮澎湃。

在写“奇山”的时候，同样运用不同的手法，如“夹岸高山，皆生寒树，负势竞上，互相轩邈，争高直指，千百成峰”是从视觉的角度写出了山势之奇。通过“竞”和“争”二字将山拟人化了，赋予了山以人的向上拼争的精神状态，终成就了“千百之峰”。视觉上的描写是极为出彩的，化静为动的拟人手法的运用，在文中可谓是熠熠夺目。除了视觉外，还有听觉的描写，那天山空籁之奇，亦让人神迷。泉水冲击岩石发出清越的声响，百鸟相鸣，蝉啭猿啼，以声衬静，更显山谷之幽静。至此，一个幽静美好的自然世界便跃然纸上，难怪吴均对之极为向往。

# 第二部分　案例设计综述

## 一、各版本教材收录编排简析

《与朱元思书》一文是山水小品中的精品，仅一百多字，但其清丽语言却韵味无穷，无论是其语言的清新脱俗还是情志表达的简约有味，都被阅读者所称道。因而其也被各大版本的教科书收录其中，作为学生学习骈文佳作，欣赏山水散文，提高景物描写技巧和审美情趣的一个重要文本。现就本文在部编版、鲁教版和苏教版三大版本教材中的编排特点进行简要的对比分析。

表1 三大版本收录对比

| 教材版本 | 单元位置 | 单元编排 | 课文预习提示 | 课后练习 |
|---|---|---|---|---|
| 部编版 | 八年级上册<br>第三单元 | 10.三峡<br>11.短文二篇<br>答谢中书书<br>记承天寺夜游<br>12.*与朱元思书<br>13.唐诗五首<br>野望<br>黄鹤楼<br>使至塞上<br>渡荆门送别<br>钱塘湖春行 | 本文是吴均给友人的信的一部分，也是一篇精美的写景短文。作者用生花妙笔，为友人描绘出富春江的奇山异水，也写出自己面对美景的感受，意在劝友人放下争名夺利之心，忘情于天地大美之中。朗读课文，体会文中描绘的山水情境，陶冶自己的性情，把你的感受与同学分享。 | 说一说，文中所写的山水“独绝”在哪里？面对富春江的“奇山异水”，作者有什么样的感想？你如何理解这种感想？ |
| 鲁教版 | 八年级上册<br>第四单元 | 19.与朱元思书<br>20.五柳先生传<br>21.马说<br>22.送东阳马生序<br>23.诗词五首<br>酬乐天扬州初逢席上见赠<br>赤壁<br>过零丁洋<br>水调歌头<br>山坡羊　潼关怀古 | 这是一篇山水小品，作者以简练隽永的笔墨，描绘了一幅充满生机的大自然画卷。阅读时要注意作者是怎样抓住山光水色的特点模山范水的。 | 作者说：“自富阳至桐庐一百许里，奇山异水，天下独绝。”这一段山水到底“奇”在哪里？“异”在哪里？ |
| 苏教版 | 九年级上册<br>第五单元 | 16.陈涉世家<br>17.桃花源记<br>18.与朱元思书<br>19.捕蛇者说<br>20.岳阳楼记<br>21.醉翁亭记 | 阅读文言文时，要借助工具书查明文章出处、写作背景、文化常识、与课文有关的知识点，读懂字句，疏通文意，理解课文的内涵和表达的感情。 | 作者在信中描写了富春江奇异的景色以后，又设想了追逐名利、热衷官场的人来到这里会引发的感受，他的目的是什么？ |

因不同版本教材的编写体例不同，《与朱元思书》一文的编排也有一些差异，比如部编版与鲁教版都将其归置到八年级上册，而苏教版则在九年级上册，苏教版更注重学生阅读文言文的方法与实用性。在阅读提示中可以发现，部编版注重引导学生的阅读感悟，鲁教版和苏教版则更注重表达技巧方面的要求。在课后练习中，三者都在引导学生对文章的一些值得探究处进行思考。

## 二、典型教学案例

《与朱元思书》一文因其写景达情的艺术性,在各版本的中学语文教科书上都有收录,历来对其的解读与赏析不在少数,现就以2004—2018年间发表于各大刊物的典型案例对教学目标、教学内容和教学方法等三个方面进行分析。

### (一)教学目标

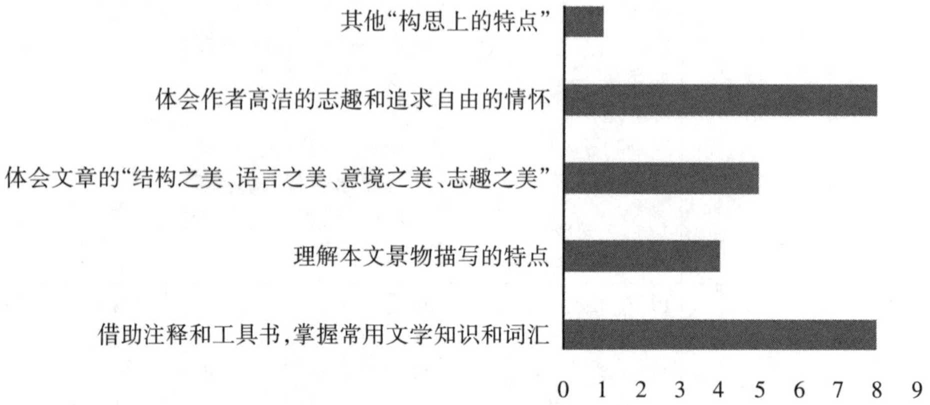


图1 《与朱元思书》课例教学目标分布比例图

从图例中可以看到,《与朱元思书》一文在教学目标的设定上有如下几个特点:

1.注重基础知识的掌握。借助注释和工具书解决文本阅读的基础理解问题,并积累文学知识和词汇,着重提升识读识记能力。

2.注重文本语言的探究。《与朱元思书》是一篇脍炙人口的山水小品文,其骈文的语言特色与所描写的优美景色,都是作者志趣的体现,故探究景物描写方法与语言特点是理解作者情志表达的重要途径。

3.注重作者情感的品味。《与朱元思书》一文,通过写景来达情,作者吴均所要表达的情志并非显山露水的,而是隐藏在字里行间,其物外之趣,物外之理,皆需通过细细咀嚼方能有所体味。

### (二)教学内容

教学内容的确定,一直都是学者们研究讨论的一个重点。《与朱元思书》虽字数不多,但其中包含的由"言"到"文"的知识却是极为丰富的。通过整理发现,在典型案例中的教学内容多数以分析"言"中所含的知识,对文章所描写的景物以"异水""奇山"作分析,对文章的结构以及作者的情感作剖析,从而细细挖掘文本中所包含的知识点和深层意味。

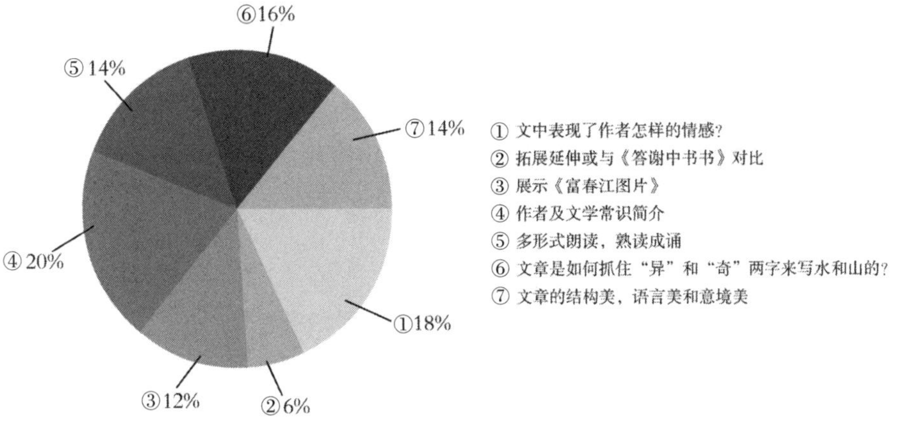


图 2 《与朱元思书》课例教学内容分布图

## (三)教学方法

通过对《与朱元思书》课例的整理发现,关于《与朱元思书》的教法主要有如下几种:

### 1. 朗读法

学习文言文,必定离不开吟诵。王丽在《吟诵,让文言教学如此美妙——运用吟诵法教学〈与朱元思书〉》中提到自己以吟诵为主线,引导学生疏通文意,体会情感,背诵课文,起到了很好的教学效果。主要有几个环节:(1)比比谁字音读得准;(2)比比谁停顿得对;(3)比比谁重音读得好;(4)比比谁语气、语调、语速读得巧;(5)比比谁能背下来。[①]赵德广则通过多种形式的朗读方式来开展教学:(1)听录音。注意其中的字音、停顿、节奏和所包含的感情。(2)跟读。请同学们跟着录音轻声朗读,体会其中的意境。(3)请两位同学读课文,其他同学点评。(4)请全班同学集体朗读课文,注意感情投入。[②]

### 2. 问题讨论法

设疑讨论,分组辨析,让一个问题的答案变得更加丰富,更能激发学生品味探究的兴趣与积极性。赵平把小组分成“奇山派”和“异水派”进行小组讨论,并把相应的任务分配给学生。问题:(1)作者笔下的水是怎样的情状呢? 请根据文中的有关词语说说水的特点。(2)作者从哪几方面写山的? 写出了山的哪些特点?(3)“鸢飞戾天者,望峰息心;经纶世务者,窥谷忘反”一句表达了作者怎样的情感? 任务分配:“奇山派”解决 2、3 题,“异水派”解决 1、3 题。[③]通过组内讨论、分享,形成研讨成果,让《与朱元思书》一文的疑点得到解答,同时也提高古文学习的乐趣。

① 王丽.吟诵,让文言教学如此美妙——运用吟诵法教学《与朱元思书》[J].语文建设,2007(2):31—32.

② 赵德广.《与朱元思书》教学设计[J].语文学刊,2010(2):175.

③ 赵平.《与朱元思书》教学设计[J].新课程(下),2012(1):153—154.

3. 对比阅读法

对比阅读是对文本特点进行认识深化的一个好方法，通过对比阅读，文本的特点会更加明晰。沈艳春在《与朱元思书》的教学设计中，设置了一个比较《答谢中书书》的拓展助学环节：《答谢中书书》与本课在内容和形式上有许多相似点，请同学们比较本文与《答谢中书书》的异同。通过文本比较阅读，能加深同类文章的学习效果。

## 第三部分　教学建议

《与朱元思书》课例所呈现的教学模式在一定程度上给了我们较好的解读文本和教学的启发。以下就《与朱元思书》一文的教学提出几点建议。

### 一、重视导入

《与朱元思书》是一篇山水小品，描绘了清新自然的画面，所以导语要做到生动有诗意，要贴合文本的意境，在教学中，教师可以通过绘声绘色的语言表述来激发学生的学习兴趣。此外，还可以引导学生通过查阅网络或者工具书等，去了解作者生平、写作背景等来激发学生的学习热情。也可介绍黄公望的《富春山居图》，在欣赏名画的同时引起学生对热爱美好山水的共鸣，从而引出文章的学习。

### 二、注重朗读

朗读是文言文学习的一个重要方法。特别是像《与朱元思书》这样的骈体文，其音韵和谐，读起来朗朗上口。在朗读中示范正音，把握节奏及重音，进而梳理相关的文言基本知识，是能培养学生语感的。朗读时还应与联想、想象有效结合，既有助于理解，又有助于背诵。《与朱元思书》最经典处在于，作者描写景物生动、形象，文章的语言极精炼、有韵味。可以通过对文本的朗诵，让同学们深入感受吴均文笔之魅力，从而培养学生的审美、鉴赏能力。

### 三、深究疑点处

文章的疑点处，是学习的一大障碍，也是趣味处。在《与朱元思书》教学设计中加入“合作探究”环节，把疑点转换成问题，然后组织学生讨论，提供展示小组讨论结果的平台，可以生成更多独特的理解。例如在“鸢飞戾天者，望峰息心；经纶世务者，窥谷忘反”后边又再出现写景句，是否多余呢？写信给朋友，谈些山水做什么？

### 四、细品精彩处

《与朱元思书》一文在章法、写作技法上都有值得称道的地方，特别是其丰富的写作手法的运用，情意表达的巧妙，都是值得细细品读的。

### 五、对比阅读拓展

历代描写山水的文章不在少数，像《三峡》《答谢中书书》等文章就是可以和《与朱元思书》进行对比阅读的，可以从写作背景、文章结构、写作手法、作者情感等方面进行对比。将同类文章进行对比阅读，能够加深学生对文言基础知识的理解，从而提高文言文学习的兴趣。

## 第四部分　参考案例

**教学目标**

1.掌握并积累文言词语，感知文章旨意。

2.通过朗读、赏析文章，学习文章景物描写方法。

3.感悟作者所创设的意境，理解景与情之间的关联，在情志表达中品味简约之美。

**教学流程**

### 一、名画导入，梁朝来信

古人云："仁者乐山，智者乐水。"我们祖国有数不胜数的名山秀水，元代画家黄公望把自己对富春江美景的仁智感受付诸笔墨，为后世留下了不朽名作——《富春山居图》。

南朝梁文学家吴均也曾乘船游览富春江，而他用文字描绘了这一段奇丽的山光水色，创造出一种清新自然的意境。他把这美好的景色与朋友朱元思分享，把自己的人生情志一并付诸山水文字当中，让人不觉感叹其文简约，其志高洁。

（需提点：题目中"与"是"给"的意思。"书"是"书信"。朱元思其人其事皆不可考。《与朱元思书》是吴均写给朱元思书信的一个专写山水的片段。）

### 二、静读巧解，山水之"言"

1.一读山水之"音"

（1）听读、仿读

听录音，听读时注意字词的正确读音，并细心听清句子的停顿。听完后仿照示读放声自由朗读,并借助课下注释,掌握字词字音。

(2)重点字音

| | | | |
|---|---|---|---|
| 缥(piǎo)碧 | 急湍(tuān) | 轩邈(xuān miǎo) | 泠泠(líng líng) |
| 鸢(yuān) | 嘤嘤(yīng yīng) | 千转(zhuàn)不穷 | 戾(lì)天 |
| 经纶(jīng lún) | 窥(kuī) | 蔽(bì) | |

2.二品山水之"韵"

配乐读,同桌互听互评,推荐两名同学全班示范。教师引导节奏情感的把握,学生以此细细品味文章的音韵美。

设计意图:《与朱元思书》是一篇骈文佳作,描山绘水,娓娓道来,因此朗读时速度宜慢些,慢一些才有时间去品味文中美的意境。带着"乐山水"的心来朗读,做到吐字清晰,音韵和谐;要注意句间的停顿,节奏要随情、随景而有所变化;还要注意确定重音,例如"争高直指,千百成峰"中,重音当落在"争""千百"上,会使人感到形象更加鲜明。学生通过配乐品读,掌握了一些朗读的技巧,同时也感受到了山水骈文的美"韵"。发之于声,感之于心,方能品悟其情。

3.三说山水之"感"

自读文章,借助注释,思考文章大意,并以如下句式回答(学生可自由回答):

读完本文,我看到了________________________________

读完本文,我听到了________________________________

读完本文,我发现作者在表达____________________________

设计意图:朗读完后,对文章整体的感知可以考察到"学情",在学生的自我学习总结中也会有意想不到的"生成"。翻译文言是较容易的,体会"言"处之"意"却需细细思考。

4.四析山水之"妙"

①文中哪句话概括了山水的总特征?为什么?

明确:"奇山异水,天下独绝"概括了山水的总特征,文章正是围绕着"异"和"奇"两个字展开的,它是作者对富春江山水极高的评价,可以看出作者对美好山水的喜爱。

②作者是以怎样的写法来写"异"和"奇"字的?

明确:总—分(异水、奇山)先写"异水",再写"奇山"。

③第二段写"异水",作者是如何来写水之"异"的?请与《小石潭记》写水部分进行对比。

水皆缥碧,千丈见底。游鱼细石,直视无碍。急湍甚箭,猛浪若奔。(《与朱元思书》)

潭中鱼可百许头,皆若空游无所依。日光下澈,影布石上,佁然不动;俶尔远逝,往来翕忽,似与游者相乐。(《小石潭记》)

明确:《与朱元思书》先抓住水"缥碧"的特点,写江水之色,"千丈"写江水之深,"见底"写江水之清,"游鱼"写江水之净。然后以比喻夸张的手法,写江水之急,勾勒其急湍猛浪的激越美。静中有动，动静结合，突出表现了一个“异”字。《小石潭记》则是由面到点，先总体写鱼的数量和其状态，再聚焦潭中的游鱼，把日光、鱼影的静态描写和鱼的“远逝”“往来”的动态描写结合起来，同样是动静相结合，接着写鱼和人相逗乐，写水不提水，写人乐却指鱼，亦别有趣味。通过分析两者的妙处发现，《与朱元思书》描写上更为简约，其情志表达亦更为隐晦。

④第三段写“奇山”，作者是如何写山之“奇”的？

明确：首先从“形”的角度写山势本身之奇。“负势竞上”“争高直指”，将原本静止的山拟人化，赋予了其勇于拼争的生命力，向上的力量，成就了“千百成峰”，层峦叠嶂。其次从“声”的角度写空山天籁之奇，无论是泉声、鸟声、蝉声还是猿声，都让人感受到一种生命自由的欢快，在静谧的自然丛林里，万物奇妙的声响，让整个山谷成了更为幽静的美好境界。其后再从“色”的角度写山林中有日无光之奇。从动到静笔锋的转变，写出了山谷中枝密林茂，浓荫蔽日，在白天也只是“有时见日”的幽暗景象。这一段无论是写山之形、声之色，都紧扣一个“奇”字。

⑤文章的描写手法有什么特色呢？

明确：动静结合是本文描写最主要的特点。主要体现在两个方面：一是描写动静之间的转换极为迅捷；二是以动态写静景。

## 三、慢酌细悟，山水之“情”

（先把学生分成九组，每组选择前三个问题中的一个和第四个问题，再派代表阐述小组看法。教师进行组织引导。）

（1）本文以写景为重，对情感的表达却较为隐晦，而情景相生，水乳交融是历来优秀诗文所共有的，请反复品味课文，品悟作者描写景物时流露出怎样的情感和志趣？

明确：文章表现了作者高雅的志趣、高洁的情怀，反映出当时一部分士大夫文人流连光景的生活情趣和回避现实的清高隐逸的思想，这是有特定的社会根源和思想根源的。从社会根源来看，当时士林崇尚清淡、鄙弃世务，作者思想亦是当时文人的缩影；而从本人的生活经历来看，由于作者出身于寒贱家庭，在仕途上又很不得意，便由此转向逃避现实。作者情感的抒发与文中的景物描写相得益彰，作者用大自然的美景与社会世俗作一对比，肯定前者而否定后者，也更加反衬出桐庐山水的惊人之美和一种移情易志的巨大魅力。文章内容之间相互呼应，渲染出沉静超然的境界。

（2）“登山则情满于山，观海则意溢于海。”请问：作者在观赏并描绘富春江的美好山水时，寄寓着怎样的思想感情？

明确：“鸢飞戾天者，望峰息心；经纶世务者，窥谷忘反。”抒发了作者对世俗官场和追求利禄之徒的蔑视之情，含蓄地流露出爱慕美好的大自然、避世退隐的高洁志趣。

（3）（疑点讨论）文章至此（鸢飞戾天者，望峰息心；经纶世务者，窥谷忘反。）不是已经抒发了作者的情感了吗？那最后一段可否删去？

明确：不可删去。“横柯上蔽，在昼犹昏；疏条交映，有时见日”一句是表现光影变化的写景句，其由前文所绘明亮清新之态转至晦暗沉寂，富春江景物的丰富多变也从中得以凸显，可谓是又一奇景。在抒情之后又对富春江景物进行着墨，可见美好的山水给作者的厌倦世俗官场之情、归隐之志的触发是极为深刻的。写景的反复，实则是作者情感表达向纵深延展的体现，至此，作者对官场的厌倦和对山水景色的痴迷再次以一种隐晦却灵动的方式得以呈现，由此亦可见作者情志表达的微妙。

(4)吴均写信给朋友朱元思，谈些奇异的山水景色，用意何在？

明确：《与朱元思书》一文是信中描写富春江山水的片段，看似专谈山水，实则在清丽的语言中蕴含着作者的情感与志趣，只是作者情感和志趣的表达是有节制的，并非肆意地高歌，而是蕴藉地抒情表意，让人读罢全文，仿佛置身于美妙的山水境界之中，并且内心深深被吸引和感动。这即是作者情志表达的春秋之法，一种简约之美亦自然呈现。

## 四、熟诵深味，山水之“法”

1. 背诵全文至脱稿熟稔，配乐朗诵并录成音频。
2. 仿照本文写景达情的手法，写一写家乡的山水。

### 板书设计

与朱元思书

吴均

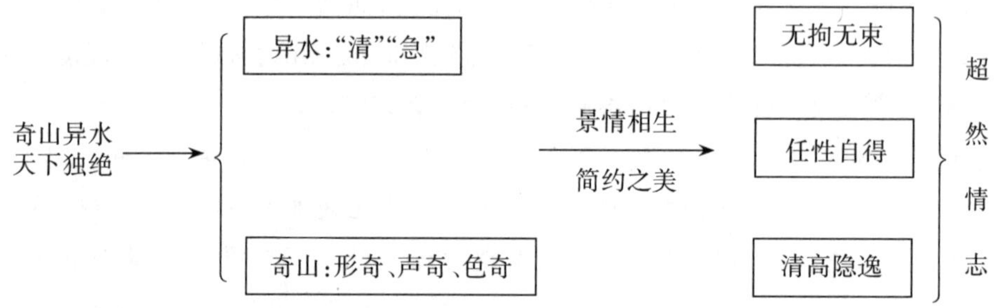

# 基于真实学情，遵循文本体式

## ——《背影》教学知识(PCK)的择定与建构

深圳市宝安区燕山学校 温丽芬

《背影》是作家朱自清于1925年所写的一篇回忆性散文，自问世以来，朱自清的名字已经和《背影》成为不可分割的一体。九十多年来引起了众多研究者不同角度的关注，对《背影》提出了仁者见仁，智者见智的精辟见解。

下面从主题、结构、艺术特色三个方面综述对《背影》的解读。

## 第一部分 文本解读综述

### 一、《背影》的主题

#### (一)深切的舐犊之情

《背影》一文主要回忆了祖母去世后，失业的父亲为儿子送行，并攀爬月台为他买橘子的情形。绝大多数研究者认为《背影》主要表达了父亲对儿子深切的爱。叶圣陶先生曾在《文章例话》评价《背影》的主题思想是父亲对儿子的爱惜之情，而朱自清本人在《关于现代散文写作——答编者问八题》时谈《背影》的创作起源是父亲的来信，想起父亲待他的许多好处。

直到21世纪，学者依然保留着这样的观点。马天保在《再谈朱自清〈背影〉的经典性》中认为该文章的经典之处在于“作者选取的是一个极其普通、极其琐细的生活片段，表达的却是中国文人不擅长表达的父爱主题，小事件承载着大情感，真实地道出了埋藏在作者和读者内心深处已久且极为柔软的父子之情”[①]。

#### (二)拳拳的儿女之心

20世纪90年代，《背影》的深层思想文化内涵得到了进一步的挖掘。蔡跃锐在《无言

① 马天保.再谈朱自清《背影》的经典性[J].名作欣赏，2016(7):97—99.

的感激——〈背影〉新探》中认为《背影》包含着绵绵的儿女之爱。陈风华在《"背影"的人文精神》一文中也认同此观点,他认为时隔八年,朱自清收到父亲带着伤感的来信,想起父亲攀爬月台为自己买橘子时颓唐而笨拙的背影,以及自己年少的懵懂无知,此时同样身为父亲的朱自清,终于理解了含蓄而内敛的父爱。

### (三)儿子对父亲的理解和忏悔

王荪、张晓云则进一步论述,认为《背影》的主旨并不单是停留在别离之情的叙写上,而是表示"一个不肖之子追悔莫及的忏悔和深深的理解与敬意"。[①]

段崇轩也认为作者在父亲背影中感受到了父亲那坚忍不拔的生存精神和踏踏实实的人生态度,传达出作者对父亲的一种怀念和忏悔。"儿子终于走近了父亲、理解了父亲。"[②]

文艺评论家孙绍振运用美学的观点指出"《背影》的动人之处,不仅是父子之情,还在父子之情的动态转化"。当"背影第三次出现时,是忏悔中带着对父亲的回护和原谅"。[③]

部分研究者利用原型批评的理论,认为朱自清的成长正符合中国男性的基本成长模式:由青少年的反叛长辈到成熟后的皈依传统。傅书华在《永远的〈背影〉》一文中,指出《背影》中"我"对父亲的"忏悔"意识其实是一种民族集体无意识,这种集体无意识建立在农业文化和血缘传承基础上,表现为少者对长者的挑战到信服的回归。[④]中年的朱自清成长为一个成熟的父亲,由此理解了父亲。

对《背影》的主题解读,众多学者和中学一线教师也发表了其他的见解。如"青春语文"的创始人王君老师,从自身经历出发,认为《背影》写出了"生之苦痛与爱之艰难"。20世纪80年代,也有学者挖掘《背影》的社会批判意义,薄培林在《〈背影〉再解读》一文中认为《背影》既有表层的显性主题,也有深层的隐性主题。他认为《背影》的显性主题,就是表现父爱、父子亲情,而透过文字背后,他发现《背影》在骨肉亲情中却又深深地烙着时代的印记。文中既有"对父亲命运的感慨,也蕴含着对颓废的社会状况的喟叹",还流露了像朱自清这类现代自由主义知识分子在那个"大时代中"作为"一名小卒"[⑤]的苦闷彷徨的心境。

2001年,蒋济永从创作心理的角度重新解读《背影》,他认为"从朱自清为之深深感动的父亲的背影来看,作者内心深处需要的是母亲般的关爱,换言之,朱自清以'背影'为题,表现了一个男人背后(背影)的另一面——女性或女性特质,将父亲的意象女性化,这充分体现了作家潜意识里的女性意识和需要。"[⑥]这一观点一经发表便得到了众多学者的

---

① 王荪、张晓云.重新探析《背影》的文化意蕴与艺术魅力[J].教学与管理.1997(1):76—77.

② 段崇轩.走近父亲[J].语文教学通讯,2001(17):24—25.

③ 孙绍振.《背影》的美学问题[J].语文建设,2010(6):40—44.

④ 傅书华.永远的《背影》[J].语文教学通讯,2001(17):25—26.

⑤ 薄培林.《背影》再解读[J].南都学坛,2007,27(3):68—70.

⑥ 蒋济永.《背影》里的"背影"解读[J].名作欣赏,2001(2):39—42.

反对。针对蒋济永“女性意识”的解读，同一年，李知文先生进行反驳，他认为《背影》写的是深挚的父子之情，与“女性意识”毫不相干，所列举之诸片断也就纯属无的放矢了。[①]

综上所述，对《背影》主题的解读，众说纷纭，从深切的父亲的舐犊之情，到儿子的感激和怀念之情以及对父亲的理解与认同进行双向的深入分析，研究的角度不再仅仅限于传统的主旨概括，但不管怎么解读，深切的父子之情仍是解读的主流。原因也许正如季羡林先生所言：“要想真正理解这一篇文章的含义，不能不从中华民族的文化，中华民族的历史说起……《背影》表现的是三纲之一的父子这一纲的真精神。中国一向主张父慈子孝。”[②]季羡林先生的阐述，也点明了无数读者为《背影》中深切的父子情潸然泪下的原因。

## 二、结构特点

### （一）“凤头、猪肚、豹尾”的巧妙布局

涂启智认为，《背影》是“平中见奇、朴中见巧的散文艺术精品”[③]，这主要源于作者精致的布局，匠心独运。《背影》开头部分只有24字：“我与父亲不相见已二年余了，我最不能忘记的是他的背影。”而结尾部分也不过200字左右。中间主体部分占全文篇幅的80%以上，作者不惜笔墨极尽铺陈，描绘父亲为“我”穿铁道、爬月台、买橘子的背影。《背影》各部分的安排皆一一对应古人“凤头、猪肚、豹尾”的文论观。不仅如此，郑桂华进一步指出，这样的安排，使文章的结构不仅清楚，而且富于变化。以“现在”时空回忆起笔，引出对过去的回忆，最后回到现实，是一种现实与回忆的时空结构。[④]

### （二）一线穿珠的精巧构思

涂启智指出，“《背影》全文以背影为线索贯穿始终”。[⑤]开篇点题，怀念背影，中间详细写父亲为“我”买橘子的背影，结尾呼应开头，再次怀念父亲的背影。

## 三、艺术特色

### （一）匠心独运的选材

郑桂华指出，《背影》撇开几十年父子关系的烦琐介绍，只截取车站送别这一核心场面来展开描写[⑥]，表现了父亲对儿子无微不至的关心。

---

① 李知文．妄作高论，曲解《背影》——驳正《〈背影〉里的“背影”解读》[J]．名作欣赏，2001（5）：111—113.

② 季羡林．季羡林说朱自清散文《背影》[J]．名作欣赏，2003（3）：1—2.

③ 涂启智．浅谈《背影》的结构艺术[J]．中学语文，1996（9）：29.

④ 郑桂华．经典作品与经典课文——《背影》的语文教学价值解读[J]．上海师范大学学报（基础教育版），2010（6）：76—84.

⑤ 涂启智．浅谈《背影》的结构艺术[J]．中学语文，1996（9）：29.

⑥ 郑桂华．经典作品与经典课文——《背影》的语文教学价值解读[J]．上海师范大学学报（基础教育版），2010（6）：76—84.

### (二)以小见大的写作技巧

郑桂华指出,《背影》只抓住父亲的背影,从侧面反映父亲的行为和精神,以巧胜拙地刻画了主角的形象特征和性格特征。

### (三)朴实无华的语言

《背影》的语言朴素真实,没有过多的修饰,众多文学大师都指出了这一特色。叶圣陶先生评价全文没有多余的字眼,季羡林评价"从艺术性来看,这篇文章朴素无华,语言淳朴自然,毫无矫揉造作之处"[①]。尤其为人称道的是父亲爬月台为"我"买橘子的片段,作者没有采用浮华的语言,而是运用朴素的、简约的近乎白描的手法,轻描淡写地再现了父亲攀爬月台的场景,寥寥数语就写出了父亲的艰难和深沉的父爱。看似简单的文字却饱含着作者的情感,让读者为之动容。苗星指出这样的语言正如我们现实中的父爱,没有华丽动听的语言,只用实际行动表达对孩子的关爱。

### (四)蕴藉丰富的意象

不少研究者指出,"背影"是文章的核心意象,传达出丰富的意蕴。与正面、直接传达喜怒哀乐的人的正面形象不同,"背影"则是间接的、含蓄的、平淡的、隐晦的,"是人间父爱特有的表达方式"。[②]解读文中四次提到背影,其中浓墨重彩地刻画的是父亲为"我"买橘子,爬月台的背影。这一段的描写如同电影中的特写镜头,使人物的形象得到强化和放大,又如电影中的慢镜头一样放慢速度,让父亲的动作变得缓慢而细腻,从而使"背影"这一意象产生出强烈的审美撞击力,给人带来强烈的感染。吕逸新还指出《背影》中通过"背影"和"眼泪"两个意象的"双重聚焦",凸显了父亲的"背影"和"我"的感动。[③]

### (五)陌生化手法

汲安庆用形式主义理论解读《背影》的艺术特色,认为朱自清在写父亲买橘子的背影时采用了延宕,放慢叙述的节奏,放大自己的感动。同时文中充斥着大量的背反,如父亲慈与凶、硬与软的背反,还有儿子孝与逆、冷与热的背反……[④]在背反中实现动态的和谐。此外,全文采用了回旋,四次背影贯穿了奔丧回家、浦口分别和读信思父等事件,形成了一种艺术化的情感节奏。

---

① 季羡林.季羡林说朱自清散文《背影》[J].名作欣赏,2003(3):1—2.

② 杨正勇.让父亲的"背影"转过身来——朱自清《背影》的符号意象解读[J].贵州师范学院学报,2013,29(4):80—84.

③ 吕逸新.情感与形式格铸成的经典——《背影》文本形式的审美解读[J].现代语文,2006(6):80—81.

④ 汲安庆.非常态,非常美——从朱自清《背影》中的陌生化手段谈起[J].师道,2011(1):23—24.

# 第二部分 案例设计综述

## 一、教材选录状况

人教版按主题将《背影》放在“爱”主题单元，学习要求：(1)感受深切父爱；(2)体会“我”当年的感受与写作这篇文章时的感受。2017版将该文作为写人记事的散文范例放入第四单元，增加了两个学习要求：(1)品味平淡又极具表现力的语言；(2)了解写人记事散文的特点。苏教版将《背影》选录到“至爱亲情”单元，与人教版的教学目标一致。《背影》在北师大版被列入了“亲情歌吟”单元，学习目标有三个：(1)自主探究《背影》感人的原因；(2)品味文白相间的语言；(3)引导学生了解《背影》的美学价值，即合情与合理常常是错位的。

教材对《背影》的定位将对教学产生重要影响。下面，对近年来发表在《语文教学通讯》《中学语文教学参考》等有代表性的教学设计或教学案例中选取的教学内容进行梳理，推论出教师们确定的教学点。

表1 十一则课例教学点选择统计表

| 执教教师 | 教学内容 | 教学点 |
| --- | --- | --- |
| 余映潮 | 第一课时：<br>精段品读(第6段)<br><br>第二课时：<br>话题，开头与结尾；<br>父亲与儿子；<br>黑色与紫色；<br>内疚与思念；<br>少年与老年；<br>实写与虚写；<br>简叙与详叙。 | 第一课时：<br>1.他用两手攀着上面……显出努力的样子。<br>2.这时我看见他的背影……我的眼泪又来了。<br>3.我买几个橘子去……不要走动。<br>第二课时：<br>1.我与父亲不相见已二年余了，我最不能忘记的是他的背影。<br>在晶莹的泪光中……我不知何时再能与他相见！<br>2.唉，我现在想想，那时真是太聪明了！<br>唉！我不知何时再能与他相见！ |
| 王君 | 1.读“父”。<br>2.读“子”。<br>3.读“父”与“子”，分析父亲的信和朱自清父子的矛盾，体会父爱的艰难。 | 1.我看见他戴着黑布小帽……我的泪很快地流下来了。<br>2.他嘱我路上小心……那时真是太聪明了！<br>3.近几年来……家中光景是一日不如一日。<br>4.我北来后……大约大去之期不远矣。<br>5.我与父亲不相见已二年余了，我最不能忘记的是他的背影。 |

续表

| 执教教师 | 教学内容 | 教学点 |
| --- | --- | --- |
| 韩军 | 1.分析作者几次流泪的原因。<br>2.体会“背影”这一意象的意蕴。<br>3.理解主旨:生与死。 | 1.看见满院狼藉的东西……不禁簌簌地流下眼泪。<br>2.这时我看见他的背影,我的泪很快地流下来了。<br>3.等他的背影混入来来往往的人里……我的眼泪又来了。<br>4.我读到此处……黑布马褂的背影。<br>5.他用两手攀着上面……显出努力的样子。 |
| 丁卫军 | 1.把脉文本的情感基调。<br>2.品析父亲形象。<br>3.体会别样的父爱。<br>4.链接材料,解剖父子内在的情感纠结。 | 1.我看见他戴着黑布小帽……我的泪很快地流下来了。<br>2.我与父亲不相见已二年余了。<br>3.唉!我不知何时再能与他相见! |
| 边玉春 | 1.感悟错位美蕴含的父子情感的和谐美。<br>2.探究《背影》的手法美。 | 1.这时我看见他的背影……也怕别人看见。<br>2.等他的背影……我的眼泪又来了。<br>3.我读到此处……我不知何时再能与他相见!<br>6.我再三劝他不必去……那时真是太聪明了! |
| 李华平<br>《怎样用〈背影〉》教语文》<br>《实录一:指向一般阅读方法的阅读学习》 | 1.辨析文本体裁。<br>2.概括内容。<br>3.了解写作背景和故事背景,体会父亲买橘子的不容易。<br>4.提炼信息,总结父亲为“我”做的事。<br>5.细读第一段,体会作者对父亲的思念之情。 | 1.那年冬天……打算跟着父亲奔丧回家。<br>2.我北来后……大约大去之期不远矣。<br>3.我与父亲不相见已二年余了,我最不能忘记的是他的背影。 |
| 李华平<br>《怎样用〈背影〉》教语文》<br>《实录二:指向散文阅读方法的阅读学习》 | 1.确定体裁:写人叙事的散文。<br>2.细读文本,概括叙事。<br>3.抓住开头结尾,体会“我”的情感。 | 1.我与父亲不相见已二年余了,我最不能忘记的是他的背影。<br>2.近几年来……我不知何时再能与他相见! |

续表

| 执教教师 | 教学内容 | 教学点 |
| --- | --- | --- |
| 张娜 | 1. 阅读第6段，品读背影的感情色调，背影的姿态，父亲动作的节奏，背影的意味和情感的变化。<br>2. 明确背影的独特作用。<br>3. 补充《红楼梦》中王熙凤的出场，体会独特表现视角对塑造人物形象的作用。 | 我看见他戴着黑布小帽……显出努力的样子。 |
| 秦义滨 | 1. 自读文章，结合文章内容给朱自清的父亲回信。<br>2. 品读父亲买橘子的背影。<br>3. 分析“我”的泪包含的情感，体会“我”对父亲的愧疚之情。<br>4. 修改给父亲的回信。 | 1. 我看见他戴着黑布小帽……我的泪很快地流下来了。<br>2. 我心里暗笑他的迂……那时真是太聪明了！<br>3. 我与父亲不相见已二年余了，我最不能忘记的是他的背影。<br>4. 近几年来……我不知何时再能与他相见！ |
| 杨巧丽 | 1. 体会第1段饱含的意味。<br>2. 分析祖母去世对“父亲的背影”的铺垫作用。<br>3. 分析父亲送站时的思想斗争，体会父亲的爱子之心。<br>4. 买橘子的意义。<br>5. 体会文学意象“背影”。<br>6. 品读最后一段作者的纠结痛苦。 | 1. 我与父亲不相见已二年余了，我最不能忘记的是他的背影。<br>2. 我看那边月台的栅栏外……我的泪很快地流下来了。<br>3. 我读到此处……我不知何时再能与他相见！ |
| 袁爱国 | 1. 研读《背影》中的“冷”。<br>2. 研读《背影》中的“暖”。<br>3. 品读最后一段的复杂情感。 | 1 那年冬天……正是祸不单行的日子。<br>2. 回家变卖典质……一半为了父亲赋闲。<br>3. 我看见他戴着黑布小帽……深青布棉袍。<br>4. 他嘱我路上小心……难道还不能料理自己么？<br>5. 近几年来……家中光景是一日不如一日。<br>6. 他触目伤怀……他待我渐渐不同往日。 |

通过对十一则典型课例“教学内容”和“教学点”的梳理，发现有两方面共同点：

1.教学内容相对一致,都是将“望父买橘”作为重点内容来教,教学点相对集中。

2.大部分教学案例将情感的落脚点放在体会父亲的爱子之心,或者是父子之爱,而没有注意到本文是回忆性散文的特点。

表2　十一则课例教学点选择分析表

| 选择的教学点 | 数量 | 占比/% | 句子的作用 |
|---|---|---|---|
| 我看见他戴着黑布小帽……我的泪很快地流下来了。 | 5 | 45 | 这是对父亲攀爬月台买橘子的描写,体现了深沉的父爱。 |
| 近几年来……我不知何时再能与他相见! | 4 | 36 | 结尾段落,作者终于理解了父亲对“我”深切的关爱,表达了作者对父亲的思念和愧疚。 |
| 我与父亲不相见已二年余了,我最不能忘记的是他的背影。 | 7 | 64 | 开篇第一句,直接抒情,点出了对父亲的怀念和愧疚。 |
| 那年冬天……正是祸不单行的日子。 | 2 | 18 | 中年的父亲不仅面临着失去至亲的悲痛,而且失去了赖以生存的工作。为下文父亲攀爬月台为“我”买橘子做铺垫。 |
| 回家变卖典质……一半为了父亲赋闲。 | 1 | 9 | 进一步交代父亲的艰难。 |
| 看见满院狼藉的东西……不禁簌簌地流下眼泪。 | 1 | 9 | 以“我”的悲伤衬托父亲的坚强。 |

通过以上表格可以看出,将父亲攀爬月台买橘子的细节描写作为教学点的占比最大,其次是文章的开头和结尾揭示情感的句子。

## 第三部分　教学建议

关于如何确定散文的教学内容,语文学界总结出了两条非常简明实用的标准:一是根据文本体式,二是根据学生需求。不同体式的课文,其阅读方式、阅读方法均有不同,因此在阅读教学中,教师应根据文本体式选择相应的教学内容和教学方法。最能体现文本特式的句子和学生阅读的疑难点交集处就是一篇文章的关键点。

## 一、依循文本体式选择教学点

《背影》是一篇文学性的散文。文学性散文分享的是作者眼里的景和物，心中的人和事，自己的所思、所感。因此“阅读散文，不仅仅是为了知道作者所写的人、事、景、物，而是通过这些所写的人、事、物，触摸写散文的那个人，触摸作者的心眼、心肠、心境、心灵、心怀，触摸作者的情思，体认作者对社会、对人生的思量和感悟。”[①]

《背影》是一篇回忆性散文，文中有两个“我”，过去的“我”、现在的“我”，两种情感交织：过去的“我”的感受、现在的“我”回忆往事时的感受。我们应该透过父亲这个特定对象，去体察作者的内心世界。因此《背影》的关键点不是父亲的形象，父亲的爱子之心，而是作者和读者分享步入中年的“我”体认到父爱的心理成长历程。而许多老师没有注意到《背影》的体式，在解读文本时出现了一定的偏差。在教学中首先要引导学生，读出作者对父亲的复杂情感。由开头的句子“我与父亲不相见已二年余了，我最不能忘记的是他的背影”和结尾的句子“我读到此处，在晶莹的泪光中，又看见那肥胖的、青布棉袍黑布马褂的背影。唉！我不知何时再能与他相见”，品读出“不相见”“不能忘记”中蕴含作者五味杂陈的心理，饱含对父亲的思念和愧疚。

王荣生教授认为：“作者的人生经验，通过精准的言语来表达，也存活于这些言语中。唯有通过对言语的体味，我们才能把握作者的独特经验，才能感受、体认、分享散文所传达的丰富而细腻的人生经验。”[②]在引导学生读出朱自清对父亲的复杂情感后，则要进一步引导学生解读作者是如何一波三折地表达对父亲的复杂情感，感受作者的个性化表达。首先第5自然段“我那时真是聪明过分，总觉他说话不大漂亮，非自己插嘴不可”“唉，我现在想想，那时真是太聪明了”中，用反语表达作者的自责。其次，第6自然段作者采用慢镜头的方式，放大了父亲攀爬月台买橘子的背影，“蹒跚地走”“慢慢探身下去”“用两手攀着上面，两脚再向上缩；他肥胖的身子向左微倾，显出努力的样子”，极力写出肥胖、穿着不便的上了年纪的父亲为“我”买橘子的艰辛，使读者跟随着作者心中的感动到达了一个顶点。最后，第7自然段“家庭琐屑便往往触他之怒。他待我渐渐不同往日。但最近两年的不见，他终于忘却我的不好，只是惦记着我，惦记着我的儿子。”写出父子关系既有矛盾，更有和解。

## 二、分析学情确定教学点

学生通过自主阅读，从父亲对“我”事无巨细的照顾，攀爬月台买橘子中能够看出父亲对“我”深切的爱，得出的结论是这是一篇写父爱的文章，而忽视了《背影》作为一篇回忆性散文的特点，忽视了阅读散文应该重视散文的开头以及结尾的议论抒情句。因此在

① 王荣生.阅读教学设计的要诀：王荣生给语文教师的建议［M］.北京：中国轻工业出版社，2014：172.

② 王荣生.散文教学教什么［M］.上海：华东师范大学出版社，2014：31.

教《背影》中，让学生通过品读开头第一句的“我与父亲不相见已二年余了，我最不能忘记的是他的背影。”和结尾的“我读到此处，在晶莹的泪光中，又看见那肥胖的、青布棉袍黑布马褂的背影。唉！我不知何时再能与他相见！”，分析作者复杂的心境，通过补充朱自清和父亲关系的资料，为学生搭建桥梁，走近作者，进而理解“我”体认父爱的心理路程：“带着愧疚、自嘲的回忆”—“望父买橘子的感动、不舍”—“看到来信的理解、体谅”。学生对文章的理解可能到此为止，而作者为什么要这样一波三折地表达对父亲的情感，却没有更深入地思考，需要教师联系学过的《阿长与〈山海经〉》，为学生引导。

### 三、依据教学点确定教学内容

既然《背影》是一篇回忆性散文，体现体式特征的句子恰好也是学生的疑难处，因此《背影》的教学内容应该是引导学生通过品味作者对父亲一波三折的情感表达，落脚点在于作者体认父爱的心理过程。

## 第四部分　参考案例

**教学目标**

1. 整体感知课文，把握“我”对父亲的复杂情感。
2. 揣摩文章关键语句的含义，读出作者一波三折的情感表达。（重点）
3. 细读文本，深入领会词句的意味，理解《背影》的个性化表达。（难点）

**教学方法**

小组讨论法、表演法、对比法。

**教学流程**

### 一、导入

学生分享父亲为自己做过的难忘的事情。

小结：很多同学谈起父亲，脸上洋溢着幸福，对父亲都是带着一股感激之情，特别理解父亲，感谢父亲。今天我们要学习的这篇文章《背影》，作者对父亲的情感是否与我们相同？让我们走进朱自清的《背影》，一探究竟。

### 二、读情感：读出作者对父亲的复杂情感

《背影》是一篇回忆性的散文，是已经步入中年的作者回忆青年生活的一段记忆，现在的“我”带着怎样的情感回忆父亲的背影？默读文章，从文中找出相关语句。

阅读方法提示：散文的开头结尾常常用抒情、议论的方式表达作者的情感和态度。

开头："我与父亲不相见已二年余了，我最不能忘记的是他的背影。"

结尾："我读到此处，在晶莹的泪光中，又看见那肥胖的、青布棉袍黑布马褂的背影。唉！我不知何时再能与他相见！"

明确："不相见"是指主观上的不见，而"不能忘记"含有不该忘记的意思，从开头和结尾可以看出作者心理五味杂陈，饱含对父亲的思念和愧疚。

## 三、品语言：读出作者一波三折的情感表达

1.小组讨论：作者对父亲的思念和愧疚之情是一下子就表现出来的吗？

2.朗读第5自然段，读出"我"的自责。

明确："我那时真是聪明过分，总觉他说话不大漂亮，非自己插嘴不可""唉，我现在想想，那时真是太聪明了"用反语表达自责。

3.品读第6自然段，读出"我"的感激。

请学生上台再现父亲爬月台的情景，联系词语谈感受。

明确：作者放慢叙述节奏，用慢镜头的方式放大了父亲攀爬月台买橘子的背影，"蹒跚地走""慢慢探身下去""用两手攀着上面，两脚再向上缩；他肥胖的身子向左微倾，显出努力的样子"，都可以看出肥胖的、穿着不便的上了年纪的父亲为"我"买橘子的艰辛，心中的感动到达了一个顶点。所以有行动上的体谅"到这边时，我赶紧去搀他"。

4.朗读第7自然段，读出朱自清和父亲矛盾中的和谐。

明确："家庭琐屑便往往触他之怒。他待我渐渐不同往日。但最近两年的不见，他终于忘却我的不好，只是惦记着我，惦记着我的儿子。"父子关系既有矛盾，更有和解。

小结："我"对父亲的感情经历了"带着愧疚、自嘲的回忆"—"望父买橘的感动、不舍"—"看到来信的理解、体谅"，一波三折。

## 四、究原因：探究一波三折情感表达的原因

1.思考：作者为什么要这样一波三折地表现对父亲的情感？

①客观原因：朱自清与父亲的纠葛

1915年，朱自清父亲包办朱自清婚姻，朱自清有怨言。父子生隙。

1916年，朱自清上北大后自作主张改"朱自华"为"朱自清"，父亲很生气。

1917年：父亲失业，祖母去世，家庭经济陷入困顿。朱自清二弟几乎失学。《背影》的故事就发生在这一年。

1921年，朱自清北大毕业参加工作，父亲为了缓解家庭经济的紧张私自扣留了朱自清工资。父子发生剧烈矛盾。朱自清离家出走。

1922年，朱自清带儿子回家，父亲不准他进门，只能怅然离开。

1922年,朱自清再次回家,父亲不搭理他。父子开始长达多年的冷战。

1925年,朱自清父亲写信给儿子:大约大去之期不远矣。朱自清在泪水中完成了《背影》。

——王君《生之苦痛与爱之艰难——〈背影〉再读》

②主观原因:真实、深眷、艺术地表现父爱,表现自我对爱的发现。

2.艺术上的追求:背反的艺术。

①提问:这种一波三折,充满背反的情感表现艺术,你在其他文本的阅读中遇过吗?

②明确:《阿长与〈山海经〉》大量篇幅写童年鲁迅对阿长的厌恶,直至最后道出对阿长的怀念,让读者陡然明白全文饱含着对阿长的尊重和深情怀念。

《背影》的背反艺术也比比皆是。全文既用了大量篇幅写父亲对“我”无微不至的照顾,但在第7段也写到“他待我渐渐不同往日”,道出了父亲的慈与凶,父亲“少年出外谋生,独立支持,做了许多大事。哪知老境却如此颓!”写出了父亲事业上的成功和失败,“我”既理解父亲,又反叛父亲……文中诸多的背反艺术,让人物形象更加真实,情感更加真挚。

——汲安庆《非常态,非常美——从朱自清〈背影〉的陌生化手段谈起》

## 板书设计

# 细品语言，感受诗意之美

## ——《昆明的雨》教学知识（PCK）的择定与建构

深圳市宝安第一外国语学校　霍欣娟

## 第一部分　文本解读综述

《昆明的雨》是中国当代作家汪曾祺1984年写作的一篇回忆性散文，出自《汪曾祺全集》第三卷。本单元几篇散文多种类型，学生要通过欣赏、品析语言，体悟作者对生活的思考和感受。作为一篇自读课文，本文的具体内容不难理解，教学重点应该放在通过分析景、事、物的特点，体会作者的思想感情，揣摩汪氏散文语言的韵味。

### 一、《昆明的雨》写作背景

#### （一）关于汪曾祺的文人情怀

汪曾祺，1920年出生于江苏高邮，青年时期曾经就读于西南联大，在昆明有过一段难忘的时光。汪曾祺从小饱读儒家著作，深受影响，后读书时又受到沈从文、闻一多等知识分子的影响，他的传统思想文化中，儒家学派的影响比重很大。[①]他很渴望能把生活中真实而美好的东西以及人的美和诗意展示给大家。在《昆明的雨》中，他对仙人掌、菌子、果子、缅桂花细致的描写，以及对苗族女孩子、房东养女充满人情味的书写，无不透露出他惬意闲适的文人情怀及诗意审美。"我是一个乐观主义者。对于生活，我的朴素的信念是：人类是有希望的，中国是会好起来的。我自觉地想要对读者产生一点影响的，也正是这点朴素的信念。我的作品不是悲剧。我的作品缺乏崇高的、悲壮的美。我所追求的不是深刻，而是和谐。"[②]他的乐观向上精神在作品中留下了诸多影子，即使是感情沉闷的时候，作品仍透出超越困苦的情绪，让人如沐春风、甘之如饴。

#### （二）关于汪曾祺的昆明情结

汪曾祺曾在昆明学习生活七年，除高邮、北京外，在这里的时间最久，因而昆明对于

① 文学武．汪曾祺散文论［J］．辽宁师范大学学报，2000，23（1）：77—79.

② 汪曾祺．汪曾祺自选集［M］．北京：商务印书馆，2015：3.

他如同第二故乡。作为青年时代最重要的地方,昆明给汪曾祺留下了难以抹去的记忆,因此他常在作品里提及在昆明就读西南联大的种种过往。其中,汪曾祺以昆明生活为叙写对象的作品共有43篇。内容包括西南联大时期的师友回忆、40年代昆明的风俗人情、云南传统美食描写、昆明的美景与游览以及小部分历史掌故等。在《昆明的雨》中,作者着重描绘雨中的景物,通过雨中的菌子、果子、苗族小女孩娇娇的吆喝声、女房东送来的缅桂花,来表现昆明那与众不同、充满温情的雨季。这一切的舒适温暖,都使生活充满了活力和幸福感。[①]“四十年后,我还忘不了那天的情味”,那情味应该就是藏于他心底的昆明情结吧!

### (三)《昆明的雨》写作缘由

《昆明的雨》是汪曾祺应好友宁坤要求而作了一幅画,从而引发他对昆明的回忆而写成的一篇散文。

哪些是昆明最有特色的事物呢?于是,倒挂的仙人掌和一些菌子进入了作者笔下的画中,还特意题了字进行说明:“昆明人家常于门头挂仙人掌一片以辟邪,仙人掌悬空倒挂,尚能存活开花。于此可见仙人掌生命之顽强,亦可见昆明雨季空气之湿润。雨季则有青头菌、牛肝菌,味极鲜腴。”[②]作者想念之情经过文字的回忆更加强烈。仿佛已经由眼前的昆明的事物,回到了那个日思夜盼的故乡之地。《昆明的雨》包含了许多美好的事物和感情,仙人掌、菌子、杨梅、苗族女孩子、缅桂花……给作者以温情的“昆明的雨”,又怎么能不让他魂思梦想呢?从画写起,以雨作为线索,勾起了他对昆明所有的怀想与眷恋。

## 二、关于《昆明的雨》主题探讨

### (一)对昆明的赞美与想念

文章由一幅画写起,上面的仙人掌和菌子恰能表现昆明的特点,触景生情,对“昆明的雨”的思念顺势而起。昆明的雨在普通的昆明人来看是平凡无奇的,可在汪曾祺眼里,虽昆明的雨季相当漫长,但并不使人厌烦,反而让人感觉很舒服。所以他不由得赞叹,昆明之雨季是“明亮的、丰满的,使人动情的”“是浓绿的”。

接下来,作者详细介绍了昆明的仙人掌。仙人掌不只美丽,还可以辟邪,此外,它还有奇特的作用:“种了仙人掌,猪羊便不敢进园吃菜了。仙人掌有刺,猪和羊怕扎。”把仙人掌作为篱笆,防的不是人,而是猪和羊,幽默的语调中透露出昆明当地人的淳善纯真之美。

各种菌子是昆明雨季里随处可见的,种类也是数不胜数。作者详细介绍了昆明雨季

① 李鹏.论汪曾祺散文中的昆明元素[J].楚雄师范学院学报,2016(11):33—36.

② 于保东.用语云淡风轻 诗意非比寻常——《昆明的雨》的特别雅趣[J].语文教学通讯,2017(9):56—58.

的各种菌类，细致入微、如数家珍，似乎他从未离开这些事物。“最多，也最便宜的是牛肝菌。”“青头菌比牛肝菌略贵。”“菌中之王是鸡㙡，味道鲜浓，无可方比。”对每一种事物的熟悉程度，仿佛汪曾祺不是一位散文家，倒是更像一位美食家。其中更加细致的描写，“牛肝菌色如牛肝，滑，嫩，鲜，香，很好吃。”若不是深深的思念和赞美，怎得过了四十年还记得如此清晰？读来仿佛一切的美味触手可及、唇齿留香。

写杨梅，“我吃过苏州洞庭山的杨梅、井冈山的杨梅，好像都比不上昆明的火炭梅”。昆明雨季的杨梅味道鲜美，令人难忘，大概也是作者怀念昆明的缘由之一吧。不仅梅子味道鲜美，卖杨梅的姑娘穿着、仪态、声音也是如此娇美，“她们的声音使得昆明雨季的空气更加柔和了”。写缅桂花，不仅写出了花儿的颜色姿态之美，更将房东和养女送花时的心灵之美展现得淋漓尽致。“有时送来一个七寸盘子，里面摆得满满的缅桂花！”一个寡妇在社会上生存本就不易，她却将“满满的”爱心与善良赠予萍水相逢的过客。“带着雨珠的缅桂花使我的心软软的，不是怀人，不是思乡。”这样花美、人心美的昆明，使作者不得不“想念昆明的雨”，怀念那满是情味的昆明！

### （二）回忆中的乡愁与伤感

“雨，有时是会引起人的一点淡淡的乡愁的。李商隐的《夜雨寄北》是为许多久客的游子而写的。”明亮而丰满的雨，为什么勾起“淡淡的乡愁”？看来思乡之情早已扎根于心，李商隐的诗句恰似为同样久客于此的自己抒发思乡苦闷。此时，若与同样来自家乡江苏的挚友朱德熙，雨天结伴同行，一起分享交流，再合适不过。

文末交代，文章写于1984年5月19日，且文中提到回忆的往事发生在四十年前。而那时正值抗日战争时期，作者的家乡处于沦陷区，想到家乡的战士和亲朋旧友正在前线浴血奋战，自己却只能和朋友坐在酒店发呆，几只鸡“一动也不动地在檐下站着”、木香花“都被雨水淋得湿透了”、“我们走不了”……在此情此景下，“我”的心情恐怕不只是“悠闲”，而是带着忧愁与伤感了。如此的美景与美食，如此惬意闲适的时光，淡淡的忧伤一直未曾远离，萦绕于心。

### （三）追忆那段韶华时光

前面已经论述，作者怀着对昆明浓烈的喜爱与怀念写下了这篇回忆性散文。汪曾祺最美好的青春时光是在昆明度过的，在这里，他不仅学到了很多知识，还有幸认识了志同道合的师长——沈从文老师，邂逅了人生的伴侣——妻子施松卿。

难道在昆明的生活是衣食无忧的吗？“牛肝菌下来的时候，家家饭馆卖炒牛肝菌，连西南联大食堂桌子上都可以有一碗。”看来牛肝菌也并不罕见，很多饭馆都会有卖这种菌子，那为何在西南联大食堂出现要表现出如此稀罕的语气呢？在汪曾祺其他的作品中多次提到——学生吃的饭是通红的糙米，饭里还会有：砂子、老鼠屎……可以想见在西南联大的生活是非常艰苦的。但是在这里的师生，却对这一切困苦置之不闻，依旧苦中求学，苦中作乐。“学校教室不够，图书馆坐不下，就到荒野去看书；没有桌子，就在装肥皂的木箱上写论文、写小说……”[①]裤子破了，他们就把破洞用绳子系上；鞋子磨破了，还故意说谜语来增加乐趣。即使生活条件恶劣至极，他们却依然淡然处之，并且乐在其中。

“有一位曾在联大任教的作家教授在美国讲学。美国人问他：西南联大八年，条件设备那么差，教授、学生生活那样差，为何能出那样多的人才？——有一个专门研究联大校史的美国教授以为联大八年，出的人才比北大、清华、南开三十年出的人才都多。为什么？这位作家回答了两个字：自由。”[②]

由此可见，汪曾祺是沉醉在自由而美好的空气中来回想西南联大以及昆明的往昔的。他回忆的是一种岁月，一种生活，一段抹不去的韶华时光。

## 三、《昆明的雨》语言艺术品析

### （一）朴素、平实的意蕴之美

汪曾祺认为，语言最好能让人一读就懂，听过就能记下。他总是希望把文章写得平淡、自然、家常一些。因此对汪氏语言的特点，大家一致评论是“淡而有味”。“昆明的杨梅很大，有一个乒乓球那样大，颜色黑红黑红的，叫作‘火炭梅’。这个名字起得真好，真是像一球烧得炽红的火炭！一点都不酸！我吃过苏州洞庭山的杨梅、井冈山的杨梅，好像都比不上昆明的火炭梅。”如此直白的一段话，看似平淡无味。但是换一种角度去体会，我们就可以领悟，这是汪曾祺对昆明想念之情的最朴素表达。“可是下点功夫，把草茎松毛择净，撕成蟹腿肉粗细的丝，和青辣椒同炒，入口便会使你张目结舌：这东西这么好吃？!”干巴菌的滋味果真让人垂涎欲滴。如此细致家常的表达，我们却感受到了语言背后的韵味和其乐无穷，这才是最深情、最质朴的怀念。纵然朴素的语言，却暗含不可割舍的意蕴，形成一个整体，读来让人回味无穷。仿佛只有语言造诣极高的汪曾祺，才可信手得之。

### （二）古典化与口语味的交融之美

汪曾祺从小便熟读儒家经典，尤其喜欢接近自己心性的晚明的性灵小品[③]。深厚的古典文学基础，使他语言方面有精炼、文气的一面。而对日常生活中凡人小事的着眼，又使他的语言充满口语化，读来不觉得俗气，反而亲近畅快。《昆明的雨》中，“牛肝菌色如牛肝，滑，嫩，鲜，香，很好吃”几个逗号尤为特别。若与去掉逗号相比较，“滑嫩鲜香”更简省更有古典韵味，而单独停顿的汪氏语言便有“口语化”的一面，每个字都是唇齿留香的味

---

① 舒畅．大后方历史文化风貌的文学再现——汪曾祺与昆明有关的散文、小说综论[J]．云南师范大学学报（哲学社会科学学版），1995(2)：54.

② 汪曾祺．汪曾祺散文[M]．北京：人民文学出版社，2005：213.

③ 徐蕊．浅谈汪曾祺散文的特点[J]．文学教育（上），2013(2)：76—77.

道，仿佛在向人诉说。再将“如”换为“像”进行品读，感受区别。可以得出汪曾祺语言的另一个特点：文言味。“这东西也能吃？！”“这东西这么好吃？！”短短的一句话，再加两个语气的符号，质疑、感叹、惊喜之情融于其中。“城春草木深，孟夏草木长”将杜甫和陶渊明的诗句巧妙拼接，昆明雨季的古典韵味，油然而生。其语言既有“我有一天在积雨少住的早晨和德熙从联大新校舍到莲花池去”中“积雨少住”的文言化用语，又有相似意境的——昆明的雨季相当长，但“下下停停，停停下下，不是连绵不断，下起来没完”的口语化表达。这种融文言与现代白话于一炉的不着痕迹、绝妙搭配，只有汪曾祺能处理得如此恰到好处。

### （三）日常生活的诗意审美

汪曾祺文章中的人物，无一例外是热爱生活的，纵然平凡微小，也依旧从生活中找寻美和诗意。日常生活中随处可见的卖杨梅的姑娘和卖花送花的房东，汪曾祺却用审美化的视角，将其写出了浓浓的诗意。人和人之间的相处在昆明雨的滋润下，充满了人性中至善至真的美。

“卖杨梅的都是苗族女孩子，戴一顶小花帽子，穿着扳尖的绣了满帮花的鞋，坐在人家阶石的一角，不时吆喝一声：‘卖杨梅——’声音娇娇的。她们的声音使得昆明雨季的空气更加柔和了。”普普通通的卖杨梅小姑娘，作者却深陷其穿戴美、姿态美、声音美难以移目。他内心被触动、被融化，内心变得柔和，所以“柔和”这个词本来不形容空气，这里却被他用来形容空气也变得柔和了。平凡的姑娘，变得充满诗意。“缅桂盛开的时候，房东（是一个五十多岁的寡妇）就和她的一个养女，搭了梯子上去摘，每天要摘下来好些，拿到花市上去卖。她大概是怕房客们乱摘她的花，时常给各家送去一些。有时送来一个七寸盘子，里面摆得满满的缅桂花！带着雨珠的缅桂花使我的心软软的，不是怀人，不是思乡。”眼前的一切，或许他人看来，再常见不过，可汪曾祺却变得内心融化、内心柔软，从而使得他暂时抛却了一切的烦恼，而完全沉浸在这美妙之中。那该是多美的气氛啊！能将日常生活随处可见的事物写得如此诗情画意，只有心怀赤子之心的汪曾祺才能创设出来吧。

## 第二部分　案例设计综述

由于本课《昆明的雨》是部编本新教材新加入的篇目，能找到的教学案例论文比较少，现将相关解读论文及网络上的教学设计进行综述与整理。

李光明.《昆明的雨》三点导读[J].语文教学与研究，2004(11).

王利平.《昆明的雨》文本解析[J].丝路视野，2017(36).

《〈昆明的雨〉教学设计》，21世纪教育网。

《扎扎实实品语言——〈昆明的雨〉教学实录》,高永娥,语文备课大师。

《换种方式教课文〈昆明的雨〉教学后记》,李耀富,新浪博客。

《语文主题学习〈昆明的雨〉教学设计》,岑冀英,大学网。

《昆明的雨》教学设计,育星教育网。

《昆明的雨》课堂实录,刘丽娟,搜狐文化。

《昆明的雨》教案,百度文库。

《昆明的雨》教学设计,陶鸿中,百度文库。

## (一)教学目标分析

通过对以上课例的对比分析,我们可以看到,大部分教师将教学目标按知识与能力,过程与方法,情感、态度与价值观三维目标进行分类,归结起来主要有以下几点:

(1)感知文章内容,了解昆明雨的特点。

(2)领会作者平淡质朴的言语特色。

(3)体悟作者对昔日的怀念之情。

(4)培养学生注重生活细节的习惯,引导其在平凡的日常中发现情思情味。

由于可找到的教学设计较少,我的几份教学设计大致都是按此三维目标进行分类,当然,还有一份比较特别,是按照语言知识与运用、语文(文体、文学、文化)常识、阅读、写作目标进行细化,也非常有借鉴意义:

A.语言知识及运用:积累重要字词,品析优美句子。

B.语文(文体、文学、文化)常识:知晓散文形散神聚的特点,学会抓重点句子理解文章内容。

C.阅读:感知本文语言特色,通过多种方式的朗读体悟文章深层含义。

D.写作:学习通过关注生活中的小事物表达感情的方法。

## (二)教学内容及教学点选择分析

本文是汪曾祺一篇回忆性散文,通过对收集到的8篇教学课例进行统计发现,大家将昆明雨季的特点、体现全文感情基调(表达作者情感)的句子、卖杨梅女孩子及木香花等语言赏析、汪氏语言特色及生活情趣作为重点内容来教。具体情况见表1:

表1 教学内容统计分析表

| 教学内容 | 次数 | 比例/% |
|---|---|---|
| 知人论世,作家作品 | 6 | 75 |
| 初读感知,昆明的雨的特点 | 5 | 62.5 |
| 表达作者情感的句子及作用 | 6 | 75 |
| 通过具体细节描写、典型词语、标点来赏析语言特色 | 8 | 100 |
| 汪曾祺写作个性及生活态度 | 6 | 75 |

比较8篇教学设计中具体分析语言的教学点,我们发现大家的教学点选择有一些重合部分,具体情况见表2:

表2 教学点统计分析表

| 教学点 | 数量 | 比例/% | 句子的作用 |
| --- | --- | --- | --- |
| 文章题为"昆明的雨",为什么开篇要描述给宁坤画画的内容。 | 4 | 50 | 所画的是昆明的乡情民俗,画里的景物是昆明雨季特别具有代表性的仙人掌、菌子、花,既能突出昆明多雨的特点(内容),又可引出下文对"昆明的雨"具体的描述(结构)。该画题字露出了对昆明雨季的喜爱(情感)。 |
| 昆明的雨为何让作者如此念念不忘?勾画出最能概括其特点的那一句。 | 4 | 50 | 昆明的雨季是明亮的、丰满的,使人动情的。 |
| "我想念昆明的雨"出现两次,这两段在文中有什么作用。 | 2 | 25 | 第3段从内容上看,点明了文章的中心,表达了作者对昆明雨季的深切怀念的感情;从结构上看,这句独立成段的句子承接上文的画面介绍,引出下文"我想念昆明的雨"的缘由的抒写。第13段从内容上看,深化主题,表达作者对"昆明的雨"的想念之情;从结构上看,照应第3段内容,结束全文,使结构更加完整。 |
| 有些人家在菜园的周围种了一圈仙人掌以代替篱笆。——种了仙人掌,猪羊便不敢进园吃菜了。仙人掌有刺,猪和羊怕扎。 | 2 | 25 | 用仙人掌代替篱笆,体现了昆明当地人善良、淳朴。 |
| 青头菌比牛肝菌略贵。这种菌子炒熟了也还是浅绿色的,格调比牛肝菌高。"格调"在句子中的意思是什么? | 3 | 37.5 | "格调"原指"人或艺术品的品格或风格",此指炒熟后的青头菌的诱人色泽,鲜香口味。 |
| 可是下点功夫,把草茎松毛择净,撕成蟹腿肉粗细的丝,和青辣椒同炒,入口便会使你张目结舌:这东西这么好吃?!"张目结舌"在句子中意思是什么? | 1 | 12.5 | "张目结舌"原指"睁大眼睛说不出话",此指干巴菌味道好得令人吃惊。 |
| 牛肝菌色如牛肝,滑,嫩,鲜,香,很好吃。 | 1 | 12.5 | 短句朗朗上口,读起来更有节奏感。 |

续表

| 教学点 | 数量 | 比例/% | 句子的作用 |
|---|---|---|---|
| 这种东西也能吃?！这东西这么好吃?！ | 3 | 37.5 | 用了一个问号，一个叹号，有疑问也有惊讶，说明它的味道使人瞠目结舌，表达了“我”对它的喜爱惊讶之情。 |
| 卖杨梅的都是苗族女孩子，戴一顶小花帽子，穿着扳尖的绣了满帮花的鞋，坐在人家阶石的一角，不时吆喝一声：“卖杨梅——”声音娇娇的。她们的声音使得昆明雨季的空气更加柔和了。 | 4 | 50 | 用“戴”“穿”“坐”“吆喝”一系列的动词，对苗族女孩子进行了语言描写、动作描写和外貌描写等，用卖杨梅女孩的娇美情态衬托出昆明雨季的柔美，抒发作者对昆明的喜爱、怀念之情。 |
| 缅桂盛开的时候，房东(是一个五十多岁的寡妇)就和她的一个养女，搭了梯子上去摘，每天要摘下来好些，拿到花市上去卖。她大概是怕房客们乱摘她的花，时常给各家送去一些。有时送来一个七寸盘子，里面摆得满满的缅桂花!带着雨珠的缅桂花使我的心软软的，不是怀人，不是思乡。 | 1 | 12.5 | 房东母女爱花，同时愿意送花，可见她们心地善良，具有淳朴的性情。作者的心软软的，他感慨于房东的纯朴热情，他陶醉在浓郁的花香中。 |
| 昆明的杨梅很大，有一个乒乓球那样大，颜色黑红黑红的，叫作“火炭梅”。这个名字起得真好，真是像一球烧得炽红的火炭!一点都不酸! | 2 | 25 | 运用了外貌描写，突出了“火炭梅”的体积大与黑红的颜色。同时连用两个感叹号，突出作者的惊叹之情。 |
| 一棵木香，爬在架上，把院子遮得严严的。 | 4 | 50 | “爬”“遮”等动词，把木香拟人化，运用了拟人的修辞手法，主动形象地表现出木香的茂盛，表达作者的喜爱、赞叹之情。 |

## (三)教学流程与方法

### 1.教学流程

关于散文《昆明的雨》的教学，扎扎实实品语言，从大量语言细节中引导学生感受汪曾祺的语言特色及情感表达，是绝大部分老师的共识。教学流程大部分是按照：“导入新课”—“预习检测”—“知人论世”—“初步感知课文内容，了解昆明雨的特点”—“共同赏析语言，体悟作者的深情”—“感受汪曾祺写作特点及生活态度”—“总结本课，提升扩展”。

### 2.教学方法

关于《昆明的雨》的教学方法大致有以下几种：

(1)资料助读法。几乎每一课例都有相关介绍，详细介绍背景资料的课例有4个，占50%。引导学生深入文本，感受作者寄托在文章中的情感，需要让学生对作家汪曾祺及其特殊的昆明情结有基本的了解。

(2)朗读法。学习散文，品析语言是非常重要的环节，而朗读是必不可少的教学方法。使用朗读法的课例共有6个，占75 %。高永娥老师引导学生在朗读中读出了语言的朴实平淡、贴近生活；又在朗读中读出了标点符号特殊的表情达意作用。刘丽娟老师在带领学生朗读中，让学生感受到了“格调”等词的特殊意义及作者的个性描写。

(3)师生交流碰撞法。一堂好课，不应只局限于老师问、学生答的模式中，很多精彩之处，正是在师生的交流碰撞中生成的。教师从基础的问题入手，引导学生对文本及语言一步步深入分析与思考，生发出教师也不曾预设之处。如李耀富老师在按预设问题提问之后，发现课堂陷入了沉默，随即反其道而行之，从另外角度发问“我们在考试中，一般情况下，现代文阅读的考点多是什么类型”，一语既出，学生们马上讨论声此起彼伏，反而找到了更多文章的精彩之处进行分析。

(4)小组合作探究法。几乎每个课例都提到了小组合作、自主探究。其中，岑冀英老师列出了小组合作学习任务单，用圈点批注的方式品味语言。李耀富老师要求学生自主学习，每人都能就文章提出一个问题，小组合作，互相探讨。还有的课例中，小组按“我从 ________(原文词句)读出了作者________的情感”开展小组交流分享。

(5)拓展阅读法。研读探究文章之后，有6个课例使用了拓展阅读方式，占75%，加深对文章及作者汪曾祺写作个性的理解。如展示《胡同文化》片段，感受汪曾祺自然平实的语言风格；拓展阅读《端午的鸭蛋》，体会汪曾祺平实却意蕴悠长的语言之美；推荐翻阅《葡萄月令》及汪老其他的散文；延伸国学经典诵读——李之仪的《卜算子》；等等。其中，岑冀英老师的语文主题学习《昆明的雨》《豆汁儿》《端午的鸭蛋》，将课上学习《昆明的雨》的方法用来品读另外两篇同类散文，再找出其他两篇文章中语言“淡而有味”之处，体悟汪曾祺对生活的感受，既可以进行拓展迁移，又有群文阅读能力提升之效。

## 第三部分　教学建议

王荣生教授认为，阅读品析散文，从始至终都应该在这篇“散文里”。作者那些独特而个性化的词句所体现的，是复杂而细腻的情感。只有透过这些独特的词句，我们才能感悟其所想要表达的人生经验。所以，扎扎实实品语言，立足文本进行分析应该是我们不变的宗旨。

从语言及标点符号中感受汪曾祺的童真童趣。“仙人掌有刺”是我们所熟知的，猪和羊却不知，那为何会怕？肯定是它们曾经被扎过。仅一句“猪和羊怕扎”，就让人感受到了动物那可爱的姿态，更让人能想象猪和羊被扎时令人捧腹的场景。“乍一看那样子，真叫人怀疑：这种东西也能吃?！……可是下点功夫，把草茎松毛择净，撕成蟹腿肉粗细的丝，和青辣椒同炒，入口便会使你张目结舌：这东西这么好吃?!”反问号再加感叹号的强化，既有深深的不解，又有难以置信的感叹！像牛粪似的菌子，在三个感叹号的不断强化下，让读者的心情也随着作者描述的画面起起伏伏，如身临其境。或许只有充满童真的汪曾祺，才会带给我们如此多的惊喜和乐趣吧。

从对比中发现汪曾祺作品语言古典化与口语化交融之美。正如前文所提到的，“我有一天在积雨少住的早晨和德熙从联大新校舍到莲花池去”中“积雨少住”明显带有文言色彩，而在前文又有与该词相同意味的另一种表达，昆明的雨季相当长，但“下下停停，停停下下，不是连绵不断，下起来没完”，口语化十分明显。“猪和羊怕扎”“这东西这么好吃?!”“一点都不酸!”……从诸多口语化的语句中更能感悟汪氏语言的朴素平实之美。

从细节中感悟汪曾祺日常生活的诗意审美。日常生活中随处可见的卖杨梅姑娘和卖花送花房东，汪曾祺却用审美化的视角，将其写出了浓浓的诗意。人们在昆明雨的滋养与润泽之下，充满了至纯至朴之美。为何作者对昆明极尽赞美，连日常生活中随处可见的人、事、物都写得充满诗意之美？恐怕这与作者在昆明生活的幸福感息息相关。

从知人论世中体悟作者这一篇散文的独特情思。汪曾祺浓厚的“昆明情结”，对第二故乡的深深眷恋，在他的诸多作品中都有体现。他在昆明长达七年的生活，给他的人生带来深远影响。云南自然景色优美、物产丰富。早在青年之时的汪曾祺便已深深陶醉其中，之后写了《昆明的花》《云南茶花》《翠湖心影》《昆明的雨》等散文来怀念这段昆明时光。到了晚年，汪曾祺再次到访昆明，“四十年后，我还忘不了那天的情味”，那种情味或许就是埋藏于内心深处的昆明情结吧！预习时可提供给学生这些资料，拓宽其视野；等《昆明的雨》学完之后，可引导学生拓展阅读《昆明的花》《云南茶花》《翠湖心影》等作品，进一步带领学生感悟汪曾祺的“昆明情结”和其独特情思。

## 第四部分　参考案例

### 教学目标

1.知人论世，了解作者笔下昆明的雨的特点。

2.领会本文直接、间接描写结合，烘云托月的表现手法。

3.品味语言，感悟作者对昆明的雨的特殊情感。

### 教学流程

（课前将汪曾祺简介及汪曾祺的昆明经历等资料印发给学生预习。）

## 一、情境导入

上课之前，老师想先问大家一下，咱们深圳下雨的时候多吗？那咱们深圳的雨下起来是什么样子呢？（生答。）

深圳的雨在大家眼中是这样的，大家有没有去过昆明？

去过的同学，回想一下你见过的昆明的雨是什么样子。相信不同人的眼中，雨会有不同的韵味，今天我们就一起随着作家汪曾祺的文字，一起去感受他眼中“昆明的雨”。

## 二、初读课文，感知雨中情

结合课前预习，再次速读课文，同时思考这样几个问题：

1.纵观全文，汪曾祺笔下昆明的雨有哪些特点？

明确：久长、明亮、丰满、浓绿、使人动情、柔和、充满情味……

2.课文除了写昆明的雨，还描写了哪些人、事、物？这些人、事、物和昆明的雨有什么关系？

明确：除了写昆明的雨，还写了仙人掌、菌子、果子（卖杨梅的女孩子）、缅桂花（卖缅桂花的房东母女）。

它们都是雨季中的事物和雨季时的故事。作者写昆明的雨，不单单写雨景，还写花景、人景，这样使昆明雨季之景丰富立体起来，让文字充满生活的味道和诗情画意。

3.作者是带着什么情感来写这篇文章的？（原文语句）

明确：我想念昆明的雨。

## 三、再读研讨，挖掘雨中情

1.汪曾祺笔下，昆明的雨有如此鲜明的特点，这些特点是如何表现出来的？文中对其他人、事、物的描写有何作用？

明确：通过直接描写雨的特点表现，以及通过写雨季中的仙人掌、菌子、果子、缅桂花及卖杨梅的姑娘、卖缅桂花的房东等人、事、物间接表现出。直接描写与间接描写相结合。

对其他人、事、物的描写是为了突出昆明的雨的特点，起到了衬托作用，这种描写手法叫作烘云托月。

资料补充：

烘云托月：原指一种画月亮的手法，后比喻从侧面加以点染以烘托所描绘的事物。烘云托月法通过对其他事物的点染、描绘来烘托物象，不仅使物象鲜明突出，有层次感，而且还可以借“不写之写”创造出一种“韵外之音”，从而激发读者的艺术想象，给人以内涵深邃，回味无穷的感觉。[①]

---

① 摘录自网络百度百科.

2.这种“烘云托月”的描写手法,你在其他文中见过吗?

明确:比如《陌上桑》这一乐府民歌描绘罗敷形象,就是运用烘云托月法。她从刚出现就吸引了“行者”“少年”“耕者”等人的注意,他们因罗敷的美丽而发呆。文章没有直接写她的容颜,而是让她的美在其他人眼中和动作中衬托出来,更让人感受罗敷美的不可方物,增强了表现力。

3.在昆明的雨众多特点中,你觉得哪个词可以统摄全文,更能代表作者的情感?

明确:情味。

课文开头也说昆明的雨是“使人动情的”。作者通过雨中的菌子、果子、苗族小女孩娇娇的吆喝声、女房东送来的缅桂花等,来展现昆明丰满、明亮又使人动情的雨季。昆明的雨以及雨中的人、事、物在作者眼中,都是满载人情味的。

4.结合课前预习资料,昆明的雨会让作者有淡淡的乡愁,为什么多年后仍无法忘却其中的情味?

明确:思乡、怀人也是一种美好的情感,一如李商隐的灯下怀人的情感。更何况,作者去了北京之后,昆明又成了他精神的故乡。因此,这里的乡愁有种思念的和弦的味道——既有当时思故乡的情感,又有四十年后思昆明的情怀(汲安庆)。汪曾祺最美好的青春时光是在昆明度过的。“四十年后,我还忘不了那天的情味”,那情味也许就是藏于他内心的昆明情结吧!

## 四、品读语言,体悟雨中情

作者对昆明雨的情味,你从他的语言中,能品味出来吗?

1.牛肝菌色如牛肝,滑,嫩,鲜,香,很好吃。

(1)去掉“滑,嫩,鲜,香”的标点符号,与原文对比朗读,比较原文与去掉逗号后的不同韵味。

明确:可以得出汪曾祺语言有“口语化”的一面。

(2)将“如”换为“像”再进行品读,感受区别。

明确:可以得出汪曾祺语言的另一个特点,即文言味。

2.卖杨梅的都是苗族女孩子,戴一顶小花帽子,穿着扳尖的绣了满帮花的鞋,坐在人家阶石的一角,不时吆喝一声:“卖杨梅——”声音娇娇的。她们的声音使得昆明雨季的空气更加柔和了。

明确:前一句在描写卖杨梅女孩子的形态美、羞涩美、声音美,后一句有独特的抒情方式。作者内心先觉得眼前的这些景象很美,他的内心被触动、被融化,他的内心先变得柔和,所以“柔和”这个词本来不形容空气,这里却被他用来形容空气也变得柔和了。①

① 胡根林.知人论世:散文阅读教学的必要支架[J].中学语文教学,2018(9):30—37.

3.缅桂盛开的时候，房东(是一个五十多岁的寡妇)就和她的一个养女，搭了梯子上去摘，每天要摘下来好些，拿到花市上去卖。她大概是怕房客们乱摘她的花，时常给各家送去一些。有时送来一个七寸盘子，里面摆得满满的缅桂花！带着雨珠的缅桂花使我的心软软的，不是怀人，不是思乡。

明确：前一句在写花美，人美，心更美；后一句是细腻的抒情，作者被眼前所有的美好所感动，完全沉浸在此情此景深深的感动中。眼前的一切美景，使得他暂时抛却了心中的烦恼，而完全沉浸在这美妙之中。那该是多美的气氛呀！[1]

可见，汪曾祺的语言在朴素、平实中，透露着文言与口语交融之美，更能将日常生活写得充满诗意，“淡而有味”，让人回味无穷！

## 五、诗意引领，拓展雨中情

1.将“她们的声音使得昆明雨季的空气更加柔和了”和“带着雨珠的缅桂花使我的心软软的，不是怀人，不是思乡”两句诗意语句进行比较，寻找共同点。

2.剖析汪氏诗意抒情的写作手法，并形成固定公式。

形容A事物的词 $\xrightarrow{\text{人的情感作用}}$ 用来形容B事物

3.依据公式，将日常生活中常见的火锅，仿写成富有诗意的语句。

前半部分已经展出：“火锅里开满了花椒，融化的牛油，沸腾的红油，不分青红皂白，麻醉了舌头。”这里形容牛油的词是“融化”，形容红油的词是“沸腾”，形容舌头用了“麻醉”。我们把这三个词放在公式中“词”的位置，接下来请你发挥想象，补出后半句诗意的句子。[2]

4.挑选小组代表进行展示分享。

## 六、教师小结

当代学者孙郁说，人们只知道汪曾祺厉害，却不知道他何以厉害。汪曾祺文笔中有许多“暗功夫”，他是从古典和乡土中缓缓而来，从大众和民间提取诗意，这样的作家“百年之中，不过寥寥数人耳”！能写出如此美与诗意文字的作家，难道大家不好奇吗？[3]

推荐几本汪曾祺的著作，课下我们可以继续探索。汪曾祺著作：《人间草木》《逝水》《矮纸集》《邂逅集》。(此文教学实录部分已发表于《中学语文教学》2018年第9期)

---

① 胡根林．知人论世：散文阅读教学的必要支架[J].中学语文教学，2018(9)：30—37.

② 胡根林．知人论世：散文阅读教学的必要支架[J].中学语文教学，2018(9)：30—37.

③ 胡根林．知人论世：散文阅读教学的必要支架[J].中学语文教学，2018(9)：30—37.

## 板书设计

昆明的雨

汪曾祺

仙人掌
菌子
果子
缅桂花

烘云托月 ⟹ 雨 ⟶ 情 { 食有味 / 人有情 }

# 从严谨铺排中悟孟子论辩艺术

## ——《生于忧患，死于安乐》教学知识(PCK)的择定与建构

深圳市宝安中学　严致云

《生于忧患，死于安乐》出自《孟子·告子下》，是一篇具有雄辩力，文章结构以及文字相当严谨的散文。文章开篇就列举了六位出身于社会底层的人物，在经历过现实的磨砺后成为栋梁之材的事迹。举例论证了生于忧患这一中心思想，忧患可以激励人不断超越自我，磨难使人有所突破。以此类推，人成才如此，国之兴旺亦然，从而论证了"生于忧患，死于安乐"的观点。全文将历史典故与人生哲理相结合，逐层分析推理，论述缜密，无可辩驳；善用譬喻、排比、对偶，气势磅礴。

## 第一部分　文本解读综述

### 一、孟子及其思想

#### (一)孟子与《孟子》

孟子(约前372年—前289年)，名轲，字子舆。

孟子早年受业于子思门人。中年以后，他力图将儒家的政治理论和治国理念转化为具体的国家治理主张，并推行于天下，于是孟子开始周游列国，游说于各国君主之间，推行他的政治主张。他生活在诸子百家争鸣时期，作为儒家的继承者，儒家在孟子的雄辩中彰显活力，在一个合纵连横，以攻伐为贤的时代背景下，在面对诸子百家的辩论，面对诸侯士大夫的对话中，孟子常常以"浩然之气"力压群雄。

《孟子》由孟子及其门人所著。此书记述了他一生的主要言论、活动及其思想学说。面对现实中的百家争鸣，为宣扬"仁政""民本"思想，《孟子》更侧重于"辩"，其排比多取材于民间流传故事或现实生活实例，善于叙述说理，善于运用类比归纳等方式宣扬立论，语言极具说理技法，充满了论辩智慧和理性光芒，并在论证时，综合运用各种技法，步步为营，层层推进，高明地架构出一个思想的九层宝塔。

### (二)孟子思想中的忧患意识

李平先生曾在《中国文化散论》一书中提道：儒家思想的要义可以概括为重和谐，重人本，重道德，充满着忧患意识，贯穿着力行精神。强烈的忧患意识贯穿于《孟子》一书。

孟子在孔子的基础上继承并发扬了“仁”学说。孟子在他的理论中提出了四种道德准则，即仁、义、礼、智。徐复观发现，在孟子看来，仁的基本表现还是忧患意识。所以孟子一再提到古代圣贤对民众的关切，如“圣人之忧民如此，而暇耕乎？”（《孟子·滕文公上》），“是故君子有终身之忧，无一朝之患也”（《孟子·离娄下》），谈及的都是古之圣贤的忧患意识。孟子的忧患意识最主要还是体现在对民生的忧患，在孟子看来，忧患不但可以培育高尚的理想和志向，以此来实现自身的价值，还能够逐步达到“富贵不能淫，贫贱不能移，威武不能屈”的思想高度。[①]充分体现了孟子对道德修养以及人格的自我完善和独立的重视，并倡导积极向上的人生态度。

孟子宣扬先验的道德意识“良知”“良能”（《孟子·尽心上》第十五），但也承认“良知”“良能”必须通过实践的锻炼。孟子认为一个德才兼备的人都是在磨难中锻炼出来的。人在经历了磨难之后，往往更加具备同理心，对于未知的危险时常保持着高度的警惕，所以这样的人更能理解人们经历的苦难。[②]

安逸享乐只能带给人短暂的快乐和短暂的物质精神上的满足，但这也伴随着堕落的种子在心里发芽；忧患磨难虽然会给人带来短暂的痛苦，但是也是推动人前进的精神食粮。

## 二、《生于忧患，死于安乐》的论辩艺术

孟子在这篇不到两百字的小短文中，扣住环境与个人、国家命运的关系，缜密而有力地论证了“生于忧患，死于安乐”的深刻道理。这篇短文论证明晰，逻辑严谨，采用逐层推论法（又称“台阶术”），在具体论辩中，有正有反，开合自如，有不容置辩的说服力。

### (一)论证层次清晰，正反主客观结合

从论证看，孟子在此文中实际上谈论了两个问题，一个是“人才造就”问题，另一个是“国家治理”问题，而作者在此文中要表达的论点即是“人才和国家”都是“生于忧患，死于安乐”。

第一层：通过人才的造就，正面论证“生于忧患”。

首先是客观环境对于人才的影响。

作者列举六个出身贫寒的人物，他们都在经历磨难之后成就了一番事业。并由特殊到一般，罗列分析所有人才必须要历经一系列的磨炼，论证了逆境出人才。

---

① 刘越，刘鸿鹤．儒家人文主义的源头——徐复观论“忧患意识”[J]．社会科学辑刊，2014(6)：41—45.

② 方万青．先秦儒家孔孟的忧患意识及其现实观照[J]．前沿，2012(9)：196—198.

其次是主观意志对于人才的影响。

“人恒过”“困于心，衡于虑”“征于色，发于声”这些都是人常常会经受的挫折和考验，面对种种的困境，这个人能意志坚定，在与忧患斗争的过程中找到自己的生存方式，并获得人生的宝贵经验，对未来生活充满了信心，大概这就是忧患赋予生活的意义——不断帮助人成长。

由此可见，孟子认为铸造人才不仅需要经历艰苦环境的磨砺，还需要有更坚定的意志，二者缺一不可。从客观的环境因素和主观的意识层面论述了“生于忧患”的观点。

第二层：通过国家的灭亡，反面论证“死于安乐”。

一个最高统治者，内无“法家拂士”，就听不到逆耳的忠言，为所欲为。外无敌国，则可唯我独尊；外无外患，则可高枕无忧。这一切都会使国家自上而下都麻痹斗志，苟且偷安。在虚假的太平安定环境下，人们就会放松警惕，导致国家在面对突如其来的灾难时，没有能力解决困难，国家在顷刻间便能覆灭。

论证思路清晰，层层推进，步步论证，使结论水到渠成。整篇文章，无论是思想还是艺术，都堪称鬼斧神工。

### （二）巧述论据，例证使用恰当

首先，开篇例证。

一般议论文往往是开门见山，篇首树帜，彰显论点。而本文开头却是从容不迫地列举六个历史事例。这六个人都来自贫苦家庭，在遭遇生活给他们的磨难之后，最终扬眉吐气，成了一代圣贤。这六个事例，都指向了一个观点：自古以来，要想成人成才，就必须经受住生活的考验，不仅要承受身体上的折磨，还要经受住精神上的折磨，才能炼出钢铁般的意志，提升自我。

其次，选例精当。

这六个人物皆为上古到春秋时代的圣贤，舜为圣君，其余五位则为贤臣。因此孟子旨在于警告最高统治者。如第一层客观因素的论证中的“天将降大任于是人也”的“是人”，即是一开头所列举的圣君贤相，他们一开始并没有尊贵的地位，是由小人物经历了刻苦磨炼而成了大人物。这些人，是作者为他目前所同时存在的统治阶级树立的正面的榜样。

在主观因素论证中“人恒过，然后能改”的人，指的是包括统治阶级在内的各阶层的人，这跟孟子思想中的进步因素有联系。在西周时代，贵族永远是贵族，永远处于统治地位，一般人是不可能取而代之的。而孔孟是言必称尧舜的，并强调“人皆可以为尧舜”“尧舜与人同”，认为普通人与贵族统治阶级之间有一定的共性。

第二层中“入则无法家拂士，出则无敌国外患者”的“者”指的便是警告的对象——统治者。

所以，两层三个梯度的论证运用了三类人作为例证，这样的论证是丰富而全面的，也更有说服的针对性和雄辩性。

### （三）排比铺排造势，气势雄浑

《孟子》善用排比，往往采用几个句式结构相同的句子并列排在一起，对论点进行逐层论证，这些排比多为进一步说理作铺垫，富有“辩”的特质。

在文章开篇，列举了六位圣贤的成功经历形成排比句式，一个圣君五个贤相，同类叠加展现论据，给读者营造了一种生于忧患的思想自觉氛围；随后，使用铺排的手法突出人在面对生活带来的磨难时的痛苦状态，衬托出圣君和贤相的成功来之不易；紧接着使用排比的修辞手法描述圣人在面对和处理忧患时的措施，最终得出了“生于忧患，死于安乐”的结论。排比铺排的方式，既论述了事情的来龙去脉，又增强了文章的说服力。

## 三、《生于忧患，死于安乐》几处内容理解的争议

### （一）段落编排

关于《生于忧患，死于安乐》一文的段落编排，许多学者对不同版本的教材的编排提出了质疑，质疑大致集中在两个地方。为了便于分析，先将原文附上。

①舜发于畎亩之中，傅说举于版筑之间，胶鬲举于鱼盐之中，管夷吾举于士，孙叔敖举于海，百里奚举于市。②故天将降大任于是人也，必先苦其心志，劳其筋骨，饿其体肤，空乏其身，行拂乱其所为，所以动心忍性，曾益其所不能。③人恒过，然后能改；困于心，衡于虑，而后作；征于色，发于声，而后喻。④入则无法家拂士，出则无敌国外患者，国恒亡。⑤然后知生于忧患而死于安乐也。

第一种编排（苏教版和人教版旧版）①//②//③//④//⑤。

第二种编排（人教版新版和现行部编版）①②//③④⑤。

不同学者认为其段落编排不合理的缘由也有其不同的理由。

共识：

1.①②都是论证人才在艰苦环境中造就的，应该放在一起合成一段。

2.③④分为一段也不合理。①②③谈的都是人的问题，而④谈的是国家的问题。

3.⑤是对全文的总结，应该单独成段。

分歧：

第一种[①]认为文本各段结构关系为：

① 班廷景，王刚珍.应以辩证的思想对待教材中的瑕疵[J].文学教育，2007(9)：110—111.

第一自然段　人才的形成到发现
第二自然段　人才的形成到发现
由人到国
第三自然段　没有人才将导致亡国
第四自然段　结论:生于忧患，死于安乐

论文中的逻辑链条没有浮出水面,结论前的"忧患"也没有出现在论文中。笔者认为,它是关于"人才在培养过程中的形成和发现"。只有有人才,国家才能富强,国力才能增强,国安才能实现。因此,本文内含"苦难+人才培养+民族生生不息"的逻辑关系。只有这样,我们才能得出"生于忧患,死于安乐"的结论。内涵得到了拓展和升华,不再只指一个人、一件事、一次,成为跨越时空、具有强大生命力的哲学命题。

因此,最合适的分割方法是①②第一段,③第二段,④第三段,⑤第四段。段落大意可以概述为:第一自然段是人的生存能力在培养过程中得到加强和发展(或人才在培养过程中形成);在第二自然段,人们的生存能力只能在实践中得到发展(或人才是在培养过程中发现的);在第三自然段,国家生存能力只能在培养过程中得到加强和发展(或国家有忧患意识,它只能培养人才,有了人才,它才能保护国家);在第四自然段,得出"生于忧患,死于安乐"的结论。

另一种解释,文段结构联系如下:

第一自然段　人才形成的客观原因
第二自然段　人才形成的主观原因
第三自然段　由人到国
第四自然段　结论:生于忧患，死于安乐

有忧患,人才形成
↓
没有忧患,国家灭亡

这种观点认为①②是人才培养的客观因素,③是人才培养的主观因素。而上海古籍出版社的《〈孟子〉译注》、中华书局的《孟子》这两本书中,①②③④⑤是作为一段出现的。因此,不妨让本文作为一个自然段出现。这样不仅可以避免关于分段的分歧,也能引导学生主动探索文章的逻辑结构及中心思想。①

### (二)"征于色,发于声,而后喻"的释义

对于这个句子的理解,大概有以下两种:

第一种,"喻"的主语是其他人(人们)。

在人教版教材的解读中,"征于色"是用面部表情来表达的,意思是将情绪表现在脸上。"发于声"是指吟诵叹息的气息和发于声音。也就是说,看他的脸,听他说话的语气,别人就能洞察他的意思。现行的部编版教材的解释与杨伯峻《孟子译注》中的解释很接近:表现在脸色上,流露在言谈中,才能被人们了解。

① 蔡运利.对新版教材《〈孟子〉二章》的几点质疑[J].现代语文(教学研究版),2009(5):149—150.

第二种，“喻”的主语秉承前句的“人”，将“喻”的主语视为自己。

这两种理解是完全不同的，许多学者倾向于第二种理解。从整句话的分析入手：“人恒过，然后能改；困于心，衡于虑，而后作；征于色，发于声，而后喻。”可以理解为要有内因和外因，促使一个人化悲愤为动力，培养道德和品行，最后成为一个德才兼备的人。促使愤怒的情绪发挥积极的效果源于内在和外在动力。[①]内因是自省，受挫后自省，自强不息——“困于心，衡于虑，而后作”；外在原因是观察他人言行中的缺点，反省自己身上是否也有问题存在，之后再修养自身——“征于色，发于声，而后喻”。

### （三）为何用“举”不用“发”

《生于忧患，死于安乐》开篇罗列了六个人的史例，共用了六个动词，除了第一句用“发”外，其余五句均用“举”，“发”和“举”都是被选拔、任用的意思，却为何不同用“发”或同用“举”呢？原因何在？

部分研究认为，这是为了使句子有所变化，不单调。此种说法多被否定，因为第一句不用“发”字，句式也是有变化的。如第一句末尾用“之中”，第二句末尾用“之间”，第三句末尾再用“之中”。更多的研究认为，其原因与孟子的正统思想有关。

首先，这个名单上六个人的顺序，是按照他们生活年代的古今顺序进行排列的。但舜在古代儒家法典中是圣王，其他五个人只是官员。舜以“发”为名，用国王的荣誉，其他五个人都用“举”来表示国王和大臣的区别。

其次，孟子是我国伟大的思想政治家，也是儒家思想的代表人物，他的儒学成就仅次于孔子。它被后世儒家誉为“亚圣”。因此，他也继承了儒家纲常伦理的思想。

孟子的思想是复杂的。他的思想中有一种以人为本的思想。这种思想认为人民是最重要的，君主是次要的，国家是人民的国家，在人民面前，国家也只能屈居第二。[②]

## 第二部分　案例设计综述

《生于忧患，死于安乐》一文，是人教版、苏教版和语文版三个版本同时收录的19篇文言文之一，并且经历多次改版都未被删去，足见其魅力和学习的意义。对于这篇篇幅短小却能给世人敲响思想警钟的文章，不同的老师所设定的教学点和选取的教学内容都不尽相同。本文收集了4篇公开发表及1篇网络发布的优质课省级竞赛获奖教学设计。对教学案例中选取的教学内容进行梳理，推论出教师们确定的教学点。

① 阳超.“征于色，发于声，而后喻”辨义[J].语文知识，2014(6)：56—57.

② 叶根奎.为何用“举”不用“发”[J].语文教学通讯，1992(8)：64—65.

表1　五篇课例教学内容和教学点选择统计表

| 执教老师 | 教学内容 | 教学点 |
| --- | --- | --- |
| 李妮妮(《语文教学通讯》2010) | (1)读准节奏。<br>(2)品析说理性语言的排比和对偶。<br>(3)读出排山倒海的气势。<br>(4)了解《孟子》散文语言犀利,气势磅礴的特点。<br>(5)掌握翻译的方法:借助课下注释和《古汉语词典》。<br>(6)解决难句的翻译问题。<br>(7)明确文章给我们的启示。 | (1)必先苦其心志,劳其筋骨,饿其体肤,空乏其身,行拂乱其所为。<br>(2)入则无法家拂士,出则无敌国外患者。<br>(3)故天将降大任于是人也。<br>(4)征于色,发于声,而后喻。<br>(5)然后知生于忧患而死于安乐也。 |
| 赵兆(《现代语文教学研究》2006) | (1)归纳六个事例的共同点,掌握举例论证的方法。<br>(2)通过分析“苦”“劳”“饿”“空乏”等词语的使动用法,明确一个人成才必须经过环境的磨炼。<br>(3)梳理本文的通假字。<br>(4)明确本文的论点。<br>(5)明确“生于忧患而死于安乐”的现实意义。 | (1)舜发于畎亩之中,傅说举于版筑之间,胶鬲举于鱼盐之中,管夷吾举于士,孙叔敖举于海,百里奚举于市。<br>(2)必先苦其心志,劳其筋骨,饿其体肤,空乏其身,行拂乱其所为。<br>(3)入则无法家拂士。<br>(4)曾益其所不能。<br>(5)衡于虑。<br>(6)然后知生于忧患而死于安乐也。 |
| 万福友(《中学语文教学参考》2002) | (1)通过分析六个“于”、五个“举”,明确“生于忧患”的事实论据。<br>(2)通过“举”和“发”的对比,分析人物的身份。<br>(3)通过对偶句和排比句的诵读,品析议论文的语言环环相扣和犀利的特点。<br>(4)读出文章的美感和气势。<br>(5)明确文章论点。 | (1)舜发于畎亩之中,傅说举于版筑之间,胶鬲举于鱼盐之中,管夷吾举于士,孙叔敖举于海,百里奚举于市。<br>(2)困于心,衡于虑,而后作;征于色,发于声,而后喻。入则无法家拂士,出则无敌国外患者。<br>(3)然后知生于忧患而死于安乐也。 |

续表

| 执教老师 | 教学内容 | 教学点 |
|---|---|---|
| 许享厚（《云南大学学报》1986） | （1）讲解“之”“以”“于”的用法并归纳出一般用法。<br>（2）理顺文章的论证思路，体会论证的层层递进，步步相扣。 | （1）舜发于畎亩之中，傅说举于版筑之间，胶鬲举于鱼盐之中，管夷吾举于士，孙叔敖举于海，百里奚举于市。<br>（2）所以动心忍性，曾益其所不能。<br>（3）入则无法家拂士，出则无敌国外患者，国恒亡。<br>（4）然后知生于忧患而死于安乐也。 |
| 曾丹2012 | （1）读准句子的节奏。<br>（2）掌握通假字和使动用法的字词。<br>（3）分析磨难对于人的成长的意义。<br>（4）了解正反对比论证方法，明确通过正反对比论证了磨炼的必要性。<br>（5）揭示本文的论点。 | （1）必先苦其心志，劳其筋骨，饿其体肤，空乏其身，行拂乱其所为。<br>（2）入则无法家拂士。<br>（3）曾益其所不能。<br>（4）衡于虑。<br>（5）所以动心忍性，曾益其所不能。<br>（6）入则无法家拂士，出则无敌国外患者。<br>（7）然后知生于忧患而死于安乐也。 |

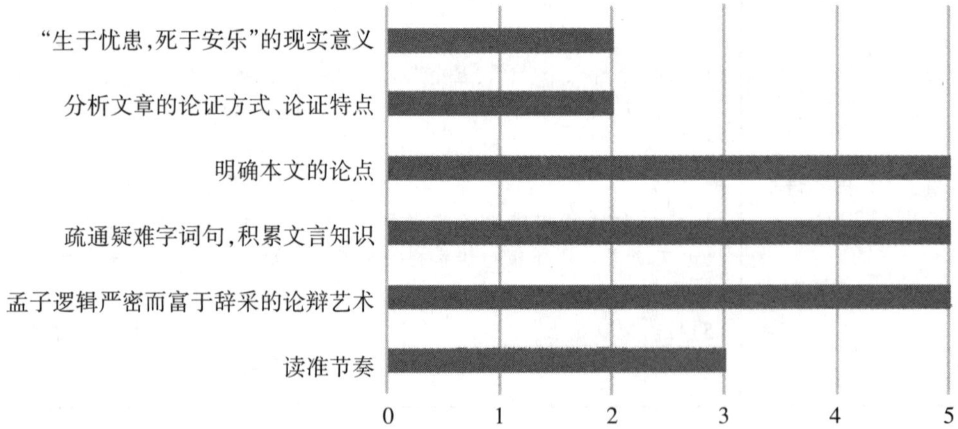


图1　五篇课例教学内容选择统计条形图

从上述五篇课例中选择的教学内容来看，大致有两种倾向。第一种（李妮妮，万福友）以读促学，教学分为两大板块：第一板块通过读准字音、句读，疏通文意，以解决字词句的翻译问题为主；第二板块通过读出气势，引导学生把握作者的写作语言风格和论证的观点。第二种(赵兆、曾丹)教学设计以论证知识为主,先以小组讨论的方式,组内解决翻译问题,再由教师引导学生掌握文章的论点、论证思路、论证方法。

表2 五篇课例教学点及其作用

| 选择的教学点 | 数量 | 占比/% | 教学重点 |
|---|---|---|---|
| 舜发于畎亩之中,傅说举于版筑之间,胶鬲举于鱼盐之中,管夷吾举于士,孙叔敖举于海,百里奚举于市。 | 3 | 60 | 总结六个事例的共同点及作用(六个人都出身卑微,但经过一番磨炼,终于成就大业。这六个例子揭示了孟子的人才观,同时论证了生于忧患的观点)。 |
| 必先苦其心志,劳其筋骨,饿其体肤,空乏其身,行拂乱其所为。 | 3 | 60 | 动词的使动用法。 |
| 所以动心忍性,曾益其所不能。 | 3 | 60 | 磨炼的意义。 |
| 困于心,衡于虑,而后作;征于色,发于声,而后喻。 | 2 | 40 | 正确翻译该句子。<br>揭示人能成才的主观因素。 |
| 入则无法家拂士,出则无敌国外患者 | 5 | 100 | 由个人上升到国家,递进关系。正反对比论证。 |
| 然后知生于忧患而死于安乐也。 | 5 | 100 | 本文的论点,给我们的启示 |

从表1和表2显示的五篇教学设计的教学点分析情况来看,教学点和教学内容基本相同,主要体现在四个方面。1.字词难点是“苦”“劳”“饿”“空乏”“曾”“拂”“衡”,使动用法和通假字。2.句子翻译难点是“困于心,衡于虑,而后作;征于色,发于声,而后喻”“所以动心忍性,曾益其所不能”。3.开篇六个事例是举例论证,从个人到国家是正反对比论证,最后得出结论,结论即本文的论点。论证思路清晰,结构缜密。4.通过分析对偶和排比的手法,体会《孟子》的论辩语言风格,气势磅礴。

# 第三部分 教学建议

## 一、依循文本体式选择教学点

教学点的选择要依据文体、学生的学情。这篇文章是一篇文言文。文言文的教学内容包括“言”和“文”。言所指的是词的积累、古汉语语法、阅读方法以及古汉语的语感。文是指文章、文学和文化。同时,《生于忧患,死于安乐》也是各派散文的典范。各派思想代表以写书的方式宣传自己的社会政治主张。因此要说服君主采纳意见，则要具有雄辩的气势。

综述中可知大多数课例的教学点都指向了“言”的部分，为了翻译和理解内容而解决字词解释的问题，或者将“文”和“言”割裂开来，而忽略了在对“言”进行分析的基础上对“文”的把握和理解。以下就本文被忽略的教学点做举例分析。

1. 舜发于畎亩之中，傅说举于版筑之间，胶鬲举于鱼盐之中，管夷吾举于士，孙叔敖举于海，百里奚举于市。

这个排比句中连续用了五个“举”，而“舜”用的却是“发”，缘于舜是君主，而另外五人则是人臣，体现了孟子儒家思想中的伦理纲常，君的地位至高无上，直接关系一国存亡，因此国君需要有忧患意识。

2. 必先苦其心志，劳其筋骨，饿其体肤，空乏其身，行拂乱其所为。

“苦”“劳”“饿”“空乏”均采用了使动用法，使动用法能使语言简化，还能变使令式为动宾式，使语句读起来朗朗上口，加强了论辩时气势磅礴的语势。[①]

3. 困于心，衡于虑，而后作；征于色，发于声，而后喻。

这是一组对偶句，同样有朗朗上口的特点。更值得关注的是两个“后”，文章还有另外两处用到了“后”字，揭示了这些句子前后形成了因果关系，突出忧患对于造就人才的重要意义，体现作者思维的缜密。

4. 入则无法家拂士，出则无敌国外患者。

对偶句，关注“入”和“出”，这是一组反义词，“入”本无在国内的意思，只有在与“出”并用时，“出”言外，“入”言内。[②]而这一组反义词则代表了所有范围和任何情况，在既无内忧，亦无外患的情况下，国家会灭亡，论证了死于安乐，

5.“人恒过”“国恒亡”。

关注其中的“人”“国”。通过这两个字，可以梳理出本文的两个层次，“人”是对于人之成才的个体层面，“国”则上升到了国之昌盛的国家层面。孟子由逆境造就人才，进而论述忧患成就国家，逐层推论，有理有据。

## 二、依据学情和教学点确定教学内容

本文是一篇论述性文言文，更是体现孟子儒家思想的经典，所以文言词句、论述思路以及语言特点是本文的重点教学内容。部编版教材将本篇文章调整到了八年级。八年级的学生并未系统地学习议论文文体知识。因此，可以不将论证手法作为教学内容，而通过朗读和关键字句分析并体会文章的雄辩气势；通过文意理解梳理论证思路；通过排

① 杨洪升. 使动用法和意动用法对语言整齐化的作用[J]. 绥化师专学报（社会科学版），1987（3）：66—67.

② 陈复华等. 古代汉语词典[Z]. 北京：商务印书馆，2002：1333.

比对偶等手法，体会孟子的论辩艺术。

根据文言文一体四面的特点，将教学内容分层，如下表：

表3　教学内容分层

| 类别 | 教学点 | 教学内容 |
| --- | --- | --- |
| 文言 | “苦”“劳”“饿”“空乏”“动”“忍”。 | 动词的使动用法、使动用法的作用。 |
| | 征于色，发于声，而后喻。 | 难句理解。 |
| 文章 | 舜发于畎亩之中，傅说举于版筑之间，胶鬲举于鱼盐之中，管夷吾举于士，孙叔敖举于海，百里奚举于市。 | 1. 指导朗读，读出气势。<br>2.《孟子》善用排比和对偶，语言极具雄辩气势。<br>3. 缜密的论证思路和层次。 |
| | 必先苦其心志，劳其筋骨，饿其体肤，空乏其身。 | |
| | 人恒过，然后能改；困于心，衡于虑，而后作；征于色，发于声，而后喻。 | |
| | 入则无法家拂士，出则无敌国外患者，国恒亡。 | |
| | 两个“然后”，两个“后”。 | |
| 文化 | “发”“举”。 | 孟子的伦理思想和忧患意识。 |
| | “出”“入”。 | |
| | 然后知生于忧患而死于安乐也。 | |

# 第四部分　参考案例

## 教学目标

1. 借助课本注释和《古代汉语词典》，疏通文意；掌握使动用法。
2. 体会本文善用排比的特点和极具雄辩气势的论述语言风格。
3. 厘清本文的论证思路，感受作者层层推进的论辩艺术以及所传递的忧患意识观。

## 教学重点

1. 掌握文言词的使动用法。
2. 通过排比句感受本文极具气势的论述语言风格。
3. 把握文章的论证思路并领会孟子的论辩艺术，感受儒家居安思危的忧患意识。

## 教学难点

1. 动词的使动用法。
2. 厘清论证思路及领会论辩艺术。

## 教学流程

### 一、预习检查，解决文言问题

1. 一读文章，纠正字音

字音：畎（quǎn）亩　傅说（yuè）　胶鬲（gé）　拂（bì）士

2. 二读文章，明确节奏

行/拂乱/其所为、曾益/其/所不能

3. 依据注释，疏通文意

行拂乱其所为——种种行为使他做事不顺。

征于色，发于声，而后喻——表现在脸色上，吐发在言语中，这之后人们才能了解他。

入则无法家拂士，出则无敌国外患者——在国内，如果没有守法度的大臣和辅佐君王的贤士，在国外如果没有势力、地位相当的国家和外来忧患。

### 二、情境导入

1. 阅读以下两段文字。

微软总裁比尔·盖茨（Bill Gates）曾经说过："微软离破产永远只有18个月。"这似乎是危言耸听，令人费解。

在日本，教育孩子有句名言：除了空气和阳光是大自然的赐予，其余的一切都要通过劳动才能获得。如果日本人一天懈怠了，没有努力生活，第二天就会失去赖以生存的环境走向灭亡。

2. 教师提问：同学们自读两段文字，说说看，这两段文字共同说明了一种什么现象？

明确：盖茨呼吁员工们一起居安思危，并不断改进。在日本，"忧患意识"是在古代就已经形成的。这种意识为日本的发展提供了动力，创造了今天日本经济发展的奇迹。因此，这两段文字告诉我们，要居安思危。

### 三、深入文本，感受孟子的论辩艺术

1. 分析结构，感受层层推进的论证

教师提问：标题中的"忧患"和"安乐"在文中有哪些具体体现？

"忧患"抓住三组词语：

（1）畎亩、版筑、鱼盐、士、海、市——举、发。

（2）苦、劳、饿、空乏、拂乱——动心忍性、曾益其所不能。

（3）困、衡、征于色、发于声——作、喻。

论证:逆境(内外因)——→生

(分析:这三组词语都是人才经历逆境,却凭借个人努力在逆境中奋发)

“安乐”抓住一组词语:

无法家拂士、无敌国外患——亡。

论证:顺境(内外因)——→死

(分析:这组词都是国家没有障碍,最终走向灭亡)

小结:这说明志士仁人能有所作为,一方面是环境对其个人意志的磨炼,另一方面则是其个人对生命苦痛的认同及面对困难坚持不懈的意志。而国家之所以灭亡,恰恰是因为少了阻挠和危机。

文章从内因和外因两个方面,从个人到国家两个层次论证了“生于忧患而死于安乐”,层层推进,思路缜密。

2.品析事例,领悟例证精当的巧妙

教师提问:开篇的六个例子能否去掉其中一个?(边读边分析)

(1)引导学生抓住“举”“发”两个字。为什么第一个例子要用“发”而不用“举”?

明确:舜是儒家典记中上古的贤明之君,而其余五人均是人臣,这里涉及儒家的礼教思想,君臣有别,体现了孟子的伦理思想,也说明了举例的全面性。因此第一个例子不能删掉。

(2)引导学生关注人物的身份。

明确:六个人物分别是农民、工人、商贩、犯人、隐居者和奴隶。六种不同的身份充分论证了无论是何种出身都能在逆境中奋起而有所作为。所以不能删掉。

小结:六个人物代表两个阶层,六种身份,论证不管是什么阶层什么身份的人都能在逆境中凭借顽强的意志获得成功。充分体现了孟子在使用例证法时的思维缜密,举例全面。

3.聚焦修辞,体会铺排的雄辩气势

出示任务:请选择一个你认为最具有辩论气势的句子并朗读。

(分析:本文排比和对偶的句子居多,这样的句子朗朗上口,学生大多数会选择这类句子进行朗读,可以边读边引导学生感受铺排对偶的磅礴气势。)

开篇六个事例(排比)——六个事例,语气一贯,节律强劲,一气呵成,从君王到人臣,从农民到奴隶,都能在逆境中奋发,论证有力,给人无可置辩的效果。

苦其心志,劳其筋骨,饿其体肤,空乏其身,行拂乱其所为。(排比)

这一组句子的结构共同点在于都是动词形容词加名词,明确文言文中的使动用法。而一连串句子使用同样的结构,可以增强节奏感和论辩气势,论证逆境对人的磨炼。

困于心,衡于虑,而后作;征于色,发于声,而后喻。入则无法家拂士,出则无敌国外患者。(对偶)

关注两个“后”字，延伸到两个“然后”可以揭示前后的因果关系；“出”“入”的对应使用，以及使动产生的节律感，可以营造气势，论证了造成国家灭亡的安乐局面。

## 四、辩论感悟

1.要求：

①结合本文的内容，运用层层推进、铺排对偶、举例等论辩方法，发表自己的观点，说服对方。

②全班分为正反双方两个辩论队，每个队选出四名主力队员。

2.辩题：正方——顺境更有助于人的成长

反方——逆境更有助于人的成长

3.总结：

①要说服对方信服自己的观点，就必须要掌握一定的论辩技巧——层层推进的结构、排比对偶的语言、精准得当的例证。

②逆境和忧患并不总是对一个人的生活有害，而往往是对一个人的生活有利。不管有多少曲折，即使经历挫折和失败，我们也应坚持自己的理想、信念和追求。相信，精神力量可以战胜一切困难。

## 五、课后作业

阅读孟子的《得道多助，失道寡助》，运用本文所学内容，从孟子的论辩艺术的角度写一篇小论文，题目自拟。

### 板书设计

生于忧患，死于安乐

一　人才形成的客观原因

二　人才形成的主观原因 → 生于忧患

由人到国

三　没有忧患，国家灭亡 → 死于安乐

四　结论：生于忧患，死于安乐

# 由“诚”入道，读懂愚公之“愚”

## ——《愚公移山》教学知识（PCK）的择定与建构

深圳市福永中学 赖毓康

《愚公移山》选自《列子·汤问》，是一篇著名的古代寓言，它的故事情节非常生动，并且带有浓厚的神话色彩，被很多的教材所选用。从1924年《愚公移山》被选入商务印书馆的《现代初中教科书 国文》第一册至2017年教育部审定的部编版八年级上册，时间跨度近一百年，长年入选各种版本的教材。

## 第一部分 文本解读综述

笔者从知网、万方网、维普网以及人大复印资料上查阅了1924年到2018年关于《愚公移山》文本的文章，累计52篇。发现学者们对《愚公移山》的研究主要集中于文言内容、文章出处、人物形象、文章精神和主题以及文章艺术特色等方面。因文言内容较为简单和琐碎，文章出处的研究于初中生而言太过深奥，故在此暂不探讨，下面拟从人物形象、文章主题这两个方面，对《愚公移山》这篇文章进行综述。

### 一、对《愚公移山》中人物形象的解读

《愚公移山》里面有很多的人物，但主要人物是愚公和智叟，主要的矛盾冲突也集中在这两个人身上，学者们主要分析这两个人物形象。

1. 愚公形象

①愚公是懂道而行道的榜样

在文章中，愚公看到了“山不加增”“子又生孙，孙又生子；子又有子，子又有孙；子子孙孙无穷匮也”等“道”的现象，这恰恰是“大道永恒”和“生生不息”的道家主张。愚公在“生生不息”理念的引领下，他坚信“毕力”可“平险”，率领子孙“叩石垦壤，箕畚运于渤海之尾”。愚公挖山不止的行动，又诠释了道家“抱一”的哲学思想。所以，愚公的可敬还在于他是“抱一”和“信一”的行动榜样。愚公挖山不止的形象，还是道家履行“抱一”精神的行动榜样。要问山为何能移走？我想，主要是愚公“抱一”的精神与实践，让“操蛇之神”

为之“惧”，让天帝“感其诚”。从这个层面看，愚公是懂道而行道的榜样。①

②愚公是一位卓越的领导者

愚公是大自然的挑战者，向大自然挑战，要以胆识、勇气和毅力作后盾。愚公的挑战对象，是“方七百里，高万仞”的“太行、王屋二山”，因为这两座大山挡住了他家的出路，或出或入都要绕很远的路。这支移山队伍，人数只有五人，即愚公、子孙荷担者三夫、邻人孀妻之遗男；挖掘工具只有铁锤锄头等；运土工具只有箕畚。移山工程之浩大，运土路程之遥远，往返时间之漫长，世所罕见。总之，这篇寓言故事通过愚公移山的成功反映了我国古代劳动人民改造自然的伟大气魄和坚强毅力；同时用愚公移山过程中的言与行，塑造了愚公这一古代卓越领导者的艺术形象。②

③愚公是一个形愚而大智的人

首先，愚公这个年近九旬的老人苦于太行、王屋二山对交通的阻塞，不顾年迈力衰亲自率领子孙上山“叩石垦壤”，践行移山壮举，显然不是为自己打算的，其目的在于造福千千万万的人和后代子孙，因而胸怀大志。其次，愚公之所以认为移山之举可行，是基于他对人和自然关系问题的正确认识。他懂得人力是“无穷匮”的，而自然条件在相当长的时期内不会有变化，尽管移山工程巨大，但只要世世代代坚持干下去，就一定有完成的希望。他懂得直面千难万险，懂得坚持就是胜利，而且敢想敢做，行为果敢，矢志不移，吃苦耐劳，因此，愚公的愚是形愚，愚公的智是大智。③

2. 智叟形象

智叟是不是一个智者？他是一个君子还是一个小人？从查阅的资料来看，大部分学者认为“智叟不智”，是愚公移山路上的小人。但也有观点认为智叟确实是智者，是坦荡荡的君子。比如易春兰认为愚公和智叟的论辩，丝毫不亚于诸子百家的雄辩，这两个人直率、坦诚地相互批评，智叟说愚公残年余力不足以“毁山之一毛”，愚公批评智叟是个老顽固，连“孀妻弱子”都不如。愚公据理力争却又心平气和，像两位君子在那里讨论，论战最终也只是以“智叟亡应”结束。④

## 二、对《愚公移山》文章主题的解读

对于《愚公移山》这篇文章的主题，有很多不同的看法。

很多教材把《愚公移山》的主题概括为“人定胜天、持之以恒、志当存高远”等，体现了人民群众改造自然的勇气、决心和毅力。刘思远在他的《为〈愚公移山〉正名》一文中说：“一方面，《愚公移山》反映了古代先民渴望征服自然、战胜自然的生活理想，另一方面，文

---

① 刘福学. 愚公形象：“体道以通神”的榜样——《愚公移山》的思辨性解读[J]. 中学语文教学，2017(5)：57—59.

② 杨舜山. 愚公形象新解[J]. 语文教学与研究，1997(2)：7—8.

③ 兰小锋. 用思维的棱镜折射愚公形象——多角度解读《愚公移山》[J]. 中学教学参考，2012(34)：56.

④ 易春兰. 由“甚矣，汝之不惠”看“智叟不智、愚公不愚”[J]. 云南教育(中学教师)，2013(5)：12—13.

中也反映了一种被称之为民族精神的积极向上的、刚健硬朗的人生追求，这种思想与我国古代积极进取的儒家思想一脉相承。”①

周厚忠在他《不应一味学习 而应批判吸收——再议“愚公移山”》一文中认为：1. 愚公移山不应弘扬，而应反对。因为愚公移山违反实事求是的原则，同时违反科学发展观的原则。2. 愚公的“解放思想”今天有现实意义。3. 愚公移山的故事应是给人们提供讨论问题的“愚公现象”，而不宜提所谓的“愚公精神”，以免把人们引入歧途而有悖于时代的创新精神和科学发展观原则。②

争论一直都存在，孰是孰非，不好判断，总的来说，我们对愚公移山的精神应该批判地去继承。

# 第二部分　案例设计综述

我从知网、万方网、维普资源网以及人大复印资料上查找了从1956年到2018年间与《愚公移山》课例相关的文章，累计122篇。其中课堂实录24篇，教材教法的总结21篇，他人评析课例的文章45篇，自我反思课例的文章32篇。通过搜集整理资料发现，与钱梦龙老师相关的资料占了51篇，与郭初阳老师相关的资料占了17篇，两者兼提及的文章有8篇，可见这两位老师的课例对《愚公移山》这篇文章的教学影响是非常大的。

下面就其中的12篇典型课例，从“教学目标”与“教学内容”两个层面来对《愚公移山》的课例做简单综述，最后对课例中选取的教学内容进行梳理，推论出教师们确定的教学目标。

## 一、教学目标分析

表1　12篇典型课例教学目标统计表

| 执教老师(出处) | 教学目标 |
| --- | --- |
| 钱梦龙(《愚公移山》实录片段[J]. 中学语文教学，2008) | (1)愚公实不愚，智叟未必智。<br>(2)子子孙孙无穷匮也，而山不加增，何苦而不平？ |
| 郭初阳(《愚公移山》课堂实录[J]. 教育科学论坛，2005) | (1)冀之南，汉之阴，无陇断焉。<br>(2)子子孙孙无穷匮也，而山不加增，何苦而不平？<br>(3)愚公为什么不搬家。 |

① 刘思远. 为《愚公移山》正名[J]. 语文教学通讯，2009(6)：40—41.

② 周厚忠. 不应一味学习 而应批判吸收——再议“愚公移山”[J]. 语文学刊(基础教育版)，2006(12)：99.

续表

| 执教老师（出处） | 教学目标 |
|---|---|
| 胡绍海（《愚公移山》教学设计[J]. 语文教学通讯,1999） | (1)笑而止之。<br>(2)毕力平险。<br>(3)寒暑易节,始一反焉。<br>(4)愚公该搬家还是应移山? |
| 张少军（“愚”与“智”的辩证——《愚公移山》教学片段[J]. 中学语文教学,1996） | (1)方七百里,高万仞。<br>(2)愚公年且九十。<br>(3)子子孙孙无穷匮也,而山不加增。 |
| 董淑芝（《愚公移山》教学设计[J]. 语文教学与研究,2006） | (1) 其妻献疑曰:“以君之力,曾不能损魁父之丘,如太行、王屋何? 且焉置土石?”<br>(2)河曲智叟笑而止之曰:“甚矣,汝之不惠! 以残年余力,曾不能毁山之一毛,其如土石何?” |
| 刘刚（《愚公移山》教学设计[J]. 黑龙江教育〈中学版〉,2006） | (1)以残年余力,曾不能毁山之一毛。<br>(2)子子孙孙无穷匮也。 |
| 张广荣（《愚公移山》教学设计[J]. 黑河教育,2010） | (1)年且九十。<br>(2)子子孙孙无穷匮也。 |
| 金鑫（《愚公移山》教学实录[J]. 语文教学通讯,2010） | (1)年且九十。<br>(2)聚室而谋曰。<br>(3)子子孙孙无穷匮也,而山不加增,何苦而不平? |
| 雷淑珍（《愚公移山》一课的教学设计[J]. 甘肃教育,2015） | 愚公“愚”还是“不愚”? |
| 黄绍祥（列子:志存高远 意戒急近[J]. 初中生世界,2004） | 子子孙孙无穷匮也,而山不加增,何苦而不平? |
| 吕其憨（思考《愚公移山》[J]. 中学语文教学,2001） | 子子孙孙无穷匮也,而山不加增,何苦而不平? |
| 张国生（愚公究竟愚不愚[J]. 语文教学通讯,2007） | 愚公愚不愚? 智叟智不智? |

从上述12篇课例中选择的教学目标来看,主要有四类。第一,关于愚公“愚智”的辨析:愚公实不愚,智叟未必智。第二,愚公精神:子子孙孙无穷匮也,而山不加增,何苦而不平? 第三,关于移山本身。(1)移山的艰难:方七百里,高万仞;年且九十;寒暑易节,始一反焉。(2)移山的行动和态度:聚室而谋曰;毕力平险。(3)移山的结局:冀之南,汉之阴,无陇断焉。第四,愚公为什么不搬家? 其中,把“子子孙孙无穷匮也,而山不加增,何苦而不平?”设置为教学目标的最多,也比较集中,而有些教学目标的设计比较杂乱。

表2　12篇课例教学目标选择分析表

| 选择的教学目标 | 数量 | 占比/% | 句子的作用 |
|---|---|---|---|
| 愚公实不愚，智叟未必智。 | 3 | 25 | 提高了孩子的辩证思维，让孩子理性全面地分析问题。 |
| 子子孙孙无穷匮也，而山不加增，何苦而不平？ | 7 | 58.33 | 这是体现愚公积极正面思想的重要句子，学生也由此推论出愚公移山的巨大决心，并得到精神上的鼓励。 |
| 方七百里，高万仞。 | 1 | 8.33 | 说明了山的高大，移山的艰难。 |
| 年且九十。 | 3 | 25 | 说明了愚公年纪大，同时体现了移山的艰难。 |
| 聚室而谋曰。 | 1 | 8.33 | 说明愚公善于领导组织。 |
| (1)其妻献疑曰："以君之力，曾不能损魁父之丘，如太行、王屋何？且焉置土石？"<br>(2)河曲智叟笑而止之曰："甚矣，汝之不惠！以残年余力，曾不能毁山之一毛，其如土石何？" | 1 | 8.33 | 这主要是愚公妻和智叟对愚公移山态度的对比，更好地突出愚公移山的精神。 |
| 寒暑易节，始一反焉。 | 1 | 8.33 | 说明移山的艰难。 |
| 愚公该移山还是搬家。 | 2 | 16.67 | 这主要是引入了现代的思维，让孩子能够紧密联系实际。 |

从上表可以看出，12篇案例中选择“子子孙孙无穷匮也，而山不加增，何苦而不平？”作为教学目标的有7篇，占了58.33%，而“愚公实不愚，智叟未必智”和“年且九十”都是3篇，占比25%，其他的一到两篇，比重都不大。

## 二、教学内容分析

表3　12篇典型课例教学内容统计表

| 执教老师(出处) | 教学内容 |
| --- | --- |
| 钱梦龙(《愚公移山》实录片段[J].中学语文教学,2008) | (1)重点学习下列文言词句：<br>实词——方、仞、阴、阳、惩、君、汝、孀、龀、长息、穷匮、加(增)、何、苦、亡(以应)。<br>虚词——且、焉、诸、以。<br>句式——省主句(遂率子孙荷担者三夫)；倒装句(甚矣，汝之不惠)。<br>(2)学习愚公移山的精神，树立为祖国“四化”建设努力奋斗的思想。<br>(3)人物分析：愚公实不愚，智叟未必智。<br>(4)这则寓言的深刻教育意义。 |
| 郭初阳(《愚公移山》课堂实录[J].教育科学论坛,2005) | (1)从“山”“人”“过程”“结局”这四个抓手，把握课文的总体内容，了解民族的硬朗精神。<br>(2)指出《愚公移山》与《夸父逐日》《精卫填海》的共同点，从“人数”“外援”“结局”三方面比较它们的不同点。<br>(3)澄清“愚公是怎么认为的?”而将视点引到“亡以应”的智叟。<br>(4)仿拟智叟，在两个地方继续“反对”的“发言”。<br>(5)参考两位外教对《愚公移山》的评议以及下发的“阅读材料”，“探究愚公移山故事的文化内涵”——“聪明的中国人为什么会对这样一个疯狂的愚老人津津乐道?” |
| 胡绍海(《愚公移山》教学设计[J].语文教学通讯,1999) | (1)对照注释,预习、诵读、领悟课文。<br>(2)课文概述中突破文字障碍,勾勒人物品性,形象板书。<br>(3)辩论中明辨事理:愚公该搬家还是应移山?<br>(4)迁移延伸,发展思维。 |
| 张少军(“愚”与“智”的辩证——《愚公移山》教学片段[J].中学语文教学,1996) | (1)移山的三大困难。<br>(2)移山成功的依据。<br>(3)愚公精神。 |
| 董淑芝(《愚公移山》教学设计[J].语文教学与研究,2006) | (1)掌握文中的文言实词、虚词意思，疏通课文意思。<br>(2)体会文章用对话描写和对比手法刻画人物性格的手法。<br>(3)理解寓言的含义，感受愚公形象，学习愚公精神。 |
| 刘刚(《愚公移山》教学设计[J].黑龙江教育[中学版],2006) | (1)领悟故事所隐含的寓意。<br>(2)让学生对愚公的举动发表个人见解，培养学生的创新精神和自主能力。<br>(3)揣摩人物语言中隐含的思想情感，准确把握朗读的语气。 |

续表

| 执教老师(出处) | 教学内容 |
|---|---|
| 张广荣(《愚公移山》教学设计[J].黑河教育,2010) | (1)朗读课文,整体把握文意;探究文章的内涵,分析愚公这一人物形象;培养文言文自读能力。<br>(2)以多样化朗读培养学生的文言语感,通过自主思考、合作探究的方式加深对文章内涵的理解。<br>(3)学习我国古代劳动人民坚忍不拔的毅力以及敢于克服困难、自强不息的精神。 |
| 金鑫(《愚公移山》教学实录[J].语文教学通讯,2010) | (1)把握“人”与“山”的关系,隐去情节,概括思想。<br>(2)运用比较思维,透视文本运行机制。 |
| 雷淑珍(《愚公移山》一课的教学设计[J].甘肃教育,2015) | 辩论赛:愚公“愚”还是“不愚”? |
| 黄绍祥(列子:志存高远 意戒急近[J].初中生世界,2004) | (1)愚公为什么不搬家而要移山?<br>(2)寓言的含义。<br>(3)愚公和智叟的对比。<br>(4)愚公精神。 |
| 吕其憨(思考《愚公移山》[J].中学语文教学,2001) | (1)愚公精神是否值得称颂?<br>(2)愚公移山有没有必要?<br>(3)愚公移山的主旨。 |
| 张国生(愚公究竟愚不愚[J].语文教学通讯,2007) | (1)辩论:愚公愚不愚?智叟智不智?<br>(2)作文:阐释自己的观点。 |

王荣生教授认为:文言文是中国传统文化的载体,在文言文中,“文言”“文章”“文学”“文化”,一体四面,相辅相成。学习文言文,前提是学习文言;文言文是“文章”与“文学”的统一,文章是指其功能,文学是指其表现形式,也就是所谓文以载道,文道统一;学习文言文,最终的落点是文化的传承与反思。①

基于王教授的理论指导,通过统计《愚公移山》典型课例的教学内容,大致归纳为以下几点:

**1.侧重文言**

教师在教学的过程中非常重视文言知识的积累。具体步骤是先让学生进行预习,在课堂上请同学们提出自己不懂的字词问题,老师加以点拨,指导,这一环节主要解决实词和虚词的理解问题。接着老师带着同学们通过分析句子来分析课文,引导学生阅读和翻译文言句子,这样一步一步地将文言知识加以强化和落实。

① 王荣生.文言文教学教什么[M].上海:华东师范大学出版社,2014(7):4—6.

**2. 梳理文章**

在教学的过程中很重视对文中内容进行梳理，分析文章中的人物，理解故事寓意及现代意义。大多数教学课例的阅读程序是先从对文章的内容梳理入手，在学生理解课文之后准确理解愚公之妻和智叟二人对愚公“移山”的不同态度，分析不同的人物有什么寓意。如胡绍海老师在教《愚公移山》时，导入课文后，朗读课文，梳理故事情节，分析完人物形象后提出了愚公该搬家还是该移山的辩论问题。在郭初阳老师的教学中，录音朗读之后，老师针对课文提问，相继解决“山、愚公、移山的过程、最后的结局”等问题。

**3. 品味文学，探讨文化**

在所研究的教学课例中，有的老师为了促进学生听说读写全面发展，围绕《愚公移山》开展一系列听说读写活动，如写愚公时通过正面描写，与智叟作对比，用侧面烘托的手法通过写山高、路远体现移山艰辛，这些是文学的表达技巧。而胡绍海老师让学生根据话题“愚公该搬家还是应移山？”展开辩论，意在训练学生的创造性思维，培养口语表达能力。[①]

应该说，老师们为了课堂煞费苦心，用尽心力，可是很多课例基本上是流于表层，停留在文言、文章层面，很少结合文化层面对文本进行深入解读，甚至对“愚公移山”所载之道造成了误读，在文化的传承与反思方面更是欠缺，这是非常遗憾的。

# 第三部分　教学建议

## 一、确定文本体裁，明确教学目标

《愚公移山》作为寓言故事，应将故事背后所蕴含的道理作为教学的重点。正如孙绍振先生所说“故事的主旨并不在于移山的实践，而在于移山这样的顽强意志”[②]。但是很多老师虽然明确说明本文的文体是寓言，但在教学过程中却忽略了寓言本身的特点，关注点并不在于简单的故事中所寄寓的深刻哲理，反而考虑更多的是“为什么不搬家”“子孙是否情愿”之类转化为现实的问题，这样的课堂讨论就偏离了寓言教学的主线。[③]

《愚公移山》选自《列子·汤问》，是一则寓言故事，基于此，解读《愚公移山》我们首先得尊重寓言这种古老的表达方式的体裁本质：它不是写实的，它可借以讽喻现实政治人生，更可微言大义，借以表达抽象的哲学思辨。所以“太行、王屋二山”已不再是一个客观状态的自然存在，而是一个遮蔽人类灵魂视野的屏障；“邻人京城氏孀妻有遗男”与“年且

① 胡绍海.《愚公移山》教学设计[J].语文教学通讯，1999(10)：38—39.

② 孙绍振.名作细读：微观分析个案研究[M].上海：上海教育出版社，2009：172.

③ 白海静.《愚公移山》教学研究综述[J].读与写（教育教学刊），2016，13(8)：32，67.

九十”的愚公在“以天地为一朝，亿代为瞬息”大格局的时间尺度中已经没有了分别；愚公与智叟的论辩则完全是两个迥异的时空存在大格局与小功利风马牛不相及的对话；“帝感其诚”是因为愚公体认了宇宙自然大道。止于此，是愚公子子孙孙无穷尽挖走了太行、王屋，还是神仙搬走了太行、王屋是殊途同归，已经没有分辨的意义。[①]

基于以上分析，把“子子孙孙无穷匮也，而山不加增”当作教学目标，以此告诉学生：“人定胜天，持之以恒，志当存高远，团结就是力量，要克服困难取得成功就必须下定决心，坚持不懈地去奋斗的道理。”这显然是对《愚公移山》的误读和扭曲。

那么，《愚公移山》最核心的教学目标是什么呢？

我认为是“帝感其诚”，尤其是这个“诚”字。《说文解字》中对“诚”的解释是：“诚，信也。从言，成声。”意谓对待人们要诚实讲信用，不搞鬼鬼祟祟的把戏和阴谋诡计，在甲骨卜辞中多通用，其基本含义都有“告祭”之意，带有明显的宗教色彩。后来，“言”“告”“舌”三个字才逐渐分化而具有不同的意义。可见，“诚”字的构成本身就反映出它与原始的宗教祭祀有着不可分割的联系。“诚”的观念源于原始宗教祭祀，是人对神的绝对崇拜的产物。随着神的地位的逐渐降低，人的力量的逐渐高涨，以及神的逐渐伦理化，“德”逐渐被认为是决定事情成败的关键，“诚”的观念遂由对神的虔诚过渡到对道德的虔敬。由神到德，是人的主体性意识高涨的反映。《礼记·中庸》中说：“诚者，天之道也；诚之者，人之道也。”认为“诚”是天的根本属性，努力求诚以达到合乎诚的境界则是为人之道。荀子也将“诚”视为标志“天人合一”的一个概念，他还从道德修养的角度把“诚”与“心”直接联系起来，提出“君子养心莫善于诚”。[②]

综上，我认为把“帝感其诚”作为本文的教学目标是最合理的。

## 二、认真钻研教材，深入了解学生

我们老师要认真钻研教材，对文章进行深入解读，而不是人云亦云，照搬教材。同时要深入了解学生的学情，比如了解哪些方面是学生一看就懂的，哪些方面需要点拨，哪些方面需要教师引入相关资料让学生更好理解，教师都要了然于胸，这样才能更有效地进行课堂教学。

## 三、正确把握多元解读，发散学生思维

俗话说，一千个读者就会有一千个哈姆雷特。学生对《愚公移山》中的人和事往往会有自己的一些看法，老师要善于创造机会让学生提出自己的观点，也许能够从中发现许多有价值的问题。有些学生没有想到的问题，老师也可以提出来进行探讨，让学生的思维更活跃更有深度。

---

① 张存平.《愚公移山》哲学化解读[J].中学语文教学，2017(2)：60—62.

② 鲁芳.论儒家“诚”的起源[J].湖南师范大学社会科学学报，2004，33(4)：37—40.

## 四、阅读经典课例

阅读前人的经典课例，结合作者作品及相关资料深入文本细致解读，打造出最恰当的最适合自己的课堂教学。

# 第四部分　参考案例

### 设计思路

《愚公移山》是一篇文言寓言，它既是一篇文言文，又是一则寓言故事，所以我们在教学的过程中，既要带着孩子们理解文章字词的意思，读懂故事本身，又要深入理解这则寓言故事背后的文化和哲理。故设置的教学环节为：在理解字词、疏通文意之余，设置一些和现实相关的问题，让同学们深入了解寓言，同时紧扣"帝感其诚"这个核心教学点，引导学生读懂"愚公移山"这则故事，深度品读"愚公"之"愚"，进而理解故事背后的文化和哲理。

### 教学目标

1. 了解相关背景；借助课本注释与词典，扫清字词障碍；通过诵读，联系上下文结合语境，理解文言字词含义，实现准确翻译。

2. 读懂《愚公移山》这则寓言故事。

3. 品读"愚公之愚"。

### 教学流程

## 一、检查预习

1. 了解列子和《列子》

《愚公移山》选自《列子·汤问》，《列子》相传是战国时期郑国人列御寇（列子，名寇，又名御寇）著。列子乃战国前期道家代表人物之一，他认为应摆脱人世间贵贱、名利的羁绊，顺应大道，淡泊名利，清静修道。（重点强调）

《列子》这部书中保存不少古代寓言故事和神话传说。本文是古代寓言中的名篇，有比较完整的故事情节，又带有神话色彩，历来脍炙人口。

2. 重点字音

万仞（rèn）　魁（kuí）　荷（hè）担　孀（shuāng）　始龀（chèn）　智叟（sǒu）
穷匮（kuì）　一厝（cuò）　陇断（lǒng）　箕畚（jī běn）　汝（rǔ）　亡以应（wú）
惩（chéng）　塞（sè）　雍（yōng）

3.重点词语

解释下列重点词语。

(1)方七百里：方圆，指面积。这里是周围的意思。

(2)惩山北之塞：苦于。

(3)阳：水的北面或山的南面。　　阴：水的南面或山的北面。

(4)曾不能毁山之一毛：指山上的草木。

(5)汝心之固：固执，顽固。

(6)虽我之死：即使。

## 二、读懂故事

1.愚公是一个怎样的人？细读课文，画出写愚公的句子，并做上批注。

①批注指导：

北山愚公者，年且九十，面山而居。

北山：居住的地方不好。在汉民族的传统方位观念中，"东""西""南""北"不仅表示四方或方位空间，还和尊卑、阴阳、男女、生死、兴衰等有着密切的联系。日出之向为"东"，日落之向为"西"，阳光正射之向为"南"，背阳之向为"北"。如此一来，"东"和"南"便是给人送来光明和温暖的方位，有光明、温暖、新生的特点，人们因此也对东方、南方怀有敬意；"西"和"北"是给人们带来黑暗和寒冷的地方，有阴暗、寒冷、死亡的特点，使人心存忌讳。

九十：分为实指和虚指。如果是实指，古人说人生七十古来稀，"九十"指年龄非常大；如果是虚指，在中国古代，九为阳数的极数，即单数最大的数，"九十"也指年龄非常大。

面山而居：居住的环境不好。在古代风水学中，水代表财，山代表人，背山面水是好风水，面山而居指环境不好。

②写完批注后交流分享。

2.请从文中找出一个字概括"愚公移山"成功的原因，并说明理由。

①生可能会有不同答案，任其发挥，最后加以引导(如愚、诚)。

引入资料1：诚是一个形声字。《说文解字》："诚，信也。从言，成声。"意谓对待人们要诚实讲信用，不搞鬼鬼祟祟的把戏和阴谋诡计。《礼记·中庸》就说："诚者，天之道也；诚之者，人之道也。"认为"诚"是天的根本属性，努力求诚以达到合乎诚的境界则是为人之道。又说："诚者，物之终始，不诚无物。"认为一切事物的存在皆依赖于"诚"。

引入资料2：夸父逐日(《列子·汤问》)

原文：夸父与日逐走，入日；渴，欲得饮，饮于河、渭；河、渭不足，北饮大泽。未至，道渴而死。弃其杖，化为邓林。

翻译：夸父与太阳竞跑，一直追赶到太阳落下的地方；他感到口渴，想要喝水，就到黄河、渭河喝水。黄河、渭河的水不够，又去北方的大泽湖喝水。还没赶到大泽湖，就半路渴死了。他遗弃的手杖，化成桃林。

②二文对比：夸父很有力量，但个人力量有限。不“诚”，所以悲剧。

3.有人认为愚公移山的行为虽然很感人，最终也成功了，但是成本太大，在方法上也可以更灵活些，比如搬家，还有愚公的做法并不尊重他妻子和子孙的意愿，更严重的是他这种做法还破坏环境，你怎么看待这些问题呢？

①学生阐述自己的观点。

②引入资料1：寓（寄托）言是一种文学体裁，用假托的故事或自然物的拟人手法来说明某个道理或教训的文学作品。它的特点是寓一定的道理于简短的故事之中。常常带有讽刺或劝诫的性质，短小精悍，生动活泼，含义深刻，寓于哲理。好的寓言，往往给人以有益的启示和深刻的教育。

③引入资料2：孙绍振先生评《愚公移山》：“故事的主旨并不在于移山的实践，而在于移山这样的顽强意志。”

④在学生思考讨论的基础上总结：由此可见，寓言主要看的是故事中所寄寓的深刻哲理，而不是现实问题，所以以上问题虽然有一定的现实价值，但偏离了寓言的本意。

## 三、品读“愚公”之“愚”

1.请同学们用愚字组词。

例：愚蠢、愚钝、愚昧、愚笨、愚弄、愚见。

2.那么愚公的“愚”是怎样的“愚”呢？试着从文章中找到依据。

①同学们从文中找依据，各抒己见。

②引入资料：《说文解字》：“愚者，智之反也，从心，从禺（yù），禺亦声。”“心”指心智、性格。“禺”意为“（山）角落”，引申指“（道路）不通达”。“心”和“禺”联合起来表示“性格孤僻，喜欢钻牛角尖”“不谙人情世事”。本义：性格孤僻，不谙熟人情世事。说明：本字指常年野居，很少和世人接触的人，他们不但消息闭塞，还养成了孤独的性格，同这样的人很难对话沟通交朋友。

3.如何看待愚公和智叟的思想冲突？如何看待他们的名字“智”“愚”？愚公真的愚吗？智叟真的智吗？

①引入资料1：晋代张湛评《愚公移山》说：“俗谓之愚者，未必非智也；俗谓之智者，未必非愚也。”

②引入资料2：《老子》：“大智若愚，大巧若拙，大音希声，大象无形。”

4.我们前面说到愚公移山成功的关键是“帝感其诚”，那么“愚”和“诚”有什么联系呢？

①同学们各自发表自己的观点。

②引入资料：《孟子·离娄上》：“诚者，天之道也，思诚者，人之道也。”

释义：“诚”，真实无妄。“天”，自然。“天之道”就是指自然之道或自然的规律。“人之道”，指做人的道理或法则。“思诚”就是追求诚。“思诚者，人之道”就是说追求诚是做人的基本要求。

5.教师小结：综上，我认为，愚公之“愚”就是“思诚”，就是“追求顺应天道”，“愚”，其实是“大智如愚”，让我们向愚公学习：做一个“诚心正意，言行合一，自信乐观，顺应天道……”的真正的“智者”！

## 四、作业布置

1.复习巩固字音词语和重点句子。

2.根据课堂所学知识和自己的思考，谈谈生活中自己过去哪些方面表现是“智”，哪些方面是“愚”，同时说说自己以后在“诚”方面做哪些努力。

### 板书设计

愚公移山

《列子·汤问》

寓言——虚构——哲理

帝感其诚（诚心正意）

智 → 愚

大愚似智　（对比）　大智若愚

# 循“真将军”形象悟《史记》写人风采

## ——《周亚夫军细柳》教学知识(PCK)的择定与建构

深圳市宝安中学(集团)　李　平

《周亚夫军细柳》(以下简称《周》)节选自《史记·绛侯周勃世家》,讲述汉文帝至细柳营慰问军士的故事,勾勒出一个治军严明、刚正不阿的“真将军”形象。文章寥寥四百余字,却从多方面折射出《史记》叙事写人的艺术光华。由于其兼具人文传统和文学语言的双重价值,《周》先后被选入语文版教材八年级下册和统编本语文八年级上册,成为现阶段初中学子了解司马迁及《史记》的一扇重要窗口。

## 第一部分　文本解读综述

作为“文学与史学的高度统一”①,《史记》既是我国纪传体史学的奠基之作,也是我国传记文学的开端,被鲁迅誉为“史家之绝唱,无韵之离骚”。问世两千多年来,阅读和研究《史记》的人不可胜数;而《周》因是节选,作为教材选文推及全国的时日也不太长,对其作专文点评的便相对较少,相关文本解读散见于历朝历代各家《史记》评点或批评文章。以下从历史、文言、文学、文化四个角度梳理前人的主要成果。

### 一、历史角度

周亚夫驻军细柳,是其受封条侯走上历史舞台后的首次亮相,由此得文帝“真将军”的赞誉,成为受知于文帝,成就功名事业的开端。②历代学人对此多持正面评价:司马迁曰“持威重”③,余有丁评“尽有学术,不比乃父之椎鲁”④,黄震曰“重厚守正”⑤,刘子翚曰

① 曹晋.《史记》百年文学研究述评[J].文学评论,2000(2):5—13.

② 陈振鹏,章培恒.古文鉴赏辞典(上)[M].上海:上海辞书出版社,1997:321.

③ 司马迁.史记[M].上海:上海古籍出版社,2011:1616.

④ 张大可,丁德科.史记通解(第五册)[M].北京:商务印书馆,2015:2307.

⑤ 张大可,丁德科.史记通解(第五册)[M].北京:商务印书馆,2015:2307.

“强直自信”[1]，尤炜称“刚直不阿、不媚权贵”[2]。总体上，亚夫以治军严谨、刚正不阿的形象传世，“细柳”作为治军有方、军纪严明的历史典故见诸后人诗文，如王维《观猎》“忽过新丰市，还归细柳营”，陆游《秋夜思南郑军中》“五丈原头刁斗声，秋风又到亚夫营”。

对细柳营中的汉文帝，学界基本持正面看法：郝敬曰“宽假”[3]，刘子翚曰“宽仁”[4]，姚苎田称“圣天子”[5]，赖汉屏评“知人善任”[6]。钟惺结合历史背景分析文帝宽容亚夫的动机，“非惟知人，亦自知兵”，更多是出于抗击匈奴的迫切，“全是一片灭胡雄心所出”。[7]王立群分析文景时期政治局势后提出，文帝之发现与重用周亚夫，是“完成了自己绘制的新官僚图的最后一笔”[8]。

## 二、文言角度

从文言层面欣赏《史记》者不少，其中尤以李长之所写最为完备。《周》文言之美主要体现在句式、虚词与语调三个方面。

首先是句式力度。李长之指司马迁写“短句多半用在紧张的场合”，“笔墨能够与情势相符”[9]。陈治勇等也提出文中四个动作短句充满力度[10]。由此观照“军士吏被甲”一句，确有陡生情势紧张之感。

其次是虚词运用。李长之认为司马迁尤其擅长运用虚字：“矣”字最能代表其讽刺和抒情，“乃”字用得很响，“于是”则为掘发一事之因果，同时又都有一种节奏上的作用，这些处处见出司马迁之驾驭语言文字的能力。[11]陈治勇等关注文中多处“乃”字，言司马迁“借虚词之力，极尽叙述之能事，尽推故事之波澜，使叙述波波相连，跌宕起伏”[12]。

最后是语调之美。李长之指文帝的称赞“有一唱三叹之妙”[13]。王有宗批“称善者久之”为“余音未绝”[14]。

---

[1] 张大可，丁德科．史记通解（第五册）[M]．北京：商务印书馆，2015：2310.

[2] 尤炜．统编初中语文教材传承传统文化的几点创新设计[J]．语文学习，2017（11）：8—12.

[3] 张大可，丁德科．史记通解（第五册）[M]．北京：商务印书馆，2015：2307.

[4] 张大可，丁德科．史记通解（第五册）[M]．北京：商务印书馆，2015：2310.

[5] 王有宗．分段详注评点史记菁华录[M]．北京：商务印书馆，2014：159.

[6] 陈振鹏，章培恒．古文鉴赏辞典（上）[M]．上海：上海辞书出版社，1997：322.

[7] 蒋善．史记汇纂[M]．北京：商务印书馆，2017：300.

[8] 王立群．王立群读《史记》之文景之治[M]．郑州：大象出版社，2016：144.

[9] 李长之．司马迁之人格与风格[M]．天津：天津人民出版社，2007：207—208.

[10] 陈治勇，朱匡飞．言语细节的力度——《周亚夫军细柳》的词句秘妙[J]．语文教学通讯，2018（1）：65—66.

[11] 李长之．司马迁之人格与风格[M]．天津：天津人民出版社，2007：221—224.

[12] 陈治勇，朱匡飞．言语细节的力度——《周亚夫军细柳》的词句秘妙[J]．语文教学通讯，2018（1）：65—66.

[13] 李长之．司马迁之人格与风格[M]．天津：天津人民出版社，2007：218.

[14] 王有宗．分段详注评点史记菁华录[M]．北京：商务印书馆，2014：159.

## 三、文学角度

《周》多方面突显《史记》的文学价值：查慎行评司马迁至“亚夫用兵处，极力摹写，节制之师，历历有如目击”[①]；谭真明总结本篇艺术特色为删繁就简、精心剪裁的叙事艺术，虚实相映、正反相比的写人艺术，“于序(叙)事中寓论断”的抒情艺术，言简义丰、通脱明朗的语言艺术[②]。以下从叙事笔法、写人艺术两个主要方面分述之。

### (一)叙事笔法

历代学人对《周》的叙事艺术持有高度评价。明代茅坤言：“绛侯兵法，太史公撰事，古今绝调。”[③]清人汤谐评说：“条侯细柳军容，写得浩瀚沉雄，真有云垂海立意象。”[④]韩兆琦认为该段最生动、最精彩，在古往今来描写大将军营的气派上是少有其比的。[⑤]

清初吴见思梳理出《史记》中四种主要叙事法：省笔互见、重沓熟复、顿挫波澜、倒提作衬[⑥]。本文叙事主要为“顿挫波澜”。刘国成认为本文诀窍为“一波未平，一波又起”，“不但写出了矛盾，而且抓住不放，促其发展，变化不断增加新的因素”[⑦]。赖汉屏则引前人评点司马迁“爱奇”之语，将本文波折视为“起落无端，奇变莫测”，“其事则曲折起伏，变化迭起；其文则奇峰间出，波诡云谲”。[⑧]

### (二)写人艺术

《史记》写人之成功，离不开司马迁在材料取舍、结构设计、写作技巧运用等方面的匠心独运。

**1.精心裁剪史料，选取典型事件**

《绛侯周勃世家》一文，吴见思评其“犹写真者，在颊上三毛，而不在面目躯体也。此文章家剪裁之法”[⑨]。赖汉屏指匈奴此次入侵不过虚惊一场，据《史记》笔法只需一笔带过，但为让亚夫这位汉初著名将相的首次出场给人留下鲜明深刻的印象，司马迁把这一段文字写得“曲折回环，起伏跌宕，极具精神，充分展现了周亚夫的才华与个性”[⑩]。事实上，亚夫于细柳营中显露的刚直本色，恰是引起后文所列数次君臣矛盾的重要内因，由此可见司马迁选取典型事件之功力。姚苎田以详略观照，言《周》中分说文帝任命三将是

---

① [日]泷川资言.史记会注考证(卷五)[M].上海：上海古籍出版社，1986:2643.
② 谭真明.尝脔知鼎 窥斑见豹——《史记》精彩片断解读[J].阅读与写作，1996(6):10—11.
③ 茅坤.史记抄[M].北京：商务印书馆，2013:234.
④ 汤谐.史记半解[M].北京：商务印书馆，2013:135.
⑤ 韩兆琦.史记精讲[M].北京：中国青年出版社，2008:163.
⑥ 张富春.《史记》叙事艺术发展——以吴见思《史记论文》为中心[J].名作欣赏，2008(9):27—29.
⑦ 刘国成.《史记》的情节安排艺术[J].语文教学与研究，1989(1):40—41.
⑧ 陈振鹏，章培恒.古文鉴赏辞典(上)[M].上海：上海辞书出版社，1997:321—322.
⑨ 吴见思，李景星.史记论文 史记评议[M].上海：上海古籍出版社，2008(12):56.
⑩ 陈振鹏，章培恒.古文鉴赏辞典(上)[M].上海：上海辞书出版社，1997:321—322.

“叙法有极不省处”，而“至霸上棘门军”句“又极省，只用两句反映下一大段，色色都照人”[①]。此评即指司马迁精于裁剪之妙。

**2. 安排传记结构，注重对照关系**

《绛侯周勃世家》是周勃、周亚夫父子二人的合传，梁启超提出，合传“把历史性质相同的人物，或者互有关系的人物，聚在一起……更能表示历史真相”[②]。合传中的人物往往呈现对比或对称的形式，李长之指“周勃和周亚夫的遭遇便是对称着的”[③]。周勃传写文帝之忌刻，文帝免去周勃宰相之位，后又逼得这个老实人犯下过失，锒铛入狱；周亚夫传写景帝之忌刻，因为亚夫不赞成封皇后兄王信为侯。父子二人命运相类，都曾立下再造汉室的大功，却都因为不会逢迎人主而不得善终。因此，清代学者吴汝纶评此篇“以功臣遭祸为主……（司马迁）亦借以自寓感叹”[④]。

**3. 巧妙设置对比，突出人物特点**

《周》中大量运用正侧面描写相结合、对比衬托（或曰陪衬、烘托）的手法。周振甫指另两位将军作为陪衬，群臣皆惊起到烘托作用，都强有力地突出了周亚夫的形象[⑤]。王道英指亚夫言行为正面描写，细柳军士兵将官的言行、文帝态度的变化则是侧面衬托，加上霸上、棘门军与细柳军的不同作为对比，均彰显亚夫之“真”[⑥]。孙移山认为此处说法为“虚实相映”[⑦]。林云铭指“天子为动，改容式车”处“如画雪画月者，比于雪月之旁添些淡墨，而雪月之形自见”[⑧]。王有宗评点此句“细写文帝，益见亚夫之整”[⑨]。此外，周振甫指汉文帝的称赞亦起画龙点睛之用，“进一步用霸上、棘门军作陪衬，构成真的将军同儿戏的对比。这里既写出了亚夫的治军精严不可侵犯，也写出文帝的识人”[⑩]。

## 四、文化角度

本文篇幅不长，却涉及不少古代文化常识。

### （一）“军中闻将军令，不闻天子之诏”

钱锺书于《管锥编》中整理罗列《史记》中出现同一说法处，包括：“《司马穰苴列传》有‘将在军，君令有所不受’，《孙子吴起列传》有‘臣既受命为将，将在军，君命有所不受’，

① 王有宗. 分段详注评点史记菁华录[M]. 北京：商务印书馆，2014：159.

② 梁启超. 中国历史研究法[M]. 上海：上海古籍出版社，1998：180.

③ 李长之. 司马迁之人格与风格[M]. 天津：天津人民出版社，2007：190.

④ 张大可，丁德科. 史记通解（第五册）[M]. 北京：商务印书馆，2015：2307.

⑤ 周振甫. 文章例话（连载·二）[J]. 文史知识，1982（3）：47—49.

⑥ 王道英. 妙笔绘人物　慧眼识亚夫——谈《周亚夫军细柳》的人物形象与写作手法[J]. 语文教学通讯，2018（3）：68.

⑦ 孙移山. 记叙文的波澜[J]. 语文学习，1979（1）：21—23.

⑧ 林云铭. 古文析义（卷8）[M]. 经元堂刻本.

⑨ 王有宗. 分段详注评点史记菁华录[M]. 北京：商务印书馆，2014：159.

⑩ 周振甫. 文章例话（连载·二）[J]. 文史知识，1982（3）：47—49.

《魏公子列传》有'将在外，王令有所不受，以便国家'，语尤圆足"。[①]

这一古代军事学上的重要法则，最早见于《孙子·九变篇》。《九变篇》曰："城有所不攻，地有所不争，君命有所不受"；又《地形篇》曰："故战道必胜，主曰：'无战'，必战可也；战道不胜，主曰：'必战'，无战可也"。皆为同义。

杨燕起联系司马迁所处时代后指出其或当隐含对前线指挥将领缺乏主见并阿谀君王意旨的思想行为做出一定批判的深意。[②]

### （二）"按辔徐行"

《管子》注：按，抑也。《说文解字》注：按，下也。没有扣紧的意思。马辔往下抑按，应该是放松而不是勒紧。由于马辔放松，马的脚步放慢，人身也随之下俯，余国庆援引前人注解，认为这是一种表示敬意的动作。挚虞《汉文帝赞》说："按辔细柳，抑尊成军"，可以补充说明这种情况。[③]

### （三）"介胄之士不拜"

《索隐》引应劭语："《礼》有'介者不拜'"。[④]"介者"即披甲的人。

### （四）"式车"

《索隐》曰："轼者，车前横木。若上有敬，则俯身而凭之。"[⑤]郭建具体描述此场面：汉文帝"面容严肃地站在车辆上，将手平放在车前的把手上，这是古代坐车人致敬的礼节，号为'式'"。[⑥]

## 第二部分 案例设计综述

截至2018年9月，公开发表的《周》完整课例有五则，不同教师所选取的教学点、设定的教学内容存在差异，值得细加梳理。

1. 柳崇慧、梁光斌[⑦]（2006年）课例教学内容：（1）比较皇帝对诸将军的不同评价；（2）评点描写各位将军的词句，了解文章写人手法；（3）探讨"真将军"内涵，理解周亚夫形象；（4）在具体语境中理解古代礼仪词语。

---

① 钱锺书．管锥编（一）[M]．北京：三联书店，2001：493.

② 杨燕起．《史记》与中国史学[M]．北京：北京师范大学出版社，2015：344.

③ 余国庆．训诂的运用[J]．语文学习，1983（3）：60-62.

④ [日]泷川资言．史记会注考证（卷五）[M]．上海：上海古籍出版社，1986：2657.

⑤ [日]泷川资言．史记会注考证（卷五）[M]．上海：上海古籍出版社，1986：2657.

⑥ 郭建．正说"文景之治"四十年（连载13）[J]．文史天地，2015（11）：85—88.

⑦ 柳崇慧，梁光斌．《细柳营》教学设计[J]．语文建设，2006（5）：21—22.

2. 赵国庆(2015年)课例教学内容:(1)给白文断句,熟读并背诵;(2)以表格形式梳理文章顺序;(3)细化表格,确立人物主次、事件详略;(4)逐项分析作用和效果;(5)通过仿写,逐一模仿《周》的优点。①

3. 杨建章、谢艳艳(2017年)课例教学内容:(1)重读关键词,读出文言文音韵;(2)探讨“直驰入”语境意义;(3)品读“匈奴大入边”“群臣皆惊”,理解人物情态;(4)品读体会人物语言的口吻和意味;(5)品读最能体现情况危急的句子;(6)分析人物“逆理”的行为;(7)辩论周亚夫的是与非;(8)品析文帝对亚夫的“超常之评”;(9)了解文章的叙事“波势”;(10)交流“真”的内涵;(11)思考文章怎样体现“真”。②

4. 樊北溟(2018年)课例教学内容:(1)疏通字词,划分节奏,复述故事;(2)学习军、之等重点字;(3)为人物设计恰当语气,再现人物对话;(4)比较文帝在不同军营所受待遇及其评价;(5)讨论写刘礼、徐厉的原因,了解文章写人手法;(6)分析周亚夫的可贵之处;(7)联系实际赞扬周亚夫。③

5. 肖培东(2018年)课例教学内容:(1)掌握较难字词;(2)掌握文中一词多义、通假等文言现象;(3)掌握古代礼仪用语;(4)复述情节,疏通文意;(5)品读汉文帝对亚夫的评价;(6)分析写亚夫“真”的句子,理解其形象;(7)分析文章写人手法;(8)理解汉文帝形象;(9)课后进行《史记》拓展阅读。④

据以上教学内容分析,赵国庆课例从读写结合的角度解读课文,实则仅学其形式,其弊在于忽略了《周》作为文言文所独有的一体四面(文言、文章、文学、文化)特性,教学内容有所缺失。杨建章、谢艳艳课例几乎将每个句子视为关键句,其弊在于将《周》视为普通文言文进行面面俱到的学习,教学内容失之零散。柳崇慧、梁光斌、樊北溟的课例皆围绕情节、手法、人物形象设置丰富活动,教学内容相对集中,其弊在于对“这一篇”的文本特质关注不够,就文本学本文。肖培东课例明晰《周》自读课文的定位,充分运用统编教材精心编排的助读和练习系统展开教学,教学内容较前三者有所拓展,更好地体现了《周》的体式特征和教材编写意图。

从教学点的确定来看,上述课例所选择的关键句可归纳为四类:第一类交代事件因果,第二类写亚夫和细柳营,第三类写文帝行止,第四类写文帝对人物的评价。从图1的数据分析可以看出,第二、三类句子更受教师关注,第四类中的“嗟乎,此真将军矣”亦受重视,而第一类句子的受关注度较低。

---

① 赵国庆.读通 析透 仿像——记叙文写作指导教学例谈[J].中学语文,2015(3):46—47.

② 杨建章,谢艳艳.教出文韵始得真——以《细柳营》教学为例[J].语文教学通讯,2017(1):44—47.

③ 樊北溟.《周亚夫军细柳》教学设计[J].中学语文教学,2018(2):56—59.

④ 肖培东.利用文本资源真教自读——我教《周亚夫军细柳》[J].语文建设,2018(3):33—36.

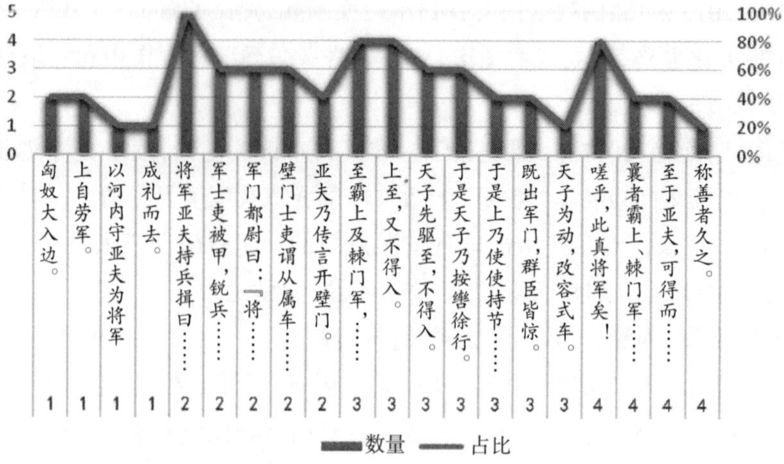


图1 《周亚夫军细柳》课例教学点选择分析

依据王荣生等人在《文言文教学教什么》一书中的观点，文言文教学点（或曰关键句）的确定应首先依循文本体式。《周》的文本定位依次是文言文、史传文学、司马迁《史记》中的一段。以此反观上述课例，除肖培东将教学余韵引向《史记》外，其他老师似乎仅将《周》视为写人叙事的文言文，对于其中历史的部分（主要体现在第一类句子上）关注甚少，更不用说字里行间流露的“太史公笔法”了。

# 第三部分　教学建议

## 一、细读文本，勾连全篇

由于《周》的关键句应该是依循文本体式特征可以找出的相对固定的几处，以下将全文语句择要进行细读分析，以更准确地认识文本，为讨论教学点提供依据。

1. 文帝之后六年，匈奴大入边。**细读**：前句交代时间，亦隐含文帝要为继位者寻觅良将的政治需求。后句交代这一历史事件的起因，为汉文帝对周亚夫的宽仁提供背景。“大”突显了情势的危急。

2. 至霸上及棘门军，直驰入，将以下骑送迎。**细读**：略写巡视霸上及棘门军的情况。字字与下文形成鲜明对比，突显细柳军军纪严明。

3. 军士吏被甲，锐兵刃，彀弓弩，持满。**细读**：正面描写细柳营，侧面突显亚夫治军严明。四个短句急促有力，营造紧张氛围，与“大入边”的危急形势构成相称的张力——可见亚夫正衬文帝此时心意。

4. 天子先驱至，不得入。**细读**：除造成对比外，是叙事第一重波澜。

5. 军门都尉曰：“将军令曰‘军中闻将军令，不闻天子之诏’。”**细读**：以“将军令曰”侧面衬托周亚夫治军严明，以“不闻天子之诏”体现周亚夫的刚直不阿。

6. 居无何，上至，又不得入。**细读**：除造成对比外，是叙事第二重波澜。“居无何”意味着存在时间差，文帝巡视军营的消息此刻定已被周亚夫知晓，“上至”却“又不得入”，周亚夫之严明可见一斑。

7. 于是上乃使使持节诏将军。**细读**：汉文帝第一次退步，既是衬托亚夫威严，亦写文帝之“圣”。

8. 亚夫乃传言开壁门。**细读**：“传言”而非“亲至”或“下骑送迎”，亚夫刚直由此可见。

9. 壁门士吏谓从属车骑曰：“将军约，军中不得驱驰。”**细读**：侧面描写，是叙事第三重波澜。由“军门都尉”到“壁门士吏”，无不在亚夫由“令”到“约”的全面管理下纪律严明。

10. 于是天子乃按辔徐行。**细读**：汉文帝第二次退步，依军纪要求“按辔徐行”，“直驰”与“按辔”对比悬殊。突显亚夫的同时，益发显出文帝圣明。

11. 将军亚夫持兵揖曰：“介胄之士不拜，请以军礼见。”**细读**：正面描写亚夫。“持兵揖”“介胄”“以军礼见”，在前“下骑送迎”的对比下，再次突显亚夫“刚直不阿”。

12. 天子为动，改容式车。**细读**：汉文帝第三次退步。侧面写亚夫，正面写文帝。文帝在亚夫面前“为动”乃至“改容式车”，仅用为人宽仁是难以解释的，尤其在猜忌防备周勃的前文背景下。结合开篇“文帝之后六年，匈奴大入边”的历史背景，再补上后文未录入的一段，文帝临终前“诫太子”说亚夫可用，或能理解，对于此时正忧心国事与后继者江山的文帝来说，所谓“为动”“改容”，不过源于终得“良将”的欣慰。

13. 成礼而去。**细读**：故事结局第一重。若司马迁至此收笔，本篇精彩便丧失五分。

14. 既出军门，群臣皆惊。**细读**：侧面衬托亚夫言行之“奇”。群臣不知文帝心思，更不知文帝所求，益发突显文帝眼中的亚夫是如何可贵。

15. 嗟乎，此真将军矣！**细读**：“真将军”三字说尽亚夫形象。“真”在严守使命、治军严明，坚持原则、刚直不阿。“嗟乎”“矣”，与前文“为动”“改容”情势相符，展现了文帝此时内心的激动感慨。

16. 曩者霸上、棘门军，若儿戏耳，其将固可袭而虏也。至于亚夫，可得而犯邪！**细读**：借文帝之口对比三军，进一步肯定亚夫，为此事作结。

17. 称善者久之。**细读**：故事结局第二重，余音绕梁不绝。

## 二、依循体式，讨论教学点

依据前文所明确的文本体式来确定《周》的教学点和教学内容，不仅为培养学生的文言阅读能力，更为培养学生阅读史事传记类文言文和《史记》的能力。

由细读可知，作为史学著作，“文帝之后六年，匈奴大入边”“以备胡”等句标记事件的来龙去脉，帮助读者理解人物行为背后的时代背景。作为人物传记，直接写周亚夫及细柳营的几句是解读周亚夫形象的关键,而“天子为动”一句则是解读汉文帝形象的钥匙;另外,文中有不少与古代礼仪有关的用语,有“乃”等表意丰富的虚词,对这些词语的准确理解关涉对人物言行的深入解读,因此也是教学中需着力的炼字炼句处。那么,本文何处显示司马迁史笔的独特之处?“成礼而去”本是此事的结果,司马迁却接着写了近五十字,其中有对比衬托以写人的手法,有“寓褒贬于叙事”的春秋笔法,更有司马迁说不得、不得说的思想和情感,因此,该句也是教学中需要着力的章法考究处。

统编教材有课后拓展阅读《史记》的建议,这是符合《史记》文选教学规律的。韩兆琦建议“讲授《史记》中的任何单篇作品,都应该与司马迁其人与整个的《史记》其书相联系”,“应注意其历史价值和历史意义”。①

教学《史记》文选,尚有不少名家观点颇能予人启发。吴小如认为读人物传记“必须首先把通篇大矛盾、大事件即关键问题抓住,再往细微处剖析”②。此外,传记文学的主要人物必然“与当时重大事件有联系,更必须与其同时代的其他重要人物有联系”③,因此关注全传其他人物有助于认识主题、发现问题。褚树荣援引毛刚飞说法,提出史事传记类文言文的教学内容为在春秋笔法中见证历史的波澜和传主的人格。④此概括不可不谓精准。

## 三、根据学情,确定教学内容

从学情来看,八年级学生已有一定的文言文阅读经验,基本能在注释辅助下自主翻译浅易文言文,在自习阶段便识别周亚夫品行应非难事。又由于统编本教材中安排了完备的助读和练习系统,学生在此基础上找到本文善用的写人手法也不算难。因此,在教学内容的选择上,对于学生自己能够看得懂的内容,应放手让他们自主学习;教学上应注重培养学生的语文核心素养,培养他们阅读文言文的方法与能力,激发阅读文言文的兴趣,提升审美能力,为自主学习传统文化奠基。

另一方面,大部分学生是第一次接触《史记》,对史传文学感到陌生;学生在历史课上知道了汉文帝,但对历史人物的了解大多只停留在“贴标签”的层面。作为初中教材唯一一篇《史记》选文,《周亚夫军细柳》是初中学子了解司马迁和《史记》的一扇重要窗口,由此为高中阶段学习《史记》专题打下基础。

① 韩兆琦.关于《史记》作品教学的几点意见[J].中学语文教学,2005(7):56—60.

② 西渡.名家读古文(一)[M].北京:北京联合出版公司,2017:231.

③ 西渡.名家读古文(一)[M].北京:北京联合出版公司,2017:269.

④ 王荣生.文言文教学教什么[M].上海:华东师范大学出版社,2014:65.

# 第四部分　参考案例

## 教学目标

1.结合课下注释、句式和语境，理解关键字词的含义，积累文言文自读方法。

2.通过研读人物言行，领会本文正侧面描写结合、对比衬托写人的文学艺术。

3.综合教材信息理解人物，感受周亚夫和汉文帝的人格与胸襟。

4.初步感知司马迁《史记》作为文学和史学经典的魅力。

## 教学重点

领会本文正侧面描写结合、对比衬托写人的文学艺术。感受周亚夫和汉文帝的人格与胸襟。

## 教学难点

初步感知司马迁《史记》作为文学和史学经典的魅力。

## 教学流程

△ 预习：学生结合课下注释和工具书，充分预习课文。

### 一、从“军”到“真将军”

1.导入：引导学生关注标题关键字“军”，趣数本文出现的24个“军”字，概述本文事件。

2.学生齐读课文，教师视学情相机进行正音、释义。

3.用自己的话复述本文事件。

4.溯源“军”字，理解细柳军的灵魂人物是周亚夫。

明确：小篆“军”字形的中间是车，外面有包围圈。战争过程中，战车外围通常围着一圈士兵。看古代战场示意图，战车中间往往站着军营的统帅。在细柳军营中，灵魂人物便是周亚夫。

5.用文中词语精约概括周亚夫的形象。

明确：“真将军”。

### 二、营“真将军”者亚夫

1.驻军的有霸上、棘门、细柳三军，为何独周亚夫能得汉文帝“真将军”美誉？一起细读课文，从人物的言行中寻找答案。

讨论并明确：

(1)军士吏被甲，锐兵刃，彀弓弩，持满。(解释关键字：被，锐，彀，持)

——严守使命(结合“匈奴大入边”“以备胡”的背景分析)。

（2）由“军门都尉”到“壁门士吏”，由“令”到“约”。（解释关键字）

——治军严明（比较而得：细柳军中，从上至下，由内到外，都言将军之命）。

（3）“持兵揖”“介胄之士不拜”“以军礼见”（解释“揖”“拜”“军礼”等礼文化）。

——坚持原则，刚直不阿。

（4）直驰入，将以下骑送迎。

——霸上、棘门军的表现不符合“军”的要求。

2. 小结：读细柳营其事，见“真将军”其人：严守使命，治军严明，刚直不阿——这是作为人物传记的《周亚夫军细柳》给我们留下的来自古人的宝贵的精神财富。

## 三、成“真将军”者文帝

1. 细柳军营由内到外都言将军之命，根本不把汉文帝的先驱乃至汉文帝本人放在眼里，这在很多帝王眼里是大忌，为何文帝不以为意，甚至“改容式车”？

讨论：对亚夫的赞赏，对霸上、棘门军失望之后的欣慰……

提示：要理解汉文帝的真实想法，要关注事件背景“匈奴大入边”。此外，课下注解二还有重要信息——“文帝之后六年”，即公元前158年；其后还有文帝卒于公元前157年。也就是说，“军细柳”事件第二年，文帝就驾崩了。匈奴扰边，国无良将，身体式微，面临内忧外患的文帝最担忧什么？

明确：联系原文及注释所透露的信息，再来揣摩汉文帝“改容”的深层原因，恐怕就会发现，汉文帝的“为动”“改容”，不光是因为自己发现了良将，更是因为替继承人找到了栋梁之材。

补充后续原文：

月余，三军皆罢。乃拜亚夫为中尉。孝文且崩时，诫太子曰：“即有缓急，周亚夫真可任将兵。”文帝崩，拜亚夫为车骑将军。

明确：结合历史的大背景，我们触摸到这位国之灵魂的思虑。学会细读文本，抓住原文及注释提供的所有有效信息，才能更深入地理解课文。

2. 汉文帝评周亚夫“真将军”，亚夫会如何评价汉文帝？

讨论：明天子，圣天子……

补充背景资料：

《绛侯周勃世家》前半部分写亚夫之父周勃。周勃是“诛吕安刘”的主要决策者和组织者，为挽救刘氏政权立了大功。这样的功臣理应受到恩宠与殊荣，但他却只做了两三年的丞相就被汉文帝免职了。周勃晚年还被诬告谋反，汉文帝将之入狱；后来经薄太后干预得以释放，但已在狱中受尽狱吏凌辱。（支菊生）

明确：对汉文帝的评价很难“标签化”。比较《绛侯周勃世家》中汉文帝时代周勃父子的遭遇，可以看到，对皇权永固的追求左右着天子对功臣采取的态度。

3. 小结：了解了整篇《绛侯周勃世家》，我们才知道：成全“真将军”的，除了汉文帝外还有当时的局势。时势造英雄，这是作为史学著作的《绛侯周勃世家》告诉我们的历史规律。所谓“究天人之际，通古今之变”，也是司马迁修史的追求。

## 四、扬“真将军”者史迁

1. 细柳营一事，写到“成礼而去”即可结束，为什么司马迁还要接着写群臣皆惊、文帝感叹？

明确：

(1)既出军门，群臣皆惊。

——群臣不知文帝所求，因此为亚夫的举动而惊，为文帝的宽仁而惊。这一惊，惊出了群臣的内心波澜，惊出了文帝的深深嗟叹，更惊出了周亚夫的铮铮铁骨，益发突显文帝眼中的亚夫该有多么可贵。衬托，这是司马迁写人善用的笔法。

(2)嗟乎，此真将军矣！

——“真将军”三字说尽亚夫形象。“嗟乎”“矣”，与前文“为动”“改容”情势相符，容纳文帝此时内心许多激动感慨。

(3)曩者霸上、棘门军，若儿戏耳，其将固可袭而虏也。至于亚夫，可得而犯邪！

——借文帝之口对比霸上、棘门军与细柳军，进一步为亚夫之珍贵作个总结。

(4)称善者久之。

——余音绕梁不绝。不仅可见亚夫“真将军”品格之可贵，更突显文帝的天子胸襟与政治考量。

2. 周亚夫是本篇传主，司马迁没有浓墨重彩正面着笔，反倒烘云托月处处经营；这个历史事件，不是波澜壮阔的战场决斗，不是波诡云谲的政治风云，司马迁却写得如此跌宕起伏。即便司马迁没有直言，读者也可以从中看出作者对周亚夫的褒贬，这种手法，被称为“春秋笔法”。

补充资料：

春秋笔法，即追求语言的简洁和意蕴的丰富，寓褒贬于叙事之中，通过材料的选择、详略与显隐的不同，以及用词和语气的微妙差别，委婉曲折地透露出作者的是非和爱憎。“春秋笔法”来源于孔子编撰的《春秋》，是我国古代一种重要的历史叙述方式和技巧，司马迁在撰写《史记》时也极大程度地承继了这一笔法。

3. 师小结：真正让“真将军”名垂千古的，是这段故事的讲述者，司马迁。司马迁在苦难中发愤写下《史记》这部前无古人、后无来者的皇皇巨著，不仅为我们讲述从上古至汉初3000多年里人们的所言所行，更让我们走进了这些曾经创造或改变历史的古人的精神世界。所以学界对《史记》的价值有一则公认的评价，那是鲁迅先生写下的：“史家之绝唱，无韵之离骚。”

4. 总结：今天我们从周亚夫身上，读到“真将军”形象；从汉文帝身上，读到历史的脉搏；从《周亚夫军细柳》的运笔中，读出《史记》的风采。希望同学们由此翻开《史记》，阅读这部“中国的无比的史诗性的里程碑”。比如，此前我们提到了周亚夫的父亲周勃，其实，周亚夫和他父亲的命运惊人地相似，“真将军”后来如何？大家可以翻开拓展材料《绛侯周勃世家》，接着往下读一读。

## 五、作业布置

从以下话题中二选一，写一篇题为《我读〈史记〉》的读书感悟。

1.《史记》长于记人，书中记述了许多各具特点的历史人物。从廉颇、蔺相如、屈原、项羽、张良、韩信、李广等人中任选一位，借助注释与工具书阅读相关的本纪、世家或列传，了解其生平事迹，领略人物的风采，感受《史记》的写人艺术。

2. 阅读《史记·绛侯周勃世家》，领会司马迁借周勃父子合传所传递的对“功臣受辱”的思考。

### 板书设计

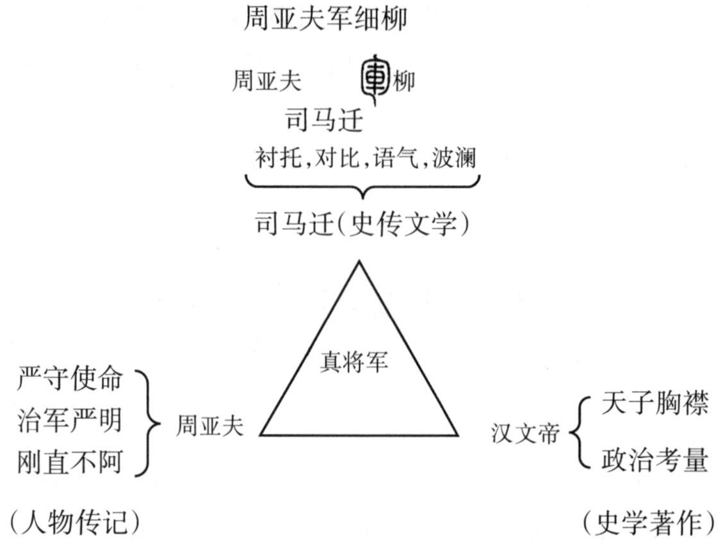

# 引领深度对话，解读社戏之美

## ——《社戏》教学知识(PCK)的择定与建构

深圳市宝安区新安中学(集团)第一实验学校　马　跃

## 第一部分　文本解读综述

《社戏》的作者为鲁迅，文章选自他的小说集《呐喊》。作品以“我”少年时期的经历为据，描绘了他二十年来看戏的经历，总共三次：前两次是成人时期在北京看京剧，后一次是童年时候在浙江绍兴小镇看社戏。

课文节选的是童年时期看社戏的部分，描绘了美好的水乡景致、淳朴的风土民情、温馨的人情往来，而且写作技巧多样，颇具美感。课文记述了自己童年与小伙伴看社戏的过程，表达了自己对童年美好的回忆和留恋之情。

### 一、《社戏》的写作背景

《社戏》于1922年10月完成创作。当时中华民族正处在生灵涂炭、水深火热之中。五四运动爆发，爱国青年振臂高呼，鲁迅的革命精神更是振奋起来。辛亥革命、十月革命给鲁迅的强烈震动，使他看到了“新世纪的曙光”，看到了人民革命的期望。因此，解读《社戏》“可放在‘五四’时期‘乡土小说’创作这一文化河流中来纵向定位……‘五四’新文化运动倡导的‘民主’、‘科学’为‘乡土小说’的产生提供了土壤，‘人的文学’、‘平民文学’、‘为人生’等启蒙主义的文学思潮给当时关注‘国民’的作家带来巨大的影响”①。

就是在这样的写作背景下，鲁迅发表了小说《社戏》。本文通过对“我”看戏过程中所见所闻的描述说明：如果不把普罗大众从封建文化的束缚中拯救出来，人民处于麻痹状态，那么一切革故鼎新与时代革命都将成为空谈。那么希望到底在哪里呢？在《社戏》中平桥村的这片“乐土”上，在生活于此的童年伙伴们和乡亲们身上，因为他们有着美好的精神世界，不受封建思想文化的羁绊过着幸福崭新的生活，而呼吁这种美好就是本文的写作意图。

① 焦卫国．鲁迅作品解读方法探微——文化社会学视域下[J]．教育研究与评论(中学教育教学)，2014(8)：62—65.

## 二、《社戏》的主旨内涵

课文节选部分中写了“我”童年时期在平桥村与小伙伴一同乘船去看戏的经历，由出发到看戏再到回程，作者刻画了一群农村孩子善良、朴实、友爱的美好品格，展现了农村自由天地中的生活画卷，表达了作者对故乡美好生活和对诚挚高洁情感的向往。

各阶段的学者研究中，《社戏》的主旨主要围绕着真善美的人情和自由温暖的故乡来表述。当然，其中也因学段的差异、知识背景了解程度的差异、选文完整与否存在着理解深浅的不同。

例如结合时代背景，有人认为该文是“一个彻底的民主主义者对人与人之间的冷漠、隔阂的关系，对当时黑暗、丑恶、腐朽的社会生活的厌恶、否定和批判；对人与人之间平等、融洽、相爱相助的关系，对未来美好生活的追求和向往”①。

联系全文前两次社戏的观看，有人认为该文是“否定自私、冷漠与隔阂的城市生活，讽刺小市民的自私、冷漠以及互不谦让，抨击麻木的看客，向往人与人之间的互相关爱”②。

## 三、《社戏》的人物形象

### （一）双喜

小说对双喜的描写最为具体详细，他的形象相对更加立体。对双喜的描写多为语言描写，从中可以感受到，双喜是一个聪明、独立、善于观察、乐于助人、具有优秀领导力的孩子。他最早提出借八叔的船去赵庄看戏，他能观察到迅哥儿祖母的担忧并进行有效的疏导，在看戏时会特别留意铁头老生到底翻了多少跟头，他熟知阿发娘和八公公的脾气，他敢于应对难缠的六一公公。这些行为无不反映双喜的性格特点。

### （二）阿发

阿发同双喜一样，具有农村孩子特有的成熟、淳朴、无私等性格特点。文本中对阿发的描写主要集中在“阿发一面跳，一面说道，‘且慢，让我来看一看罢。’他于是往来的摸了一回，直起身来说道，‘偷我们的罢，我们的大得多呢。’”一句。在选择偷自家豆还是六一公公家豆时，阿发根据豆子的大小选择了前者。他非常自然地做出“牺牲自己”的选择，这种“自然而然”反映出其内心的单纯与无私。

### （三）六一公公

六一公公是罗汉豆地的主人。对六一公公的刻画集中在文末几段。以六一公公的两处语言描写为例：“这真是大市镇里出来的读过书的人才识货！我的豆种是粒粒挑选

---

① 吴晓春．试论鲁迅小说《社戏》的主题思想[J]．北京科技大学学报（人文社会科学版），1998（3）：22—26，69．

② 佟超．《社戏》主题及教学策略探析[J]．语文教学通讯，2013（32）：66—67．

过的，乡下人不识好歹，还说我的豆比不上别人的呢。我今天也要送些给我们的姑奶奶尝尝去……”“听说他还对母亲极口夸奖我，说‘小小年纪便有见识，将来一定要中状元。姑奶奶，你的福气是可以写包票的了。’”

这两段讲述六一公公得知孩子们偷豆的原因是为了招待城里来的小客人迅哥儿后，便怒气全消。且在迅哥儿对其罗汉豆表示夸赞后，更是开心之情溢于言表。小说通过语言描写与侧面描写，塑造出一位善良、踏实、好客、真实的乡村农夫形象。

本文先后刻画了平桥村里的桂生、阿发、双喜、六一公公等人物形象。双喜能干聪明、善解人意、考虑周到、办事果断，阿发热情好客、淳朴无私、憨厚善良、天真活泼，桂生机灵勤快、有情有义，六一公公宽厚好客、喜欢孩子……每个人的性格不同，但都有着乡村人憨厚热情的一面。他们每个人都有着自己独特的语言、动作和行为风格。

## 四、《社戏》的环境景色

小说当中，环境描写会给人物的形象烘托起到巨大的效果，增进作者的感情体悟和描写力度，从而使读者能够更好地对小说主题、作者情感和人物形象进行理解。

文中重点刻画的景色包括途中的水路、月夜的朦胧清幽、豆麦田地里的青绿等。“在这样的环境渲染之下，学生更容易体会到社戏途中孩子的心情，也就能够了解到环境与景物描写并非妄做，而是一种十分有必要的衬托之法。”[①]

从文章中夜航看戏途中对水路夜月的描写，可以看出鲁迅从人的嗅觉、视觉、听觉等方面描写夜色，立体形象，全方位地表现了“我”兴奋期待、愉悦急切的心情。而正是这些环境的刻画能让学生在字里行间感受文学作品的语言之美，从中感受到鲁迅对于平桥村淳朴自然民风的无限赞美与由衷热爱。

## 五、《社戏》的艺术特色

### （一）曲折波澜

“曲折”“波澜”是《社戏》一文小说情节安排的重要特性，故事情节曲折，复杂。“首先，体现在‘我’盼望看到社戏的过程——峰回路转，一波三折……其次，体现在‘我’在赵庄看戏的内容——潮起潮落，跌宕起伏。”[②]

以文中的第三件事为例，在前往看社戏前，由最期盼看社戏却因种种原因不能去，认为“可惜”、“急得要哭”甚至“是完了”。再到，双喜说“八叔的航船不是回来了么?”，却依旧面临没有大人陪同这样的问题，而又因双喜的一段话解除了这些顾虑，一波三折，让读者与作者的心情一同跌宕起伏起来。

① 胡学政．从三层解《社戏》[J]．中学语文教学参考，2015(36)：50.

② 陈存璟．浅析鲁迅小说《社戏》的曲折和对比艺术[J]．现代语文（教学研究版），2013(4)：60—61.

又以文章结尾处为例，“在看社戏回来的路途中，孩子们偷了六一公公家的豆子，用了八公公船上的盐和柴，担心他们第二天会找后账。当读者读到这里时，也为这群孩子担心。事实上，担心的事情却没有出现。在小说的结尾处，情节又发生了四次转折”[①]。

而这些正是文章的“波澜”之美，也正是有了这样的曲折波澜，才让文章结尾鲁迅的抒情、怀念有了真情实感，让他至今难忘那个夜晚：“真的，一直到现在，我实在再没有吃到那夜似的好豆，——也不再看到那夜似的好戏了。”

### （二）详略得当

本文总共讲述了八件事情，分别是回平桥村，钓虾放牛，戏前波折，月夜行船，船头看戏，看戏归航，途中偷豆，六一送豆。这里鲁迅对其中第三、四、五、六这四件事进行了详写，其他进行了略写。此处强调作者在小说情节安排中的“详略得当”。

### （三）伏笔照应

“作者在短短的篇幅里，既用了篇末点题，又用了随时照应，还用了前后照应，信手拈来，不着痕迹，匠心独运，构思巧妙，使作品结构严谨周密。仅前后照应一项，在行文中处处可见，有二十多回”。[②]

### （四）对比的运用

《社戏》原文共写了三次看戏的经历。前半部分的冷漠无趣与课文选文中的热情好客，互助互爱的友谊形成了明显的对比，这是对平桥村劳动人民淳朴善良、乐于助人、友爱无私美好品质的突出。同时观看社戏过程中戏的无趣和文末对戏评价颇高也形成对比，凸显了作者对童年伙伴及故乡往事的美好回忆。

### （五）人物的个性化语言

《社戏》中的人物语言描写，句句贴近人物身份，并且能够十分妥帖地将他们的具体处境和心理情况表现出来。

以偷豆环节中“双喜”这个人物为例，文章起始就有“一个最聪明的双喜”的评价，而且从文章前面部分可知，也是在他的协调下，“我”才得以出发看戏，他聪明能干、胆大心细，而后面偷豆时却结巴了起来“阿阿，阿发”，为何会有这样的变化呢？一方面双喜想让迅哥儿吃到最好的豆，另一方面也有着善良，尊重阿发的含义在里面。这样个性化的语言描写、引人深思的语言值得我们去品味。

写作技巧的运用将《社戏》中的人物刻画得栩栩如生，多种技巧的交错运用让文章读起来使人意犹未尽，让读者在作者精心设计的曲折情节和巧妙细节中体会着多姿多彩的情感意蕴。

---

① 周博宇．曲曲折折好韵味——鲁迅小说《社戏》的情节之美[J]．语文知识，2017(11)：28—29.

② 曹静萍．处处照应 浑然一体——刍议《社戏》的照应艺术[J]．商情(教育经济研究)，2008(5)：89.

# 第二部分　案例设计综述

## 一、《社戏》在各版本教材中的编写特点

《社戏》一文在现今我们所熟知的各版本教材中均有选入，其中人教版、苏教版和部编版均选择了其节选部分即“我”在平桥村观看社戏这一部分，北师大版全文选入。除选入篇幅以外，各版本在选入的年级和编写的单元设置中则存在着一定的差异，现以人教版、部编版、苏教版、北师大版为例，比对如下（见表1）：

表1　《社戏》各版本教材比对

| | 人教版 | 部编版 | 苏教版 | 北师大版 |
|---|---|---|---|---|
| 节选情况 | 节选平桥村部分 | 节选平桥村部分 | 节选平桥村部分 | 全文选入 |
| 单元位置 | 七下第四单元 | 八下第一单元 | 七上第三单元 | 九下第六单元 |
| 单元主题 | 文化艺术 | 民俗、传统文化 | 民俗风情 | 心灵净土 |
| 单元导语 | 通过阅读，我们可以从中看到作家对艺术的体验和感悟，及由此生发的对人生的思考和认识，可以提高自己的文化素养，陶冶情操 | 本单元的课文，或表现各地风土人情，或展示传统文化习俗。我们能够从中感受多样的生活方式和多彩的地域文化，更好地理解民俗的价值和意义 | 本单元所写的民间习俗和传统节日，对人们来说是很平常的，却平中有奇闪耀着传统文化的熠熠生辉 | 无 |
| 单元学习要求 | 在理解课文的基础上，联系自己的生活体验，体会课文的思想内容，品味并积累优美的语句 | 体会作者是如何根据需要综合运用多种表达方式的；注意感受作者寄寓的情思，品味作品中富于表现力的语言 | 结合调查，了解家乡的民族风俗 | 无 |
| 课后习题训练点 | 1.最后一句的理解<br>2.体会心情<br>3.词句赏析<br>4.标题探究 | 1.情节概括<br>2.表达方式<br>3.最后一句的理解<br>4.体会心理<br>5.对比原文 | 1.最后一句的理解<br>2.说说家乡的民俗<br>3.品析景物描写的诗情画意<br>4.转折词的运用赏析<br>5.背诵，体会情感 | 1.好豆的探讨<br>2.好戏的探讨<br>3.不耐烦不同的表现<br>4.关于是否选取全文的讨论 |

四个版本的编者都不约而同地将对课文最后一段的理解作为教学的重点和难点，其中部编版和北师大版还涉及对《社戏》全文的探讨和学习。但在不同版本的教材中，《社戏》一文出现的年级和单元主题都有一定的区别，因此在教学深度方面稍有区分。例如在部编版教材中位于八年级下册，较之之前人教版安排在七年级下册的位置整整往后调

整了一年。那么结合七、八年级学生在语文能力水平上的不同,对教材深度的挖掘和能力训练的高度都有了不同的要求,在课后习题的设置中即可看出,部编版教材对学生除了进行了主旨把握和词语赏析外,还在阅读方法(表达方式)、情感体验(体会心理)、课外拓展(对比原文)上有了延伸,对教师教学提出了更高的要求。

因此,教师在教学设计的过程中既要考虑教材中单元教学的整体目标,也要遵循课标上针对不同年级学生提出的相应标准与规定。

## 二、典型课例综述

《社戏》一文篇幅较长,意蕴丰富,对于如何设定教学点,选取教学内容或目标,不同的老师都不太一样。本文选取了12位老师的《社戏》教学设计、教学实录课例,对课例中选取的教学内容(目标)进行概括梳理,发掘教师们在课堂推进教学中选取的教学点,整理如下:

表2　12篇《社戏》课例梳理

| 序号 | 执教(设计)老师 | 教学内容/目标 | 教学点 |
|---|---|---|---|
| 1 | 丁卫军① | 1.整体感知,梳理情节<br>2.聚焦人物,把握性格<br>3.品读结尾,理解主题 | 1.题目《社戏》<br>2.平桥村……极偏僻的……但在我是乐土……<br>3.然而我们是朋友,……也决没有一个会想出“犯上”这两个字<br>4.最聪明的双喜……“我写包票”<br>5.“阿阿,阿发……我们偷那一边的呢”<br>6.六一公公竟非常感激起来<br>7.真的,一直到现在,我实在再没有吃到那夜似的好豆,——也不再看到那夜似的好戏了 |
| 2 | 胡俊国② | 1.整体感知课文内容<br>2.体会文章对称对比的写作手法<br>3.景色描写的赏析<br>4.理解文章的最后一句话 | 1.题目《社戏》<br>2.不多久,松柏林早在船后了,船行也并不慢<br>3.两岸的豆麦和河底的水草所发散出来的清香,……,但或者也许是渔火<br>4.真的,一直到现在,我实在再没有吃到那夜似的好豆,——也不再看到那夜似的好戏了<br>5.未删减的原文 |

① 丁卫军.《社戏》:一篇布满矛盾的作品——《社戏》课堂实录[J].语文知识,2015(9):57—61.
② 胡俊国.以《社戏》为例谈文学作品的定篇教学[J].语文建设,2011(6):17—20.

续表

| 序号 | 执教(设计)老师 | 教学内容/目标 | 教学点 |
|---|---|---|---|
| 3 | 李宝虹① | 1.理解和把握小说中体现出来的人物形象和环境<br>2.深入领会文学作品中“情到深处不讲理”这一规律并学会举一反三 | 1.真的，一直到现在，我实在再没有吃到那夜似的好豆，——也不再看到那夜似的好戏了<br>2.未删减的原文 |
| 4 | 李卫东② | 1.探究“好”戏<br>2.说说“偷”豆<br>3.与原文的对比 | 1.真的，一直到现在，我实在再没有吃到那夜似的好豆，——也不再看到那夜似的好戏了<br>2.老旦本来是我所最怕的东西，尤其是怕他坐下了唱<br>3.“阿阿，阿发……我们偷那一边的呢”<br>4.阿发一面跳，一面说道……他于是往来的摸了一回 |
| 5 | 李永红③ | 1.撰写平桥村简介<br>2.勾画情节发展图或改写社戏故事<br>3.拟写平桥人物榜或撰写人物颁奖词<br>4.诗意手法的学习 | 1.真的，一直到现在，我实在再没有吃到那夜似的好豆，——也不再看到那夜似的好戏了<br>2.两岸的豆麦和河底的水草所发散出来的清香，……，但或者也许是渔火 |
| 6 | 刘喜林④ | 1.开门见山，点出人物<br>2.从描写人物语言的句子去品读性格<br>3.从描写人物动作的句子把握人物性格 | 1.“阿阿，阿发……我们偷那一边的呢”<br>2.真的，一直到现在，我实在再没有吃到那夜似的好豆，——也不再看到那夜似的好戏了<br>3.他于是往来的摸了一回，直起身来说道，“偷我们的罢，我们的大得多呢” |
| 7 | 彭晓⑤ | 1.补充材料，勾连课文<br>2.由面及点，进入课文<br>3.整体观照，透视全文 | 1.未删减的原文<br>2.真的，一直到现在，我实在再没有吃到那夜似的好豆，——也不再看到那夜似的好戏了 |
| 8 | 王君⑥ | 抓住一个“好”字，在探讨戏和豆是否好的过程中，厘清情节、品析人物、分析情感内涵 | 1.真的，一直到现在，我实在再没有吃到那夜似的好豆，——也不再看到那夜似的好戏了<br>2.老旦终于出台了……后来竟在中间的一把交椅上坐下了……不料他却又慢慢的放下在原地方 |

① 李宝虹，蒋洪兴．“好”一场记忆中的《社戏》——《社戏》教学设计及观察[J]．中学语文教学参考，2017(8)：53—55.

② 李卫东．李卫东讲语文[M]．北京：语文出版社，2007：172—180.

③ 李永红．“三思”小说文本的“那个我”——小说教学“文本特质”例说[J]．语文教学通讯，2013(10B)：62—63.

④ 李飞鹏．向人物和语言更深处漫溯——刘喜林《社戏》教学片段赏析[J]．江西教育，2016(26)：52—53.

⑤ 彭晓，胡根林．节选课文教学内容的选择[J]．中学语文教学，2011(10)：21—28.

⑥ 王君．一字吐蕊，长文妙教[J]．中学语文教学，2005(4)：43.

续表

| 序号 | 执教（设计）老师 | 教学内容/目标 | 教学点 |
| --- | --- | --- | --- |
| | | 写作教学，写“急”的三种方法，三个角度：<br>1.直接写<br>2.写“幻觉”<br>3.写动作，写状态 | 3.我高兴了<br>4.我的很重的心忽而轻松了，身体也似乎舒展到说不出的大<br>5.我们立刻一哄的出了门<br>6.两岸的豆麦和河底的水草所发散出来的清香，……，但或者也许是渔火 |
| 9 | 汪旭升① | 1.学习根据文章中心的需要取舍材料，安排详略<br>2.品味文中关键语句。好豆—好戏—好夜—乐土<br>3.体会景物特点，鉴赏文章细致逼真的画面美<br>4.体会文章情景交融 | 1.真的，一直到现在，我实在再没有吃到那夜似的好豆，——也不再看到那夜似的好戏了<br>2.老旦终于出台了，……，架起橹，骂着老旦，又向那松柏林前进了<br>3.两岸的豆麦和河底的水草所发散出来的清香，……，但或者也许是渔火<br>4.平桥村……极偏僻的……但在我是乐土……<br>5.未删减的原文 |
| 10 | 余映潮② | 1.介绍背景资料<br>2.明确学习内容，强调学习方法<br>3.品读细节，揭示艺术手法<br>4.品味语言之美、表达之美 | 1.找不到船到找到了船<br>2.两岸的豆麦和河底的水草所发散出来的清香，……，但或者也许是渔火<br>3.真的，一直到现在，我实在再没有吃到那夜似的好豆，——也不再看到那夜似的好戏了 |
| 11 | 张莎莎③ | 1.整体感知，梳理情节<br>2.研读赏析，品家乡人情之美<br>3.赏月夜行船之景<br>4.探归航偷豆之乐<br>5.思考感悟，体会主旨 | 1.两岸的豆麦和河底的水草所发散出来的清香，……，但或者也许是渔火<br>2.“偷”豆<br>3.真的，一直到现在，我实在再没有吃到那夜似的好豆，——也不再看到那夜似的好戏了 |
| 12 | 章国华④ | 1.一个动词显水准<br>2.两个代词见经典<br>3.三个语气词见真情 | 1.阿发一面跳，一面说<br>2.六一公公棹着小船，……，六一公公便停了楫<br>3.“偷我们的罢，我们的大得多呢”<br>4.“是的，我们请客”<br>5.总之，是完了。到下午，我的朋友都去了，戏已经开场了 |

对《社戏》常规教学的教学目标、教学内容、教学方法等三个方面进行对比分析。

---

① 汪旭升．那一方乐土——《社戏》关键词教学实录[J]．读写月报（语文教育版），2016(4)：55—61.

② 余映潮．余映潮中学语文精品阅读课教学实录[M]．北京：中国轻工业出版社，2016：75—89.

③ 张莎莎，李明哲．长文短教 深文浅教——《社戏》课例与点评[J]．中学语文，2014(25)：48—50.

④ 章国华．什么是鲁迅？——例谈《社戏》片段教学[J]．中学语文教学，2012(5)：16—17.

## (一)教学目标

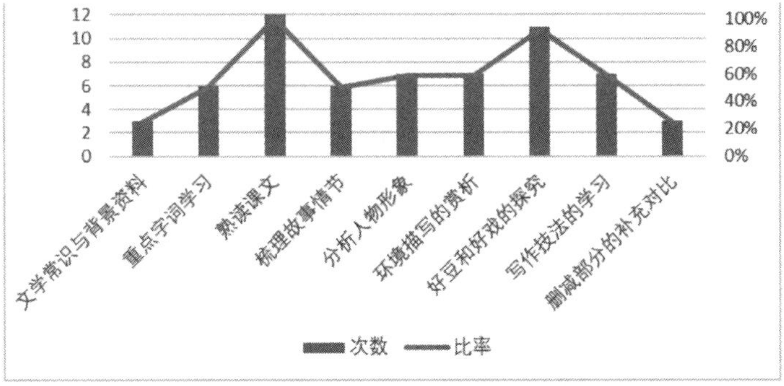


图1 《社戏》课例教学目标比较图

## (二)教学内容(教学点)

教学内容即教学点，其选择几乎是以教学目标为参照的，下面结合课例具体内容做整理分析：

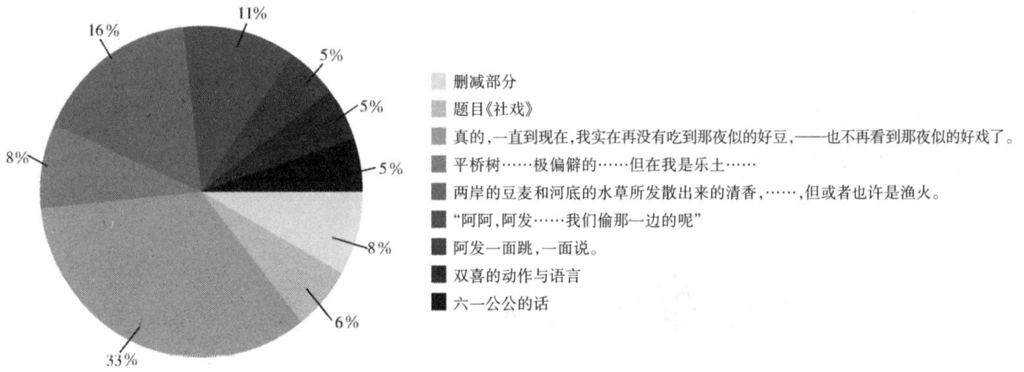


图2 《社戏》课例教学内容比较图

通过上图，我们可以得知出现频率较高的是归航与偷豆两个部分，更为具体的来看，就是以下两个教学点：

1. 真的，一直到现在，我实在再没有吃到那夜似的好豆，——也不再看到那夜似的好戏了。

"好戏""好豆"不只是好在戏的精彩和豆的美味，更好在这背后的小伙伴们的热情无私、淳朴厚道的美好品质，还承载了作者对这段美好时光的留恋。

2. 两岸的豆麦和河底的水草所发散出来的清香，……，但或者也许是渔火。

本段文字有直接与间接的描写，还辅之以感官上的体验。鲁迅用抒情的叙述方式对绍兴水乡的夜月进行了细腻的刻画，通过独特的水乡风情，表现出对宁静夜晚、平静内心的无限向往之情，更是对童年、故乡的感怀。

从以上两个教学点中我们可以看出，老师们在教学设计的过程中选择了本文较难理解和在人物刻画、环境描写方面颇有代表性的句子。

### （三）教学方法

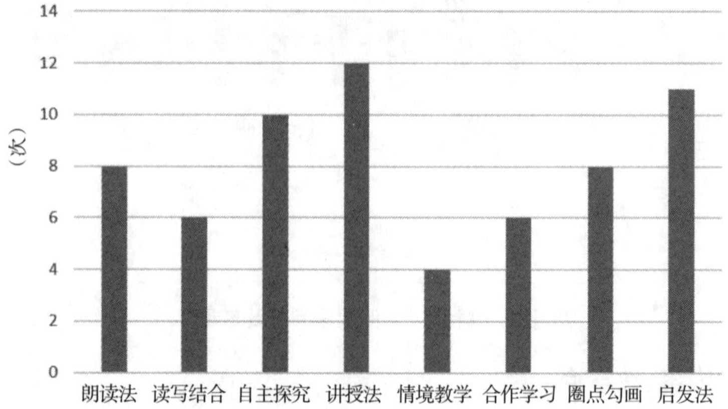


图3 《社戏》课例教学方法比较图

通过12个课例教学方法的对比梳理，可以发现，不同老师采用不同的方法，在教育设计和教学实录中，都体现了教师所选择的教学内容和所采用的教学方法对学生的适应性。朗读法、自主探究法、讲授法、启发法、圈点勾画法等是教学中的主流。部分老师在教学中尝试情境教学和合作学习法，也有很好的收效。将教学目标定位为写作技法训练的老师还采取了读写结合的方法。

## 第三部分　教学建议

在不同的《社戏》教学设计中，教学设计目的不同，使得设计的环节和选择的教学点也有所区别：有的将本文作为定篇，重点在于让学生全面、彻底、清晰地理解作品，培养学生鉴赏美的意识和鉴赏美的能力，重点在于对整篇文章内涵的鉴赏和把握；有的将本文作为例文，用来学习与之相关的语文知识，例如小说的三个要素的学习，小说技法的学习；有的将本文作为样本，通过本文展开写作技法的学习或小说鉴赏方法的学习。

好的教学点选择可以同时达到课文情感主旨的理解把握和小说阅读手法的学习鉴赏两个目的。结合前面文本解读和典型案例的综述和分析给出以下教学建议。

### 一、明确教学内容的最终落点

#### （一）依循文本体式

《社戏》是一篇小说，解读小说文本离不开对小说三要素（情节、人物和环境）的分析。

在本文的教学过程中，厘清小说情节、评说小说人物、赏析环境描写都可以作为在教学中帮助学生读透、读懂本文的重要抓手。

王荣生教授指出，我们对小说体式特征的认识应该有一种更宽广的视野，在保持小说三要素的基础上，应吸纳更多的关于“叙事技巧”方面的知识。①本篇小说中对比手法的运用、情节的波澜起伏、伏笔和照应的应用等值得作为教学点对学生加以指导。

### （二）学情预测与分析

学生的情况决定了教师的教学设计，对学生已经熟知的知识点进行反复的训练是没有效果的。真正值得我们重视的应该是那些学生在阅读中容易产生疑惑或难以理解的语句，又或者是学生还不能透过文本发掘本质的语句，这些都需要老师加以点拨。教学《社戏》这篇课文的过程中，我们可以预估学情如下：

1. 学生对小说文体知识和叙事技巧方面的知识缺乏了解。

2. 在戏并不好看的前提下，学生不能迅速理解为何作者在文末还称其为“好戏”。

3. 学生对小说月夜归航的内容中多次环境描写（感官调动、色彩交织、想象的运用等）缺乏了解。

4. 学生缺乏深度思考，通过个性化的语言、动作和细节描写来理解人物的能力。如：“双喜为何在叫阿发时出现了‘阿阿，阿发’的停顿”“为何是桂生提出了偷豆”“阿发在偷自己家豆前为何是‘摸’了一回”“六一公公被偷了豆为何不生气反而很高兴”……

也正是这些教学点能够帮助老师迅速切入课堂教学，打开学生的思路。

## 二、依据教学点设计教学环节

确定了教学内容的最终落点后，接下来就是安排相应的教学环节。

### （一）以课文最后一段为线索

探讨“好豆”和“好戏”的深刻内涵。各项教学活动围绕这句话从多个角度、多个层面进行理解、把握，随着环节的推进，挖掘该句在表达方式、情感表达、遣词用句等多方面的作用，从而理解作者写作的用意。

### （二）立足小说的三个要素

该文是部编版教材的第二篇小说课文，在教学过程中，要帮助学生厘清线索，学会情节的梳理和把握、人物的评说和理解以及对环境作用的分析，掌握小说阅读的方法，侧重探究小说的写作技法。

---

① 王荣生．阅读教学设计的要诀——王荣生给语文教师的建议［M］．北京：中国轻工业出版社，2014：184.

### (三)引导学生深度思考

切口要小,话题要新,以点带面,引领学生进行深度对话,对上述提及的教学点对应的课文重点句子进行解读。

### (四)回扣单元主题民俗

理解课文所反映的民俗文化的价值和意义。联系生活实际,引导学生关注自己身边的风俗民风,加以关注、记录和继承发扬。

### (五)与原文的照应

“对节略内容的细致分析,容易模糊教学重点,使课文阅读过程变得粗线条,学生未‘入乎其内’,却已‘出乎其外’,不能在文本细读中去品咂鲁迅小说的韵味。”[①]结合课后习题,勾连原文延伸阅读。

通过本课的教学,力求让学生不仅知道《社戏》这篇小说的故事情节,“好豆”“好戏”的内涵,更重要的是让他们在未来阅读小说的过程中,能够尝试学着以一种更专业的眼光去看作品,以一种更敏感的态度去揣摩文字的深意,去体悟大家作品背后巧妙的设计感、美感和内涵,从而追求高质量的阅读。

## 第四部分　参考案例

**教学目标**

1. 了解文章知识背景,掌握课文中的生字读音及字形和生词的含义。

2. 厘清小说的故事情节,简说人物形象,学习人物描写方法对刻画人物形象的作用。

3. 结合文本,赏读重点文段,进行小说基本知识的教学。

4. 体会作者对故乡乐土、童年回忆真挚浓厚的深情,体会作者对传统乡风民俗、传统文化的眷念。

**教学流程**

预习要求:

1. 读课文,解决生僻字形字音。

2. 对文章内容能够概括,有自己的感悟。

### 一、教学导入

直接导入:在过去一年中我们曾学习过三篇鲁迅先生的散文,分别是《阿长与〈山海

① 彭晓,胡根林. 节选课文教学内容的选择[J]. 中学语文教学. 2011(10):21—28.

经》》、《从百草园到三味书屋》和《藤野先生》，而今天我们将学习的是他的小说作品《社戏》。

1.作者简介。

鲁迅，原名周树人，浙江省绍兴人，中国现代伟大的无产阶级文学家、思想家和革命家。著有小说集《呐喊》《彷徨》、散文诗集《野草》、散文集《朝花夕拾》。他还是“乡土小说”概念的提出者，本文《社戏》选自他的小说集《呐喊》，是乡土小说的著名代表作之一。

2.顺势提出“小说”及“乡土小说”的概念。

①小说：以塑造人物形象为中心，通过完整故事情节的叙述和具体的环境描写反映社会生活的一种文学体裁。

②乡土小说：指靠回忆重组来描写故乡农村的生活，带有浓厚乡土气息和地方色彩的小说。

③教师强调小说的三要素：情节、人物、环境。

3.重点字词预习检测及背景补充。

①齐读重点字词。

②补充注释——何为社戏。

社戏：在绍兴，“社”是相当于“村庄”的区域名称，社戏就是社里每年在一定的时间所演的戏。

神棚：供神灵牌位的凉棚，演社戏时搭在戏台正对面，意思是请这些神看戏。

白篷船：船篷没有加油漆的船，旧时绍兴人民一般都使用这种船。

乌篷船：将白篷用桐油抹黑，课文中指财主乡绅使的船。

## 二、一路曲折波澜——《社戏》的情节之美

1.学小说知识，让学生用一句话概括小说情节。

“本文讲述了‘我’与童年伙伴在平桥村一同看社戏的故事。”

教师讲解知识：

①此处的“我”并不是鲁迅，小说具有虚构性，是以鲁迅为原型的小说人物。

②小说中出现的主要人物，我们称之为“主角”。

③小说全文正是通过迅哥儿的所见所闻完成的，称之为“儿童叙述视角”。

④故事发生地平桥村我们称之为“场景”。

2.练情节概括，学生用四字短语概括小说情节。

①迅速再浏览文章，完成课后习题一，用四字短语的格式概说课文情节（屏幕出示）。

__________，__________，__________，月夜行船

__________，__________，__________，__________

②学生汇报成果，教师提示总结，给出示范：回平桥村，钓虾放牛，戏前波折，月夜行

船，船头看戏，看戏归航，途中偷豆，六一送豆。

③体会小说作品布局的“详略得当”，重点详写了戏前风波、船头看戏、归航偷豆几个环节。

3.品波澜之美，重点分析“戏前风波”。

①重点赏读戏前风波的第6—10段，提问何为“风波”，学生解释或造句。

②顺势提出“风波”在小说作品中指“波澜”和“矛盾”两个技法概念。教师举例示范后，由学生重点分析小说“戏前风波”这一部分，找出其中的“波澜”与“矛盾”。

③学生汇报成果，教师提示总结，给出示范。

故事发展中的波折：

波折之一，叫不到船；波折之二，不准和别人一同去；波折之三，外祖母担心。

人物情绪中的波折：

“我”的心情经历了急得要哭—不钓虾，东西也少吃—高兴—轻松舒展的过程。

屏幕出示：“矛盾”与“波澜”，文似看山不喜平。

本文题目为《社戏》，但绝大部分的故事情节在社戏之后和社戏之前，而对看戏的情况描绘笔墨并不很多，特别是偷豆的情节更是作者详写的部分，作者有这样一句话评价自己那晚的感受：“真的，一直到现在，我实在再没有吃到那夜似的好豆，——也不再看到那夜似的好戏了。”究竟那晚的戏好不好看？那晚好吃的又只是豆吗？

## 三、深入人物细节——《社戏》的人情之美

课文最后一段齐读，提问表达方式（抒情），那么究竟使豆和戏变得与众不同的原因何在呢？对文中出现的人物进行评说。

1.自由评说人物。

①本文先后刻画了平桥村里阿发、桂生、双喜、六一公公等人物。根据如下格式，选择你印象深刻的一个人物说话。

我从文中××__________（概括事例），看出他是一个__________（形容词）的人。

②学生分享，自由说话，教师点评。

2.其间教师根据学生选择的人物，穿插三个教学点的点拨。

（1）教学点一：人物的动作描写之妙。

①问题：赏析出发时的一系列划船动作有什么妙处。

②明确：将孩子们渴望看戏想要出发的快乐激动刻画得淋漓尽致。

③技法点拨：人物的动作描写。

（2）教学点二：人物的语言体验。

“阿阿，阿发，这边是你家的，这边是老六一家的，我们偷那一边的呢？”双喜先跳下去了，在岸上说。

①话题：“最聪明”的双喜为什么“结巴”了？

②学生讨论发言，联系实际，各抒己见。

③点拨：由此看双喜这个儿童聪明又善解人意的一面，同时体现阿发主动表示偷自己家的豆的人情之美。

(3)教学点三：小说的伏笔与照应。

①话题：桂生的“偷”豆之谜。为什么是桂生提出的偷豆？

②技法点拨：小说的伏笔与照应。

③点拨：本文处处可见小说的伏笔照应之美，桂生之前没有买到豆浆而此刻想要偷豆来弥补之前的遗憾，可见故乡孩子们有情有义。

3.教师总结人物形象。

①双喜(聪明能干、善解人意、考虑周到、办事果断)，阿发(热情好客、淳朴无私、憨厚善良、天真活泼)，桂生(机灵勤快、有情有义)，六一公公(宽厚好客、喜欢孩子)。

②升华点拨。

再次朗读课文最后一段，关注作者情感的升华，好吃的豆源自这些故乡的人和美好的回忆，故乡的人们质朴、纯真、善良、友好，引导学生体会作者对故乡和童年真挚浓厚的感情。

## 四、多角度揣摩妙点——《社戏》的环境之美

小说有丰富的故事情节和人物形象，能够传递真挚的感情，这依赖于作者精雕细琢的语言和精巧的写作技法。

1.品读课文第22、23段，任选一到两个角度揣摩赏析。

2.任选一到两个话题进行赏析，学生交流展示，教师点评。

感官的调动

修辞的运用

用词的精确

句式的变化

色彩的交织

旁观者的作用

环境描写的作用

3.再次明确强调课文中出现的小说写作技法(伏笔、起伏、环境描写、人物描写等)。

教师总结，出示范例：本段综合运用了视觉、听觉相结合的写作手法，分布穿插着新奇贴切的比喻。儿童视角的奇妙想象，再配合以旁观者的赞美来衬托孩子们的驾船技术。半想象半纪实的描写，童话般的语言反映了儿童富于幻想的特点和孩子的浪漫气息，烘托了孩子们愉悦的心情，描绘了水乡景色的优美。

4.收束教学，再读最后一句话，学生谈感受，教师总结。

有趣的情节+善良的人物+优美的环境 =最好吃的豆、最好看的戏

“豆”与“戏”代表的是作者的乡村情怀、童年情怀，代表的是对传统乡风民俗、传统文化的眷恋与回响。

## 五、作业布置

1.补发《社戏》的删减部分，让学生课后阅读并结合本课所学习到小说中的知识、概念，对《社戏》全文中的写作手法举例赏析。

2.让学生调查、整理、分享自己家乡特有的风俗民情，更好地理解民俗的价值和意义。

**板书设计**

社戏

鲁迅

| | | |
|---|---|---|
| 最好看的戏<br>最好吃的豆 | 有趣的情节<br>善良的人物<br>优美的环境 | （儿童视角、波澜起伏）<br>（伏笔照应、个性化描写） |

# 多向度细读，开掘文本篇性[①]

## ——《桃花源记》教学知识（PCK）的择定与建构

深圳市宝安区航城学校　甘纪亮

《桃花源记》是东晋文学家陶渊明的重要代表作之一，是一篇脍炙人口的名篇佳作，在中国文学史上占有相当重要的地位。改革开放以来，《桃花源记》一直被选入到各个版本的初中语文教材当中。近四十年来，诸多学者对《桃花源记》研究非常多，现简要梳理如下。

## 第一部分　文本解读综述

### 一、作者生平及思想

《桃花源记》作为陶渊明的代表作，不可避免地打上了时代的烙印。文章的内容和思想必定与作者的生平有千丝万缕的联系。

陶渊明是东晋末至南朝宋初期伟大的诗人、辞赋家，也是中国第一位田园诗人，被称为"古今隐逸诗人之宗"。陶渊明早期在出仕和隐居之间摇摆不定，直到四十二岁以后才彻底选择归隐。一般的观点认为陶渊明的基本思想主要有两种：道家和儒家。陶渊明的思想性格具有复杂性，这与当时魏晋南北朝复杂的历史文化背景有很大关系，也与其个人生活经历有很大关系。袁行霈先生就认为：陶渊明既谙老、庄、孔子，又不限于重复老、庄、孔子的思想；他既未违背魏晋时期思想界的主流，又不随波逐流；他有来自个人生活实践的独特的思考，独特的视点、方式和结论，这才是陶渊明之所以是陶渊明的地方。[②]

① 篇性是汲安庆提出的语文阅读教学的三大重要范畴之一，意指文本中彰显的作者独特的言语表现个性和智慧。另外两大范畴分别是"体性"和"类性"。体性指体现语文科与其他科种差的内容和性质。类性指文本的文类属性，旨在救治语文阅读教学中将小说、散文、诗歌、戏剧等文类一锅煮，导致文类特征彻底模糊的现象。

② 袁行霈．陶渊明研究［M］．北京：北京大学出版社，1997：2.

## 二、《桃花源记》写作缘起

《桃花源记》是陶渊明的晚期作品。他目睹当时社会的黑暗、人民的痛苦,对当时政权产生了不满,加深了对现实社会的憎恨。“这一年诗人已经六十岁,他的思想更为成熟了,而且他面对自己的年纪与身体,也觉得难以与社会抗争了,只好寄希望于构设自己的理想。”①

## 三、《桃花源记》文本内容

《桃花源记》无论是从文字和艺术成就,还是从作品中表达的作者理想来看,都是一篇成熟之作。这篇作品的语言自然朴实、生动流畅,情节安排也顺理成章,写人状物简练而又传神。

文本虚构了一个美丽的世外桃源。第一,美在桃花源周围的环境:美在桃林(中无杂树,芳草鲜美,落英缤纷)。第二,美在这里的小农社会,自给自足、生活安康、心情舒畅(黄发垂髫,并怡然自乐)。第三,美在摆脱战乱,且毫无察觉(避秦时乱,与外人间隔,乃不知有汉,无论魏晋)。第四,美在人情关系很是和谐,对外人没有猜忌,美在民风淳朴(设酒杀鸡作食,余人各复延至其家)。陶渊明为我们塑造了一个环境优美,没有阶级,没有剥削,人们自食其力、自给自足、自得其乐的世外桃源,同时塑造了桃花源中勤劳善良、热情好客的人物群像。

## 四、《桃花源记》的主题

长久以来众人对《桃花源记》主题的探讨也莫衷一是。归纳起来主要有以下几种观点:

第一,寄托理想。第二,批判黑暗社会。第三,表达归隐避世思想。第四,多重意蕴说。

陶渊明的《桃花源记》很大程度上继承了儒家思想。孟子在《孟子·梁惠王上》中讲道:“五亩之宅,树之以桑,五十者可以衣帛矣。鸡豚狗彘之畜,无失其时,七十者可以食肉矣。”与桃花源内的情形如出一辙。儒家代表著作《礼记》中也有类似的说法:“使老有所终,壮有所用,幼有所长,矜寡孤独废疾者,皆有所养。男有分。女有归。”

此外,《桃花源记》还有道家理想社会的影子。如老子在《道德经》中说道:“甘其食,美其服,安其居,乐其俗。邻国相望,鸡犬之声相闻,民至老死不相往来。”陶渊明显然也受到老子的影响。桃花源的理想境界,表达了陶渊明对社会黑暗的不满,反映了人民摆脱贫困和离乱的愿望。可见,陶渊明和老子的思想是有相通之处的。

---

① 杜景华.陶渊明传[M].天津:百花文艺出版社,2005:285.

## 五、《桃花源记》的艺术特色

### 1. 构思巧妙，曲折动人

文本开始假设在“晋太元中”，接着引出武陵渔人“忽逢桃花林”，这给故事抹上了神秘的色彩。从“忽”字，表明渔人完全是无意中进入桃花林。渔人走完桃林，又发现了桃花源。进入桃花源的路径，也和开头写意外地遇着桃花林一样，采用了移步换景的手法，层层设下疑团，又层层加以解开。最后以太守派人探访迷了路，刘子骥“寻病终”作结。这样既曲折而富于变化，增强了真实感，又富有小说色彩。

台湾著名学者王鼎钧认为《桃花源记》前后都有“三起三落”。“《桃花源记》开头‘晋太原中，武陵人捕鱼为业。缘溪行’起势平淡。但是‘忽逢桃花林，夹岸数百步，中无杂树，芳草鲜美，落英缤纷’让读者的反应得到加强，文章有了‘起’势。文章几经起落吸引读者不断深入文本。文章尚有尾声。南阳有个刘子骥，是一位高尚之士，他听说山中有个世外桃源，十分向往，决定前往寻访，这又是‘起’。但是他没有找到，(或者没来得及去找)就病故了，以后再没有人打听桃源在哪里。像舞台上的大幕缓缓降下来，文章结束了。”①

### 2. 内容取舍，详略得当

桃花源内写得详细，桃花源外写得简略；桃花源内生活描绘详细，渔人在桃花源内的具体经过较略；渔人进入桃花源时写得详细，离开桃花源则非常简略；桃花源人“自云”较具体，渔人的答话简略。这些详略都委婉地传达出陶渊明的理想。

### 3. 首尾照应，韵味丰富

开头写渔人驾小舟，顺水漂流，无意中发现桃花林。作者从不同角度描绘出一个红绿相映、气象非凡的桃花世界。这优美的桃林景物，自然给人以美的启示，唤起读者丰富的美的艺术联想，为下文正面写桃花源的色彩美和人情美做了铺垫。

结尾与开头相呼应，依然写得扑朔迷离，亦真亦幻。如写渔人走出桃花源虽“处处志之”，最终却“不复得路”；南阳刘子骥“欣然规往”，也未果而终。结尾将桃花源写得如此玄妙，形影飘忽，回应全篇，与整个故事浑然一体，这更加突出了故事传奇性的特点，使读者感到韵味无穷。

### 4. 虚实结合，意境深远

陶渊明采用了虚实相结合的手法来描写桃花源，使文章不仅染上浪漫的虚幻色彩，同时又富于真实感人的力量。如文章描写世外桃源是虚构的，渔人的经历也很离奇。但说桃花源是“避秦之乱”而造就的，又是反映东晋时的生活现实。陶渊明通过这个离奇的故事，巧妙地让读者体会到一种真实，加强了作品的诱人力量。如文章开头交代了故事的时间、地点以及人物的职业，“更重要的是在文末加上有名有姓且有相似经历的时人刘

---

① 王鼎钧.作文七巧[M].北京：生活·读书·新知三联书店，2014：25.

子骥，无疑更增加了故事的真实性和可信性”[①]。

5. 视角转换，引人入胜

《桃花源记》中，作者先以故事讲述者的视角展开，读者的视野跟随作者的叙事扩展延伸，在讲述渔人进入桃花源之后，故事讲述人便退而位居其次，开始转入到渔人的视角，读者开始顺着渔人的视角去观察。接着出现桃花源中人与渔人之间的双向对话时，视角又转向了故事讲述者。视角转换让我们一直紧紧跟着故事的悬念往下走，有身临其境之感。

6. 语言朴素，凝练生动

文章用了白描手法，语言十分朴素，叙事像说家常。如在第1自然段中写桃林景色，仅用了二十多个明白如话的字，就描绘出一幅迷人的桃林图。又如“乃大惊”三字，既表现了桃源中人对渔人出现的惊异，又暗示桃花源与外界隔绝很长时间。

文章的语言不仅朴素，而且简练生动。如“设酒杀鸡作食”一句，只六个字便写出了桃花源人的热情好客。“不知有汉，无论魏晋”，仅用八个字表现桃花源人经历漫长汉魏动乱年代却不自知，隐约透露桃花源中美好的生活是没有战乱的。

# 第二部分　案例设计综述

## 一、《桃花源记》教学内容与教学点选择的课例综述

《桃花源记》以渔人行踪为线索，以时间先后为顺序，从发现桃花源，到访问桃花源，再到离开桃花源，一以贯之，层次分明，故事曲折回环，悬念迭起，虚虚实实，引人入胜[②]，让人有一种高度的审美感受，长期被选入初中语文教材。

本文收集了29篇公开发表的《桃花源记》的课例，对其分析发现，不同的老师根据各自的理解所设定的教学点、选取的教学内容虽然大多一致，但是也有许多不同之处。

表1　29篇课例教学点选择统计表

| 刊物(网站) | 课例及教师 | 教学内容 |
|---|---|---|
| 语文教学通讯，1983年第3期 | 《桃花源记》备课指要（杨易丹） | (1)文言文语法现象；(2)渔人行踪、详略得当；(3)文章主题思想 |
| 广西师范大学学报(哲学社会科学版)，1984第2期 | 《桃花源记》课堂教学综录（郑建国等） | (1)读准字音；(2)桃花源的美景；(3)文言文省略现象；(4)文章的主题思想；(5)翻译课文 |

① 楚爱华，张明琪. 虚以实行　文家妙境——谈《桃花源记》的创作技巧[J]. 中学语文教学，2016(1)：54—56.

② 人民教育出版社语文一室. 语文 第二册[M]. 北京：人民教育出版社，1993：202—203

续表

| 刊物(网站) | 课例及教师 | 教学内容 |
| --- | --- | --- |
| 语文教学通讯，1986年第1期 | 《桃花源记》精讲导读宋(连庠) | (1)作者的社会理想及评价；(2)渔人的行踪、详略得当 |
| 语文教学通讯，1997年第6期 | 《桃花源记》的数字教案(冯兴方) | 文言文的语法现象 |
| 语文教学通讯，1998年第5期 | 《桃花源记》教学实录(汪笑梅) | (1)桃花源的自然美、生活美；(2)作者的写作意图 |
| 中学语文教学参考，2001年第1期 | 《桃花源记》教案(熊芳芳) | (1)桃花源的特点：美"乐"奇；(2)桃花源寄托的美好理想 |
| 湖南教育，2002年第12期 | 《桃花源记》课堂实录及点评(胡坤玲) | (1)桃花源的特点：环境美、人情美；(2)文章的主旨 |
| 中学语文教学参考，2004年第3期 | 《桃花源记》微型教案(张明) | (1)文章线索及结构；(2)文章的详略；(3)桃花源的特点美、乐；(4)文章寄托何种理想 |
| 语文教学通讯，2004年第14期 | 《桃花源记》教学实录(王锦起) | (1)读准字音；(2)桃花源的特点；(3)桃花源的虚实及寄托的理想 |
| 学语文，2007年第2期 | 《桃花源记》教学设计(赵义) | (1)重点实词及古今异义词；(2)桃花源的景与人(3)桃花源寄托的理想 |
| 作文教学研究，2011年第2期 | 《桃花源记》教学实录(高慧平) | (1)读准字音，读准短句；(2)特殊文言现象：古今异义词、一词多义、通假字词类活用、成语及判断句式；(3)翻译课文、概括故事；(4)桃花源之美；(5)背诵指导，关键词记忆法；(6)文章主旨 |
| 知识窗，2011年第6期 | 《桃花源记》的教学(赖晔) | (1)古今异义词；(2)桃花源的特点；(3)文章主题；(4)文章构思之巧妙 |
| 新课程研究，2011年第7期 | 《桃花源记》教学设计(劳少丽) | (1)文言实词、虚词、古今异义、一词多义、省略句；(2)线索；(3)桃花源的特点及寄托的美好理想；(4)翻译课文 |
| 21世纪教育 | 《桃花源记》教学实录(谷雪雅) | (1)文章结构顺序及桃花源的特点；(2)省略；(3)语言简洁；(4)文章的写作意图 |
| 爱问共享资料 | 美丽的桃花源，永恒的"乌托邦"——《桃花源记》教学设计 | (1)朗读指导：方法、字音、节奏、情感；(2)翻译指导：单音节—增、古今异义词；(3)桃源美丽景象和桃花源人形象；(4)品味文章的语言风格；(5)作者寄托的理想 |
| 中国教育出版网 | 《桃花源记》教学设计(王松泉) | (1)文章的脉络；(2)古今异义词；(3)情节曲折，悬念迭起的写作特点；(4)文章主旨 |
| 语文教学通讯，2014年第7—8期 | 《桃花源记》教学实录(张贺) | (1)古今异义词；(2)桃花源的美好生活图景及寄托的理想 |

续表

| 刊物(网站) | 课例及教师 | 教学内容 |
|---|---|---|
| 语文教学通讯,2014年第9期 | 《桃花源记》教学设计(蔡明妍) | (1)用“录、增、补、删、换、调”翻译课文;(2)语言简洁(省略句、短句、没有比喻);(3)桃花源的文化意蕴 |
| 中学语文教学参考,2015年第29期 | 《桃花源记》教学设计与反思(郭丽娜) | (1)落实字词;(2)桃花源的特点;(3)文章的主题;(4)翻译课文 |
| 教育研究与评论(课堂观察),2015第11期 | “文”“言”相顾韵味长——赏析梁杰老师的《桃花源记》一课(叶映峰) | (1)桃林美景;(2)古今异义词;(3)桃花源的和谐景象;(4)作者写作意图 |
| 上海师范大学硕士论文,2015 | 《桃花源记》的文本分析和教学建议(张鸿雁) | (1)桃花源特点;(2)省略句;(3)品味朴素简练的语言风格;(4)陶渊明创作心态 |
| 21世纪教育 | 《桃花源记》教学设计(金锡琴) | (1)文言现象:一词多义、古今异义词、“然”字用法、七个成语;(2)读准字音和停顿;(3)桃花源的特点:美、奇、乐;(4)故事的虚实及文章体现的作者的思想;(5)翻译课文 |
| 中学语文教学通讯(初中),2016年第1期 | 从“仿佛若有光”到“豁然开朗”——以《桃花源记》为例探究朗读教学设计的入口(师延峰) | (1)文本叙述视角;(2)省略;(3)短句的使用;(4)人物的塑造 |
| 中学语文教学参考,2016年第10期 | 外面的世界 里面的世界——《桃花源记》第二课时课堂实录(李婷鸿) | (1)桃花源以外的世界;(2)桃花源内的情况;(3)作者寄托的理想 |
| 考试周刊,2017年第32期 | 析关键词句,悟文言文味道——《桃花源记》第二课时教学设计(施旭晖) | (1)景物之奇;(2)人物之奇;(3)情节之奇;(4)叙述视角之奇;(5)作者的情感及写作意图;(6)品味语言简洁的特点 |
| 中学教学参考,2017年第7期 | 《桃花源记》教学方法探析(卢家镇) | (1)省略句;(2)“乃”意思辨析;(3)虚实结合 |
| 中学语文教学参考,2017年第10期 | “重‘读’《桃花源记》”实录与点评(龚锦辉) | (1)桃花源的特点;(2)桃花源的意义 |
| 语文教学通讯(初中),2017年第12期 | 《桃花源记》课堂实录(丁卫军) | (1)字音、停顿;(2)发现桃花源过程中渔人心理的变化;(3)桃花源的特点;(4)课文省略;(5)留白;(6)渔人形象;(7)虚实结合的写法及写作意图 |
| 语文教学通讯(初中),2018年第6期 | 字里行间觅桃源——《桃花源记》教学实录(陈治勇) | (1)渔人的心情变化;(2)故事的叙述视角及作用;(3)陶渊明寄托的理想 |

29个课例所选择的教学点大致可以概括为三种情况:

第一种是注重从字词到文本的逐句理解，没有体现文本的核心价值。这种情况比例非常高，例如郑建国老师和张明老师的课例。

第二种情况是虽然教师能够根据自己的理解去抓住几句来教，但是这些句子是否能够成为教学点有待商榷，有些老师虽然抓住了关键句，但是却没有正确挖掘该句的教学内容，也非常可惜，比如上海师范大学硕士张鸿雁的教学设计。王荣生教授认为学习文言文，最终落点是文化的传承与反思。①但是部分教师抓住了《桃花源记》文言的一面或两面，忽视了文言文"一体四面"的特点，如冯兴方老师的数字教案、高慧平老师的教学设计。大部分老师的教学停留在"文言"和"文章"的层面，很少涉及"文学"特别是"文化"层面。

第三种情况是选择课文中的一两句话牵引着全文开展教学活动，教学内容相对集中。例如李婷鸿老师《外面的世界　里面的世界——〈桃花源记〉第二课时课堂实录》这篇设计就抓住"此人一一为具言所闻""诣太守，说如此"两句话，分析桃花源内外两个世界的不同，从而发掘出作者寄托的理想，但是这两句话很难说是本文的"章法考究处、炼字炼句处"。

在授课时大多教师采用问答式的方式进行，部分教师采用了模拟采访的方式进行，总体上学生的活动比较单一。

王荣生教授认为，文言文阅读的要点集中体现在"章法考究处、炼字炼句处"的"所言志，所载道"。文言文阅读的着力点，是引导和帮助学生通过"章法考究处、炼字炼句处"具体把握"所言志，所载道"。②因此如何确定"章法考究处、炼字炼句处"成为探讨的关键。

**表2　29篇课例教学点选择分析表**

| 选择的教学点 | 数量 | 占比/% | 句子的作用 |
|---|---|---|---|
| 晋太元中，武陵人捕鱼为业 | 6 | 20.69 | 交代时代、渔人籍贯，营造真实感，缩短了读者与作品的心理距离，把读者从现实世界引入迷离恍惚的桃花源。结尾读者从这朦胧飘忽的化外世界退回到现实世界，形成虚实结合的效果 |
| 缘溪行，忘路之远近 | 7 | 24.14 | 点出文章的线索，"忘"暗示所行已远，为下文发现桃花林埋伏笔 |
| 忽逢桃花林 | 13 | 44.83 | "忽逢"与后文的"甚异"相照应，写渔人意外见到桃花林的惊异神情，又突出了桃花林的绝美景色，为文章制造了悬念 |
| 渔人甚异之，复前行，欲穷其林 | 8 | 27.59 | "异""穷"带动情节的发展，为下文发现桃花源埋下伏笔 |

① 王荣生.文言文教学教什么[M].上海：华东师范大学出版社，2014：6.

② 王荣生.文言文教学教什么[M].上海：华东师范大学出版社，2014：8.

续表

| 选择的教学点 | 数量 | 占比/% | 句子的作用 |
|---|---|---|---|
| 林尽水源，便得一山，山有小口，仿佛若有光 | 4 | 13.79 | 设置悬疑，暗示桃花源定非寻常去处，使桃花源蒙上了一层神秘的色彩，吸引读者 |
| 初极狭，才通人 | 4 | 13.79 | 承上启下，随渔人的视角进入桃花源，有柳暗花明的韵致 |
| 土地平旷，屋舍俨然，有良田、美池、桑竹之属。阡陌交通，鸡犬相闻 | 15 | 51.72 | 叙述视角转向渔人，写出桃花源环境优美，写出了桃花源美好图景对自己的巨大冲击 |
| 其中往来种作，男女衣着，悉如外人。黄发垂髫，并怡然自乐 | 20 | 68.97 | 写出桃花源中人们生活安康、和谐、远离战乱的特点，寄托作者的理想 |
| 见渔人，乃大惊，问所从来。具答之 | 9 | 31.03 | 采用省略，使文章简洁明快。叙述视角转变。“乃大惊”三字，既写出了桃源人对陌生人的惊异，又揭示了桃源与世隔绝的久远 |
| 便要还家，设酒杀鸡作食 | 9 | 31.03 | “便”反映桃花源中人的淳朴 |
| 自云先世避秦时乱，率妻子邑人来此绝境，不复出焉，遂与外人间隔 | 8 | 27.59 | 交代桃花源人的来历，与前文和平安宁的生活形成呼应，同时增加了故事的传奇色彩 |
| 问今是何世，乃不知有汉，无论魏晋 | 5 | 17.24 | 从侧面高度概括他们已经过了汉魏以来整个漫长而动乱的历史年代，隐约透露桃花源中美好的生活是没有战乱的 |
| 此人一一为具言所闻，皆叹惋 | 7 | 24.14 | 留白，桃花源内外世界对比，凸显作者寄托的理想。“叹惋”说明外面的世界不如桃花源内生活美好 |
| 余人各复延至其家，皆出酒食。停数日，辞去 | 6 | 20.69 | 桃花源中人物热情淳朴 |
| 此中人语云：“不足为外人道也。” | 7 | 24.14 | “不足”表达桃花源人不愿被外面纷繁的世界打扰。这句话也为渔人接下来的行动设下了悬念 |
| 既出，得其船，便扶向路，处处志之 | 5 | 17.24 | 短句加快叙事节奏。“处处志之”暗示其有意重来，为下文再寻桃花源做铺垫 |
| 及郡下，诣太守，说如此 | 3 | 10.34 | 采用留白手法和简洁的叙事风格，同时也体现出详略得当 |
| 太守即遣人随其往，寻向所志，遂迷，不复得路 | 10 | 34.48 | “即”说明外人对桃花源的向往。明写仙境难寻，暗写桃源是虚构的 |
| 南阳刘子骥，高尚士也，闻之，欣然规往。未果，寻病终 | 7 | 24.14 | 虚实结合，增加了故事的传奇性，照应开头。“欣然规往”说明世人对桃源的向往 |
| 后遂无问津者 | 4 | 13.79 | 表达了作者对桃花源难寻的一种怅惘之情，寄托了自己的情感及思想 |

如表所示，29篇课例选择的教学点有很大的差异，其中：选择最多的教学点被选择了20次，占比为68.97%；最少的有3次，占比为10.34%。出现频率最高的几句是：“土地平旷，屋舍俨然，有良田、美池、桑竹之属。阡陌交通，鸡犬相闻。其中往来种作，男女衣

着，悉如外人。黄发垂髫，并怡然自乐。”这几句无疑是文章的一个教学点。无论是“平旷的土地”“整齐的屋舍”，还是“良田、美池、桑竹”，处处透露出人为创造的痕迹，同时美池和竹子这些带有观赏性的景物，更点出了桃花源人精神生活的富足。这几句以四字短句为主，夹杂着句式的变化，暗含着作者的情感重点放在长句子上。这一段对桃花源景物和场景的描写寄托着作者美好的理想，因此是本文的“炼字炼句”处。随后被选择较多的教学点是“忽逢桃花林”，出现了13次。“忽逢”与下句的“甚异”相照应，写渔人意外见到桃花林的惊异神情，又突出了桃花林的绝美景色，后文为文章制造了悬念。这个教学点主要侧重于文言文“一体四面”中的“文章”层面。此外出现频率较高的一句是“太守即遣人随其往，寻向所志，遂迷，不复得路”。这一句中“即”说明外人对桃花源的向往。明写仙境难寻，暗写桃源是虚构的。虚实结合，增加了故事的传奇性。这也应是全文“炼字炼句”的地方。

## 二、课例综述的讨论与分析

### （一）依循文本体式选择教学点

《桃花源记》作为一篇文言文，要承担着让学生积累文言词汇的功能。本文中像“妻子”“无论”等古今异义词语，以及“渔人甚异之”之“异”、“欲穷其林”之“穷”等活用词语很多，是学习的重要内容。现实中，不少教师把文言文上成文言词语落实课，这是不对的。学习文言文，最终落点是文化的传承与反思。[①]《义务教育语文课程标准》提出，文言文教学要“提高学生的欣赏品位”，也就是说，文言文还是要关注文本内容，关注作者的创作匠心，否则难以落实“提高学生的欣赏品位”的要求。

《桃花源记》是一篇叙事类的文章，它虽是《桃花源诗》序记，却比《桃花源诗》流传更广。首先陶渊明虚构的桃花源“具有浓郁的诗人自我的田园生活色彩，桃花源的境界代表着诗人的生活理想和社会理想，具有深厚的哲学底蕴”[②]。这不但是一种社会理想，还是一种人生理想、一种精神境界，有着中华民族文化心理的历史的渊源。这理想经受了一千多年的时光的洗练，成为不朽。

其次，陶渊明深谙讲故事的技巧。文章几起几落，曲折而富于变化，增强了真实感，又富有小说色彩。整个故事包含虚实结合、视角的变化、留白的使用、悬念设置等叙事技巧，不得不让人感叹陶渊明的笔法高超。同时，我们在研究《桃花源记》叙事时应该将《桃花源诗》参照阅读，如此才能体会陶渊明的用心良苦。

此外，《桃花源记》简练的语言也非常值得品味。从句法来看，全用散句，最长的句子也不过是：“有良田、美池、桑竹之属”等几句，这种长短句的使用流露出作者情感态度的

① 王荣生.文言文教学教什么[M].上海：华东师范大学出版社，2014：6.

② 范子烨.《桃花源记》的文学密码与艺术建构[J].文学评论，2011(4)：21—29.

变化,切不可轻易放过;从句子的成分看,全文大量存在省略。此外,叙述中的留白,不仅使语言显得精炼,更有着意味无穷的效果。《桃花源记》的简练并非冷冰冰的,而是充满情感的,特别是结尾“后遂无问津者”充满着无限的怅惘之情,表达了作者对世外桃源的向往却又不可得的失落。

### (二)分析学情确定教学点

八年级学生阅历和阅读量大幅度增加,对事物的认识、对感情的把握在逐渐加深。但是《桃花源记》毕竟是一千多年前的作品,学生对当时的历史和社会生活状态缺乏清晰的认识,这可能会影响学生对文章主题和作者的情感的把握。因此要根据实际适时引入相关资料帮助学生理解。

八年级的学生已经初步积累起对文言文的认识,积累了一定的文言词汇、文言现象,加上《桃花源记》本身故事性很强,语言浅显易懂,学生学习起来应该不会很困难。但是对于文言文的“一体四面”中的文学和文化层面,学生应该很难明白,这就需要引入相关的语文知识和资料。例如《桃花源记》叙述故事时采用了哪些技巧,这些技巧产生了何种效果?陶渊明为何怀有如此的人生情怀,这种情怀对后世又有何影响?这些问题学生应该很难把握。所以确定教学点时要源于学情,给学生学习搭好台阶。

### (三)依据教学点确定教学内容

《桃花源记》现为部编本教材八年级下第三单元课文。单元教学要求“先借助注释和工具书读懂课文大意,然后通过反复诵读,领会诗文的丰富内涵,品味精美的语言,并积累一些常用的文言词语”。《桃花源记》课前预习要求说说你心中的“世外桃源”,并“借助注释,通读课文,感受作者笔下‘世外桃源’的美好情景”。

《桃花源记》应该教什么呢?首先,把握故事的内容,领会桃花源的特点。桃花源中的景物都是有人工的痕迹,这种人工的痕迹恰恰体现了桃花源人生活的和谐美满;其次,要看作者如何通过虚实结合、设置悬念等方式透露出桃花源与外面世界的巨大差异,从而把握作者的理想以及作者对这种理想难以实现的失落之情。

在教学中,应带着学生反复诵读关键句子,品读出哪些是外在的世界,哪些是桃花源内的世界,哪些是虚写,哪些是实写。两个方面进行对比,作者的目的就显现出来了,感情也就随之流露。这种情感在文章最后一句“后遂无问津者”已经非常明显了。

我们还应注意到本文的语言特色,学生虽然读起来朗朗上口,但让学生具体评析语言的妙处在哪里,恐怕未必能说得出。因此,教师可以从短句、省略句等方面去重点评析语言,让学生感受陶渊明语言简练自然的风格特征,同时关注作者采用这样的语言要达到何种目的,要将文章的“章法考究处、炼字炼句处”与文章“所言志,所载道”统一起来赏析。

总之,根据《桃花源记》的体式及初中学生的学情,可将其教学点概括为:(1)文言知识，包括古今异义、一词多义、省略句等；(2)通过分析故事发现桃花源内外两世界；(3)作者的感情及寄托的理想；(4)品味陶渊明简练自然的语言风格及作者采用这种简练语言的用意。

## 第三部分　教学建议

根据对现有教学成果分析，再基于文本教学点的确定，可以把《桃花源记》教学内容确定为以下五个方面：文言知识的积累、文章巧妙的构思、作品的主题、作品的语言特点、作品的文化价值。

### 一、文言知识的积累

本文中有许多古今异义词、一词多义及词类活用现象，这都是文言文阅读教学的着力点。在教学方法上可通过让学生查找字源，追寻字义的变化过程来理解一些字词的意思。对于古今异义词，可以分析造成这种古今异义的原因，然后让学生自己把握古今异义词。对于一词多义现象，可以给出这个词语所有的意义，然后让学生做选择。

### 二、文章巧妙的构思

本文在叙事上非常巧妙，可以带领学生去挖掘文章叙事巧妙之处。首先指导学生细读课文，画出文中出现的人物、地点，找出故事的起因、经过、结果，从而概述文章的叙事脉络。然后指导学生思考文章回环曲折，悬念迭起是如何产生的，进而引导学生寻找文章的“起落”。

### 三、作品的主题

作者写《桃花源记》所寄托的志向也是我们要探讨的一个重要问题。文言文中“所言之志，所载之道”是学习文言文的一项重要内容。对于这项学习内容，可以从辨析《桃花源记》真假虚实入手。可以让学生提前准备资料进行小辩论，最后引出作者采用虚实结合的方法的用意：用实的客观世界和虚的桃花源世界进行对比，突出作者寄托的理想。同时也可以拿《桃花源诗》与本文进行参照对比，挖掘作者的写作意图。

### 四、作品的语言特点

本文语言简练而富有韵味，值得细细品味赏析。首先，要带着学生多朗读，同时引导学生结合文章的主旨及作品中人物的感受去品味语言。例如“悉如外人”“并怡然自乐”

“咸来问讯”“皆出酒食”中加点的字有什么表达效果。再比如“便舍船，从口入。初极狭，才通人。复行数十步，豁然开朗”简练而整齐，节奏明快而富有变化，表现了渔人充满好奇心。品味文本时教师可以适当给出赏析的方向，或给学生一个范例做支架。

## 五、作品的文化价值

本文巨大的魅力不仅仅在于它的语言优美、结构巧妙，更在于它道出了几千年来历经战乱的中华民族的心声和美好愿望。它继承了前人的许多文化传统并给后世留下了美好的蓝图，引无数人向往。教师可以通过筛选整合与文本相关的课程资源，然后发给学生，给学生研究主题，让学生对“世外桃源”的价值进行深入挖掘。

# 第四部分　参考案例

### 教学目标

1. 借助课本注释与词典，扫清字词障碍；通过诵读，联系上下文结合语境，理解课文中古今异义词的含义及词类活用等现象。

2. 通过细读文本明确文本中虚实两个世界的巨大差异，体会作者的美好理想以及难以实现的失落之情。

3. 品味本文简练的语言风格。

### 预习准备

1. 读准字音。要求：查字典，标注出下列加点字的拼音。

(1)生僻字：豁（　　）然开朗　阡（　　）陌　俨（　　）然　垂髫（　　）

(2)多音字：（每个读音请再举一例）

屋舍（　　）　便舍船（　　）

捕鱼为业（　　）　不足为外人道也（　　）

(3)通假字：便要（　　）还家

2. 自学翻译。

自行根据注释和工具书，读懂课文大意，解决疑难问题。难以解决的可以圈画下来。

提醒：余人各复延至其家________（利用象形字典）

特别关注：

(1)古今异义词（产生原因：古代词语以单音节为主，现代以双音节为主）

鲜美　仿佛　交通　妻子　绝境　无论

(2)一词多义

复前行___ 复行数十步___ 不复出焉___ 余人各复延至其家___ 不复得路___

鸡犬相闻___ 村中闻有此人___ 此人一一为具言所闻___ 闻之，欣然规往___

**教学流程**

教师导入：朗诵陶渊明《饮酒》并思考陶渊明为何喜欢田园生活。

结庐在人境，而无车马喧。问君何能尔？心远地自偏。采菊东篱下，悠然见南山。山气日夕佳，飞鸟相与还。此中有真意，欲辨已忘言。

## 一、虚虚实实两个世界——解码文字

(一)再次快速阅读课文并思考：陶渊明讲述桃花源的故事以__________为线索，以时间先后为顺序，从_______桃花源，__________桃花源，再到__________桃花源，最后__________桃花源，一线贯之，层次分明，但并非平铺直叙，而是回环曲折、悬念迭起。

知识引入：叙事线索有哪几类——人物、事物、情感、中心事件。

过程指导：细读课文，画出文中出现的人物、地点；找出故事的起因、经过、结果；分享。

(二)整个故事都围绕"桃花源"展开，"桃花源"在陶渊明的笔下到底是什么样的？我们一起跟随陶渊明的文字去解读这个"世外桃源"。

任务：用一个词语来描述你理解的"桃花源"，并在文中找到依据。

1.林尽水源，便得一山，山有小口，仿佛若有光。便舍船，从口入。初极狭，才通人。复行数十步，豁然开朗。

2.土地平旷，屋舍俨然，有良田、美池、桑竹之属。阡陌交通，鸡犬相闻。其中往来种作，男女衣着，悉如外人。黄发垂髫，并怡然自乐。

(句子长短变化体现出作者何种心情？描述这些景物展现了桃花源何种特点。)

3.同学们看下面的句子省略了什么，请补充上，然后读一读，体会一下省略的妙处，并说说这里体现桃花源的何种特点。

(　　)见渔人，(　　)乃大惊，(　　)问所从来。(　　)具答之。(　　)便要(　　)还家，(　　)设酒杀鸡作食。

4.仔细比较下面一组词语，意思是否相同，为何这些词语集中出现，它们在文中有何特殊含义？

悉如外人　并怡然自乐　具答之　咸来问讯　皆出酒食

(三)陶渊明在文中设置了大量的悬疑，增加了故事的传奇性，使故事蒙上了一层神秘色彩，很像小说的笔法，因此大多人认为桃花源并不存在，同学们怎么看？从文中找出证据，标注出来，并进行分析。

1.虚构的理由：

证据一：忽逢桃花林，夹岸数百步，中无杂树，芳草鲜美，落英缤纷。

（渔人发现桃花源很突然，桃花源美丽的景色也非常奇异，这暗示桃花源是虚构的）

证据二：________________

证据三：________________

2.真实的理由：

证据一：晋太元中，武陵人捕鱼为业。

证据二：________________

证据三：________________

小结：作者描写的桃花源是虚构的，情节也非常离奇，但文章开始交代了事件发生的时间、地点及其人物的身份职业等，结尾刘子骥（实有其人）也“寻病终”，桃花源以外的人、事又是真实的。文章虚虚实实，增加了作品的诱人力量。

## 二、源里源外一种理想——解码思想

（一）作者采用虚实结合的方式来讲故事，在文章中为我们创造了虚实两个世界，文中人是如何看待两个世界？

1.文中人如果看待桃花源内的世界？

渔人：既出，得其船，便扶向路，处处志之。及郡下，诣太守，说如此。（句式、心情）

太守：太守即遣人随其往。

刘子骥：闻之，欣然规往。

资料：“刘子骥，是当时的一位真实的历史人物，名驎之，《晋书·隐逸传》里说他‘好游山泽’。与陶渊明一样，是一位品格高尚的隐士。”①

村中人：不足为外人道也。

2.桃花源外的世界是怎么样的，各种人是如何看待的？

下面句子中“所闻”的内容是什么？为何村中人“叹惋”？

此人一一为具言所闻，皆叹惋。

补充背景资料：陶渊明生活的时代，政治极度腐败，统治集团内部生活荒淫，互相倾轧，赋税徭役繁重，战争频发。太元短短21年就爆发大小战争60场，多次发生流血政变。②元熙二年六月，刘裕废晋恭帝为零陵王，改年号为“永初”。次年，刘裕采取阴谋手段，用毒酒杀害恭帝。统治者日益加重对人民的赋税徭役和剥削压榨，给百姓造成了家破人亡、妻离子散的痛苦。

（二）由此我们可以看出陶渊明讲述桃花源故事的真正用意何在。

① 孙福丽.《桃花源记》尾声部分的艺术效果[J].语文天地，2012(2)：48.

② 张贺.《桃花源记》教学实录[J].语文教学通讯，2014(7-8)：148—152.

补充背景资料：陶渊明面对现实，深有感触，于是，产生了对刘裕政权的不满，加深了对现实社会的憎恨；“这一年诗人已经六十岁，他的思想更为成熟了，而且他面对自己的年纪与身体，也觉得难以与社会抗争了，只好寄希望于构设自己的理想。”①

（三）既然桃花源那么令人神往，为什么作者在结尾还把它写得那么神秘而不可追？这体现了陶渊明何种情感？

“后遂无问津者。”

（四）“桃花源”只是“桃花源”吗？它还象征着什么？

“五亩之宅，树之以桑，五十者可以衣帛矣。鸡豚狗彘之畜，无失其时，七十者可以食肉矣。”——《孟子·梁惠王上》

“故人不独亲其亲，不独子其子，使老有所终，壮有所用，幼有所长，矜寡孤独废疾者，皆有所养。男有分。女有归。”——《礼记》

回到刚上课时的思考题：陶渊明《饮酒》表达了作者归隐田园之情。陶渊明为何喜欢田园生活呢？

资料补充：“桃源中的生活与他描绘田园生活的诗歌何其相似，如‘屋舍俨然，有良田、美池、桑竹之属。阡陌交通，鸡犬相闻’与‘方宅十余亩，草屋八九间。榆柳荫后檐，桃李罗堂前。暧暧远人村，依依墟里烟。狗吠深巷中，鸡鸣桑树巅。’同样充满生机，同样平淡虚静。然而，桃源不仅仅是田园生活经过高度纯化的艺术写照，桃源中淳朴的民风、和谐的人际关系，更是陶渊明在归隐后所领略到的深契自然的真洒脱。这种洒脱主要包括人际之情和耕稼之乐。”②

## 三、作业布置

（一）请同学们阅读以下文言故事，从内容、叙事技巧、主旨及语言等方面谈谈它与课文有何异同。

《荆州记》曰：宋元嘉初，武溪蛮人射鹿，逐入石穴，才容人。蛮人入穴，见其傍有梯，因上梯，豁然开朗，桑果蔚然，行人翱翔，亦不以怪。此蛮于路斫树为记，其后茫茫，无复髣髴（fǎng fú，同仿佛，意思是隐约、依稀、约略的形迹）。③

（二）专题研究：中国古代文化中的“桃源”情结形成的原因及如何看待“桃源情结”。

刘中文《唐代陶渊明接受研究》言，自陶渊明后，“桃花源”被后代士人普遍接受，从此中国士人有了新的精神寄托，而且不断地苦苦寻觅这个精神天堂。唐代，尤其是中唐以后，时代的巨变使唐人的桃源情结日益加重，几乎每个咏陶诗人都必言桃花源。在唐诗诸多的涉陶文化意象中，“桃花源”这一文化意象出现的频率最高，其次数难以统计。士

① 杜景华.陶渊明传[M].天津：百花文艺出版社，2005：285.

② 张维.论《桃花源记》与陶渊明的归隐体验[J].湖州师范学院学报，2003(6)：120—121.

③ 范子烨.《桃花源记》的文学密码与艺术建构[J].文学评论，2011(4)：21—29.

人还以“桃花源”(桃花坞、桃花溪、桃花谷)为题,用诗歌描绘出一幅幅风情各异、奇幻多姿的世外桃源图,构成了唐代缤纷绚丽的桃源长卷。用“桃源情结”一词来形容中国人对桃花源的情感,并不过分,它已经成为一种深藏于中国文人心底的文化潜意识。[①]

## 板书设计

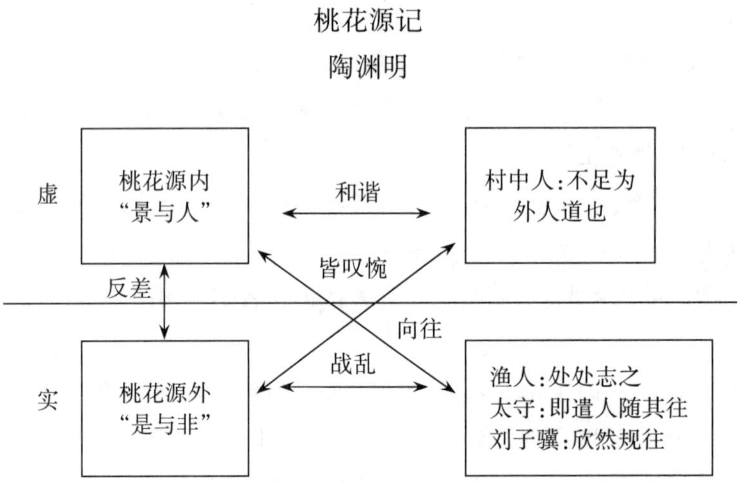


① 吴国富.试论“桃花源情结”的超越性意义[J].铜仁学院学报.2015(1):20—27

# 一体四面：探求古代游记散文意脉与情致

## ——《小石潭记》教学知识(PCK)的择定与建构

深圳市宝安区官田学校　伍　琳

《小石潭记》是唐朝诗人柳宗元经典山水游记《永州八记》中的第四篇，写于唐顺宗永贞元年(805年)因拥护王叔文的改革而被贬永州期间，全名《至小丘西小石潭记》。柳宗元《永州八记》以文情并茂的写作特色，在我国古代山水游记中堪称独步。

《小石潭记》仅193字，多次入选中学语文教科书，堪称文质兼美的经典课文。因此，在新课程改革不断推进的今天，深入探讨这一篇课文"教什么""怎么教"的问题有十分重要的意义和价值。

## 第一部分　文本解读综述

### 一、《小石潭记》的写作背景

#### (一)柳宗元的人生经历和文学成就

柳宗元少有才名，二十岁时考中进士；三十一岁时，与韩愈同官，官阶虽低，但权力并不下于御史，对政治的黑暗腐败有了更深入的了解，逐渐萌生了要求改革的政治理想，成为王叔文革新派的重要人物；三十三岁时，革新运动失败，柳宗元便被贬为邵州(今湖南邵阳市)刺史，行未半途，又被加贬为永州(今湖南零陵)司马。这次同时被贬为司马的，还有七人，所以史称这一事件为"二王八司马事件"。永州之贬，一贬就是十年；被贬期间，柳宗元将革新活动转到了思想领域，广泛研究古往今来关于哲学、政治、历史、文学等方面的一些重大问题，撰文著书，《封建论》《非〈国语〉》《天对》《六逆论》等作品，大多是在永州完成的，其中本文的出处《永州八记》便是其中一篇。四十七岁的柳宗元在柳州因病逝世。柳宗元一生留下600多篇诗文作品，成就较大。骈文有近百篇，散文论说性强，笔锋犀利，讽刺辛辣。游记写景状物，多所寄托，有《河东先生集》，代表作有《溪居》《江雪》《渔翁》等。柳宗元与韩愈并称为"韩柳"，与刘禹锡并称"刘柳"，与王维、孟浩然、韦应物并称“王孟韦柳”,为唐宋八大家之一。

(二)本文写作缘由

柳宗元被贬为永州司马,政治上的失意,使他寄情于山水,通过对山水自然的具体描写,抒发自己独特的情感体验,成为后世写作山水游记的楷模。此间共写了8篇知名的山水游记,后称《永州八记》。

二、《小石潭记》的主题理解

解读者们普遍认为《小石潭记》景物描写精细、准确、隽美、奇特,寄情山水之意尤为明显。作为一篇文质精美、情景交融的山水游记,《小石潭记》表现了作者对事物的深刻观察力和独特的生活体验。依据文本体式特征,执教者需要体悟理解抒情散文中景物和作者心情的关系。

通过查阅文献,归纳其主题思想如下:

(一)贬谪的苦闷和失意

《小石潭记》写于作者被贬永州后的第四年,文章寄情山水,借景抒情,表达的是作者被贬永州的失意之情。吴庚舜、董乃斌指出:柳宗元被贬到永州,哀怨疑惧,痛苦到极点,只有秀丽的山水景物可以使他暂时得到一点快乐。这一观点具有普遍性,能被多数读者所接受。①陈幼石是这样解释的:“永州那远离京华的自然环境,山水之奇崛几乎就是他自己被弃绝不用的美才的写照。”②康震认为,他发掘这山水之美的动机,不仅仅是因为它美,更主要是因为这些山水与他有同样的遭遇与命运,与他一样不为世人所知,不为世人所理解。③仕途失意的痛苦和艰苦动荡的生活使柳宗元悲愤交加,永州的山水也因此成为他排遣苦闷的对象,而此时,小石潭与世隔绝的环境与柳宗元的处境不谋而合,即它象征着作者的遭遇与心情。因此比较上面几种说法,我们认为后两种更具深意。

(二)由乐转悲的意脉流动

张志彬老师注意到了本文的情感变化:“因为忧伤无法自脱而寄情山水,可山水之情又如此短暂,最终难免又陷入痛苦的现实。”④同样,在人教版教师参考书中也表露了相似的看法:凄苦是他感情的主调,而寄情山水的欢乐只是暂时的,一经凄清环境的触发,悲凉的心境便会流露出来。⑤这一说法在教材中十分常见,而武汉大学的尚永亮教授则作出了不同的表述:“从开篇的‘心乐之’到中篇的‘似与游人相乐’,再到‘凄神寒骨’的‘悄

① 吴庚舜,董乃斌.唐代文学史(下)[M].北京:人民文学出版社,1995:169.

② 陈幼石.韩柳欧苏古文论[M].上海:上海文艺出版社,1983:56.

③ 康震.康震评说唐宋八大家·柳宗元[M].北京:中华书局,2010:117.

④ 张志彬.因忧寻乐　乐尽忧来——谈《小石潭记》主题[J].语文教学之友,2006(5):28.

⑤ 人民教育出版社中学语文室.九年义务教育三年制初级中学教师教学用书语文第三册[M].北京:人民教育出版社,2001:185.

怆’之感，反映了作者游览山水时的情感发展曲线，也间接、含蓄地表现了作者内心的寂寞和处境的孤独。”[①]综观三种说法，“心乐之”到“以其境过清”的情感变化并无争议，但“一经凄清环境的触发”的说法却需斟酌。从原文“有同游者五人”与“寂寥无人”的矛盾等多处考证，小石潭的环境并非凄清，而是作者本身悲凉的心绪使景物显得凄楚。

### （三）有苦闷，也有快乐

《小石潭记》中的山水景物寄寓着作者的喜怒哀乐，孙绍振教授指出“作者此时政治失意，生活也比较清苦，《小石潭记》并没有给人备受打击、精神苦闷的感觉，相反，倒是很开心。我们要欣赏的，不仅仅是作者的山水之乐，而且是这个乐的特点，尤其是这个乐的过程。”同时在赏析水的清澈时，“用鱼的影子之黑来反衬水的清澈，柳宗元的明暗对比，是人与大自然的契合”。[②]北京师范大学康震教授在谈到作者与山水的关系时说：柳宗元不仅乐山乐水，更重要的是他与山水融为一体，用山水来写文章，用山水来写人生，用山水来表达心灵深处的思想，山水自然而然地成为他灵魂的象征。[③]此外，也有学者提道：“柳宗元把贬谪的幽愤、郁闷寄托于山水中，所以山水不再是外在的山水，而是与观照者的精神世界息息相通。”[④]我们认为这种说法具有一定说服力。正是出于对自然的喜爱，柳宗元才会有对山水之美的发掘。而在他优美的文字下，天人合一、人与自然契合的深刻体验由此而生。

### （四）出世入世的矛盾心理

李波老师通过详细阐述景物的幽邃和神秘，认为其含蓄难测，传达了作者出世入世的矛盾心态：柳宗元的《小石潭记》，通过写景来抒情，生动形象地描绘出了小石潭的奇景，不一定是美景、奇景值得一观，但不可久居，反映了他“永贞革新”失败后的矛盾心态。[⑤]这种说法给人以“柳暗花明又一村”之感，结合当时的社会环境，柳宗元仍想为朝廷效力的想法也不无道理。

### （五）心忧天下的士大夫情怀

徐茹丹认为大多数人理解的柳宗元的忧愤仅仅是因为仕途上的失意，是一种“以己悲”的情感，甚至给学生造成柳宗元只是一个为了一己荣辱而患得患失之徒的错觉。柳宗元一生有两项重大活动：“一是参与永贞革新，二是领导古文运动。这两者都与他复兴儒学、佐世致用的思想有关。”他对待人生的态度是积极的，即使在政治事业、个人人生遭受沉重打击的情况下，也并没有动摇自己的政治理想。他在写给周君策的信中就明确宣

① 尚永亮. 柳宗元诗文选评[M]. 上海：上海古籍出版社，2003：97.

② 孙绍振. 可欣赏而不可久居——《小石潭记》的诗意境界和散文现实的矛盾[J]. 语文建设，2007(9)：44—45.

③ 康震. 康震评说唐宋八大家•柳宗元[M]. 北京：中华书局，2010：118.

④ 蒋寅. 中国古代文学通论•隋唐五代卷[M]. 沈阳：辽宁人民文学出版社，2005：163.

⑤ 李波. 出世入世的苦恼——从柳宗元的《小石潭记》看被贬谪后的矛盾心态[J]. 剑南文学，2013(3)：129.

称，“虽万受摈弃，不更乎其内”。当政敌继续向他进攻的时候，他只准备“蹈前烈而不颇”。贬谪永州的十年，他更接近下层人民，对社会的黑暗、人民的痛苦，有了比较深刻的了解。纵观柳宗元一生，可以看出他也是和范仲淹、欧阳修一样的中国传统“以天下为己任”的士大夫式的人。①

对本文主题的理解须依据古代游记散文体式特征及文本解读理论，紧扣文言文的章法考究处、炼字炼句处，即作者言志载道的关节点、精髓处，“文道统一”之处，筛选出第一种、第二种、第五种观点，这些说法比较符合依据文体解读文本的标准。

### 三、《小石潭记》的艺术特色

作为一篇典型的山水游记，《小石潭记》的写作特色体现在严谨有序的结构和细致多样的描写手法两个方面。其中描写手法主要体现在动静结合、虚实相生和侧面烘托三个方面。另外，本文在修辞上运用了比喻和拟人等修辞手法，在语言表达上也非常有特色，如描写潭中鱼的游动姿态“空游”“俶尔远逝，往来翕忽”。

除了以上常规视角，还有一些研究者从其他视角解读《小石潭记》。例如马伟平老师从“关注整体语境，审视具体语言与语篇结构的内在关系”来鉴赏《小石潭记》，认为开展深入、有效的语言品味活动，应该以关注“整体语境”为基础，关注行文思路，切中文脉主旨，这样的语言品味才有方向和旨归，才能贴近文本，引发共鸣，从而提升其有效性。②又如，熊晖、黄明从辩证的角度，围绕“动静法，乐哀法，物我法”三组辩证关系进行赏析《小石潭记》。③

## 第二部分　案例设计综述

每一部作品都有自己的立意和解读，而作品一旦编入教材，成为教学文本，就有了教学解读。教学文本的解读就不能简单地只从作品本身出发，还必须关注教学的角度。

教师要想教好文言文，就必须了解文体特征，明了作家风格与创作背景，深入研读文本，理解文本内容主旨，挖掘语言表达特点，从而准确把握“这一篇”的特质，切准“这一篇”文言文核心教学价值，据此实施有效的教学策略，教好“这一篇”。

### 一、《小石潭记》的课例综述

《小石潭记》被选入多个版本的教材。各版本教材对《小石潭记》的定位对此文的教

① 徐茹丹.一己之悲？心忧天下？——探讨《小石潭记》中柳宗元的情怀[J].课外语文，2015(5)：189.

② 马伟平.关注整体语境　深化语言品味——以《小石潭记》为例[J].语文教学通讯，2014(4)：58—59.

③ 熊晖，黄明.夹缝中的美——柳宗元《小石潭记》辩证美赏析[J].陕西教育，1996(8)：39.

学产生重要影响。对于这样一篇文质兼美,意蕴深刻的古代游记散文,不同的老师所设定的教学点、选取的教学内容都不太一样。笔者收集了从2002年到2018年公开发表的有代表性的27个教学设计或教学案例,并选取其中9篇典型课例,对课例中选取的教学内容进行梳理,推论出教师们确定的教学点。

## (一)教学点及教学内容分析

表1 9篇课例教学点选择统计表

| 执教老师及课例 | 教学内容 | 教学点 |
|---|---|---|
| 孙衍明[《〈小石潭记〉(第二课时)教学设计》,2014] | (1)分析体现小石潭"小"的句子"下见小潭""全石以为底""潭中鱼可百许头,皆若空游无所依""潭西南而望,斗折蛇行,明灭可见""坐潭上,四面竹树环合,寂寥无人,凄神寒骨,悄怆幽邃",体会文章的精巧构思。<br>(2)结合第一、二段分析作者"乐"的理由;朗读第四段,分析产生悲凉情感的原因;结合第三段内容,体会作者内心从"乐"到"悲"过渡转变的铺垫作用。<br>(3)分析文章结尾的特殊作用。<br>(4)横向比较《始得西山宴游记》、《钴鉧潭西小丘记》和《小石城山记》(同属《永州八记》)三篇文章的重点语段,体会作者情感。 | (1)心乐之。<br>(2)似与游者相乐。<br>(3)寂寥无人,凄神寒骨,悄怆幽邃。<br>(4)同游者……隶而从者,崔氏二小生,曰恕己,曰奉壹。 |
| 湛守英(《〈小石潭记〉背读教学设计》,2009) | (1)通过多次诵读来厘清游览顺序。<br>(2)品读第二段"潭中鱼可百许头",想象画面。<br>(3)联系小石潭环境描写深悟作者心境,体悟寓景于情,情景交融的写法。 | (1)潭中鱼可百许头……似与游者相乐。 |
| 陶静娟(《〈小石潭记〉教学设计》,2006) | (1)理解重点字词含义。<br>(2)围绕"石""潭"两字,了解作者所描写的小石潭周围的环境景物,理解作者借美好风物寄寓自己怨愤抑郁的心情,体会写景抒情的写作方法。<br>(3)背诵课文。 | (1)全石以为底。<br>(2)闻水声,如鸣佩环,心乐之。<br>(3)卷石底以出,为坻,为屿,为嵁,为岩。<br>(4)其岸势犬牙差互,不可知其源。<br>(5)斗折蛇行,明灭可见。<br>(6)凄神寒骨,悄怆幽邃。 |

续表

| 执教老师及课例 | 教学内容 | 教学点 |
| --- | --- | --- |
| 许苗,何冬英(《〈小石潭记〉教学设计》,2009) | (1)疏通文意,解释字词,翻译重点句。<br>(2)找出文中表明游踪变化的句子并细读,品味作者描写小石潭之美的写景句子,并感悟情怀。<br>(3)角色表演,劝慰柳宗元直面挫折。 | (1)青树翠蔓,蒙络摇缀,参差披拂。<br>(2)潭西南而望,斗折蛇行,明灭可见。<br>(3)心乐之。<br>(4)似与游者相乐。<br>(5)寂寥无人,凄神寒骨,悄怆幽邃。 |
| 杨澜(《文言文教学中的“言”与“文”——以〈小石潭记〉的教学为例试谈文言文教学内容的选择》,2008) | (1)疏通文意,听录音。<br>(2)找出描写景物水、石、树、鱼、溪、竹的句子。<br>(3)抓住“望”字去体会作者当时的情感变化。<br>(4)链接柳宗元被贬永州的背景资料,引入《江雪》,让学生感受作者被贬后的孤寂之情。<br>(5)将欧阳修“醉翁之意不在酒,在乎山水之间”、李白“相看两不厌,只有敬亭山”的山水之乐与柳宗元的情感世界进行互文对读,得出“柳宗元——连山水也走不进他的内心”的结论。 | (1)水尤清冽。<br>(2)卷石底以出,为坻,为屿,为嵁,为岩。<br>(3)潭中鱼可百许头……似与游者相乐。<br>(4)潭西南而望,斗折蛇行,明灭可见。<br>(5)坐潭上,四面竹树环合,寂寥无人,凄神寒骨,悄怆幽邃。 |
| 余映潮(《〈小石潭记〉说课》,2007) | (1)读准字音,读准词义。<br>(2)积累四字美词,例如“如鸣佩环、水尤清冽、青树翠蔓”等。<br>(3)梳理游览顺序,找出文中景物特征。<br>(4)扣文题,分别从“小”的角度、“石”的角度、“潭”的角度、“记”的角度赏析文章美点。<br>(5)运用20个以“清”字领起的近义词,引导学生品读课文内容和写作技巧。 | (1)卷石底以出,为坻,为屿,为嵁,为岩。<br>(2)下见小潭,水尤清冽。<br>(3)闻水声,如鸣佩环。<br>(4)潭中鱼可百许头……似与游者相乐。<br>(5)全石以为底。<br>(6)青树翠蔓,蒙络摇缀,参差披拂。<br>(7)潭西南而望,斗折蛇行,明灭可见。<br>(8)坐潭上,四面竹树环合,寂寥无人,凄神寒骨,悄怆幽邃。 |

续表

| 执教老师及课例 | 教学内容 | 教学点 |
| --- | --- | --- |
| 任锐(《〈小石潭记〉教学实录》,2017) | (1)背诵课文,检测字词,整体感知前三段景物描写。<br>(2)细读描写树、水、石、鱼、溪的句子,读写结合,学会抓景物特征加以细致描摹的写作方法,提高鉴赏能力。<br>(3)抓关键句“以其境过清”“寂寥无人,凄神寒骨,悄怆幽邃”理解作者借景所寄寓的心情。<br>(4)引入《始得西山宴游记》《柳侯祠》材料,体会理想与现实的矛盾及作者的情怀。 | (1)青树翠蔓,蒙络摇缀,参差披拂。<br>(2)全石以为底……为坻,为屿,为嵁,为岩。<br>(3)潭中鱼可百许头……似与游者相乐。<br>(4)以其境过清,不可久居。<br>(5)寂寥无人,凄神寒骨,悄怆幽邃。 |
| 李美兰(《架设阅读与写作的桥梁——以〈小石潭记〉教学为例》,2017) | (1)从游踪顺序和定点观景体会写景有序有层次。<br>(2)从描写景物特征体会写景要抓住景物特征,倾注作者的情感,景物随着情感的变化而变化。 | (1)青树翠蔓,蒙络摇缀,参差披拂。<br>(2)卷石底以出,为坻,为屿,为嵁,为岩。<br>(3)潭中鱼可百许头……似与游者相乐。<br>(4)潭西南而望,斗折蛇行,明灭可见。<br>(5)坐潭上,四面竹树环合,寂寥无人,凄神寒骨,悄怆幽邃。 |
| 崔炳光(《打开文言文学习的一扇窗——〈小石潭记〉教学谈》,2017) | (1)导入作者资料,明确游记文体。<br>(2)话说游记,了解特点。<br>(3)圈画体现游踪变化的词句,依次描写景物,找出体现情感变化的句子,填写游踪表格;引导学生复述游览过程,引出游记散文“移步换景”的写作手法。<br>(4)抓住“心乐之”“悄怆幽邃”一乐一忧的行文矛盾,品景悟情。<br>(5)总结游记特点,激趣荐读《永州八记》。 | (1)心乐之。<br>(2)寂寥无人,凄神寒骨,悄怆幽邃。 |

从上述9篇课例中选择的教学点来看,共有两种倾向:一种情况是针对这篇文言文,几乎每一个句子都是关键句,力求面面俱到,教学内容也是松散零碎的,以余映潮老师的课例为代表;第二种情况是选择课文中最为关键的两三个句子,联系全文展开充分的学习活动,教学内容相对集中,以崔炳光、孙衍明老师的课例为代表。对一篇课文而言,关键句应该是若干句,这些关键句应该是由文本的体式特征限定的有限的几句,因此第一

种倾向是有问题的，由于没有抓住文本的关键处，在教学中就会面面俱到，难以突出教学的重点和难点；第二种倾向显然是正确的。王荣生教授认为："不同班级的同一门语文课，不同教师所教的同一篇课文，其教学内容也应该会有较高的趋同性。"[①]因此，针对《小石潭记》一文，哪些句子是这篇课文的关键句，哪些句子可以作为教学点，则是需要进一步讨论的。

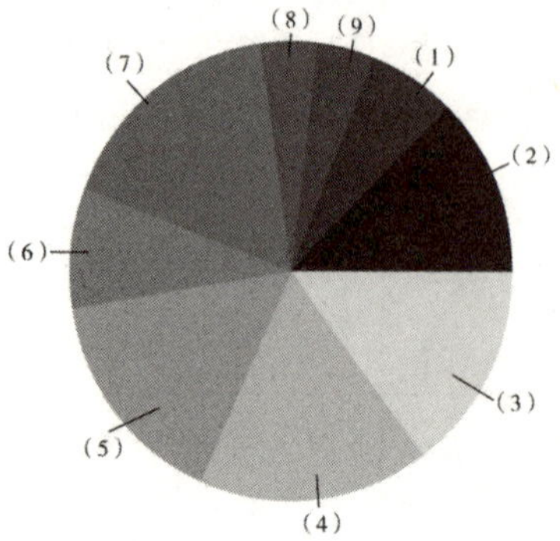


(1)水尤清冽。
(2)全石以为底，近岸，卷石底以出，为坻，为屿，为嵁，为岩。
(3)青树翠蔓，蒙络摇缀，参差披拂。
(4)潭中鱼可百许头……似与游者相乐。
(5)潭西南而望，斗折蛇行，明灭可见。其岸势犬牙差互，不可知其源。
(6)心乐之。
(7)寂寥无人，凄神寒骨，悄怆幽邃。
(8)以其境过清，不可久居。
(9)同游者……隶而从者，崔氏二小生，曰恕己，曰奉壹。

图1　9篇课例教学点选择分析图

如表1所示，9篇课例选择的教学点有很大的差异，其中选择最多的教学点有8次，所占比例为89%；最少的有1次，所占比例为11%。其中，出现了8次的句子有一句："寂寥无人，凄神寒骨，悄怆幽邃。"这句话是作者心境的强烈抒发，是点明题旨的关键句。依据"寂寥无人"推断石潭在作者一行到来之前是没有游人与行人的，凸显石潭地处荒僻，加之"四面竹树环合"，因而被人们忽视忽略，作者把周围环境和个人遭际命运结合起来，点明了孤寂、凄凉、哀怨的心境。出现了5次的句子有两句，分别是：(1)"全石以为底，近岸，卷石底以出，为坻，为屿，为嵁，为岩。"(2)"潭中鱼可百许头，皆若空游无所依，日光下澈，影布石上。佁然不动，俶尔远逝，往来翕忽，似与游者相乐。"这两句都是对小石潭景物的描写，后一处被后人评价描写得最为精彩，它准确写出了潭水的澄澈透明和游鱼的生动传神，这自由自在、无忧无虑的鱼是物与我融而为一，是作者从自然界得到的充分的慰藉，是全文"炼字炼句"的地方。遗憾的是少有执教者从文学的层面鉴赏语言。综观上述九则课例，我们看到了执教者们在文言文教学上所做出的努力与探索，紧扣文言文"一体四面"的特点，我们还需从文学的层面来敲打炼字炼句处，教给学生鉴赏语言的方法。

## （二）教学活动设计分析

找到了这篇文章的教学点，确定了教学内容，还要围绕它设计相关的学生学习活动。9则典型课例中有多处亮点值得借鉴。

① 王荣生．语文教学内容的确定性及其面临的问题[J]．语文学习，2009(9)：6—7.

表2 典型课例活动设计分析表

| 教学内容 | 活动设计 | 组织实施 | 执教老师及课例 |
| --- | --- | --- | --- |
| 诵读课文 | 创读——体验感受。<br>1. 围绕“树、水、石、鱼、溪”找出相关语句朗读，说说为什么这样读（感情、语速、重音等）。<br>2. 假设你跟随柳宗元同游了小石潭，请你用生动的语言写出你当时的见闻和感受。要求：合理运用联想想象，至少用一种修辞手法。<br>描述提示：总写景物特征+具体描写+抒发感受；展开联想想象；运用修辞。 | 1. 以小组开展活动，屏显学习要求，生齐读要求。<br>2. 师以“树”为例示范，请生评价范例，并指出评价要求。<br>3. 师出示描述提示。<br>4. 生按小组展示、评价。 | 任锐（《〈小石潭记〉教学实录》，2017） |
| | 增删“为”字，对比体验。<br>1. 找出写石的句子“为坻，为屿，为嵁，为岩”。<br>2. 删减“为”字，比较感悟，引导学生领会四个“为”字读起来让人好像看到一块块千姿百态的石头立在潭间，有种目不暇接、惊喜连连的感觉。 | 1. 生找出写石的句子。<br>2. 师删减“为”字，生比较感悟诵读。<br>3. 生评价，师总结。 | 崔炳光（《打开文言文学习的一扇窗——〈小石潭记〉教学谈》，2017） |
| | 美读，并用一字概括小石潭美在何处。<br>1. 认真听读，在背景音乐中闭上眼睛听朗读，感受小石潭之美。<br>2. 抓景物特征，结合内容及你的想象，具体谈谈它美在何处，并朗读。 | 1. 师组织生听读。<br>2. 师以“小石潭美在潭水空明澄澈——清”示范，并朗读。<br>3. 生展示“石——怪”“树——葱”“鱼——乐”“潭身——遥”“潭岸——峭”“潭周——幽”，并读出感受。 | 许苗，何冬英（《〈小石潭记〉教学设计》，2009） |
| 厘清游踪 | 如果你是导演，请用自己的话根据游览图向游客介绍本次游览的安排。 | 1. 生据文补充游览图。<br>2. 生化身导演根据游览图介绍本次游览安排。 | 许苗，何冬英（《〈小石潭记〉教学设计》，2009） |

续表

| 教学内容 | 活动设计 | 组织实施 | 执教老师及课例 |
|---|---|---|---|
| | 绘制表格，厘清游踪。<br>1. 圈画体现游踪变化的词句，依次描写景物，找出体现情感变化的句子，填写游踪表格。<br>2. 引导学生复述游览过程，引出游记散文“移步换景”写作手法。 | 1. 师示范游踪（地点）“从小丘西行”，相对应的景物“水”，心情是“心乐之”。<br>2. 生补充、评价。 | 崔炳光（《打开文言文学习的一扇窗——〈小石潭记〉教学谈》，2017） |
| 体悟情感 | 1. 抓关键句“以其境过清”“寂寥无人，凄神寒骨，悄怆幽邃”理解作者借景所寄寓的心情。<br>2. 引入《江雪》《始得西山宴游记》《柳侯祠》材料，体会理想与现实的矛盾及作者情怀。 | 1. 师对比王维“独坐幽篁里”、李白“只有敬亭山”，提问作者匆匆离开的原因。要求用原文作答。<br>2. 生指出“以其境过清”“寂寥无人，凄神寒骨，悄怆幽邃”。<br>3. 师引出《江雪》，引导生领悟“孤”“独”二字心境。<br>4. 师出示《始得西山宴游记》《柳侯祠》材料，生概括并体会作者情怀。 | 任锐（《〈小石潭记〉教学实录》，2017） |
| | 1. 分析文章结尾的特殊作用。<br>2. 横向比较《始得西山宴游记》、《钴鉧潭西小丘记》和《小石城山记》（同属《永州八记》）三篇文章重点语段，体会作者情感。 | 1. 师补充结尾同游者五个人物的介绍，引导生体会五人均是作者至亲至近之人，感受作者内心孤独悲凉之感。<br>2. 课前下发材料，师重点选择三段内容，生结合写作背景深层次理解分析这三段文字中的作者情感。<br>3. 师引导生在分段理解的基础上，再比较归纳三篇文章共有的情感。 | 孙衍明[《〈小石潭记〉（第二课时）教学设计》，2014] |

# 第三部分　教学建议

## 一、依循文本体式选择教学点

首先，《小石潭记》是一篇文言文，具有一体四面的特点，即"文言"，"文章"与"文学"的统一，以及"文化"的多层面体现。文言文阅读教学的着力点，是引导和帮助学生通过"章法考究处，炼字炼句处"具体地把握作者的"所言志，所载道"。[①]《小石潭记》是一篇古代游记散文，作者以游踪为明线，情感的变化为暗线，"心乐之""悄怆幽邃"就是本文的"章法考究处，炼字炼句处"，这一乐一忧的行文矛盾就是理解和感受本文的关键点、切入点，也是教学这篇文言文的有力抓手。

其次，细读文本，仔细琢磨，根据作者游览小石潭时心情的变化，分三个层次细读：一是细读"心乐之"；二是细读"似与游者相乐"；三是细读"寂寥无人，凄神寒骨，悄怆幽邃"。结合柳宗元当时的处境和心境，理解先乐后忧的心情变化，感受"悄怆幽邃"在文中的深层意蕴。当然，要深入理解必先抓文中融情于景的句子，找出不同情感相对应的景色描绘。

再次，从文学表达的角度来看，小石潭景物描写的语言表达十分精妙，其中最具代表性的句子是"潭中鱼可百许头，皆若空游无所依，日光下澈，影布石上。佁然不动，俶尔远逝，往来翕忽，似与游者相乐"。景物描写蕴含的情感与前文的"心乐之"和后文的"悄怆幽邃"构成作者情感的起伏变化，感受作者短暂愉悦心境下对游鱼的关注这一生动传神的描写的文学意味，并能品味这一处"文学的情致"，揣摩其丰富内涵，感受语言魅力。

## 二、依据教学点确定教学内容

细读课文，首先，从文言的层面要能正确朗读，读通读顺课文，即读准停顿，处理好语速、语调、轻重音，理解文言字词意思，掌握特殊文言现象，例如"犬牙差互"等名词作状语的特殊用法。诵读是文言文教学的关键。"言"是读懂文言文的基础，不可或缺。文言文教学应由文言知识这个语言基础的层面上升到语言所承载的内容，感受领悟古文中的思想和艺术的魅力。其次，从文章的层面找到文中的关键句"寂寥无人，凄神寒骨，悄怆幽邃"，感受作者内心从"乐"到"忧"的过渡转变。当然结合文言文一体四面的特点，还需从文学的层面品读潭中鱼"皆若空游无所依"的丰富意蕴，感受这传神之笔。

再者，文言文多层面地体现着中国的传统文化。学习文言文最终的落脚点是文化的传承与反思。义务教育语文课程标准明确指出"学习中国古代优秀作品，体会其中蕴含的中华民族精神，为形成一定的传统文化底蕴奠定了基础。学习从历史发展的角度理解

① 王荣生．文言文教学教什么[M]．上海：华东师范大学出版社，2014：9.

古代作品的内容价值,从中汲取民族智慧”。引导学生品味课文不能仅仅探寻到语言及情感层面就浅尝辄止了,更不能把对山水中所寄寓的作者情怀的探寻过程简化压缩成一个简单的结论。《小石潭记》作为古代经典山水游记,蕴含着中国传统文化中文人名士的山水情怀。也许这种情怀已经变成遥远的绝响,但我们仍然需触摸涵泳文化的温度与厚度。

紧扣文言文“一体四面”和游记散文笔法的体式特点,《小石潭记》作为一篇文言文,它一体四面相辅相成的特点如图2所示。

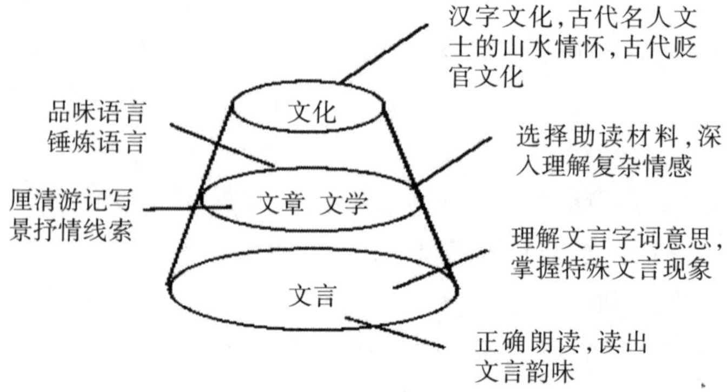


图2 《小石潭记》中文言的“一体四面”

总而言之,《小石潭记》的教学内容可以确定为:①文言知识和诵读的方法,厘清写景和抒情线索,引入移步换景知识;②品读第二段“潭中鱼可百许头”词、句的精准及其表达作用,体会情景交融的表达艺术和锤炼语言的表达功力;③找到文中的关键句“寂寥无人,凄神寒骨,悄怆幽邃”,感受作者内心从“乐”到“忧”的过渡转变,选择丰富的与课文相关的助读材料,教会学生运用知人论世、互文解读、文本细读的方法彻底、透彻、深入地领会文章。

## 三、立足学情设计教学活动

教师结合教学内容从学习者的视角,搭建丰富的学习支架,开展教学活动。如教学内容①“文言知识和诵读的方法,厘清写景和抒情线索,引入移步换景知识”所对应的教学活动有两个,即“朗读课文”“完成学习单,落实读音,解释语义、停顿”,通过教学活动设计实现目标与内容的达成。这一教学活动设计图,既包含了教学点和教学内容,又包含了教学活动和步骤。教学内容之间是有着内在逻辑关系的,每个内容的达成又依赖于教学活动的实施。由此一来,在该支架的引导下,语文教学活动成为有的放矢的过程,通过层层深入的朗读、交流、讨论等活动,逐一实现本篇的教学内容,为教师的有效教学提供了技术保障。①

① 赵晓霞,王荣生.阅读教学备课路径探析:从文本中来,到学生中去[J].课程·教材·教法,2018(2):85—89.

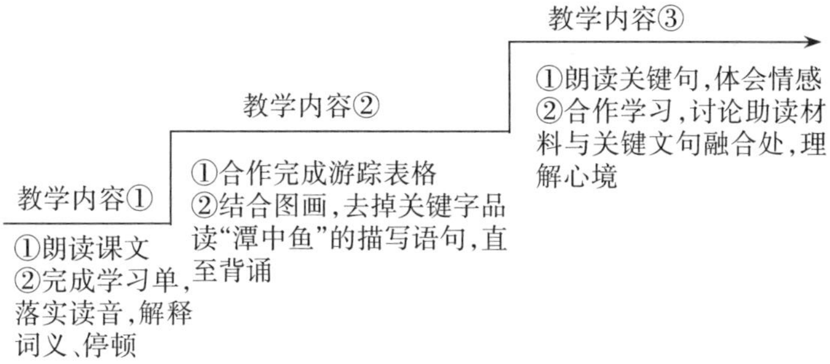


图3 《小石潭记》教学活动设计

# 第四部分　参考案例[①]

## 教学目标

1.借助课本注释与词典，扫清字词障碍；通过反复诵读，联系上下文理解文言字词含义，实现准确翻译。

2.厘清游踪脉络，明确写景与抒情的线索，借助助读材料，感受作者内心从“乐”到“悲”的过渡转变，探究作者“忧”的独特情怀。

3.品读小石潭的景物描写和“游”字等炼字炼句的艺术。

## 教学流程

### 一、觅芳踪，感“乐”“悲”意脉流动

1.读文言之韵。

(1)读准字音，入文“言”肌理。

(2)读准停顿，入文“言”之味。

(3)读懂字义，沿“言”溯文意。

教学意图：对于课下注释有的、学生已理解的遵循“放过”原则；文言字词的特殊用法，例如名词用作状语类的就要反复作业强化，不单课堂检测，课后作业还要强化；词性活用的或者使用引申义的要“突出”，例如“蒙”需联系“青树翠蔓”语境来推测其引申为“掩映”；章法考究处、炼字炼句处及需要具体感受的语句中的词语，如“凄”“寒”要“深入”，可绘制词义发展网络图，追溯汉字文化，联系作者人生经历进而体悟作者文字背后所传达的深刻意蕴。

① 伍琳．一体四面，无名小潭绽芳华——《小石潭记》课例研究[J]．江西教育，2018(8)：18—23.

表3　文言文字词句的教学处理原则①

| 字词句 | 处理原则 | 教学方法 |
|---|---|---|
| 1.古今一致，古今词义直接对应<br>2.生僻的难字难句 | 放过 | 1.不管<br>2.学生参阅注释 |
| 古今“同中有异”的“常用字词” | 突出 | 运用讲述，提问，组织讨论，探究等多种教学方法 |
| 1.章法考究处、炼字炼句处<br>2.需要具体感受的语句 | 深入 | 讲述，学生查字典，绘制词义发展网络图等 |
| 考试中常出现的“考点” | 分离 | 反复作业练习，利用黑板、墙报等强化记忆 |

2.观独特之景。

（1）请学生依据游踪设计表格或几何图形。

要求：请学生圈画标注出作者游踪变化的语句、作者依次描绘出哪些景物，填写图表。

表4　《小石潭记》游踪变化表

| 游踪（地点） | 景色 | 心情 |
|---|---|---|
| 从小丘西行 | 篁竹、水声 | 心乐之 |
| 下见小潭 | 水、石、青树翠蔓 | |
| 潭中 | 鱼 | 似与游者相乐 |
| 潭西南而望 | 溪 | |
| 坐潭上 | 竹树环合 | 悄怆幽邃 |
| 记之而去 | | |

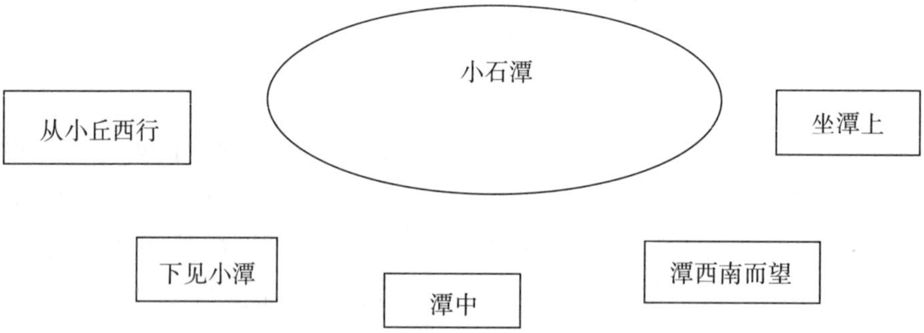


图4　《小石潭记》游踪变化图

① 王荣生.文言文教学教什么[M].上海：华东师范大学出版社，2014：9.

(2)读中品景,图文并茂互生辉。

图5 潭中鱼配图

教学意图:本节课授课对象为八年级学生,文言文过长、内容艰涩很容易让教学陷入教与学分离,学生与文本产生隔膜的尴尬境地,变换多种形式的诵读既融入了文言文知识,也在此基础上给出合理长远的学习建议,涵养文言阅读素养,涵泳传统文化底蕴。

## 二、品寂寥,深究"忧"之心境

1.景情融融悟心境。

(1)游记除了写景,还有抒情。请学生找出直接抒情的句子,读一读。

(2)"寂寥无人,凄神寒骨,悄怆幽邃。"请学生说出"凄"与"寒"的文言特殊用法。

(3)请学生用一个字概括这句话表达的意思。(凄、幽、清、悲,各尽其妙,均表达了学生阅读后的独特体验。)

2.补充阅读,深入心境。

(1)补充助读材料,请学生找出该材料链接课文中的哪一处。

(2)请学生学会运用知人论世、互文解读、文本细读的方法深入理解作者由"乐"到"忧"的情感变化。

(3)学生细读、批注、交流、分享。

师指出本文有表达乐的地方,有表达忧的地方,后人对其表达的思想情感有三种观点:有人认为是因忧寻乐,乐尽忧来;有人认为是失意被贬,备受打击而精神苦闷;有人认为是不能忘情于现实,乃至产生现实与理想的矛盾。那么本文究竟抒发了作者的什么感情?借助助读材料,深味作者心境。要求:全班分成三个小组,每组探讨学案中的一个问题。

材料一:

对于孤傲高洁的柳宗元来说,被贬的挫折感以及由此而来的生存屈辱感始终让他难以释怀,他不知道除了山水之外还有什么可以慰藉自己的身心。他从山水中获得的慰藉不足以抵挡外界的是非口舌,不足以让他相信命运会柳暗花明。

——马志英《柳寒欧温:〈小石潭记〉与〈醉翁亭记〉比较阅读》

链接：庭下如积水空明，水中藻荇交横，盖竹柏影也。

——苏轼《记承天寺夜游》

链接原文：

（明确：潭中鱼可百许头，皆若空游无所依，日光下澈，影布石上。佁然不动，俶尔远逝，往来翕忽，似与游者相乐。）

问题一：这段描写表达了作者对什么理想生活的追求？在现实生活中能实现吗？

材料二：

举头望明月，低头思故乡。

——李白《静夜思》

望西都，意踌躇（chóu chú）。伤心秦汉经行处，宫阙万间都做了土。（遥望古都长安，陷于思索之中。从秦汉宫遗址经过，引发无限伤感，万间宫殿早已化作了尘土。）

——张养浩《山坡羊·潼关怀古》

公元805年，柳宗元加入了主张革新的王叔文集团，任礼部员外郎，为革新派主要成员之一，这次革新仅持续了100多天，即遭宦官和旧官僚的联合反对而惨败。王叔文被杀，柳宗元等革新派人士都随即被贬。柳宗元先后被贬至邵州、永州、柳州，最后死于柳州。

链接原文：

（明确：潭西南而望，斗折蛇行，明灭可见。其岸势犬牙差互，不可知其源。）

问题二：作者“潭西南而望”，所“望”之景有什么特点？他想到了什么？依据是什么？

材料三：

柳宗元给朋友的信中曾经写道：“时到幽树好石，暂得一笑，已复不乐。”

——柳宗元《与李翰林建书》

自余为僇（lù）人，居是州，恒惴（zhuì）栗（lì）。（自从我成为被贬受辱的人，居住在永州，常忧惧不安。）

——柳宗元《始得西山宴游记》

既窜斥，地又荒疠（疠，lì，即疠气，又称疫疠之气、毒气、戾气或杂气），因自放山泽间，其堙（yīn）厄感郁，一寓诸文，仿《离骚》数十篇，读者咸悲恻。（柳宗元遭贬逐，在南蛮瘴疠的地方，身处崎岖阻塞的环境，内怀骚人抑郁的情怀，所以抒情叙事，只要一动笔就一定行走文章。作骚体文章十多篇，阅览的人都为之感动凄恻哀婉。）

——张悦欢《两唐书〈柳宗元传〉载文差异之文史辨析》

链接原文：

（明确：心乐之。似与游者相乐。寂寥无人，凄神寒骨，悄怆幽邃。）

问题三：你认为本文表达的到底是乐还是忧？为什么？

学生分组讨论，分享成果。

学生点评，师继而总结“王国维说：‘文学中有二元质焉：曰景，曰情。’对于快乐的人来说‘山光悦鸟性，潭影空人心’，而对于不快乐的人来说‘以我观物，故物皆着我之色彩’，只是借着看山水排遣愁怀。”引入情景交融艺术手法，三次引导学生读“寂寥无人，凄神寒骨，悄怆幽邃”。此句渐变三次，字体越来越大，凸显作者此刻心境的悲凉。

(4)以写促读，根据课文的情境，就柳宗元“坐潭上”的心境，请你续写一段文字，写一写他此刻在想些什么，并探究体悟“忧”的深层意蕴。

教学意图：长期以来，中小学语文教师受教学参考书的影响和教学课时的限制，像《小石潭记》这一类单篇经典古文课文的阅读教学往往局限于孤零零的单篇课文解读，比如理解内容和主题、品味有限的几个关键句，或者引入简单粗糙的“知人论世”作者简介及经历介绍，很难达到让学生彻底、透彻、深入地领会课文内容，涵养学生文学、文化素养的课程目标。因而需选择丰富的与课文相关的助读材料，教学生运用知人论世、互文解读、文本细读的方法彻底、透彻、深入地领会文章。在选择助读材料时要注意精析评论文章，摘取出能指向课文精髓的内容进行细读，引用时要注意标注出处，做到严谨。

## 三、细鉴赏，炼“游”之逍遥境

1.鉴赏“游”字。

(1)朗读第2段写景的句子，思考如果选择这一段中一个重要的字来概括鱼的特点，你会选择哪个字，请说出理由。

潭中鱼可百许头，皆若空游无所依，日光下澈，影布石上。佁然不动，俶尔远逝，往来翕忽，似与游者相乐。

学生找出的词语：空、似、依、乐、游。

(2)比较分析，说说课文选用“游”字的妙处。

鱼儿是怎么游的？是“空”游，是“无所依”的游，是“日光下澈”的游，是“佁然不动”的游，是“俶尔远逝”的游，是“往来翕忽”的游。“游”字淋漓尽致地展现了鱼儿在如此空灵澄澈的水中自由自在地畅游，在它的理想世界里逍遥游。委婉道出作者内心的纯净以及作者对美好理想境界的追求。

2.学会用评论的句式鉴赏关键词句。

名家鉴赏示例：

柳宗元不从正面，而是从侧面来突出水的清澈。正面写的是日光：日光照下来，鱼的影子落在石头上。这一句写得更加有智慧，水清澈透明，得到更加独特的表现：日光照到水里，没有变暗，可见水之清澈；这还不算，石头上居然出现了鱼的影子，影子之黑，正是日光之强、水之清澈的效果。吴均和郦道元的文章，都以鱼的可视来反衬水的清澈，柳宗元则进一步用鱼的影子，用黑来反衬水的清澈，艺术感觉上的反差效果更为强烈。

——孙绍振《可欣赏而不可久居——〈小石潭记〉的诗意境界和散文现实的矛盾》

提示：除了侧面描写外，还可以从用词特点、句式特点、动静结合、以动衬静、引发联想等角度鉴赏。

教学意图：综观当前的课堂，大多数只教到了文章层面，文学层面没有涉及。紧扣文言文“一体四面”的特点，我们还需从文学的层面来敲打炼字炼句处，教给学生鉴赏语言的方法。如何鉴赏？还需从锤炼语言入手，字斟句酌，从文本的炼字炼句处读出文化意味来。这样，就能平中见奇，常中见险，陈中见新，朴中见色，读出文章的生命来。

## 四、品文化，悟“忧”之士大夫情怀

出示学习任务群——研究中国古代贬官文化。

研究目的：古代被贬文人，具有独特的表达情感的方式。他们寄情山水，以文显情，既排遣了心中忧愤，也成就了自己的文学大业，更为中国文学增添绚烂的光彩。拓宽视野，回忆学过的作品，适当补充课外篇目，引导学生探究古代被贬文人思想、情感表达的方式，从而让学生认识到写作是排遣忧愁、抒发情志的重要工具，也认识到艰难困苦、玉汝于成的道理。

阅读作品：柳宗元被贬永州，《永州八记》；苏轼被贬黄州，《念奴娇·赤壁怀古》《赤壁赋》《记承天寺夜游》；白居易被贬江州，《琵琶行》；欧阳修被贬滁州，《醉翁亭记》。

## 五、作业布置

横向比较《始得西山宴游记》、《钴鉧潭西小丘记》和《小石城山记》（同属《永州八记》）三篇文章的重点语段，深入体会作者情感。

**板书设计**

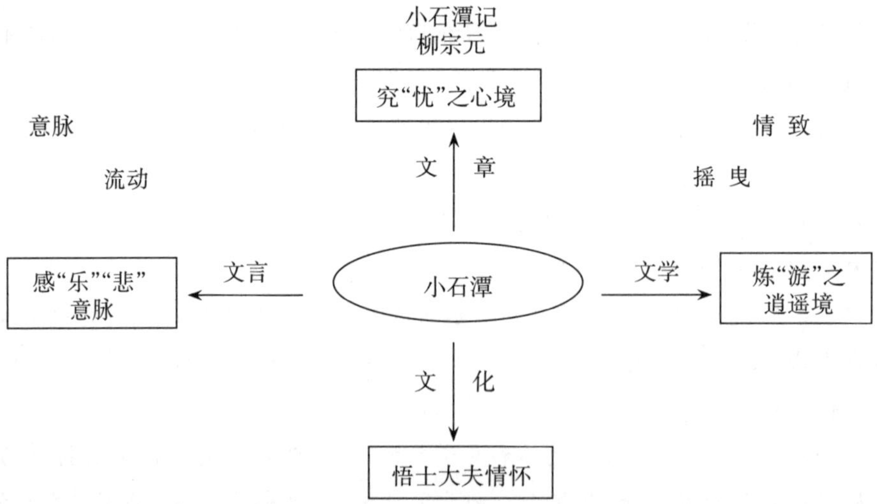

# 味回环往复之美，赏君子淑女之雅

## ——《关雎》教学知识(PCK)的择定与建构

深圳市宝安中学(集团)　王　姝

## 第一部分　文本解读综述

《关雎》作为《诗经》的首篇是我国爱情诗的“开山之作”，千百年来《关雎》的研究者众多，对它的阐释达到百家争鸣的局面。无论是主旨的丰富性，还是艺术的审美性，《关雎》皆有丰厚的教学价值。但是在实际教学中把它简单归为“爱情诗”来理解几乎已成定式，未能将众多学者的最新研究成果运用于教学中。

### 一、《关雎》的主题研究

#### (一)传统诗教观——后妃之德说

古往今来，对于《关雎》主旨的解读众说纷纭，清代之前以“后妃之德说”为主：

孔子评价：“《关雎》，乐而不淫，哀而不伤。”①

汉《毛诗序》：“《关雎》，后妃之德也，风之始也，所以风天下而正夫妇也。”②

唐孔颖达《毛诗正义》：“《关雎》之篇，说后妃心之所系，乐得此贤善之女，以配己之君子。”③

宋朱熹《诗集传》：“周之文王生有圣德，又得圣女姒氏以为之配。”④

清方玉润《诗经原始》：“此诗盖周邑之咏初昏者，故以为房中乐，用之乡人，用之邦国，而无不宜焉。”⑤⑥

综上所述，孔子评价此诗轻快又不放纵，哀伤却有节制，尚属于诗歌的本义。但从汉

① [宋]朱熹．四书章句集注(上)[M]．上海：上海古籍出版社，2006：83.

② 郭绍虞．中国历代文论选(第1册)[M]．上海：上海古籍出版社，2001：63.

③ [唐]孔颖达．毛诗正义[M]．北京：中华书局，1980：36.

④ [宋]朱熹．诗集传[M]．上海：上海古籍出版社，1980：1.

⑤ [清]方玉润．诗经原始(上册)[M]．北京：中华书局，1986：71.

⑥ 张艳丽．近百年来《周南·关雎》研究[D]．天津师范大学 2013：8.

代《毛诗序》开始,把淑女之德附会为后妃之德,把诗歌内容与政治教化、道德规范结合在一起,这种释义延续千年,直到清代才有学者对此说法提出质疑,如姚际恒、方玉润等。

### (二)回归诗歌本义的研究——婚恋说

20世纪二三十年代,以顾颉刚为首的古史辨派发起疑古辨伪思潮。胡适在《谈谈〈诗经〉》中提出:"《关雎》完全是一首求爱诗,他求之不得,便寤寐思服,辗转反侧,这是描写他的相思苦情。"[①]胡适此举激发了学者们对《关雎》多元化、全方位的研究,由传统的诗教转向探求诗歌本义。

#### 1.婚歌说

不少学者将《关雎》归为婚恋诗,如郑振铎认为《关雎》是结婚时的歌曲:"《关雎》里有'琴瑟友之''钟鼓乐之',明是结婚时的歌曲。"[②]

以上"婚歌说"的译注本主要认同《关雎》是歌咏婚嫁的诗,对"淑女""君子"的身份又有不同见解,高亨主张贵族身份,蓝菊荪主张平民说。此类主张主要从诗的词句本义来阐发主题,合乎诗歌本义。

#### 2.恋歌说

也有部分学者认为《关雎》是男女之间的恋情诗,如闻一多:"女子采荇于河滨,君子见而悦之。"[③]

程俊英,蒋见元:"这是一首贵族青年的恋歌。"[④]

洪峻峻:"《诗·关雎》不是美满婚姻的颂歌,而是抒发'君子'对采荇菜'淑女'的单相思。"[⑤]

以上赞同"恋歌说"的学者争议的焦点有两点:其一,主人公身份是平民还是贵族;其二,是男女相恋,还是单相思。

两种阐述都可以从词句的隐喻意义中得到理论支持,皆能自圆其说。

## 二、《关雎》的语言特色

### (一)词语辨义

词语训诂是理解《关雎》含义的基础。对《关雎》的词语辨义主要是对"窈窕""流""采""芼"等关键词语进行解释。

---

① 史培争.论《关雎》的双重解读[D].东北师范大学,2007:5.

② 郑振铎.中国俗文学史(上册)[M].北京:作家出版社,1954:30.

③ 闻一多.诗选签与校笺[M].北京:中华书局,1956:47.

④ 程俊英,蒋见元.诗经注析[M].北京:中华书局,1991:2.

⑤ 洪峻峻.读《诗·关雎》有感之一[J].上海师范大学学报,1991(3):158,149.

1.“窈窕”辨义

王力、高亨、程俊英和蒋见元等学者赞同将“窈窕”解释为“美好的容貌”。王晓丽《释“窈窕”》从文本字义和语法结构等论析“《关雎》之‘窈窕’实言人的姿容，作美好貌解”，雷庆翼先生赞同此解。刘毓庆在《“窈窕”考》中结合现代考古学和人类学，从字形本义和引申义两个角度指出，窈窕本义为洞穴幽深，引申为婉曲修长。①

2.“流”“采”“芼”辨义

《毛传》《诗集传》等传统注书大都视三字为意义相近的“采摘”。20世纪80年代以来多有学者产生质疑，一致认同这三个字在诗中有其自身的独立意义，“流”为“流动”，“采”为“采摘”，两字解释少有争议。针对“芼”字，现在仍存在“熟而荐之”还是“拔取”的争议②。也有尹建平、易翰君等学者认为在《关雎》的多层兴喻体系下，“流”“采”“芼”具有多重复杂含义。

此外，不少学者对其他关键词也有不同的见解。如“寤寐”一词，宋婷和查中林认为“寤”与“寐”当是睡觉的两个状态，“寤”是深层的睡，“寐”是浅层的睡③；对“思服”一词，唐元发认为“思服”应为“服思”之倒文，为“反复思念之”④。

## （二）音韵角度分析

关于语音的表达功能，前人多有论说。《毛诗序》“情动于中而形于言，言之不足故嗟叹之，嗟叹之不足故永歌之”⑤，当内心极其强烈的感情难以用语言表达时，人们就要运用“嗟叹”“歌咏”的方式进行自我表达。周国光在《汉语语音修辞论略》中总结：“去体会作品中字里行间的语音韵律，切分停顿，添加重音，升降语调，复活语气，仿拟声音，催动语势，把书面语言还原成有声语言，才能再现作品描写的情境，理解话语的含义，感受作品的感染，产生内心的共鸣。”⑥

从音韵角度来看，《关雎》中所用的韵律主要有押韵、择韵、偶韵、阴韵、换韵、叠韵、通韵。⑦韵脚重复中有变化，使诗歌形成了既整齐和谐，又参差错落的变化之美。韵脚合乎规律的重复，形成了鲜明而整齐的节奏，读起来朗朗上口，给读者以美感。⑧

① 张艳丽．近百年来《周南·关雎》研究［D］．天津师范大学，2013：20.

② 张艳丽．近百年来《周南·关雎》研究［D］．天津师范大学，2013：23.

③ 宋婷，查中林．《关雎》中“寤寐”一词新解［J］．安康学院学报，2009（1）：24—25

④ 唐元发．《诗·关雎》“思服”当为倒文［J］．江西师范大学学报（哲学社会科学版），2004（5）：41—43.

⑤ 郭绍虞．中国历代文论选（第1册）［M］．上海：上海古籍出版社，1979：63.

⑥ 周国光．汉语语音修辞论略［J］．广州大学学报（社会科学版），2004（8）：50—56.

⑦ 罗英侠．《关雎》的语音和词语修辞艺术［J］．安阳师范学院学报，2007（1）：100—102.

⑧ 韦爱萍．复沓重叠的结构艺术——《诗经·关雎》赏读［J］．时代文学（理论学术版），2007（4）：57.

## 三、《关雎》的艺术特色

### （一）赋比兴的手法

兴就是“托物起兴”，是一种开端手法，它以背景描写引出主题，朱熹《诗集传》云：“兴者，先言他物以引起所咏之词也”[①]；比就是“借物譬喻”，是一种贯穿全篇的寓意手法，它借种种浅近的现象来喻示主题；赋就是“铺陈其事”，是一种贯穿全篇的结构手法，它以交错排列、层层递进方式展开主题[②]。

在《关雎》中，起兴所用物象有两种：其一是“雎鸠”，为鸟类；其二是“荇菜”，为草木类。这是《诗经》中起兴最常用的。两种物象与所咏之词的关系不同，“雌雄雎鸠和鸣”与男女和谐关系相类似。“荇菜”在后两章作为一组连续出现的同义意象起兴，和“淑女”之间的关系并没有相似之处，只能理解为相接触、相邻近，“淑女”可能正在采摘“荇菜”或曾经采摘“荇菜”，是由物而及人。[③]

其中，“雎鸠”的意象只在开篇出现一次，且再未重复过。这与《诗经》中其他诗歌的重章叠句的现象不同，因此有人质疑《关雎》篇的四章排序出现了问题。但种种迹象和研究都表明，“关关雎鸠”在本诗中只起到了一个起句的作用，此句成为中国诗歌史上的千古绝唱，原因就在于诗句与现实之间的不可捉摸性、非逻辑性。[④]

从句式来看，“关关雎鸠，在河之洲。窈窕淑女，君子好逑”以“雌雄雎鸠和鸣”来隐喻男女间的和谐关系。说“关关雎鸠，在河之洲”其实是在说“窈窕淑女，君子好逑”，是暗喻，即隐喻。后面两章句式类似，也是比喻关系，具体而言是转喻。[⑤]“荇菜”由“流之”到“采之”再到“芼之”，李华平说：“‘淑女’采摘荇菜的过程就是女子择偶的过程：广泛交往—逐个了解—细心挑选。这一过程，足见该女子对待择偶的态度。”[⑥]这是对待爱情极为慎重的淑女。诗人与“淑女”的恋爱也由“求之”到“友之”再到“乐之”，越来越亲近、亲密。[⑦]

### （二）字词句的表达

#### 1. 双声叠韵

双声叠韵让《关雎》的音韵美极突出。如“窈窕”是叠韵，体现淑女文静美好的样子；“辗转”是双声，描摹君子相思痛苦难耐之状；“参差”是双声，描写荇菜长短不齐的样子；

---

① 佟昊.《管锥编·关雎四》献疑——“兴”的物象与情感[J].前沿，2006(10)：220—221.

② 刘纯泽.以《关雎》为样本的赋比兴实证及规范研究[J].黄冈师范学院学报，2011(2)：42—46.

③ 康勇.《关雎》的兴及其审美认知功能[J].重庆工学院学报（社会科学版），2009(12)：155—158.

④ 滕春红.“雎鸠”的迷雾与“兴”的审美直觉——《关雎》首章的美学意义[J].美育学刊，2012(4)：41—45.

⑤ 康勇.《关雎》的兴及其审美认知功能[J].重庆工学院学报（社会科学版），2009(12)：155—158.

⑥ 李华平.古代“君子”“淑女”的标准——《诗经·关雎》的教学解读[J].中学语文教学，2014(11)：52—55.

⑦ 康勇.《关雎》的兴及其审美认知功能[J].重庆工学院学报（社会科学版），2009(12)：155—158.

“关关”模拟雎鸠不停地鸣叫。这些词以柔和婉转的音韵描绘景色、描摹人物、抒发情感，凸显了汉语言文字的魅力，给人以美的享受。

**2. 重章叠唱(即重章叠句)**

“参差荇菜”出现三次，后句中对应“流”“采”“芼”三个动词，表明了淑女采摘荇菜的姿态，也反映君子追求的过程，他的痛苦与快乐由此而生。

文中四次出现“窈窕淑女”。反复出现的过程中刻画并强化了淑女、君子的形象，并且推动故事情节的发展。“淑女”第一次在河洲上出现，雎鸠鸟在“关关”地鸣叫寻找伴侣，荇菜静静地挺立水中，君子见此情此景爱慕之意由此产生。“淑女”第二次出现，已经不是诗人笔下描绘的形象，而是君子心目中的女子形象，是君子思慕的对象，于是君子开始了爱情的试探，然而“求之不得”让他陷入食无味、寝难安的境地。“淑女”第三次出现的时候，君子以琴瑟接近淑女，企图用美妙的音乐博得淑女的芳心。“淑女”第四次出现，君子再出“奇招”：他“钟鼓乐之”，君子用执着专一的情感表达、浪漫的手法，完成了爱情的追求。①

总的来说，《关雎》在灵动的结构上建构了完整的叙事，在和谐的音韵中抒发了真挚的情感。“流之”“采之”“芼之”以荇菜的求取与采择为比兴的手法反映出淑女的姿态，“求之”“友之”“乐之”这一系列动作表现了君子完成追求过程时的自美自乐，同时与“寤寐思服”“辗转反侧”相呼应。在反复吟咏中，感情的波浪一浪高过一浪，达到了回环往复、一唱三叹的表达效果。

## 第二部分　案例设计综述

《诗经》大约成书于春秋中期，起初叫作《诗》，是士人学习儒家经典重要的教材之一。《诗经》作为教本在各朝代的教学中都起到了不可估量的作用，而《诗经》本身也在诸子的不同解读之下不断演变。

孔子是第一位系统性地把《诗经》作为教学用书的人，并且积极地把《诗经》作为教学用书。汉代因其经学考试，促使有鲁、齐、韩、毛四家以自己的研究《诗》的著作作为教学的教本。唐朝时，孔颖达主持编订《毛诗正义》，该书成为当时全国统一的《诗经》教本。从元代开始，朱熹的《诗集传》被官方指定为科举考试的标准用书，明清两代均沿用此制。

《诗经》作为重要教材，名篇《关雎》自然也为学子熟知。《关雎》曾在九年义务教育课本中出现，一是2007年人教版九年级下册第六单元——《关雎》《蒹葭》，二是2001年苏教版九年级上册第二单元(学会读书二：品味·感悟·欣赏)综合学习与探究——诵读欣

① 韦爱萍. 复沓重叠的结构艺术——《诗经·关雎》赏读[J]. 时代文学(理论学术版)，2007(4)：57.

赏——《诗经》二首（《关雎》《蒹葭》）。

## 一、统计教学内容

对于这样一篇知识点极为丰富的文章，不同的教师采取不同的切入点进行教学。近年来《关雎》有完整的教学设计或教学过程的论文有以下七篇，综合这些材料，我们对课例中选取的教学内容进行分析。

表1 《关雎》典型课例教学内容统计表

| 序号 | 作者 | 论文名称及来源 | 教学点 | 教学方法 |
|---|---|---|---|---|
| 1 | 李华平、王秋丁、陈梦瑶 | 关键词演绎：为君子、淑女立标准——《关雎》教学实录（《语文教学通讯·初中》2018年第10期） | (1)朗读正音解意；(2)以"关键词演绎法"分析君子、淑女形象 | 朗读法、问题引导法、关键词归纳法 |
| 2 | 刘秋丽 | 初中语文九年级下册第六单元24课——《诗经》两首《关雎》教学片断实录及案例分析（《中学课程辅导》2016年第7期） | (1)梳理文学常识；(2)探究君子、淑女形象 | 朗读法、合作探究法、问题引导法、补充背景法 |
| 3 | 王丽波 | 把审美评价揉进课堂教学——《关雎》教学记述（《语文教学通讯·初中》2017年第20期） | (1)紧扣诗歌脉络疏通文意；(2)分析君子、淑女形象 | 问题引导法、朗读法、补充背景法、关键词归纳法、表演法 |
| 4 | 祁文霞 | 《诗经·关雎》赏读课教学过程设计（《语文教学之友》2011年第11期） | (1)以朗读正音、正字、释义；(2)梳理主人公的情感脉络；(3)比兴手法、重章叠句等 | 朗读法、问题引导法、关键词归纳法 |
| 5 | 郭致顺 | 《关雎》教学实录（《语文教学通讯》2012.7-8/B） | (1)朗读释义全文；(2)语言、艺术特色；(3)何为君子、淑女 | 朗读法、问题引导法、关键词归纳法、补充背景法 |
| 6 | 于松军 | 《关雎》教学实录（《语文教学通讯》2012.7-8/B） | (1)朗读正音解意；(2)赋比兴、重章叠句 | 补充背景法、朗读法、问题引导法、关键词归纳法、合作探究法 |
| 7 | 吕晓元、娄秉军 | 《关雎》教学设计（《黑河教育》2009年第5期） | (1)赋比兴；(2)体会主人公的情感 | 朗读法、问题引导法 |

## 二、分析教学点

为方便进一步研究，下面我们对上述论文所选的教学点进行进一步统计。从七篇课例来看，《关雎》的教学点较为集中。

表2　《关雎》典型课例教学点选择分析表

| 序号 | 教学内容<br>作者 | 文学常识 | 字词 | 翻译 | 艺术特色 | | | | | 人物形象 | | 主旨分析 |
|---|---|---|---|---|---|---|---|---|---|---|---|---|
| | | | | | 赋 | 比 | 兴 | 双声叠韵 | 重章叠句 | 君子 | 淑女 | |
| 1 | 李华平等 | √ | √ | √ | | √ | √ | √ | √ | √ | √ | √ |
| 2 | 刘秋丽 | √ | √ | √ | | | | | √ | √ | √ | √ |
| 3 | 王丽波 | √ | √ | √ | | | | √ | | √ | √ | √ |
| 4 | 祁文霞 | √ | √ | √ | | √ | √ | √ | √ | √ | | |
| 5 | 郭致顺 | √ | √ | √ | √ | √ | √ | | √ | √ | | √ |
| 6 | 于松军 | √ | √ | √ | √ | √ | √ | √ | √ | | √ | √ |
| 7 | 吕晓元、娄秉军 | √ | √ | √ | | √ | √ | √ | √ | √ | √ | √ |
| 数量 | | 7 | 7 | 7 | 2 | 5 | 5 | 5 | 6 | 6 | 5 | 6 |
| 占比/% | | 100 | 100 | 100 | 29 | 71 | 71 | 71 | 86 | 86 | 71 | 86 |

第一，文学常识、字词和翻译是绝大多数执教者都关注到的部分。首先是因为许多学生不太了解《诗经》的文化背景；其次《关雎》中一些词语已经不是现代文中的常用词语，需要通过教学疏通诗意。其中，于松军老师在翻译的教学点中，区分了“直译”与“意译”的差别。

第二，《关雎》的艺术特点是理解诗歌的不可避免的部分，因此七篇课例中都有涉及，但因为《关雎》的艺术特色丰富，每位教师在教学设计上的取舍有差异。其中“赋”这一表现手法仅有郭致顺老师在课堂中明确提及，于松军老师的课堂上学生自学环节亦有提及。实际上在多位教师的教学设计中已经包含了“赋”的概念或在组织课堂活动中要求学生梳理或概括故事情节，却没有明确讲出“赋”的概念。七篇课例中在“双声叠韵”和“重章叠唱”两个教学点上略有取舍，但至少选取一点进行教学。结合多版本的教材情况不难发现，《关雎》通常与《蒹葭》在同一课内。针对艺术手法的五个教学点，笔者大点猜测在《关雎》中未教授的教学点，或许在《蒹葭》中有所设计。

第三，从人物形象分析上来说，五位教师关注到了“君子”与“淑女”两个人的形象。祁文霞、郭致顺两位老师在课堂中仅以“君子”的思念与追求的过程作为课堂线索。

## 三、统计教学方法

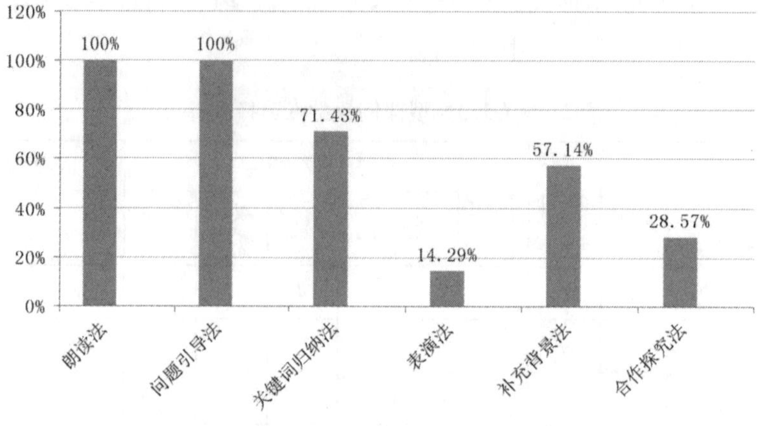


图1 《关雎》典型课例教学方法分析表

可见，教学方法主要聚焦在朗读法、问题引导法、关键词归纳法和补充背景法。

第一，朗读法有利于学生迅速熟悉课文内容，便于学生深入理解课文、进行赏析体悟。以前我们把上学叫作读书，这也体现了读的重要性。因为古今音韵不同，《关雎》中押韵也不像近体诗那样读起来朗朗上口，通过多层次、多角度地朗读才能够深入体会《关雎》的音韵之美。

第二，问题引导法是教师通过问题推动学生探究与学习，但要体现“教师为主导、学生为主体”的重要教学理念。教师的问题重点在于引起学生兴趣、引发学生思考。

第三，关键词归纳法可以通过提问引导学生迅速地捕捉到文章的重点，串联关键词可以厘清行文脉络。多数老师选择以“君子”和“淑女”作为关键词进而研究文章其他细节，如：李华平等老师的设计中通过探究“君子”与“淑女”的标准，感悟诗歌魅力；王丽波老师的设计中从审美评价的角度分析“君子”“淑女”的人物形象，贯穿课堂。

第四，补充背景法是为学生提供必要的背景知识，在《关雎》中，学生对于赋比兴、重章叠句、双声叠韵等知识性概念尚不熟悉，应该在学生研究文本之前或之中进行适当的背景知识补充，有利于学生更顺畅地感悟诗歌内容。

第五，合作探究法仅有两位老师选用。于松军老师的课堂中，合作探究环节基于问题引导法，教师设定“自主完成”“小组合作”“交流完成”三种活动任务，学生选择其一完成，给予学生充分的自由空间。刘秋丽老师的课堂中，在导入环节交流预习读书卡，全班合作学习文学常识。

第六，表演法仅在王丽波老师的课堂中有所呈现，但在王老师的设计中并无具体环节，而是学生在回答问题的过程中即兴表演。

# 第三部分　教学建议

## 一、依据文本解读、典型教案综述确定教学内容、教学点

### （一）教学内容的讨论与分析

首先，字词、翻译和朗诵是教学基础。

字词教学集中在“雎鸠”“窈窕”“好逑”“寤寐”等的读音和解释上，先正字正音才能进行下一步的教学。翻译教学上，可在教学中设计故事新译的环节，启发学生用现代诗句译古诗，通过翻译，引导学生理解诗意，体验故事中蕴含的丰富情感。

其次，理解君子、淑女形象是教学重点。

淑女的形象包括：第一，通过“窈窕”，美状为窈，美心为窕，可见女子娴静美好；第二，通过摘荇菜可见淑女勤劳，“流、采、芼”三个递进的层次可见女子细致、细腻、慎重；第三，从君子通过琴瑟、钟鼓来取悦女子，可见淑女兴趣高雅。

君子的形象包括：第一，通过“君子好逑”，可见君子情真意切；第二，通过“辗转反侧”可见君子虽“求之不得”，但行为举止符合规范；第三，通过“琴瑟、钟鼓”可见君子善于取悦女子，多才多艺。

最后，前文谈到不同时期人们对《关雎》主旨的理解存在差异，作为教学者，在给学生讲授《关雎》复杂的主旨时应如何下手？姚志国老师提出：第一，对于诗歌主旨择其善者而从之，认同主流见解，即爱情诗；第二，在明确了诗的主旨是爱情诗后，还要使学生认识到诗歌情感的归属，即该诗表现了当时上层社会男女间的情感，即贵族们的恋情；第三，讲解这首诗时，不要脱离那个特定时代，还要有一个历史还原的过程。①

### （二）教学点的讨论与分析

首先，由于时代久远，学生对该诗有一定的阅读障碍，有必要给出相关文学常识作为背景介绍。对比多篇论文及教材发现，教材上的文学常识介绍恰到好处。根据教材上的内容，相应地在教学设计中呈现即可。

其次，“赋、比、兴”是教学关键。

前文提及，仅有郭致顺老师在课堂中明确提及“赋”：“这首诗讲了一个完整的故事，这在《诗经》里叫作‘赋’，现代汉语里叫‘记叙’。”按照这种解释，许多老师在课堂设计中均有呈现：“这首诗写了一个什么故事”（王丽波）；“师生共同概括：写一个男子对女子的思念、追求过程……”（祁文霞）；“用简洁的语言概括诗作的内容”（于松军）；等等。比、兴手法在《关雎》中通常一起讲解。第一章以河洲上关关鸣叫求偶的雎鸠为“比”的对象，兴

---

① 姚志国.《关雎》主旨辨正[J].中学语文教学参考.2015(6):41—42.

起淑女为君子的佳偶,借助鸟的行为来引出抒情主人公对淑女的殷切盼望,以此情感总揽全诗。次章以水中左右飘摇荡动的荇菜为比,兴起君子欲求淑女动荡渴慕的心,当主人公求之不得,甚至“寤寐思服”,“辗转反侧”。

此外,音韵美是教学难点。“窈窕”是叠韵,“参差”是双声,“辗转”既是双声又是叠韵,这些双声叠韵的词语极大地增强了诗歌的节奏感和音韵美。多数教师会提及“双声叠韵”,但对其教学设计却不清晰,也甚少解释何为“双声”、何为“叠韵”。双声叠韵可以与正字正音的环节融合在一起,以简洁的方式让学生了解其概念,再通过翻译、赏析等环节进一步让学生理解其音韵之美。

## 二、教学思路

首先,以读感受音韵,释义全文。读析结合,以读建立学生对文本的整体感知。以读来了解基本的文学常识;以读来回顾已学《再别康桥》中的“青荇”,进而来引出《关雎》中的“荇菜”,分析音韵之美;以读释义全文,了解赋比兴手法。

其次,问题引导,突破重难点。分析君子、淑女形象是本课的重难点。可以两大问题入手,第一个问题是“诗中女子值得男子追求吗”,第二个问题是“君子最终追求到了淑女吗”,深度挖掘文本,还原淑女、君子的形象。

最后,注重开放性思考。引导学生用开放、发展的眼光去看待诗歌的结尾,引出孔子的评价“乐而不淫,哀而不伤”,把审美评价融入课堂教学,帮助学生树立积极向上的爱情观。通过青春电影,让学生感知《关雎》中典雅的爱也可以发生在我们身边,引导学生成为君子、淑女。

# 第四部分 参考案例

### 教学目标

1. 品读课文,感受文章回环往复的韵律美。
2. 深究字句,了解赋比兴手法。
3. 分析君子、淑女的人物形象,在讨论中提升学生的审美能力。

### 教学流程

## 一、走进《诗经》

(一)教师配乐朗诵诗歌

你是蜿蜒不息的河流,
在两千年的悠悠岁月里流淌。
多少人追溯你神秘的源头,
从春秋,到西周:

风雅颂，是你纯思无邪的篇章；
赋比兴，是你流光溢彩的表达。
“诗三百”是你的代名词，
“风骚”是你与《离骚》的雅称，
你是中华儿女取不尽的活水，
遇见《诗经》歌一曲，顿首再拜。

注意：请同学们在老师朗读的过程中找出关于《诗经》的文学常识。

明确：《诗经》是我国最早的一部诗歌总集，它收集了从西周初到春秋中期的305篇诗歌。在先秦古籍中，又称《诗三百》。《诗经》按用途和音乐分风、雅、颂三部分，其中“风”又叫“国风”，是各地的民歌。《诗经》的主要表现手法是赋、比、兴。

(二)对比诗文特点

请同学们对比上面表达内容大致相同的诗歌与说明性文字，你的感受一样吗？

明确：说明性文字——语言准确、表达简洁、传达知识；诗歌——音韵美、形象美、情感美。

## 二、走入《关雎》

### (一)朗诵《再别康桥》片段

轻轻的我走了，
正如我轻轻的来；
我轻轻的招手，
作别西天的云彩。
那河畔的金柳，
是夕阳中的新娘；
波光里的艳影，
在我的心头荡漾。
软泥上的青荇，
油油的在水底招摇；
在康河的柔波里，
我甘心做一条水草！
那榆荫下的一潭，
不是清泉，是天上虹；
揉碎在浮藻间，
沉淀着彩虹似的梦

教师提问：“青荇”是什么？一种可食的水草。

教师小结：徐志摩笔下的青荇在康桥的柔波里招摇，《诗经》中的荇菜又是怎样摇曳生姿的？

### (二)音韵之婉转

1. 学生速读课文,思考为何不直接说“参差荇菜,左右流之、采之、芼之”,而是用“参差荇菜,左右流之。参差荇菜,左右采之。参差荇菜,左右芼之”。

明确:重章叠唱,上下句或上下章基本相同,只是更换其中的几个字,造成回环往复的表达效果。通过句子的反复营造出朗诵的美感,文意的递进。

2. 诗歌中同样手法的句子有“窈窕淑女”,“参差”和“窈窕”这两个词语的拼音分别有什么特点?

明确:“参差”的声母相同,“窈窕”的韵母相同。声母相同——双声,韵母相同——叠韵。

3. 找出诗歌中其他双声或叠韵的词语,读一读这些词语,和其他词语听起来有什么不一样?

明确:雎鸠(双声)、辗转(双声、叠韵)。听觉上的审美感受,让音韵和谐,声感更强,使事增加韵味,使物生动形象,使情浓度加深。

### (三)表达之华彩

1. 在课文中找出《关雎》描写的人物和故事情节,并用简洁的语言讲讲《关雎》的情节。

明确:赋,记叙。

《关雎》识记卡

人物:君子、淑女

情节:窈窕淑女,君子好逑→
寤寐求之、求之不得→
琴瑟友之、钟鼓乐之

概括:《关雎》描写了一个男子对一个女子的爱慕、思念、追求的故事,男子因求之不得而痛苦,然后以琴瑟钟鼓亲近女子。

2. 学生思考:只有画线部分和故事情节相关,其他句子是不是多余?

关关雎鸠,在河之洲。窈窕淑女,君子好逑。
参差荇菜,左右流之。窈窕淑女,寤寐求之。
求之不得,寤寐思服。悠哉悠哉,辗转反侧。
参差荇菜,左右采之。窈窕淑女,琴瑟友之。
参差荇菜,左右芼之。窈窕淑女,钟鼓乐之。

明确:兴,引出(先说别的事物,引出所吟咏的对象);比,比喻。引导学生找出关雎鸟与君子淑女有意义、气氛上的关联,以采荇菜这一行为兴君子对淑女的相思与追求。

## 三、追求淑女

### （一）小组讨论：诗中女子值得男子追求吗？

作答规范：

1.我认为女子值得/不值得男子追求。

参考答案：

从“窈窕”中读出女子的文静美好。

从“淑女”的“淑”读出女子的美丽、美好。

2.从“________”句中读出女子_______，所以她值得/不值得男子追求。

参考答案：

从“参差荇菜，左右采之”中读出女子采荇菜贤惠勤劳。

从“流、采、芼”中读出女子细心、专注。

### （二）小组讨论：诗中的男子有什么特点？

参考答案：

从“求之不得”到“琴瑟友之”“钟鼓乐之”体现君子从一而终，专情，执着。

从“琴瑟友之”“钟鼓乐之”体现君子才华横溢，善于取悦女子。从君子喜欢的是“窈窕淑女”，反映出君子有眼光。

从“求之不得”“辗转反侧”体现出君子相思之苦，他只是通过琴瑟、钟鼓来亲近淑女，体现了他的绅士风度，尊重女子。

君子想用琴瑟、钟鼓来取悦女子，证明君子的爱好高雅，他对淑女的追求也是高雅的。

### （三）思考：君子最终追求到了淑女吗？

参考答案：我认为没有追求到，前文“求之不得”说明淑女已经拒绝了君子，后文可能只是君子的苦恋。钟鼓、琴瑟象征富贵之家的乐器，而本诗出自《国风·周南》，是名副其实的民间“草根”的歌唱，这是男子白日梦中爱情理想的实现，体现男子的深情及圣洁之爱。

## 四、成为君子淑女

### （一）成为淑女——《初恋这件小事》

电影介绍：女主角小水从不自信、学习马马虎虎的懵懂女孩，变成自信、上进、独立的服装设计师。

女生读台词：“要让爱情成为动力，让自己变得更优秀。”

### (二)成为君子——《那些年,我们一起追的女孩》

电影介绍:柯景腾读国中时成绩差又调皮捣蛋,因为喜欢“女神学霸”沈佳宜,发奋学习,考入大学。

男生读台词:“我也很喜欢,当年喜欢着你的我。那时候的我,简直无时无刻不在发光。”

小结:

当谦谦君子,做窈窕淑女,发乎情止乎礼,让喜欢成为前进的动力。

### (三)作业布置

练笔(任选其一)

1.我要给将来的你____________的爱,(因为)__________________________。

2.将《关雎》改写成一首现代诗或一篇抒情散文。

## 板书设计

关雎

窈窕淑女——文静　勤劳　慎重

谦谦君子——尊重　执着　才华

表达华彩——赋乃记叙　比乃比喻　兴乃兴起

音韵婉转——重章叠唱　双声叠韵　音韵传情

(板书书写顺序:根据教学设计的逻辑顺序从底部写起,通过字词,再到句段,进而赏析诗歌的内涵,呈金字塔结构)

# 多角度品读，体悟追寻之美

## ——《蒹葭》教学知识(PCK)的择定与建构

深圳市海旺学校　叶灿金

《国风·秦风·蒹葭》是中国古代现实主义诗集《诗经》中的一篇。全诗三章，每章八句。此诗曾被认为是用来讥刺秦襄公不能用周礼来巩固他的国家，或惋惜招引隐居的贤士而不可得；现在一般认为这是一首情歌，写追求所爱而不及的惆怅与苦闷。朱熹评：言秋水方盛之时，所谓彼人者，乃在水之一方，上下求之而皆不可得。然不知其何所指也。(《诗集传》)方玉润评：此诗在《秦风》中，气味绝不相类，以好战乐斗之邦，忽遇高超远举之作，可谓鹤立鸡群，翛然自异者矣。(《诗经原始》)王国维评：《诗·蒹葭》一篇最得风人深致。(《人间词话》)高亨评：这篇似是爱情诗，诗的主人公是男是女，看不出来。叙写他(或她)在大河边追寻恋人，但未得会面(《诗经今注》)。自《蒹葭》选入中学语文课本，从各个角度解读这篇的文章日益增多。

## 第一部分　文本解读综述

### 一、《蒹葭》的主题

#### (一)《蒹葭》的几种主题解读

《蒹葭》一诗，用明丽而又模糊的意象(蒹葭、白露、河水、伊人)创造了空灵而又深邃的意境。考察先秦以来《蒹葭》的主题及其接受史，主要有这样一些代表性的观点：

(1)“刺襄公”说；(2)“招贤”说；(3)“情爱”说。[①]此外，今还有政治说、理想说、惜时说、距离说等。

#### (二)文学多重主旨的根源——“伊人”形象的多重性[②]

《蒹葭》的主要形象是贯穿于全篇的“伊人”，所以对这首诗主旨的理解关键的在于

① 何平.《蒹葭》主题及接受史[J].语文教学通讯，2009(6)：31—33.

② 陈永国.蒹葭一定是爱情诗吗？——中学文本中的多元解读教学案例[J].课程教育研究，2014(10)：70—71.

对“伊人”的把握上。“伊人”是男是女无法确认，是人是物也未可知，只说在一个“蒹葭苍苍，白露为霜”的秋天清晨，有位伊人在水一方，梦幻迷离，使人心生向往，想要上下求索却因为路途艰难，难以得到。这个时候，只知道“伊人”是美好的、优雅的，距离遥远而不可触摸的。“伊人”形象是多角度的、模糊的，充满空白点和不确定性，所以读者最好不要固执地从某一个方面来理解“伊人”，而是要尊重它的开放性，寻找“伊人”多种解读所表现的不同意义。

所以根据人们的阅读经验和情感体验，“伊人”可以是个娴雅美貌的淑女，结合中国古典文学“窈窕淑女，君子好逑”的传统，这就是一个年轻男子在追寻他所爱慕的心上人；“伊人”也可以是个高冠博带的男子，是个德才兼备的世外高人，中国自古就有“一饭三吐哺”的求贤传统，所以这也可以是君王在求取贤臣；“伊人”更可以是一种理想的象征，那么整首诗写的就是对理想的追寻，以及求而不得的惆怅。“诗无达诂”，正是因为这首诗中“伊人”形象的模糊性、多面性，才造成了诗歌主旨的多重性。若真要探寻一种意义，那么这首诗就是在写人生中经常会遇到的一种可望而不可即的“企慕”情境，文学是描写人的心灵的，这里写的是一种心境，没有具体所指。而为什么众说纷纭呢？就是因为不同的人在读这首诗时他的心境有所不同：多情的少年看到这首诗，会把“伊人”理解为意中人，那么这就是一曲思念情人的恋歌；求贤若渴的王侯看到这首诗，会把“伊人”理解为隐居的贤人，那么这又是一首招贤诗；困顿的才子、失意的文人看到这首诗，会把“伊人”理解为坚守的理想，那么这首诗又是写对理想的一种追寻过程。很多人之所以认为这是一首情诗，也是从诗中那种难与人言的思慕情致推测而来的。

## 二、《蒹葭》的感情基调

### 1. 思念向往

白露时节，天高云淡，清风如画笔，却画不出丰美的水岸与岸边岛里的绿草依依，美丽的爱情一幕在这里上演，余音不绝如缕，却有一抹关于情爱的淡淡惆怅，挂在远远的天边。这是两千年前的爱情，纯洁透明得和今天一样。[①]

### 2. 执着、坚贞不渝

“道阻且长”“道阻且跻”“道阻且右”通过重章叠句反复地吟唱来突出道路的艰难。这么艰难的道路，诗人仍然一次又一次“溯游”“溯洄”地去寻找，足见其执着、坚贞不渝。

### 3. 可望而不可即的惆怅失望

“白露为霜”“白露未晞”“白露未已”又是通过反复地吟唱来说明诗人寻觅时间之长。他应该是从黎明时分就来到岸边寻觅伊人，直到旭日东升仍未找到。“在水一方”“在水之湄”“在水之涘”“宛在水中央”“宛在水中坻”“宛在水中沚”说明伊人的位置在不断变化，

① 郦波.是为彼此来此人生：郦波品读千古唯美情诗[M].上海：学林出版社，2018：15

与诗人始终是若即若离、可望而不可即,诗人独自一人面对茫茫秋水久久徘徊,该是多么惆怅啊。《毛诗稽古编》中对这种情感作了恰如其分的评价:“夫悦之必求之,然惟可见而不可求,则慕悦益至。惟其慕悦益至,而可见不可求,则失望怅惘愈甚。”我们在追求一种美好事物之时,都体验过这种心情,越得不到的东西,我们越喜欢,越喜欢,那种得不到的失望感也就越浓重。

## 三、《蒹葭》艺术特色分析

基于古诗词特质来分析《蒹葭》的艺术特色,其艺术特色主要体现在如下几个方面:

### (一)《蒹葭》的音韵美

《蒹葭》共三节,重章叠唱,反复吟咏,与《诗经》中的大多数篇章一样,只是在相同句式的相应位置换用了近义词或同义词,这样既有一种整齐美,又使诗作行文极富变化性而无重复呆板之感,读来朗朗上口,音韵和谐婉转,意境显得朦胧深邃。

### (二)《蒹葭》的形象美①

《蒹葭》的形象美首先在于主人公的精神美。面对隔水相望的“伊人”,主人公不畏艰险,一会儿“溯洄从之”,一会儿又“溯游从之”,苦苦以求,尽管所追求的对象“宛在水中央”,始终可望而不可即,但主人公依旧上下求索,道路的艰险、高远、崎岖,丝毫不能阻断其追寻的步伐,他(她)对飘忽不定的追求目标矢志不渝,表现出坚韧、执着之精神美,他(她)也许没有得到自己所追寻的,但其留给我们的是一笔精神财富,这也正是《诗经》的价值所在。

其次,在于主人公所追寻对象之美。“所谓伊人”年庚几何?何许人也?是男是女?是燕瘦还是环肥?他(她)站在水边,是在等待日出,还是来见自己的心上人?统统未明,给读者无尽的遐想。还有那“伊人”的行踪飘忽不定,忽在河水边,忽在河下游,又忽在水中央,又忽在水草边,来去缥缈,扑朔迷离,使追寻的整个过程虚幻朦胧,有一种“云深不知处”的朦胧美。

### (三)《蒹葭》的意境美②

《蒹葭》共三章,每章开启句分别为“蒹葭苍苍,白露为霜”,“蒹葭苍苍,白露未晞”,“蒹葭苍苍,白露未已”,开篇就用蒹葭起兴,展现一幅水域秋色图:深秋清晨,清水浩渺,芦荡苍青,露水晶莹似霜。这幅画面,凸显冷色调,秋的寥廓又佐之微微冷清的氛围,这对执着追求却可望而不可即的失落之感起到渲染和烘托的作用,有了情景交融的艺术之美。

---

① 杨戈琪.所谓伊人 在水一方——简析中国传统诗歌中的美人意象[J].语文教学通讯,2011(1):69—72.

② 杜小翠.《蒹葭》之美.新课程学习,2013(3):167.

### （四）《蒹葭》的主题美①

有人把文学作品分为两类：一种是伟大的作品，另一种是美的作品。前者往往更多地附着上时代的色彩，而美的作品总能超越时代，与日月齐光，与星河同寿，与时间赛跑。《蒹葭》就是美的作品。关于《蒹葭》的内容主题，历来众说纷纭，有讽刺说，有隐喻说，更多认定爱情说。其实，《蒹葭》的主题不限这些。美的作品总有包容性和多元性。《蒹葭》中的“伊人”形象的朦胧性，就成就“伊人”形象的象征性。“水”将追寻者和“伊人”阻隔开来，使其与“伊人”总有空间的错落感，这样水的意义就远远超越了“水”的本身，水成为同质异构事物的代表。因此，不舍心中梦想，面对艰难险阻敢于不懈追求的所有主体，都能在《蒹葭》中畅饮心灵鸡汤，触摸温暖。《蒹葭》的“秀”色可餐，咀嚼涵泳，大快朵颐；《蒹葭》是一首亘古不绝的歌谣，拨动心灵的琴弦，余音袅袅……

### （五）《蒹葭》的结构美②

《诗经》常常运用叠章的结构表现同一主题，反复抒发一种感情。《蒹葭》具有《诗经》这种典型的重章叠句的结构特色，采用“重章叠句，复沓而歌”的结构形式。全诗三章二十四句，只变动了十几个字，反复摹写“可见而不可求”的企慕深情。一意三叠，每章虽然只换了几个字，却产生出将诗意层层推进的作用，而不断重复的语句，强化了感情的抒发，凸现出主人公坚执不已的精神。《蒹葭》这种“重章叠句，复沓而歌”的结构形式所蕴含的丰富美感，不论是从创作的角度还是从欣赏的角度，都给我们带来很多启发，值得我们关注。

# 第二部分　案例设计综述

## 一、教学目标和内容分析

### 1. 教材选录状况

《诗经》在中国文学史上的地位，可以用八个字归纳：五经之首，文学之源。《诗经》作为一部诗歌总集，它的地位却远远超越了诗集本身。直至现在，《诗经》也在我国语文教材中占据一隅之地。语文教材有不同的版本，但是有一个共同点就是都有所收录《诗经》中的诗歌。《蒹葭》在教学过程中还对学生的语言运用以及文学审美发挥着重要作用。

① 杜小翠.《蒹葭》之美.新课程学习，2013(3)：167.

② 张璇.赏《蒹葭》结构之美[J].中学语文教学，2015(12)：54—55.

2. 主题分析①

《蒹葭》的经典课例不多，且多与《关雎》一起设计。收集了早年余映潮老师的教学实录1个，名家教学设计5个，以及网上的获奖教案，共13个。综合分析发现，对于文章主题的理解主要有3种（见图1），其中多数以爱情说为主。②

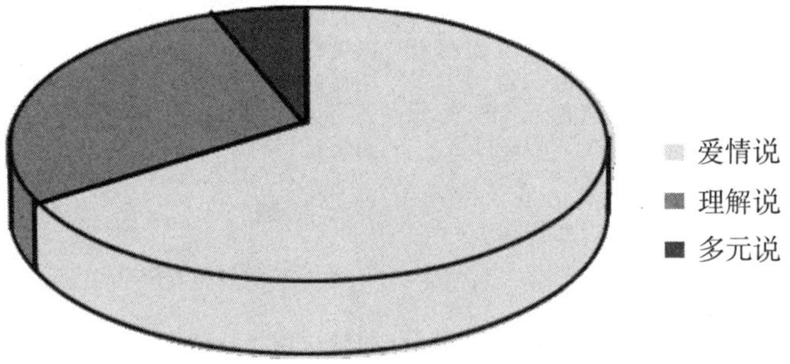


图1 《蒹葭》的主题理解比较图

比较分析：

（1）爱情说。大多数老师还是仅从诗的字面意义来理解，把这首诗当作简单的爱情诗进行教学。中学生正处于青春期，在这个特殊的年龄阶段，他们对于爱情多是懵懂却又好奇的。因此，这一阶段的教学中，"爱情"是一个敏感话题，更是一种在教学中很难把握分寸的主题。情感态度价值观是教学三维目标中的重要内容，处理好价值引导问题是中学语文教学的关键所在。③

（2）理想说。对理想的追求很契合初中学生的心理状态，这个时期的孩子对理想有足够的向往，但对于如何实现理想却又是迷茫的，因此引导学生明白理想可能是遥远的，追求理想的过程也是艰辛的，但执着和永不放弃是最积极的态度，这很有必要。

（3）多元说。对于诗歌主题的多重性，教师们进行了多元的探讨，并且由意象的多元性推出主体的多元性，科学合理，可见教师对文本解读的到位程度很高。④

3. 教学目标分析⑤

通过对13个课例的研究发现，《蒹葭》的教学目标的设定主要有以下两点：

（1）体会《诗经》的特点及影响。（重点）

（2）体会诗歌的意境和情感。（难点）

具体统计内容如下：

① 杨晓莉.《蒹葭》教学创新设计[J]. 新课程，2014(8)：88—89.

② 李蕊.《蒹葭》教学设计[J]. 中学语文教学，2017(5)：65—67.

③ 李云.《蒹葭》教学设计[J]. 语文教学通讯·初中刊，2006(3)：28.

④ 李红.《蒹葭》教学实录[J]. 语文教学通讯，2013(7-8/B)：57—58.

⑤ 李卫东.《关雎》《蒹葭》教学设想[J]. 中学语文教学，2004(10)：40.

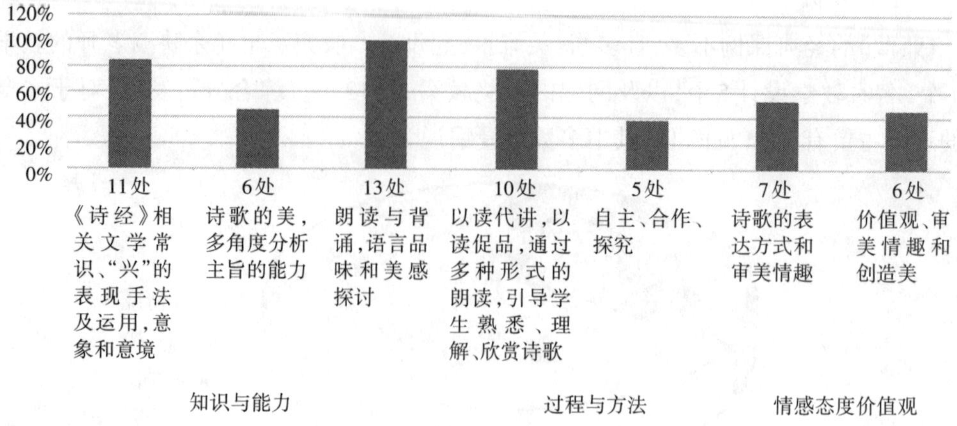


图2 《蒹葭》的教学目标比较图

4. 教学内容分析

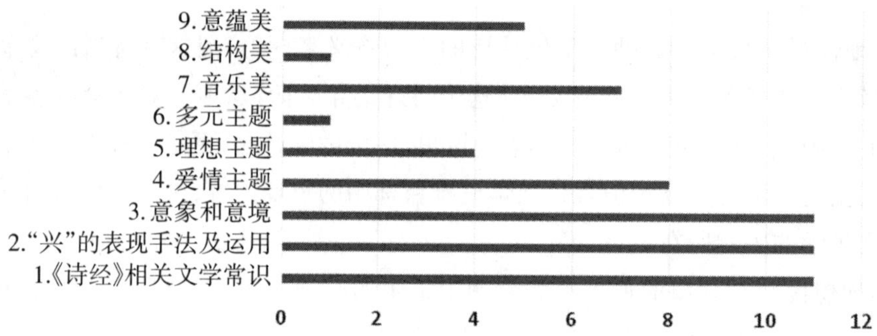


图3 《蒹葭》的教学内容比较图

统观《蒹葭》核心教学内容发现:老师们把对意象的把握、主题的理解、诗歌的美作为重点内容来教。

5. 关于《蒹葭》的教学方法大致有以下几种:

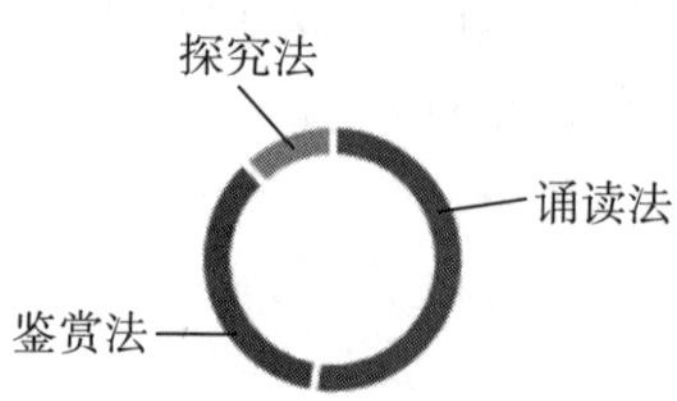


图4 《蒹葭》的教学方法比较图

(1)诵读法

“书读百遍,其义自见。”诗歌是古往今来劳动人民为传授劳动经验、抒发感情而创作的一种易于传唱的文学体裁。它追求押韵与平仄,节奏感强,极具音乐美,适于诵读吟唱。所以在教授诗歌时，不少教师选择引导学生多诵读甚至吟唱。设计了初读、再读、三读，还有范读、个人读、小组读、全班读，最后是听歌手唱、大家跟唱。一节课下来，在反反复复的诵读过程中，尤其在唱的过程中，学生明白了诗的押韵与平仄的变化，他们的情感也随之而变化。

可见，诗歌教学要重视诵读吟唱，这是一条坚持的法则。诗歌只有多读，才可读准它的韵律，读懂它的意境，读出它的美感。

(2)探究法

诗歌内容具有跳跃性，以简练的文字表达最丰富的情感，是一种凝练的文学体裁。诗歌教学要重视引导学生逐词逐句地去品读，分析感悟，探究诗歌的真义，读懂诗歌丰富的内涵，再现它的意境与情感。有老师设计《蒹葭》一文的教学时，在完成几轮诵读与整体把握这些环节后，通过一问、再问、追问等形式引导学生对课本内容进行了逐词逐句分析，抓住“蒹葭”“白露”“伊人”“水”等关键词，寻根问底，探究词的本义、比喻义和引申义。探究中，学生明白了意象的内涵，理解了诗歌的主要内容。教学效果明显。

(3)鉴赏法

诗歌依靠意象来抒发情感，通过多种意象构成的意境来表情达意。要解读文本，读懂诗歌，追索诗歌的意蕴，离不开对意象与意境的感受与分析。感受与分析意象与意境的最好方法，笔者觉得莫过于图示法，即抓住文本的意象，通过图示明确意象的内在联系，把诗的意境再现出来。图示法往往可以激发学生想象，使其置身诗境之中，去感受作者的处境，体会诗歌的意蕴。透过意象把握意境是诗歌鉴赏的不二法门。

# 第三部分　教学建议

## 一、《蒹葭》主题的把握

鉴于《蒹葭》意象的不确定性带来主题的多元性，教学时不宜只取一种主题，应该引导学生在理解意象的基础上对主题进行多元理解。值得注意的是，不管被追求者“伊人”多么的不确定，可以是爱慕之人，可以是倾心之物，也可以是美政理想；追求者可以是追逐爱人，可以是招纳贤士，也可以是追求理想。但有一样是确定的，那就是追求者对被追求者的痴心不改，因而我们可以把重点放在“追求的坚持不懈”上。

## 二、《蒹葭》教学点的确立

1. 古诗教学教什么

概括起来讲，古诗词有四个方面的特质——音韵美，形式美，情感美，意境美。古诗词的基本特质是古诗词教学的关键点，因而《蒹葭》的教学内容指向就是带领学生诵读涵泳感受“音韵”之美，自主学习理解大致“意思”，展开想象体验美妙“意境”，深度探寻发现文化“意蕴”。①

按照古诗词的特点教学古诗词，一定能让教学古诗词的课充满诗意，一定能让学生在诗品、诗意、诗情、诗格、诗韵汇成的古诗词大海中遨游，那些融合在古诗词中的聪慧、风骨、操守、人生态度也一定会内化为学生人生信念的恒久资源。

2. 学情分析

初中学生记背了不少的诗歌，但在诗歌的欣赏方面经验严重不足，容易把诗歌当作文言文来翻译，忽视了诗歌的美。而且预估学生学习的疑难点应该在意象的理解、主题的把握、意境的感悟上。因而教学重点应该是如何引导学生体会《蒹葭》的意境美。

## 三、古诗教学应该注意四个方面②

第一，朗读要有层次。我认为可以有三个层次：一是初读，读顺，要求自由地朗读，读正确，读流利；二是再读，读懂，让学生在诵读中，体悟词语、诗句的意思；三是精读，读美，在学生充分理解诗词的内涵之后，让学生再把自己的理解和感悟融入诵读之中，体会诗词的意境美和情感美。

第二，理解要有侧重。一是质疑解答，让学生提问，学生互相解答，教师加以点拨；二是抓重点词语理解，牵一发而动全身；三是拓展内涵，加深理解。这样，既理解了诗的意思，又领悟了学习方法，由表及里，步步深入，步步到位。

第三，想象要有画面。古诗词教学只有唤起学生的情感体验，使学生产生移情及共鸣，让学生引起联想，由此及彼，调动自己的生活经验，再现作品中的形象，学生才能入境悟情，才能真正体会诗词的画面美、意境美。

第四，拓展要适度。巧妙地、恰到好处地拓展与延伸，学生能更好地理解诗词背后的内容，从而加深诗词教学的广度和深度。鼓励学生由诗内走向诗外，激发学生对中华古典诗词的热爱之情。但拓展要有度，要紧紧围绕主题，不能漫无边际，天马行空。教材无非是个例子，在古诗词教学中的拓展延伸环节，教师可以选取表现方式与写作题材相同或不同的作品，通过同向印证或逆向对比，引导学生加深对古诗词主题思想和表现手法的认识和学习。没有比较就没有鉴别，比较分析古诗词有助于学生完成知识与能力的

① 应永恒.文学类文本：精确阅读的“在水一方”[J].语文教学通讯·高中，2015(4)：19—20.

② 古诗：教什么，怎么教？———江苏九名师古诗教学专题研讨纪实[J].语文教学通讯·小学，2016(6)：71—73.

建构，以及情感、态度与价值观的提升。

## 四、教学思路

“入境”是古诗词鉴赏活动的核心。美学家朱光潜主张：“无论是欣赏或是创造，都必须见到一种诗的境界。”“诗的境界是用‘直觉’见出来的。”“读一首诗和作一首诗都常须经过艰苦思索，思索之后，一旦豁然贯通，全诗的境界于是像灵光一现似的突然现在眼前，使人心旷神怡，忘怀一切……”这些话都强调了鉴赏诗歌要经由“直觉”进入“意境”。

读者鉴赏诗歌的过程是一个透过意象进入意境还原诗人审美体验的过程，与诗人将审美体验通过意象营造意境创作诗歌的过程是互逆关系。读者鉴赏诗歌时的丰盈“入境”感受，实际上是诗意在读者心灵深处恣意绽放的结果。为此，教师要想引导学生领略诗意，获得审美感受，就必须通过各种手段和途径引导学生进入诗歌创设的意境。具体方法是遵循古诗词的特质，按照“诵读—入境—涵泳”的路径进行教学设计。①

# 第四部分　参考案例②

### 教学目标

1.诵读诗歌，感受诗歌的音韵美、形式美。

2.以“一水之隔的近和远”为线，理解诗歌的追寻美。

3.品读诗歌，体会诗歌“追求无果却更具美感”的意蕴美。

### 教学流程

## 一、具体的教学步骤

1.诵读——古诗词教学的起点

辅以音乐的入情朗读、声情并茂的示范朗读、跨越时空的情境吟诵。

古诗词教学中，教师投入的诵读与入情入境的指导，能令学生在享受教师课堂艺术的同时品尝到学习古诗词的无穷趣味。教学《蒹葭》时，教学重点之一就是紧紧抓住诗歌营造的情感基调指导学生朗读——多做示范，配以优质朗诵资源，务求指导学生读出节奏，读出情感，读出诗味，在此基础上分析品味语言，带领学生沉浸在诗歌意境中，感受诗境。

① 余志明.基于古诗词特质的诗词教学[J].语文教学通讯，2016(6)：44—47.

② 余志明.基于古诗词特质的诗词教学[J].语文教学通讯，2016(6)：44—47.

2.入境——古诗词教学的核心

（1）意象联想法

《蒹葭》设计示例：

A.请选择你认为合适的方式读《蒹葭》，并思考诗人望见了什么，可用诗句回答。

B.请围绕“苍苍”“萋萋”“采采”三个词展开想象，以诗人的身份用“在这无边的秋色中，我望见____”描述想象到的画面。

C.指导学生朗读《蒹葭》。

D.指导学生思考读出了诗人什么样的内心感受。

抓住意象引导学生展开联想和想象并反复揣摩品味，是顺利进入诗词意境从而领悟作者思想感情的关键。这种通过意象展开联想和想象的方法是最原始、最实用的“入境”法，在此基础上的品析会更深入、更深刻。

（2）一线穿珠法

《蒹葭》设计示例：

利用追求者和被追求者之间“一水之隔”的“远”和“近”进行的“追求过程的似近实远”的教学设计。

突破一：伊人的近（由“象”入“境”）

主问题：伊人在哪里？

预设：学生指出伊人“在水一方”“在水之湄”“在水之涘”。追求者和被追求者一水之隔。说远不远，能看得见伊人的模样。

追问：根据诗中的这些景物发挥想象，脑海里会浮现出一幅怎样的图画？

（设计意图：教师引导学生抓住诗中的意象充分发挥想象，开始由“象”入境去感受诗人眼中的景物。）

突破二：伊人的远（由“境”会“意”）

主问题：诗人说“宛在水中央”“宛在水中坻”“宛在水中沚”，“宛”字告诉我们什么？

（设计意图：教师引导学生逐渐明白——伊人的所在是模糊的，伊人的存在对于追求者来说，不是梦境也可能是幻境。如此努力，还是找不到对方的确切位置；如此执着，对方还是没有给自己一个明确的回应。追求者的追寻结果是未知的，也是遗憾的，求而不得，只能看到一个模糊的身影，时隐时现，似见非见。这是一场怎样近在咫尺却远在天涯的追寻啊？顾城的《远和近》里写着：“你/一会看我/一会看云//我觉得/你看我时很远/你看云时很近。”伊人好像是和茂密的芦苇丛、悠悠的河水融合在一起的，离它们很近很近，可是离追求者却很远很远。看似不宽的水域，却成了永远蹚不过去的河！）

突破三：追寻过程的“似近实远”

主问题：追求者“溯洄从之”“溯游从之”，无奈“道阻且长”“道阻且跻”“道阻且右”，这是一场怎样的追寻？

预设：学生通过讨论明白这不是一场简单愉快的追寻，而是一场似近实远的追寻，注定只是一场没有答案的永久的单相思。

追问：这一场追寻是遗憾的吗？

预设：学生讨论意见不一，教师对有理有据的答案都可肯定。同时引导学生理解“一水之隔的美感”——一汪悠悠的河水，带给追求者无尽的阻碍和考验，让我们看到了一份坚定与执着；一汪悠悠的河水，给被追求者披上了扑朔迷离的外衣，带给我们更多的朦胧美和想见的欲望；一汪悠悠的河水，营造着一段悠悠的深情，没有言语的表白，却让我们好像看见了这片水域也是含情脉脉的。这是一汪不可缺少的水，它不是多余的场景设置，也不是横亘在两人之间的障碍，它就是一个帮助追求者完成美好角色、塑造完美形象的最好布景。它在告知人们，距离可以产生美感。《蒹葭》的传唱就在于这片水域，这个美丽的阻碍，这阻碍终究化作追求者追寻的动力，尽管步履维艰，心情沉重，希望渺茫，也依然目标坚定，上下求索，给我们带来一幅幅唯美的画面，带来一个个完美的形象，带来一段段凄美的故事。

3.涵泳——古诗词教学的落点

(1)诗画结合

古诗词有一个重要的特点就是意境美。古诗词教学中，教师要引导学生在诵读的基础上展开想象，将诗歌内容由抽象的文字转换成具体可感的画面——这是古诗词鉴赏的路径，也是古诗词鉴赏的诗意所在。

《蒹葭》设计示例：

读诗，感受诗的绘画美。

主问题：有人评价唐朝诗人王维的作品——“诗中有画，画中有诗。”《蒹葭》之所以成为《诗经》中最经典的诗歌之一。就是因为这首诗本身就像一幅精美的图画。再读诗歌，想象诗歌的画面美。

预设：学生想象并描绘画面。(口头或书面分享交流)

教师描述画面，让学生感受画面之美——“金秋清晨，芦花泛白，清露为霜，瑟瑟秋风，苇丛飘荡，茫茫秋水。清明澄澈，水上烟波万顷，空中雾霭迷离，弯曲的河道，水中的小洲，隐约在目。此时，一位执着的追求者，踌躇水畔，他热烈而急切地追寻着。‘伊人’仿佛在水一方，但一水盈盈，河道阻隔。‘伊人’可望而不可即，于是他彷徨往复，心醉神迷，内心痛苦，不可言状。”

追问：从诗歌意境和画面感受到了什么？

引导同学感受主人公对“伊人”的追寻可望而不可即，但依然坚定而执着。

(2)适时链接

古诗词教学中，学生有时会因为生活阅历浅与缺乏时代背景知识而出现只知其意而难以体验其情的情形。此时，教师要给学生及时提供适当的链接支援，帮助学生理解诗词的主旨，品味诗词的情感。学生对《蒹葭》主题的理解往往比较直观，会单一地认为是“爱情诗”，教师在讲主题的多元性时，可以适时链接相关的权威解读文献，能让学生的理解更全面，更饱满，从而丰富学生的审美感受，达到涵泳诗歌的目的。

(3)激疑探究

学贵有疑，思源于疑。古诗词教学中，教师要根据教学内容与教学实际，设计有价值的问题引导学生探究，激发学生的探究兴趣，培养学生的发散思维，进而达到涵泳古诗词的教学境界。比如，教学《蒹葭》时教师就可以这样设计问题：

世人爱以成败论英雄，那么这场无果的追求是否就无意义了呢?

让学生在课堂上热烈讨论这个问题，深入探究，教师适时点拨，相机诱导，引导学生主动思考，互相补充，集思广益，真正在诵读古诗词的同时理解了诗意，涵泳了诗理。

(4)拓展阅读

拓展阅读戴望舒《雨巷》，完成学习单。

<table>
<tr><th>诗歌</th><th>追寻者</th><th>追寻对象</th><th>追寻过程</th><th>追寻结果</th><th>追寻之美</th></tr>
<tr><td>《蒹葭》</td><td></td><td></td><td></td><td rowspan="2"></td><td rowspan="2"></td></tr>
<tr><td>《雨巷》</td><td></td><td></td><td></td></tr>
</table>

学习单参考：

<table>
<tr><th>诗歌</th><th>追寻者</th><th>追寻对象</th><th>追寻过程</th><th>追寻结果</th><th>追寻之美</th></tr>
<tr><td>《蒹葭》</td><td>在深秋清晨徘徊蒹葭河畔，翘首以望那位在水一方的伊人</td><td>若隐若现，时远时近的“伊人”</td><td>不辞艰辛“溯洄从之”“溯游从之”，上下求索</td><td rowspan="2">未果，但却不放弃</td><td rowspan="2">同是对美好对象、美好人生、美好理想的追寻，作为同时具有象征意蕴的追寻主题，《蒹葭》《雨巷》呈现出非凡的情感力量，热烈、低沉、执着、积极求索，虽失望忧伤却永不放弃的追寻之美</td></tr>
<tr><td>《雨巷》</td><td>独自彷徨在悠长又寂寥的雨巷，目的只为“逢着一个丁香一样结着愁怨的姑娘”</td><td>缥渺莫寻、面目模糊的“丁香一样结着愁怨的姑娘”</td><td>“彷徨”“徘徊”“逢着”“飘过”……百般追寻，没有放弃</td></tr>
</table>

（设计意图：强化对“追寻之美”的理解，同时引导学生除了关注诗中主人公的执着追求以外，更引导学生关注——人人都有追求，但失败是一种人生常态，成功者凤毛麟角，要享受过程与追寻的痛苦。这种美更为真切而动人。）

4.小结

《蒹葭》被誉为“千古伤心之祖 ”，以其缠绵哀婉的情思、令人神往的秋水伊人、可望而不可即的追求境界，成为《诗经》中的千古绝唱。无论从诗歌整体呈现的象征意蕴，还是秋水伊人的魅力身影，抑或诗篇隐隐的朦胧情思，《蒹葭》给我们营造出了非凡的审美世界。让我们品悟到：经典文学作品对文化和主流价值、审美观的影响——言有尽而意无穷，含不尽之意于言外。

## 二、课后作业

参照《蒹葭》，选取一个意象，仿写一首诗歌，表达你理解的追寻之美。

板书设计

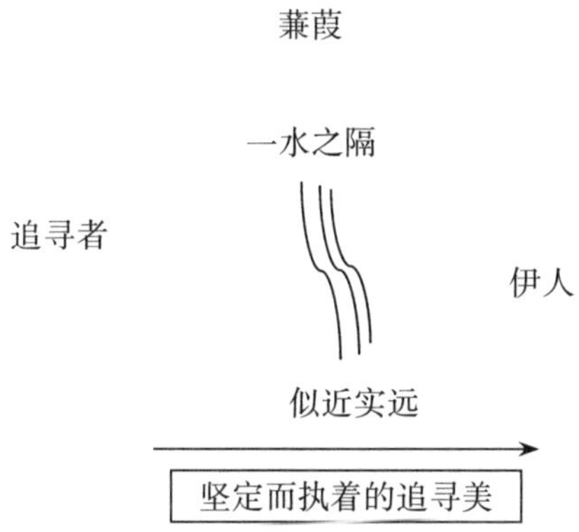

# 从说理之妙，探求庄子自由之境

## ——《北冥有鱼》教学知识（PCK）的择定与建构

深圳市黄麻布学校　来永花

## 第一部分　文本解读综述

在部编版改编前，九年级下册第五单元选入庄子两篇文章《惠子相梁》《庄子与惠子游于濠梁之上》。2017年部编版改编后《庄子二则》放入八年级下册第六单元，其中《北冥有鱼》取代了《惠子相梁》，成为2017年新增加的文言文中考必考篇目。《北冥有鱼》节选自《庄子·内篇·逍遥游》，约140字，描述了神奇雄伟的鲲鹏形象，以及大鹏凭借旋风向南迁徙到南冥的故事。《逍遥游》作为《庄子·内篇》的第一篇，开宗明义，一直以来备受青睐。人教版普通高中课程标准实验教科书语文必修五第二单元和苏教版高中语文必修五"我们头上的星空"板块都节选了《庄子·逍遥游》"北冥有鱼，其名为鲲……至人无己，神人无功，圣人无名"部分约810字，人教版选修教材《先秦诸子选读》摘选的《逍遥游》片段，在"圣人无名"之后多了"尧让天下于许……则夫子犹有蓬之心也夫"约710字。由此可见，新课程改革以来，庄子的《逍遥游》在语文教材中一直占据着相当重要的位置。

但不可否认的是，《逍遥游》在中国文化典籍里是难度较大的文章，《庄子》一书，大多采用"寓言、卮言、重言"的形式说理，而"三言"之中，"寓言十九"，卮言烂漫，读者往往难以准确把握其所传达的意旨。他常自称自己写了一卷"谬悠之说、荒唐之言、无端崖之辞"[①]，因此其文章的章法就显得散漫断续，变化无穷，难以捉摸[②]，这给一些中学教师的文本解读和日常教学带来了困难，很多问题到今天学界还有争论。高中课本曾将《逍遥游》节选片段从一年级调到二年级，第一册调到第四册，新课程标准又将其放入第五个模块，从课文位置的不断变动可看出编者的困难处境。高中尚且如此，那么初中教学又该让学生掌握多少？这显然也是值得探讨的问题。作为名篇，对《逍遥游》中鲲鹏寓意的研究和争论从来没有停止过，现从以下几个方面对目前的研究进行梳理。

① 鲁迅．汉文学史纲要［M］．江苏：凤凰文艺出版社，2017：28

② 林志强．九万里而后逍遥游——以《逍遥游》的解读为例看庄子寓言的教学［J］．福建教育，2014（45）：44—46.

## 一、关于《北冥有鱼》的文章主题

《北冥有鱼》作为新入选初中教材的课文，目前研究资料相对较少。前已提及，高中节选《逍遥游》的前三段，关于此项研究已较为丰富，多是对鲲鹏形象的解析或者据此来探究文章主题。这为我们研讨八年级课文《北冥有鱼》提供了诸多思路和方法。综合现有资料可知，研究者对《北冥有鱼》主题的论说正如《逍遥游》的题旨般，众说纷纭，莫衷一是。但条分缕析不难发现，目前学界对主题的探讨不外乎两种观点，即万物有待说和追求绝对自由的求道精神，两者并不矛盾，现就此两种观点展开陈说。

### （一）万物有待说

历来对《逍遥游》开篇鲲化鹏的解说多从“万物有所待”的观点进行阐述，晋人支遁、清人王夫之皆持此说。《世说新语·文学》刘孝标注引支遁《逍遥论》云：“夫逍遥者，明至人之心也。庄生建言大道，而寄指鹏鷃。鹏以营生之路旷，故失适于体外。岂所以逍遥乎？”[①]此说有众多追随者，如北宋王雱、清末刘凤苞以及今人谢祥皓、张默生等。他们在支遁、王夫之观点的基础上又有所阐发：甚或野马、尘埃，皆“有所待”而后行，不可谓逍遥游。[②]不仅鲲鹏，野马、尘埃等也是有所凭借的。可以说，如此阐释是较符合庄子《逍遥游》追求无所待的绝对自由境界的主旨。据此，现在的教材多从此说，如袁行霈先生主编的《中国文学史》对于《逍遥游》的主题也论述道：从鲲鹏展翅到列子御风而行的内容，并非作品的主旨，只是为了用他们的有待逍遥来陪衬、烘托至人的无待逍遥。[③]朱东润先生主编的《中国历代文学作品选》在《逍遥游》题解中也如是阐述。有教师的期刊论文也多从此说：逍遥游是超脱于外在的功名利禄对人的束缚，达到无所凭借、无所依靠的自由状态，但很显然鲲鹏依然是有所凭借的。且多位教师以此为依据完成《逍遥游》中“鲲鹏之变”这部分的教学。

### （二）追求自由说

方勇等在《庄子闲读》中讲道：后人却以“大”为逍遥，借其形象来抒发自己的理想和志向，寄托自己的爱国之情。尤其是李白，他在《大鹏赋》中使大鹏摆脱了庄子本意的限制，以一副宏大雄伟、神奇无比的形象出现在世人面前。[④]而直到今天，人们还喜欢用鹏鸟寄托美好的愿景。此论说并非空穴来风，晋人向秀、郭象，唐人成玄英，清人林云铭、宣颖、孙嘉淦等均认为鲲鹏是逍遥自在的。如郭象注《逍遥游》：“夫小大虽殊，而放于自得之场，则物任其性，事称其能，各当其分，逍遥一也，岂容胜负于其间哉！”不仅肯定大鹏的自由，蜩、鷃等也有其逍遥之意。徐保超、张鹏飞的文章《“大鹏”是否“逍遥”辨析》云：“鲲

---

① 刘义庆. 世说新语详解[M]. 刘孝标注. 上海：上海古籍出版社，2013：136.

② 庄周. 庄子[M]. 方勇译注. 北京：中华书局，2010：1.

③ 袁行霈. 中国文学史（第三版）（第一册）[M]. 北京：高等教育出版社，2014：85.

④ 方勇，张晨霞. 庄子闲读[M]. 上海：汉语大词典出版社，2003：17—18.

鹏虽然有所追求（徙于南冥），也有所待（大风），但如若从它飞行的高远观之，它探寻的确实是远离物质的凡尘俗世的人生境界，即最终追求的正是精神上的自由自在的生命‘逍遥’。”[①]此项论说较为全面，不仅指出了鲲鹏的局限性，也强调了大鹏的远大追求，为我们更进一步理解《北冥有鱼》指明了方向。林志强《九万里而后逍遥游——以〈逍遥游〉的解读为例看庄子寓言的教学》[②]一文也从此说。由这些论述可知，庄子恢弘的想象为后世提供了一个自由驰骋的空间，即使庄子的本意是借鲲鹏的“有待”来阐释自己的观点，但文本落成后的独立性，已让浩瀚的鲲鹏形象具有了独立存在的意义。

### （三）深厚的文化意蕴和积极向上的精神标杆

《逍遥游》成书以来，鲲鹏神奇瑰丽的艺术形象不断被剥离与剖析。后世多阐述“鲲鹏”意象的起源，分析和探讨“鲲鹏”意象的发展及其演变历程。在中国传统文化中，“鲲鹏”已成为一个带有神奇象征色彩的意象，具有深厚的审美意蕴，对于华夏民族的审美心理，尤其是士子文人的人格理想、精神追求具有重要影响。[③]肖良《古诗文中鲲鹏形象的演变》将“垂天之云”“抟扶摇而上者九万里”鲲鹏形象等归为三类：“才力非凡、志向高远的象征”“意志坚定、迎难而上的代表”“志行高洁、傲视群雄的化身”。[④]使鲲化为鹏的勇气与执着以及大鹏飞上九万里高空的自由已成为“不满现状”“积厚”“挣脱束缚”“志存高远”“意志坚定”“品行高洁”等的代名词。大鹏通过勤学苦练、磨砺自己和把握时机，开阔了自己的眼界与心胸，“鹏程万里”“大鹏展翅”等也为志向豪迈做注解。诚如阮祥毅所言：庄子凭借鲲鹏意象开启心灵之门，唯有打通内在的重重隔阂，突破现实的种种限制，实现人生价值的重估、解惑升华，方能开拓出一个至高的修养境界，从而使得精神最终有可能达求大解放、大自由和大超脱。[⑤]鲲鹏形象已然成为中国人精神世界里一个不断被充实和焕发新生命力的文化符号。

## 二、关于《北冥有鱼》的艺术特色

对于庄子《北冥有鱼》艺术特色的赏析，目前学界观点一致。庄子想象力非常丰富、奇特，比喻层出不穷，语言灵活多变，善用夸张，表现独特、生动、多彩的形象。庄子往往不直接选定自然中的“象”表达“意”，而是大多通过描述想象当中的“象”，采用隐喻认知手段来表达“意”，给人无限启迪和遐想，并借此塑造了许多生动鲜明而又奇特怪诞的意象，引发读者从荒诞的寓言故事中体味哲理，极大地增强了议论文的趣味性。陈赟《大鹏是否逍遥——再论〈逍遥游〉的篇章结构与论证方式》、张英伟《论〈逍遥游〉中的意象隐

① 徐保超，张鹏飞.“大鹏”是否“逍遥”辨析[J].江西广播电视大学学报，2011(1)：33—35.

② 林志强.九万里而后逍遥游——以《逍遥游》的解读为例看庄子寓言的教学[J].福建教育，2014(45)：44—46.

③ 叶翠.“大鹏”意象的历史演变与审美意蕴[J].淮海工学院学报(人文社会科学版)，2014(6)：42—45.

④ 肖良.古诗文中鲲鹏形象的演变[J].文学教育(下)，2012(6)：26.

⑤ 阮祥毅.千古伟象在，谁解其中情——走出庄子“大鹏”形象解读的误区[J].语文月刊，2012(3)：71—73.

喻》、孔维藤《浅析〈庄子·逍遥游〉的主旨及艺术特色》等多探讨庄子的这一写作特色。

鲁迅在《汉文学史纲要》中也曾提道：然文辞之富美者，实惟道家……人物土地，皆空言无事实，而其文章汪洋辟阖，仪态万方，晚周诸子之作，莫能先也。而教材所节选的《北冥有鱼》则将这些特点诠释得淋漓尽致，开篇便是不知其几千里的鲲、鹏，鲲的神奇变化、鹏的背负青天以及抟扶摇直上翱翔于九霄等，意境开阔，想象丰富，文章汪洋恣肆，充满浪漫主义色彩。人民教育出版社出版的普通高中新课程语文教材甚至回避了争议不断的主题而只针对文章的写作艺术展开："庄子的文章意境开阔，想象奇特，能够运用大量幻想的、传说的和现实的事例，阐明自己的观点，使文章充满浪漫主义色彩。[①]中学教材也基本达成一致，认为该文"善用比喻、寓言故事来说理，富有感染力。想象丰富，意境开阔，富有浪漫主义特色"，"以寓言故事设喻来说明道理"[②]等，这无疑有意于开拓学生的思维，为写作提供了新的思路和素材。

## 第二部分　案例设计综述

因是新入选初中教材的篇目，因而资料相对较少，名篇教学案例寥寥，现结合查询到的资料选取17篇教学案例，并从教学目标、教学方法、教学内容和教学导入四方面做分析。

### 一、教学目标的统计分析

表1　教学目标统计

| 类别 | 序号 | 教学目标 | 数量 | 所占比例/% |
|---|---|---|---|---|
| 文言知识 | 1 | 能掌握重要的文言实词、虚词 | 9 | 53 |
| | 2 | 能疏通文意，翻译全文、背诵全文 | 7 | 41 |
| | 3 | 能划分文章层次，梳理故事情节特点 | 5 | 29 |
| 学习方法 | 4 | 能掌握查工具书、圈点勾画等学习文言文的一般方法 | 5 | 29 |
| | 5 | 能读准字音，能流畅地通读全文、背诵全文 | 8 | 47 |
| | 6 | 能结合自己的理解说出这个小故事 | 5 | 29 |
| | 7 | 能品析语言，把握行文风格 | 7 | 41 |

① 课程教材研究所．高中语文（必修五）[M]．北京：人民教育出版社，2015：35.

② 薛金星．中学教材全解（八年级下册）[M]．西安：陕西人民教育出版社，2016：123.

续表

| 类别 | 序号 | 教学目标 | 数量 | 所占比例/% |
|---|---|---|---|---|
| 文学常识 | 8 | 能搜集庄子的有关资料，并了解《庄子》 | 9 | 53 |
| 主题 | 9 | 能理解万物“有所待”，人的目的和愿望受到约束和束缚的文章主题 | 9 | 53 |
| | 10 | 能体味庄子的自由思想，做志存高远、有梦想的人 | 4 | 24 |

梳理以上课例中占比较大的教学目标如下：

1.基础知识的把握：重视实词、虚词把握和流畅朗读、背诵课文的能力。可见对于初中阶段文言文的教学，更多教师还是侧重于让学生掌握文言词汇，打牢基础。

2.搜集和积累文学常识的能力：能搜集庄子的有关资料，并了解《庄子》。这不仅侧重于培养学生搜集信息的能力，更让学生在自己查找资料的同时主动接触庄子其人、《庄子》其书，为本文的学习打下基础。

3.对主旨的探究：能理解万物“有所待”，人的目的和愿望受到约束和束缚的文章主题。

## 二、教学方法统计

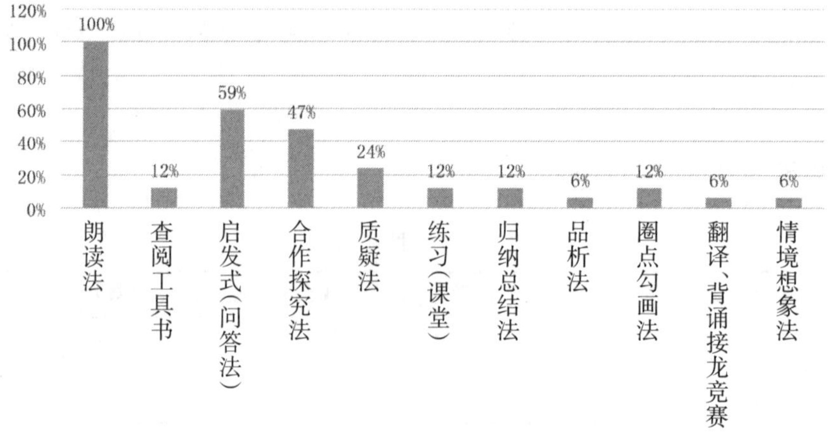


图1　教学方法统计

从图1可以看出，朗读法、启发式（问答法）和合作探究法占了相当大的比重。文言文的教学需以读促解、以读促译、以读促讲，且初中阶段所选取的文言文多是经典篇目的经典节选，文言文相对现代文理解难度较大，因而培养学生的语感、增强学生对古文的感知力至关重要。正如陆芳老师在其教学案例《读着读着就懂了——以〈北冥有鱼〉为例》中谈道：恰当的朗读环节的设置与多样化的朗读方式更能激发学生对文言文的兴趣，使其克服对文言文的恐惧感和陌生感。智慧生态课堂的打造需要切实贯彻落实“以学生为主体，教师为主导”的理念，启发式教学和合作探究法是可以很好引导学生的方法。这些方法的多次运用，可见教师们在朝着这一目标前进。朱红甫老师在其课堂最后引入主题和启发式思考时使用了情境想象法这一教学方法。学生通过情境想象，多角度地理解《北冥有鱼》的主旨，收获了诸多启示，是较为成功的教学方法。

## 三、教学内容统计

表2　教学内容统计

| 序号 | 内容表述 | 出现次数 | 占比/% |
| --- | --- | --- | --- |
| 1 | 赏析艺术特色、寓言的写法（备注：多从赏析“抟扶摇而上九万里”一句入手） | 7 | 41 |
| 2 | 主题思想 | 11 | 65 |
| 3 | 基础字词 | 13 | 76 |
| 4 | 文学常识 | 12 | 71 |

从统计的表格不难看出，教学内容与教学目标基本一致。教授者对《北冥有鱼》教学的把握还是侧重于对基础知识的夯实。孟子强调“知人论世”，因而补充有关庄子的典故等文学常识一方面更有利于学生了解文章寓意，另一方面对学生增强文化的认同感与自豪感、提升学生的兴趣大有裨益。在对文章艺术特色的赏析方面，多篇案例从赏析“水击三千里，抟扶摇而上者九万里”展开，这诚然可以窥得庄子的行文特色，但如此把握该文的艺术特色未免有些单薄，或可借助“群文阅读”的方式以更好地展开这一教学。

## 四、教学导入统计

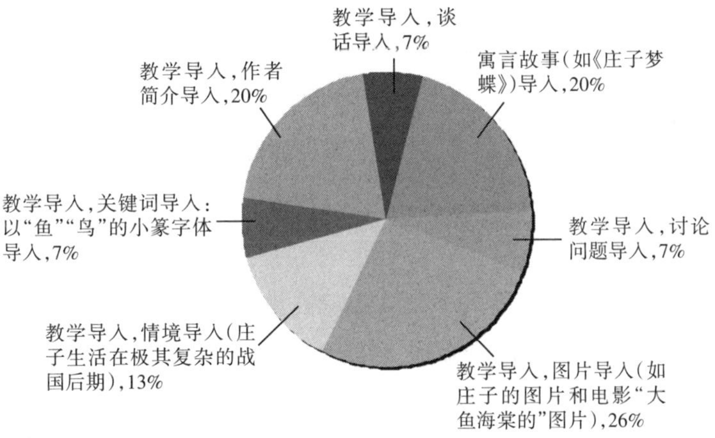


图2　教学导入统计

在教学方法的设计上，大多教师会采用与庄子有关的寓言故事、庄子的图片或以取材于《逍遥游》的电影《大鱼海棠》的海报、作者简介、情境导入等。采用寓言故事和动画电影《大鱼海棠》的海报抓住了学生好奇的心理，较有益于激发学生更深入地了解文章的兴趣。采用“情境导入法”的教学案例为学生创设了庄子生活的时代的情境，拉近了作者与学生的距离，也为学生理解本篇课文提供了解读路径。朱红甫老师从与本文相关的“鱼”与“鸟”的小篆导入，富有新意，有利于让学生在核心字和文本内涵之间初步建立宏观联系，朱老师借此进一步让学生识记“鲲”“鹏”二字，并注意强调中国汉字的结构，这相较于其他教学案例直接出示字词更有益于学生建立知识体系。

## 第三部分　教学建议

人教版与苏教版语文教材对节选的《逍遥游》部分的要求分别为：阅读这些作品，要悉心体会，注意领略其中不同的文体风格和语言韵味；最好能够熟读成诵，这样就能披文入情，把握作品所抒发的真挚情感。[①]思想是关键的，思想着是快乐的，创新的思维总是不满足于现成结论，学会怀疑，学会思辨，真理之门才会向我们敞开。[②]《北冥有鱼》作为初中新入选的课文，其所在单元的要求为：“要在反复诵读的基础上，培养文言语感；注意积累常用文言词语和句式，欣赏课文中精彩的语句；还要学习古人论事说理的技巧，体会他们的人生感悟，从中得到思想启迪和情感陶冶。”[③]相较于高中的目标，初中阶段更侧重于初步领略庄子智慧的奥妙，学习庄子借物说理的巧妙之处，为今后更深入的学习打下基础。基于此，在今后的教学中我们可注意以下几点教学内容：

**1. 简单疏通文意**

八年级的学生已具备了一定的文言基础知识，因而如若把教学内容重点定位于文言知识的单调教学和文意疏通上，不仅费时难解，且容易将飘逸洒脱、雄奇深邃的美文分解得支离破碎，索然无味，而且会疏远学生与“庄子”的距离。[④]《北冥有鱼》是较为简单的文言文，多数学生可结合注释自主学习，教师不需再面面俱到地翻译全文，可选择重点的词语和较难理解的句子解析即可。

**2. 对文章主题的解读**

目前对“鲲鹏”形象解读的争论主要在大鹏自由与否的问题上。但结合《逍遥游》主旨而言，两者并不矛盾，大鹏仍未能摆脱外物的影响，依然要有所凭借。但它背负青天，跨越万里的姿态无疑是值得肯定的，鲲鹏是庄子所追求的逍遥之路上并不完美的寄托。目前许多教师多从“大鹏的形象如何”“大鹏飞上九万里高空需要什么条件”等入手，分析

① 课程教材研究所.高中语文（必修五）[M].北京：人民教育出版社，2015：30.
② 丁凡，杨九俊.（苏教版）语文（必修五）[M].南京：江苏教育出版社，2008：92.
③ 教育部组织编写.义务教育教科书　语文　八年级　下册[M].北京：人民教育出版社，2017：115.
④ 张茗，訾惠.《逍遥游》课例赏鉴[J].语文教学通讯，2011（7-8/A）：94—97.

大鹏不自由的主题，这诚然合乎《北冥有鱼》的主旨，但通过拓展阅读《逍遥游》，探求庄子所追求的自由之境、逍遥之意，以激起学生学习庄子思想等的学习兴趣，也是今后教学可尝试探讨的路径。

**3．“借物说理”的写作手法**

《庄子·寓言》篇云：“寓言十九，藉外论之。”即假借外物来立论的写作手法。王荣生老师说：它不是对文言文的简单翻译与概括，却能引导学生初步思考文本的寓意。[①]“庄子运用神话式的夸张和想象，创造了一系列波诡云谲、光怪陆离的语言形象”[②]，这使他的寓言故事充满了浪漫主义气息，并奠定了我国浪漫主义的寓言创作传统，而《逍遥游》散漫断续、浪漫神奇、变幻无穷的艺术风格的形成无疑与此相关。可见《北冥有鱼》所采用的“借物说理”的创作方式是学生深入感悟庄子文学作品所绕不开的内容，教学单元要求也对此进行了明确说明。但根据上文所统计的教学目标和教学内容可知，很多课例将其作为讲解主旨的手段带过，或根本未涉及这一说理方式。这应该成为今后教学中所注意的问题，要注意让学生首先能震撼或陶醉于其行文风格，获得阅读的审美体验，这也正是现在部分高中、初中教材的意图走向。

**4．拓展阅读的引入**

张茗和訾惠老师说：我们的文言教学应把相当的精力放在使学生了解传统文化，并主动探求每篇古文所包含的深层意义上来，要使学生通过文言文去体认古人的命运遭际和灵魂世界，在与古人进行思想交流的同时启迪他们的思维，思考当今的生活。[③]读其书，知其人。要深切地体认古人的灵魂世界，探求文章深层含义，则需要广泛的阅读与之相关的书目。不少教授者把了解庄子和学习《庄子》作为教学目标和内容，应是出于这一考虑。目前来看，八年级学生对深入把握《北冥有鱼》借物说理的创作方式、深邃的意蕴无疑有相当大的难度。把引入庄子相关的寓言故事、引领学生结合所学进行思考的教学方式作为切入点，或可为帮助学生进一步了解庄子的哲思助力。

## 第四部分　参考案例

### 教学目标

1．了解鲲鹏有所局限的选文主旨。

2．初探庄子追求的自由境界，体会庄子思想的魅力。

① 王荣生．文言文教学教什么[M]．上海：华东师范大学出版社，2014：190.

② 高晶．《庄子》和《韩非子》寓言对后世文学的影响[J]．文学教育（上），2013（2）：88—89.

③ 张茗，訾惠．《逍遥游》课例赏鉴[J]．语文教学通讯，2011（7-8/A）：94—97.

3.了解庄子借物说理的巧妙之处，并学会使用这一手法进行写作。

**预习准备**

1.拓展阅读《逍遥游》文章到“至人无几，神人无功，圣人无名”。

2.收集与庄子相关的小故事。

3.结合课下注释掌握文章大意。

**教学流程**

## 一、字词导入，初识“鲲”“鹏”

屏显：“鱼”的小篆写法，学生根据字形猜测意思。接下来屏显“昆”字小篆的写法，学生理解“鲲”，并据此讲解中国汉字的构造（形声字）。同样的方法，屏显“鸟”小篆的写法，接下来屏显“朋”进一步引入“鹏”。《北冥有鱼》就是发生在“鲲”“鹏”身上的故事，接下来让我们一起学习庄子的《北冥有鱼》。

设计意图：以小篆“鱼”“鸟”导入的设计借鉴了朱红甫老师的国学经典课堂的导入方式。一般来说学生对文言文的学习多为死记硬背，这严重打压了学生学习古文的积极性。以字词导入，追根溯源，使学生了解古代文字的发展与演进历程，激起了学生的兴趣，自然导入本文，新颖有趣。

## 二、花样诵读，再识“鲲鹏”

1.屏显：

北冥有鱼其名为鲲鲲之大不知其几千里也

化而为鸟其名为鹏鹏之背不知其几千里也

怒而飞其翼若垂天之云是鸟也海运则将徙于南冥南冥者天池也

齐谐者志怪者也谐之言曰鹏之徙于南冥也水击三千里抟扶摇而上者九万里去以六月息者也

野马也尘埃也生物之以息相吹也天之苍苍，其正色邪其远而无所至极邪其视下也亦若是则已矣

（1）去掉标点，学会句读。

（2）读出停顿、语气。

教学方式：给学生自由朗读的时间（可学习古人摇头晃脑的阅读方式），接下来学生尝试阅读，提醒学生注意读出自己所感觉到的气势与语气的变化。学生范读，教师引导再次齐读。

设计意图：“书读百遍其义自见”，《北冥有鱼》句式较为整齐，读来朗朗上口。多种形式的阅读将原本对学生来说枯燥无味的文言文，转化为一种阅读的乐趣。无句读的句子原本是古人写作和阅读的常态，因而去掉标点让学生更切身体验了古人的学习情境。变

化句式，将课文以散文诗般的形式呈现在学生面前，一方面激发学生朗读的积极性，更为重要的是为学生呈现庄子散文的艺术魅力。因此，作为教师，更为重要的是要做好“引导者”和“主导者”，能够让学生通过“朗读”环节，体悟庄子散文的精髓，感悟中华文化的博大精深，也较为切合实际地落实了本单元要求在“在反复诵读的基础上，培养文言语感”的要求。

## 三、初探“鲲鹏”：有所待

1. 说“鲲”：同学们，你们觉得“鲲”是一种什么样的鱼？

教学方式：引导学生想象。（可出示“鲲”的图片）

明确：学生找出课文原句“不知其几千里也”，形容“鲲”形体很大，比海洋中最大的“鲸”还要大上几千倍几万倍。

2. 从“鲲”化为“鹏”你读懂了什么呢？

教学方式：小组讨论，全班答疑。

明确：

（1）“鲲”化为“鹏”的内在动力：“”甲骨文的“化”字是两个倒立的“人”字，表示由昂首挺立到向下入土，即自然死亡。但我们反过来看，是不是也表示一种新生呢？引导学生思考鲲要飞上蓝天的内在动力促使它要经历获得新生的漫长历程。

（2）化为鹏后想要飞翔的外部条件：“海运则将徙于南冥”“水击三千里，抟扶摇而上者九万里”。需要凭借海水运动时带来的旋风。

（3）归纳总结为“有所待”：鲲鹏虽然形体巨大，但依然需要经历新生，并有所凭借才能飞向高空，是有所局限的，不自由的。

3. 再次发现：文中体现鹏“有所待”的还有哪里？

明确：“天之苍苍，其正色邪？其远而无所至极邪？其视下也，亦若是则已矣。”天地无穷，巨大的大鹏相较于天地何其渺小，它依然要背负青天，有所限制，没有获得真正的自由。

设计意图：《北冥有鱼》文章较为简单，稍加引导，学生便可得出“鹏虽然巨大，但想要飞翔依然要有所凭借”这一节选片段的主题。再通过问题的设置让学生再次深入了解鲲鹏如此巨大依然要背负无穷无尽的青天的局限性，引起学生探讨“什么才是真正自由”的兴趣，从而初步接触庄子所要追求的“至人无己，神人无功，圣人无名”的自由境界。

## 四、再探“鲲鹏”：追求自由

1. 请同学们阅读学习的《逍遥游》原文，思考文中哪些与鲲鹏的形象相近？哪些与它们形成了鲜明的对比？

明确：大椿、冥灵与鲲鹏形象相近，蜩、学鸠与它们形成了对比。

2.请同学们完成下列表格，并思考：作者认为大椿、朝菌、蟪蛄、蜩和学鸠等自由吗？

| 分类 | 特点 | 物 | 原文 | 是否自由（原因） |
|---|---|---|---|---|
| 空间 | 大 | 鲲鹏 | | 不自由（凭借旋风） |
| | | | | |
| 时间 | | | | |
| | | | | |

明确：

| 分类 | 特点 | 物 | 原文 | 是否自由（原因） |
|---|---|---|---|---|
| 空间 | 大 | 鲲鹏 | 鹏之背，不知其几千里也；怒而飞，其翼若垂天之云。是鸟也，海运则将徙于南冥。 | 不自由（凭借旋风） |
| | 小 | 蜩、学鸠 | 蜩与学鸠笑之曰：我决起而飞，抢榆枋而止，时则不至，而控于地而已矣，奚以之九万里而南为？ | 不自由（受自身局限无法高飞且目光短浅） |
| 时间 | 长 | 冥灵、大椿 | 楚之南有冥灵者，以五百岁为春，五百岁为秋；上古有大椿者，以八千岁为春，八千岁为秋，此大年也。 | 不自由（不能长生不老） |
| | 短 | 朝菌、蟪蛄 | 朝菌不知晦朔，蟪蛄不知春秋 | 不自由（寿命的有限） |

3.结合以上表格分析，作者认为鲲鹏、大椿自由，还是朝菌、蟪蛄、蜩与学鸠自由呢？

作者认为鲲鹏、大椿更自由。虽然它们有所局限但相较于目光短浅、见识浅薄、关注自我、满于现状的蜩和学鸠来说，它们想要不断超脱外物限制，想要获得自由的精神十分可贵。可见鲲鹏虽然未完全获得自由，但仍然是作者的一个并不完美的理想寄托。

设计意图：文言文是中国传统文化的载体，中华文化博大精深，古代人们的智慧直到今天仍然散发着无穷的魅力，庄子追求的圣人之境成为无数文人志士的精神寄托。鲲鹏虽然未达到作者的理想追求，但依然是高于以蜩、学鸠为代表的一些人，虽未达到圣人，但也可称为高人。由此学生不仅初步了解到庄子“逍遥”之意，也初步感悟到作者借物说理的写作方式之妙。

## 五、拓展阅读，再悟自由

1.既然作者否定了“蜩与学鸠”，对鲲鹏也并不完全满意，那么作者到底要追求一种什么样的自由境界呢？

明确：教师引导学生读拓展阅读的“至人无己，神人无功，圣人无名”，这是一种精神自由，即消除了物我界限，修养最高、任顺自然、无意于求功、无意于求名等。

2.同学们让我们再看和庄子有关的一则小故事，或可窥探到庄子所追求的“自由精神”的一角。

惠子相梁，庄子往见之。或谓惠子曰：“庄子来，欲代子相。”于是惠子恐，搜于国中三日三夜。庄子往见之，曰：“南方有鸟，其名为鹓雏，子知之乎？夫鹓雏发于南海，而飞于北海；非梧桐不止，非练实不食，非醴泉不饮。于是鸱得腐鼠，鹓雏过之，仰而视之曰：‘吓！’今子欲以子之梁国而吓我邪？”（《惠子相梁》）

（1）同学们，阅读完这篇故事，你读出了什么？

明确：读出了惠子醉心于功名富贵、偏狭猜忌的丑态，读出了庄子无意功名利禄，清高自守的形象。摆脱外在功名利禄的狂热追求是庄子追求逍遥游境界的其中一种态度，即摆脱外在的物欲，追求精神的独立和自由，但庄子所追求的自由境界并不仅限于此，需要同学们阅读更多庄子的文章去感悟。

（2）古往今来，无数仁人志士在庄子的精神净土里获得了心灵的宁静，找寻到了自我和初心，那么现在浮现在你脑海里的是哪些人物呢？

明确：陶渊明“采菊东篱下，悠然见南山”；苏轼多次被贬依然心无挂碍，“竹杖芒鞋轻胜马，谁怕？一蓑烟雨任平生”；等等。

设计意图：朱红肃老师说，让孩子们学习中华文化经典，一定要学《论语》和《庄子》。诚然，庄子是我国道家思想的代表人物，他的思想深邃，哲理深奥，其追求的“绝对自由”为古代文人的苦闷精神谋求了一条出路和一方净土，陶渊明、李白、苏轼等文人无不在他思想的影响下活出了自我和洒脱。通过课外拓展阅读，一方面为了让学生窥探得到庄子《逍遥游》的深邃思想，另一方面让学生不仅限于课上所学，更重要的是让学生能喜欢上作者，乐于去阅读更多他的作品，让课堂延伸到课外。

## 六、书写故事，感悟“借物说理”之妙

1.在《逍遥游》以及《惠子相梁》中，作者采用了什么样的写作方法？

明确：寓言故事，借物说理。通过讲动植物的故事来寄予作者的志向、追求或说明某个道理等。

2.庄子这种借物说理的写法，你在其他文章中看到过吗？能仿照庄子的这种言语表现智慧写上一段话吗？

明确：如《庄子·至乐》“鲁侯养鸟”的故事，《庄子·秋水》“望洋兴叹”的故事，都是寓言故事，借物说理。学生认真品读，创作一篇“借物说理”的小故事。

设计意图：《庄子》一书，大都是用“重言、寓言、卮言”形式说理，而“三言”之中，“寓言

十九”，寓言是庄子用力最勤、取得成就也相对较高、对后世影响也最大的创作方式，是值得学生去细细体味和学习的。在《逍遥游》中，作者塑造了神奇的鲲鹏形象，并借用蜩、学鸠、大椿、冥灵等说理，寄予作者的理想，形成了庄子想象神奇瑰丽、充满浪漫特色的行文风格。所以让学生在品味这一说理方法的基础上来书写创作，学生对此的感悟会更深。

## 七、布置作业

1. 阅读庄子其他文章，并探求庄子所追求的自由精神境界还包括哪些内容。
2. 收集并研读庄子借物说理的写作例子，感悟这样说理的妙处。

**板书设计**

北冥有鱼

庄子

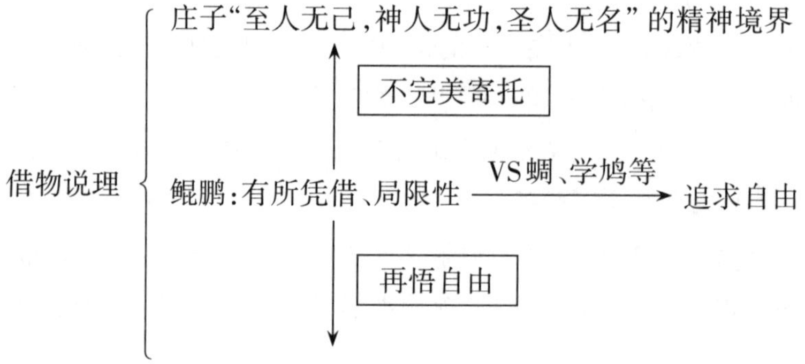

# 演读人物之传神，品味辩论之精妙

## ——《庄子与惠子游于濠梁之上》教学知识（PCK）的择定与建构

深圳市宝安中学（集团）外国语学校　钟　凌

【作品原文】

庄子与惠子游于濠梁之上。庄子曰："鯈鱼出游从容，是鱼之乐也。"惠子曰："子非鱼，安知鱼之乐？"庄子曰："子非我，安知我不知鱼之乐？"惠子曰："我非子，固不知子矣；子固非鱼也，子之不知鱼之乐，全矣！"庄子曰："请循其本。子曰'汝安知鱼乐'云者，既已知吾知之而问我，我知之濠上也。"

## 第一部分　文本解读综述

《庄子与惠子游于壕梁之上》（部编版八下《庄子》两则中的第二则）全文仅106字，是《庄子·秋水》中的一篇语录体议论文，创作于战国年代，记叙了庄子与惠子二人在濠水桥上游玩时进行的一场小辩论。

### 一、关于庄子

庄子，姓庄，名周，字子休，宋国蒙人。庄子的哲学观点独树一帜，庄学对中华文化的形成具有重要影响。庄学传承道家学派的思想内核，沿袭重思辨、尚无为、审美性强的特点，庄子对于道家文化的发展起到关键作用。

庄周性喜自由，一生未出任过大官职，楚威王慕名而来聘请庄周，他也辞不受任。终其一生，宋国地方上的漆园吏是庄周唯一从事的官职，因此他被后人给予"漆园傲吏"的美誉。庄子学识渊博，精通诸子百家学说，在儒家治世哲学方面，庄子提出"内圣外王"，对儒家理想社会制度的形成产生了重要影响；他通晓易学，提出"《易》以道阴阳"，言中了华夏哲学文明之本质，具有洞察力；他提出了"三籁"思想，这是其哲学思想体系中的一部分，与《易经》中的三才之道相为呼应。庄周与老聃齐名，被后人称为"老庄"。[①]

① 胡文臻，郭飚.庄学研究（2018年第1期）[M].北京：社会科学文献出版社，2018：8

庄子创作的传世名篇包括《逍遥游》《齐物论》等，他的论著充满了瑰丽的想象力，内容灵活多变，有如天马行空，多以譬喻阐发深刻的义理，将其阐释得十分生动。庄子的作品富有文学艺术的感染力，因此有“文学的哲学，哲学的文学”之名。庄周喜好隐逸生活，史传其曾经在南华山隐居过一段时间。随着历史与文化的发展，庄子在传统哲学中的地位愈加提高，著书《庄子》在天宝元年被称为《南华真经》。

庄周出身于没落的贵族家庭，先祖曾为宋国国君宋戴公，据历史记载，庄周出生在宋国被称为“蒙”的地方，关于蒙的现代地理位置有多种说法，包括河南商丘说、安徽蒙城说、山东东明说等。

庄周所生活的时代恰逢乱世，当时周室衰落，诸侯纷争频起，竞相夺取霸权，德政废弛。庄子不愿和肉食者相与，于是辞去公职归隐林间，不再过问世事，专心钻研学术。庄周将老子的哲学理论发展到新的境界和高度，丰富了道家学说的内涵，二人被后人合称为“道家之祖”。

庄周的著书名为《庄子》，是古代哲学思想史上的一部重要典籍。其论理精妙，言约意丰，很具有启发性，表明早在战国时代中国的哲学思辨文化便已经十分成熟，卓有成就。庄周作品“文”“质”俱佳，无论在思想上还是在文学上，庄周都给后人留下了宝贵的精神文化遗产。

## 二、关于《庄子·秋水》

《秋水》是《庄子》外篇之一，其中使用寓言故事寄寓了小大之辩的主旨，指出小与大并无绝对界限，包含了作者对宇宙之无穷的思考。《秋水》体现了“无以人灭天”的生存态度，教人们不可囿于经验与认知的束缚，心中应存广阔天地，切勿困于成见。从秋水与北海的小大之辩出发，延伸到对其他事理的思辨，论述了是与非、贵与贱、学问多与寡之间的关系，指出任何事物都并不具有永恒性，人应存有开放的思维。《秋水》这篇散文以自然喻事理，指出人对事物性质的界定并非自然的本貌，因此不应以管窥物。

《庄子·秋水》共由七篇短文组成，以每篇开头命名依次为：《秋水时至》、《夔怜蚿》、《孔子游于匡》、《公孙龙问于魏牟》、《庄子钓于濮水》、《惠子相梁》和《庄子与惠子游于濠梁之上》。仅仅从表面上来看，这七篇短文各自独立，自成一体，相互之间似乎没有什么联系，但实则不然。这七篇短文都是围绕庄子的“人道合一”思想而展开的。《秋水时至》是“主干”，提出论点，旁征博引，进行阐述；《夔怜蚿》等其他六篇是“分枝”，分别从不同的角度给予佐证。全文从“疑我”“非我”“忘我”“真我”四个层面进行分析论证，最终得出“人道合一”是人生最高境界的结论。

## 三、关于濠梁之辩

庄子与惠子的论辩是否真有其事，已经无法考证，然而其辩论的内容确有哲学上的意义。庄子认为鱼能畅游，所以可以感到快乐；惠子指出，快乐是属于鱼的情感，庄子和鱼之间存在主体意识上的间隔，所以不可能了解鱼的主观世界。这段论辩成为中国文化史上知名的哲学对话。惠子反问“子非鱼，安知鱼之乐?”，表面上看来好像只是为诘问而玩弄概念罢了，实质上却反映出古人对哲学问题的思考能力。

《庄子》中记载了庄、惠二人之间的许多论辩，濠梁之辩思路精奥，语带机锋，是其中最为有趣的论辩之一。庄子看到鱼在水中自在来去，联想到道家学派中所谈到的“自然之道”，因此发出“鱼之乐也”的感喟。但是这种推断却并无实证的依据，因此惠子以“子非鱼”来反驳它，意思是主体不可能确知其他主体的心理体验。然而庄子却以彼之道还施彼身，以“子非我”来反驳惠子。然而这也可能是惠子提前埋下的逻辑陷阱，意思是指“我不是你，正如同你不是鱼”，庄子以同样的道理来反驳，表明其接受惠子的前番论证有其正当性。于是庄子使用了诡辩术，指出惠子所使用的语言中表示他已经认可庄子能够了解“鱼之乐”。惠子的诘问本意在于说明主体的意识之间存在间隔，但是庄子却将其视为肯定性的结论。

二人之间哲学思想上的区别在于何处呢？庄子说“鱼乐”，并非对一种事实的表述，而是个人情感的表达，但是惠子更为关注客观世界，他认为物我之间存在界限，对于庄子而言，鱼也是一种客体，因此不可能完全了解客体的主观感受，“鱼乐”这个命题当然就不成立，也没有用处。“鱼乐”这条知识的产生，在于将观察所见与人的需求融合起来，才具备了意义。从中可以看出，庄子和惠子存在世界观和审美观上的区别，庄子以天人合一的方式感应万物，惠子则更为关注客观知识，在不同的思想基础上，二人对“鱼乐”做出了差异化的价值判断。然而在当代，许多学者对庄惠之辩的哲学性重视不足，这实为憾事。

王国维在《人间词话》里讲到有我之境与无我之境。有我之境，客体与主体之间存在着间隔，主体观照万物、认同万物，将自己的情感投射于外在世界中，因此一切事物中无不有“我”。无我之境中，客体与主体之间不存在间隔，意识中已经消除了物与我的差异，主体的情志不再重要，因此方能不以物喜、不以己悲。在濠梁之辩中，从哲学的角度看，是否能“知鱼之乐”，其实是无法解答的。然而，如果从审美的角度看，忽视主体与客体间的间隔，人们完全可以说“知鱼之乐”，这样的知识具备其意义。庄子在观照自然时，体验到自然物自由自在、无拘无束，由此产生了愉悦的情感。在这样的心理状态下，仿佛客体也具备了灵性，因此而论断鱼有自己的快乐，这是由情感体验造成的。庄子处于有我之境中，在万物之上着我的色彩，才提出了“鱼乐”的说法。[①]

然而，惠子的思考角度完全不同，他关注的是知识的精确性，完全属于逻辑论证的领域。惠子认为，鱼是一种客体，主体可以通过观察了解客体的外部特征，但是却完全无法理解客体的内在感受。在这里，惠子不关注情感体验，认为移情而产生的论断并不具有价值，处于无我之境中。惠子以纯粹客观的目光注视事物的本来面貌，理性地对待各种

① 段秀子.解读《庄子与惠子游于濠梁之上》的哲学内涵[J].北京行政学院学报，2007(4)：105—107.

知识。无我之境的关键在于排除情感对于理性判断的干扰，通过客观的观察与逻辑的推断来获取最符合实际情况的知识，具有一定的积极意义。不过，惠子的论辩立场过于忽视移情与审美的价值，轻视主观情感对于生活的意义，这与人的本性不符。

## 四、关于辩论的输赢

濠梁之辩的精彩之处在于，庄子使用惠子的诘问作为自身的立论依据，然而却因此而误中惠子所设的陷阱。惠子的逻辑推论非常完整而明确，他只关注“子非鱼”这个事实，因为任何主体的意识都无法互换，所以不可能知道鱼是否快乐，只有否定“子非鱼”，才可能“知鱼之乐”。庄子的答问方式实质上是对惠子推断方式的认可，庄子提出“子非我”的命题，便形同于认可了主体之间意识无法共享的说法。这个道理在惠子的诘问中提出，在庄子的同理反诘中被强化，使用对手的言论来强化自身的立场，惠子的巧辩才华与思考能力，从中可见一斑。当论辩进行到此时，可以认为惠子已然获胜，然而庄子又从语言上寻找反驳的切入点，提出当惠子说出“子非鱼，安知鱼之乐”时，表明其已经认可了庄子了解鱼的情感状态，因之再度在思想论辩中占据上风。濠梁之辩中话锋几次回转，每当论者快要被驳倒时，却又借他人的语言和思维方式提取出新的论点和诘难，发展逻辑线条。有的学者称惠子使用的论辩方式是一种诡辩，而庄子则避重就轻，他放弃了对“子非鱼”这个诘问的解释，而只是将“安”作为“何处”来解，实质上仅是文字游戏，同为诡辩之术。

濠梁之辩表现出两种哲学思想的区别，庄子向往天人合一的逍遥境界，他认为世间万物无不从属于道，又无不内在地含有道，因此主体与客体的区别并不重要，他在鱼的逍遥自在中感到物我合一，这是庄子得到快乐体验的方式。惠子当然也可以从其哲学思维中找到快乐，然而却并非将主体思维移情于外物的结果。惠子尚理性、重实证，值得人们尊重和推崇，其逻辑论辩方式散发着理性精神的光芒。他具有实事求是的态度，如果对某个现象不可知则应当承认。对惠子来说，客体与主体之间不可沟通，这是世界的客观规律。惠子同庄子一样看到鱼在水中游戏，很有可能也会产生同样的感觉，但是他认为不可能确知这种感觉，所以不可妄下断语。庄子与惠子之间的论辩，是感性与理性之间的冲突。对濠梁之辩作透彻的分析，可以加深我们对两种哲学思维之差异的认识，帮助我们把握庄子哲学思想的内核。

## 五、关于庄子与惠子

《惠子相梁》中，惠子是一个醉心于功名利禄，并无端猜忌好友的小人，庄子狠狠地奚落了他；《庄子与惠子游于濠梁之上》中，惠子和庄子在濠梁上游玩，并就庄子能否知道“鱼之乐”的问题发生辩论，可见两人是可以言谈往还的朋友。

庄子和惠子的认知方式有很大的区别，庄子以审美的方式看待世界，是具有情感性的认知活动。惠子则并不欣赏通过这种认知获取的知识，偏重有逻辑的分析和判断。两种不同态度的产生自有其原因，庄子和惠子的个性存在很大的区别。庄子能够接受实用性知识与审美性知识之间的区别，但是惠子则对逻辑具有独特的偏好。因为基本观点和思维方式不同，二人在交谈时经常抬杠。

庄子和惠子的生活境遇也各不相同，现实经历的不同难免对他们个性的形成产生影响。惠子处于统治阶层，在那样的生存环境下，很容易受到同阶层人的影响。以隐逸为志的庄子，自然免不了鄙视惠子身上的官僚气息。在《淮南子》中有文字记载，惠子路过孟诸时十分排场，随从者甚众，威风赫赫。庄子见到这副场面却避之不及，认为从河中钓到的鱼也染上了污浊之气，将其抛回水中。

庄子与惠子生活境遇不同，哲学思想也有很大差异，然而仍然建立了深刻的友情。惠子死后，庄子痛失挚友，感伤不已。《庄子》中的《徐无鬼》中涉及惠子死后庄子对他的态度，其中以一个故事来打比方，说明惠子对他生命的重要性：楚国晋人的鼻尖上溅到污泥，他并不立刻擦去，而是请一位技巧卓绝的工匠用斧头来去除这块污渍。工匠欣然答应，熟练地运斤成风，使用沉重的大斧擦去那块小小的泥点，足见其技艺之高超。与此同时，那人竟也面不改色，毫不惧怕，因为其完全相信对方的技艺。此事传到了宋元君的耳中，他派人找到了那位工匠要求亲自来试一试，感受其如何运斤成风。但是匠人却说他的对手已经死了，所以他也不能够再削了。庄子将惠子比喻为工匠的对手，认为当惠子死后，他没有了可以再与之一辩的朋友。在这个寓言故事之中，体现了庄子对惠子的欣赏与怀念。

庄子评论和怀念惠子的话语十分真挚动人，可见庄子将惠子引以为知己至交。带着这个故事再来看“惠子相梁”的故事，不禁使人反问这个故事是否是虚构的，其实也不尽然。虽然惠子和庄子对待富贵名禄的态度有一些差异，前者更加喜爱追求功名，但是从其辩论中可以看出他对待庄子十分真诚，不会做出有损朋友的事。

## 六、《庄子与惠子游于濠梁之上》赏析

《庄子与惠子游于濠梁之上》集哲思与文采于一体，在闲淡清雅的文风中寄寓了深刻的逻辑思辨。二人各有其不同的处世风格与审美立场，引人深思。惠子喜爱与人论辩，从中得到思维上的快乐，重视分析对方论句中的逻辑性。惠子对事理有穷根究底的态度，关注如何论证知识的真实性；庄子则依靠机智获取辩论的先机，对世界采取观赏的态度，他对于“鱼乐”的论断是将知、情、意三者相融合的结果。惠子有逻辑学家的个性，对逻辑推论的链条十分敏感而严肃；庄子则具备艺术家的品格，他能够从审美化的表达中获得无穷的乐趣。

“子非鱼，安知鱼之乐”这句话牵连到认识论的问题。其实，从认识论的角度来说，异类之间无法相通，无法交流感情，鱼有鱼的欢乐，人有人的悲伤。但是，庄子秉承老子的

自然之道，从天人合一的角度感知万物，认为心可以与外界移情同感。庄子从自然中看到道，因道而生悦，再将自身的喜悦移植到外界事物中，使得客体与主体同化，因此看出了客观事物的喜怒哀乐。“鱼之乐”正是来自他对“鲦鱼出游从容”这一现象的移情。这是他把自己的愉悦心境投射到鱼身上的结果，这与“感时花溅泪，恨别鸟惊心”也有异曲同工之妙。

惠子说“子非鱼，安知鱼之乐”，是偏重逻辑推理、事理分析，一即一，二即二，缺乏丰富的联想和想象。这就是文学与科学的本质区别。“子非鱼，安知鱼之乐。”其实即使是鱼，也不见得会知道做鱼的乐趣。且看世间芸芸众生，有多少人懂得做人的乐趣呢？

庄子对“鱼乐”的陈述，不是逻辑推理的结果，而是对其快乐心境的表达。抛开辩论自身的输赢不谈，从二人迥异的思维方式中可以发现，庄子和惠子在性格上存在很大区别，正是个性上的差异导致二人喜好论争。惠子喜好观察和推断，对使用言语表述的一切知识都具备寻根追底的态度。庄子则与之相反，他用艺术家和诗人的眼睛看待世界，使用诗性的语言来表达，享受对外界移情同感的过程。在濠梁之辩中，惠子在逻辑上占上风，因为他指出了影响庄子立论的关键点。但是从形式上看，是庄子取得胜利，当庄子说出“就在这濠梁上知道的”以后，惠子就没有其他话可以反驳他了。

作为先秦庄子学派的创始人，庄子发展了老子哲学思想中最为精华的一部分，且他具有深厚的文学书写功力，对后世影响极大。其论著思想性、文学性俱佳，文笔清新而充满气势，给人带来愉悦的审美体验。论说事理时，庄子多采用故事形式，尽显讽喻之意，对后世的文学语言产生很大影响。要理解中国文学的美感与哲学的深度，都不可绕过《庄子》这部论著。

庄子的哲学思想中存在着朴素辩证法的因素，最能够反映这一点的是其对“道”的论述。庄子认为“道”是先天生成的，寓于所有客观事物中。庄子认为，人为地给事物设定价值是不必要的，因而他提出了无用论。可以用如下比喻来说明其观点。一棵难看的树被认为无用，因为其无法满足三个木匠的功利性需求。第一个木匠要伐树做屋梁，然而它的树干太过弯曲盘绕，根本无法充当做屋梁的资材；第二个木匠要做磨的握柄，同样需要找高直的木头，这棵树再次被认为是无用的；还有一个木匠想寻找做车轱辘的材料，然而这棵树的外形条件并不符合木匠的要求，所以它仍然被看成无用的材料。但是庄子以无功利的态度看待事物，认为大无用就是有大作为，提倡无用也是发挥用途的一种方式。同老聃一样，庄子以“道”作为哲学思想的基础，在其哲学思想中处处可以见到有关世界运行基本规律的观念。庄子主张“无为”，是因为人设定的价值有其局限性，因此不必因主观的执念而妄为。庄子崇尚万物合一的境界，认为所有事物处于永不停息的变化之中，客体与主体之间的界限也并不明晰。

# 第二部分　案例设计综述

## 一、教学目标分析

《庄子与惠子游于濠梁之上》的教学目标设计主要集中在以下几个内容：

文言：积累常用文言词语；有韵味地朗读课文；正确断句。

文学：感受庄子生活的诗意，了解庄子的精神内涵；了解庄子的志趣；在阅读中感受庄子与惠子二人在思想与个性方面的区别。

文化：感悟庄子的哲学思想和创作风格，培养超然审美的文化品格；领会庄子对中国文化的影响。

## 二、导入方式分析

故事导入。利用《运斤成风》《徐无鬼》的故事引入庄子与惠子。

情境导入。播放动画片《庄周梦蝶》，学生说庄子，教师补充。

历史背景导入。由春秋战国时期的历史文化引出庄子，从而引出文章。

开门见山导入。直接提出文题。

## 三、教学方法分析

该文较短，文章内容浅显，没有太多挖掘点，所以大家的课例大同小异，在组织课堂教学时，依据循序渐进的原则，分别开展以下几方面活动。

1.读。学习文言文，读是必不可少的，读的形式也比较多样化，如课前自读、全班齐读、个别学生读、教师范读、听录音听读、小组读等，在读的过程中要达到准确字音、合理断句、理解情感的目的。

2.译。弄懂文意也是学习文言文必不可少的一个环节，有的在读的过程中落实了含义，有的抓关键实词，有的抓关键句子，不一而足。

3.演。笔者收集到的10篇课例中有5篇设计了演的环节，有的是演读，有的是表演课本剧。

4.辩。10篇课例有8篇设置了辩论环节：3篇课例提出问题“在这场辩论中你认为是谁占了上风”；2篇课例设置了“你支持庄子和惠子哪一方的观点”的问题；其他几篇分别设计了“体验庄惠两个半回合中论据的变化”“讨论谁是濠梁之辩的胜出一方”的环节。

5.拓展。这篇文章非常短，全文仅106字，加之对于庄子思想的理解是一个难点，所以大家都不约而同想到补充材料，来加深理解，10篇课例中有6篇加入相关材料进行拓展，引入材料包括《鼓盆而歌》《庄周梦蝶》《涸辙之鲋》《运斤成风》《郢人匠石》《庄子送葬》等。

## 第三部分　教学建议

紧扣文言文“一体四面”的教学建议，据此确定这篇课文的教学点，如表1所示：

表1　《庄子与惠子游于濠梁之上》中的教学点

| 文言 | | 文章　文学 | | | 文化 |
|---|---|---|---|---|---|
| a.正确朗读，读出文言韵味，背诵全文 | b.理解文言字词意思，掌握特殊文言现象 | c.厘清庄子和惠子的辩论思路 | d.品味庄子和惠子人物形象 | e.选择助读材料，深入理解庄子“天人合一”的思想 | f.领会庄子对中国文化的影响 |

## 第四部分　参考案例

### 教学目标

1.在课本注释内容与工具书的帮助下，认识和理解字词的意义；结合语境理解本文的内容，准确掌握文言文实词与虚词的含义，可以准确翻译全篇课文。

2.厘清庄子与惠子的辩论思路，品味庄子与惠子的人物形象。

3.感悟庄子的哲学思想和人生境界，培养超然审美的文化品格。

### 教学流程

#### 一、激趣导入

历史上有这么一个人物，他梦见自己变成了一只蝴蝶。这一番美丽的梦境却引发了他的思考，他想道：究竟是我在梦中变成蝴蝶，还是蝴蝶做梦变成了我呢？当他的妻子去世时，他并不像其他人一样哀伤恸哭，而是鼓盆而歌，这个奇怪的人是谁呢？对，就是庄子！就是这么一个特立独行、思维怪异的庄子，和惠子之间发生了一场非常有名的辩论，在这场辩论中究竟谁赢了呢？请大家翻开课本，翻到《庄子与惠子游于濠梁之上》。

## 二、读其意

### (一)读准字音　读出停顿

1.结合文下注释，自由朗读。

2.请个别同学读，其他同学纠正错误。

3.老师范读，同学们在书上勾画停顿。

4.全班齐读。

### (二)读准语气　读出感情

分两组演读课文，要求读出语气。然后点评字音、停顿及语气是否到位。

### (三)结合注释　读懂文意

1.小组合作探究：结合文下注释疏通文意，小组不能解决的问题再提出来全班解决。

2.小组置疑，小组间互相解答。

3.老师解疑(学生不能解答的问题)。

## 三、演其趣

1.演读课文——编演课本剧

小组准备一分钟左右，请同学们发挥合理的想象，让我们一起穿越时空的隧道，回到两千多前的战国时代：庄子与惠子在濠水滨上游玩，庄子说："鲦鱼进进出出，游玩得这么从容，这真是鱼儿的快乐啊！"请学生往下演绎。

2.同学评价，分析人物。

## 四、辩其真

1.读一读课文中的论辩过程，想一想二人之间谁占了优势？

从逻辑的角度而言，惠子更占优势，庄子最后靠重新解释惠子的问话来反驳对方，这是一种诡辩。

从形式的角度而言，庄子更占优势，尽管惠子知道庄子故意曲解他的意思，但是仍然未反驳对话。

2.对庄子和惠子，你更欣赏谁？

惠子对待知识的态度严肃而认真，有实事求是的态度，带有逻辑学家的个性。

庄子智辩，重观赏，对于外界的认识，带有欣赏的态度，庄子则具有艺术家的风貌。

## 五、明其理

1.阅读两则庄子的小故事，深入理解人物。

**庄周梦蝶**

昔者庄周梦为蝴蝶，栩栩然蝴蝶也，自喻适志与！不知周也。俄然觉，则蘧蘧然周也。不知周之梦为蝴蝶与，蝴蝶之梦为周与？周与蝴蝶，则必有分矣。此之谓物化。（《庄子·齐物论》）

**鼓盆而歌**

庄子妻死，惠子吊之，庄子则方箕踞鼓盆而歌。惠子曰："与人居，长子老身，死不哭亦足矣，又鼓盆而歌，不亦甚乎！"庄子曰："不然。是其始死也，我独何能无概然！察其始而本无生，非徒无生也而本无形，非徒无形也而本无气。杂乎芒芴之间，变而有气，气变而有形，形变而有生，今又变而之死，是相与为春秋冬夏四时行也。人且偃然寝于巨室，而我嗷嗷然随而哭之，自以为不通乎命，故止也。"（《庄子·至乐》）

2.用这样一个开头写一句话或一段话，揭示本文的含义。

千年后的春天
我又立在濠水的边上，
追寻你的目光。
你的一句"知之濠上"
轻叩我心房，
我听到了
你在对我说……

例1：事物的本身是捉摸不透的，我为什么不用自己的心来看待事物呢？

例2：其实有时候并不一定要从完全客观的角度去认识事物，如果人们的心中有爱和美，那么个人的情感便会移植到外部世界中。

例3：世界上并不缺少美，只是你没有用心感受，只要你用心感受，世界的美丽姿态就会为你展现。

例4：如果用艺术家的心灵去对待世界，会从世界中感受到许多美好的东西。

例5：鱼就是我，我就是鱼。

例6：事物本来没有好与坏，是我们用情绪去决定的。

例7：用心去品味自然，自然的外物似乎与我的心情融为一体。

例8：为什么会不快乐呢？你看看青山，你看看绿水，你听听蝉鸣，你听听风声，我们本来就是这大自然的一物，闭上眼感受吧。

例9：追求快乐自由。追求诗意的生活。

结束语：这一场千年之辩，没有所谓的输赢，给我们留下的只有深深的思考，在生活中除了理性还有诗意，除了规矩方圆还有恣意洒脱，这才构成了我们这个丰富的世界，这是庄子教给我们的生活哲学！

## 六、作业布置

课外阅读鲍鹏山的《庄子：在我们无路可走的时候》、于丹《〈庄子〉心得》。

撰写随笔：《我眼中的庄子》。

# 品读"嘉肴"　体悟至道

## ——《虽有嘉肴》教学知识(PCK)的择定与建构

深圳市宝安区松岗中学　邱晓莉

《虽有嘉肴》节选自《礼记·学记》，现被选入人民教育出版社部编版教材八年级下册第六单元22课《〈礼记〉二则》。

全文共70个字，运用类比的手法引出教和学是互相促进、相辅相成的观点，即"教学相长"。收入这篇课文的语文教材版本不多，这篇课文曾出现在2001年初审的人教版和鄂教版中。但这篇短文在世界教育史上首次提出了"教学相长"的命题，可见其在《礼记·学记》中的地位非常高。

## 第一部分　文本解读综述

### 一、文本解读

"虽有嘉肴，弗食，不知其旨也；虽有至道，弗学，不知其善也。"先将"嘉肴"与"至道"进行类比，引出学习的重要性，即只有通过学习，才能明白最好的道理。对于"虽有嘉肴，弗食，不知其旨也"之义，孔颖达疏："嘉，善也。旨，美也。虽有嘉美之肴，兼陈列于前，若不食，即不知其肴之美也。"如同虽有嘉肴，不吃不知其美味一样，不学载于经典中的"道"，是不知其善的。这里强调的"学"的根本目标是掌握那个至善之"道"。[①]古代社会教育的特点之一是学校教育为阶级统治服务，具有鲜明的等级性，所以它的教育内容同社会生产劳动分离，主要传授军事、道德及宗教知识。所以，在这里，"至道"我们可以理解为"封建政治、道德规范和思想境界，这是统治阶级的基本内容，是统治阶级利益的反映，前人经验的概况和总结，它包括'格物、致知、诚意、正心、修身、齐家、治国、平天下'"。[②]将首句综合起来即可理解为：人只有通过学习，才能掌握"至道"，成为对统治阶级有用的人。

① 江正杰.《学记》"教学相长"思想新解［J］.兰州教育学院学报，2015(9)：92—93.

② 张捷."教学相长"浅析［J］.现代中小学教育，1991(5)：31—34.

"是故学然后知不足,教然后知困。"知不足,是指经过学习后,才能了解自己学识上的不足;知困,是指经过教别人之后,才能知道自己在哪些方面还存在困惑。这两句论述的是通过学与教都能发现自己学问上的不足与困惑之处。

"知不足,然后能自反也;知困,然后能自强也。"紧跟上句,论述发现"不足"和"困惑"的重要作用:知道了自己的不足之处,才能自我反省;知道了自己困惑的地方,才能自我勉励,从而进一步要求自己努力学习与钻研而获得长进。

将二、三句综合起来即可理解为:学和教是发现自己学识不足与困惑的两种途径,都能帮助自己更深层次地学习,不断提升自己。

"故曰:教学相长也。"该句是对前文论述的结论:教和学是相互促进的。孔颖达疏曰:"'故曰:教学相长也'者,谓教能长益于学善。教学之时,然后知己困而乃强之,是教能长学善也。学则道业成就,于教益善,是教学能相长也。但此礼本明教之长学。"孔颖达疏并没有强调教学相长讲的是师生之间的关系,而是强调教与学都可以促进道业的成就。总的来说,教学相长的基本含义是:教与学双方都以学道为中心目的而互相促进,教方是在教中学道,学方是在学中学道。①

最后引用"《兑命》曰:'学学半'",以"教人是学习的一半"为佐证,进一步加强论证。《学记》"学学半"中的前一个"学"在《尚书·兑命》中原为"敩",音效,即"教"之意。所以,"学(敩)学半"可以理解为会教是学之一半,教人也是能促进自我学习的。

## 二、"教学相长"理解综述

对于"教学相长"一词,传统的理解有两种。第一种认为"教"的主体是教师,"学"的主体是学生,因此"教学相长"可理解为"教师的教与学生的学是互相促进的",如在毛礼锐、沈灌群主编的《中国教育通史》中就认为二者揭示了教与学之间相互制约、相互渗透、相互促进的既矛盾而又统一的关系。另外在王炳照等人编的《简明中国教育史》中指出"教学相长"深刻揭示了教与学之间的辩证关系:两种相互依存,相互促进,"学"因"教"而日进,"教"因"学"而益深。②第二种是认为"教"和"学"的主体都是教师,因此"教学相长"可理解为"教师在施教的过程中也可以促进教师本身的学习与进步"。如孙培青主编的《中国教育史》就持这种观点:"教学相长"的本意并非指教与学双方的相互促进,而是仅指教这一方的以教为学。它说明教师本身的学习是一种学习,而他教导他人的过程更是一种学习。正是这两种不同形式的学习相互推动,使教师不断进步。③

笔者认为以上两种对"教学相长"的理解均有曲解之处,笔者认为:"教"和"学"的主体是从事学习的人,是学习者本身;"教"和"学"是学习主体学习和提升自己的两种方式

---

① 江正杰.《学记》"教学相长"思想新解[J].兰州教育学院学报,2015(9):92—93.

② 刘秀峰."教学相长"新解[J].素质教育大参考,2012(11A):4—6

③ 刘秀峰."教学相长"新解[J].素质教育大参考,2012(11A):4—6

和途径，“教”是“学”的另一种形式。下面我们从字源上来加以理解。

要对“教学相长”做正确的理解还需从字源上来看“教”和“学”字的意思。

甲骨文的“教” =爻（算筹）+子（孩童）+攴（手持鞭子、棍杖），表示体罚学子。造字本义：用体罚手段训导孩子作算术。

“教”字在古代写作“敎”，是一个由“孝”和“攴”组合而成的会意字。许慎在《说文解字》中将“教”解释为“上所施，下所效也”，将“教”中的左半部分“孝”解释为“放也，从子爻声”，清代段玉裁在《说文注》中将其解释为“放，逐也，仿相似也”。“爻”字从本义上是“交”“合”的意思，而由交、合也可引申出“仿效”的意思，即所谓效仿、模仿就是使自身的行为与某种作为样板的行为相合。如《广雅·释诂》：“爻，效也。”由此可见，不管从“爻 ”的字义还是从“孝”的字义，我们都可看出古代的“教”与“仿效”有着千丝万缕的联系。而“教”字的右半部为“攴”，为一个象形字。《说文解字》释：“攴，小击也”，按照其甲骨文的图形，后世一般将其理解为“手持棍棒”。那么由“孝”和“攴”组成的“教”字，就蕴含一种“受指导而仿效”的意味，“教”所指的只是学习主体的一种学习方式、路径而已。①

“学”字的甲骨文图形是由双手、爻和房屋的象形符号构成。双手数爻指的是用算筹学习数学或《易学》，房屋的象形符号表示学习的场所。

由上可见，“教”和“学所指的都只是学习主体的两种仿效学习方式、路径而已。

因而，《虽有嘉肴》原文中的“学然后知不足，教然后知困”一句，就不能片面地理解为前一句在讲学生的学，而后一句在讲教师的教，这样理解与全文主旨不符，也与先秦时期对“教”的理解不符。在此段中，教的意思应为“效仿”，指在对先贤和益友的效仿中，知道自己在道德方面的困惑与得失，进而“见贤思齐”，有所长进。②学习主体在“教”和“学”这两种仿效学习方式下能够发现自己的不足与困惑，从而促使自己的“自反”和“自强”。

## 三、艺术特色

本文多使用对偶句，读来朗朗上口，节奏感强。

思路清晰，文势流畅，层层递进，文气贯通，给人一气呵成之感。

① 刘秀峰.“教学相长”新解［J］.素质教育大参考，2012（11A）：4—6

② 刘秀峰.“教学相长”新解［J］.素质教育大参考，2012（11A）：4—6

# 第二部分 案例设计综述

## 一、教学点与教学内容选择的课例综述

笔者收集了10篇公开发表的课例，并从中对该课的教学点进行统计分，这10篇课例为：

①罗娟：《以“读”带品，读出自我——我教〈虽有嘉肴〉》，《语文教学通讯》2013年第35期。

②张新宇：《〈虽有嘉肴〉教学设计》，《语文学习》2013年第12期。

③马乐、洪艳娜：《〈虽有嘉肴〉教学设计》，《语文教学通讯》2015年第2期。

④程少堂、向晓璐：《〈虽有嘉肴〉教学实录》，《语文教学通讯》2016年第14期。

⑤刘勇：《让文言文学习变得好玩些——以〈虽有嘉肴〉教学为例》，《教育教学论坛》2015年第21期。

⑥刘希：《学生参与是“学、探、练”的主旋律——以〈虽有嘉肴〉教学为例》，《亚太教育》2016年第26期。

⑦汝晨：《〈虽有嘉肴〉教学设计》，《课程教育研究》2017年第7期。

⑧沈华：《回归言语形式的文言文教学——以教学〈虽有嘉肴〉为例》，《语文教学通讯》2016年第8期。

⑨王健龙：《诵读、体悟品“嘉肴”》，《语文教学之友》2017年第4期。

⑩孙振坤、潘森云：《〈虽有嘉肴〉教学实录及点评——初中语文教学中书法教育的渗透》，《语文知识》2017年第1期。

教学点选取的统计如图1：

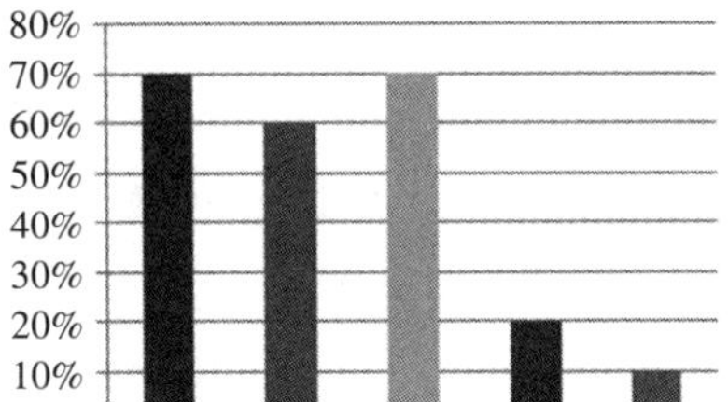


注：
1. 虽有嘉肴，弗食，不知其旨也；虽有至道，弗学，不知其善也。
2. 是故学然后知不足，教然后知困。知不足，然后能自反也；知困，然后能自强也。
3. 故曰：教学相长也。
4.《兑命》曰“学学半”。
5. 其此之谓乎！

图1 教学点比例图

从10篇课例中选择的教学点来看，可分为两种情况：

第一种情况是将这篇课文的每一个句子都作为关键句子来讲解，力求面面俱到，教学内容也是零散的。因为这篇课文才70个字，语言浅显易懂，内容一目了然，所以教师很容易陷入传统的教学模式：首先介绍《礼记》和《学记》的相关知识，其次朗读课文（读准

字音、读准节奏和读出感情），接着结合课下注释和工具书疏通文意，然后从观点和开头句进行问题设置来组织学生合作探究，而后拓展延伸挖掘“教学相长”的启示，最后归纳本课类比的写法和对偶的修辞手法。这样的教学给人的感觉是教学流程完整，但是流于文字的表面，没有突出教学重点，学生也未必真正能读懂这篇文章。

第二种情况是选择课文中最为关键的两三个句子，联系全文展开充分的学习活动，教学内容相对集中，如有些老师抓住“是故”与“故”这两个结论性的语言标志来梳理文章思路，研习谋篇布局的章法。有些老师抓住四次重复使用的“然后”一词，让学生体会炼字炼句的艺术。还有老师将“虽有嘉肴，弗食，不知其旨也”中的“弗”改为“不”，让学生体味言语的韵律美。

## 二、教学方法的选择

10篇教学案例主要用到的教学方法如图2所示：

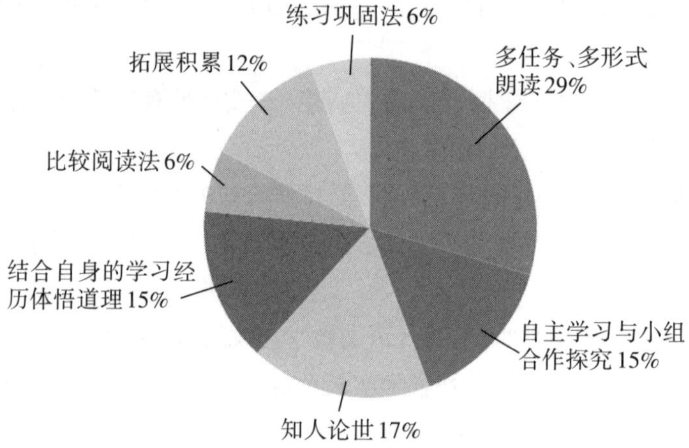


**图2　教学方法比例图**

有关教学方法的说明：

（1）多任务、多形式朗读是大部分执教者的首选。对于《虽有嘉肴》这一文质兼美的古代文化精华，只有通过多种形式的朗读，方能让学生熟读深思。初读品美韵，让学生在自由的、大声的、摇头晃脑的合作朗读当中，读准字音，读出句读，读出句式的整齐之美及音韵之美，读出文章思路的清晰之美、文势的流畅之美、层次的递进之美、文气的贯通之美，让课堂充盈古诗古韵，让学生体味文言文高贵典雅的精神气质。[1]当然并不只是单纯为读而读，在读的过程中，设置不同任务的朗读训练，可以达到不同的朗读目标。如第一次朗读，我们通常是完成字音读准的任务，而接下来的朗读训练则是为了能够把握好节奏，能够将文本的感情自然流畅地表达出来。那么对于关键词句，则是采用细品慢析、比照理解的方式，领悟其中的奥妙，体味文句的典雅。那么在训练形式上，则还可以采用小

① 王健龙.诵读、体悟品“嘉肴”[J].语文教学之友，2017(4)：21—22.

组竞赛朗读、男女生竞赛朗读、两两互相测读的方式来调动学生的积极性和主动性，在合作学习的同时强化学生对文言知识的积累。

(2)知人论世法也是大部分执教者所采用的方法。《礼记·学记》这一文学典籍形成的时代距离我们有两千余年，系统地了解相关知识，有利于丰富学生的知识系统，提升学生的文化素养。

(3)大部分执教者善于运用自主学习与小组合作探究的教学方法。教学是一项双边活动，新时代的教学活动都注重学生的积极参与，体现出学生学习的主体地位和教师的引导作用。对于"教学相长"的道理，学生可根据课文注释及相关工具书自主学习，但学生在理解的过程中可能会出现偏差，而通过合作探讨，学生的思路会越来越清晰，理解会越来越深刻。

(4)结合自身的学习经历体悟道理。散文的魅力，在于读者在阅读散文获得情感体验后形成对社会、人生的一种领悟。所以散文教学应致力于引导学生潜心体会，找到作品中的那个"我"，体悟出"我"的心得。[①]所幸，不少执教者善于从学生的角度出发，真正考虑到学情，让学生结合自己的实际去谈从文中得到的启示与体会，不仅让自己的实际更加贴合文中的观点，更能够从"教学相长""学学半"这些思想观点中得到深刻的启示，告诫自己需要不断学习才能领悟道理，真正地做到学以致用。

# 第三部分 教学建议

## 一、依循文本体式选择教学点

《虽有嘉肴》首先是一篇文言文，具有一体四面的特点，"文言"、"文章"、"文学"和"文化"，一体四面，相辅相成。评价学生阅读古代诗词和浅易文言文，重点在于考察学生记诵积累的过程，考察他们能否凭借注释和工具书理解诗文大意，而不应考察对词法、句法等知识的掌握程度。因此，"学习文言文，实质是体认它们所言志，所载道"以及品味作品中富于表现力的炼字炼句处。换言之，文言文阅读的要点，集中体现在"章法考究处，炼字炼句处"的"所言志，所载道"。文言文阅读教学着力点，是引导和帮助学生通过"章法考究处，炼字炼句处"具体地把握作者的"所言志，所载道"。而这些，要落实到理解和感受"章法考究处，炼字炼句处"的文言，学习文言文，最终的落点是文化的传承与反思。学习从历史发展的角度理解古代作品的内容价值，从中汲取民族智慧。[②]

紧扣文言文"一体四面"的特点，据此确定《虽有嘉肴》教学点，如表1所示：

① 罗娟.以"读"带品，读出自我——我教《虽有嘉肴》[J].语文教学通讯，2013(35)：40—41.

② 王荣生.文言文教学教什么[M].上海：华东师范大学出版社，2014：6

表1 《虽有嘉肴》中的教学点

| 文言 | | 文章 文学 | | 文化 |
|---|---|---|---|---|
| a.正确朗读，读准字音，特别注意“兑(yuè)命”，“学(xiào)学(xué)半”这几个词的读音。读出文言韵味 | b.理解文言字词意思，“虽”“困”“然后”这几个词的含义；掌握宾语前置这一特殊文言现象 | c.厘清文本的脉络 | d.品味文本语言，体会类比说理的表达艺术、文章的韵律美以及言语形式对中心观点的有力表达 | e.汉字文化。《学记》中其他有关学习的名句 |

## 二、分析学情确定教学点

八年级下学期的学生已经学了一定数量的文言文了，《虽有嘉肴》这篇课文篇幅短小，他们能够借助注释和工具书，读懂文章的大意。在他们疏通了文意后，他们也能够很容易找出“教学相长”这一中心论点。但是在一篇课文的教学中，语文教师应该是让学生读懂教学之前读不懂的内容，课文最需要理解的地方往往是学生不会的地方。[①]这篇课文中，学生最难理解的是“是故学然后知不足，教然后知困。知不足，然后能自反也；知困，然后能自强也”。“不足”与“困”都包含了哪些潜藏的内容？四个“然后”的重复使用在文章中有何目的？在教学过程中，把这个关键句子讲清楚了，那么对于中心论点“教学相长”的理解也就能水到渠成了。

## 三、依据教学点确定教学内容

王荣生教授《文言文教学教什么》一书中说道：文言文既然是以古代汉语字样呈现的中国古代文化的结晶，那么显然可以开发三个层面的内容。第一层面，语言文字的理解和积累。对初中生来说这个教学内容非常重要。那么它的价值目标是什么呢？就是读懂文章，就是记得一些东西，将来碰到一些情境能够脱颖而出。第二层面，文章层面，包括文学形式要素的分析和鉴赏。文章从实用的角度来讲，文学从艺术的角度来讲，无论从哪个角度来讲，这一要素都是非常重要的。那么这个层面的价值目标是什么呢？多进行鉴赏与学习，培养欣赏能力。第三个是最高的层面，指对某一些文化传统的渗透。不露痕迹地渗透，自然而然地传承，而不要生硬。这个价值在于熏陶某一种情怀，传承我们传统的文化。[②]

所以，依据以上理论以及本课的教学点，《虽有嘉肴》的教学内容可以概括为：

①掌握本文的文言知识和诵读的方法；

②结合议论文的体式特点，找到文中的关键词“是故”和“故”，梳理文章思路；

① 王荣生.阅读教学教什么[M].上海：华东师范大学出版社，2016：25.

② 王荣生.文言文教学教什么[M].上海：华东师范大学出版社，2014：60—61.

③品味文本语言，体会古汉语特有的韵律美；

④品读“是故学然后知不足，教然后知困。知不足，然后能自反也；知困，然后能自强也”中四个“然后”的重复使用对中心论点的表达作用；

⑤自然地渗透“教”与“学”二字甲骨文的写法与意义，并让学生学会辩证思考：对传统文化应根据时代需要进行重新解读，对传统文化必须有所取舍。

## 第四部分 参考案例

### 教学目标

1.能够借助注释及运用文言文翻译方法，理解课文大意，积累重点文言词语，并背诵课文。

2.诵读课文，体味本文的韵律之美。抓住文中关键词，梳理文章思路。学习类比推理的说理艺术。

3.品味语言，辨析“教”与“学”的含义，结合自身体会，深刻理解文章的道理。

### 教学重点

1.梳理文章思路，学习类比推理的说理艺术。

2.辨析“教”与“学”的含义，结合自身体会，深刻理解文章的道理。

### 教学流程

课前布置学生预习：

1.反复诵读课文，找出疑难字词句。

2.搜集并了解《礼记》和《学记》的有关知识。

#### 一、趣说“嘉肴”，入美味之境

同学们，我们来自五湖四海，齐聚于深圳，自己的家乡一定有很多地道与特别的美食，能否给我们介绍一二呢？

（学生介绍）

同学们说了那么多，我们很多都没有吃过，更不知道它们的味道如何。可以用文中哪一句话来表达啊？

（虽有嘉肴，弗食，不知其旨也。）

今天我们一起来学习《虽有嘉肴》这篇文章，看看它要把我们带入一种怎样的境界。

## 二、初品“嘉肴”，感音韵之美

### （一）一读感知

1. 明确要求：读准字音、节奏，特别注意“兑（yuè）”“学（xiào）学（xué）半”这几个字的读音。

2. 活动设计：学生先自由大声朗读、反复读；之后两两合作互读，你读我听，对比彼此读时不一样的地方；最后全体齐声朗读。

3. 教师点拨：首句，要读出两个分句的停顿，两个结句“弗食，不知其旨也”“弗学，不知其善也”中的“也”能让语气舒缓，流露出一种惋惜、遗憾的感情。第二句，“是故”后要稍作停顿，“学”“教”后也要稍作停顿，“不足”“困”两个词语应重读，语速要渐缓，表现出一种发现“不足和困惑”的沉重感。第三句语调要略微上扬，重读“自反”“自强”两个词，表现出一种自我反省和勉励之后积极向上的奋进感。第四句是全文的中心，是经过前文层层推导得出的结论，有一种语重心长的感觉。第五句，是从经典《尚书》中发现了上述观点的佐证，“其此之谓乎”要读出一种欣喜的感觉，语调略微上扬。此外，全文短短70字的篇幅内出现了五个“也”，它们起舒缓语气的作用，读来应有一种谆谆教诲之感。

### （二）再读析义

1. 明确要求：能够结合注释疏通文意，注意“虽”“困”“然后”的意思，以及“其此之谓乎”的文言句式。

2. 活动设计：小组合作。小组按序展示疑问，其他组员答疑。在答疑过程中，教师为学生无法解决的问题提供支点，帮助学生探究。

## 三、再品“嘉肴”，辨文章之脉

刚才，我们初步感受了这篇课文的语言，现在我们通过析读来辨别这篇课文的行文脉络。同学们一边默读一边思考问题：课文的行文思路是怎样的？能否抓住文中一些关键词语来梳理？

1. 活动设计：学生默读课文，并思考，找出关键词语后，进行讨论交流。

2. 明确：（1）抓住“是故”与“故”这两个表示结论的关键词语。

（2）文章先从“虽有嘉肴，弗食，不知其旨”讲起，接着引入“虽有至道，弗学，不知其善”，将“嘉肴”和“至道”进行类比，指出学习的重要性，以“是故”作为标志性词语，说明学与教的重要性：“知不足”即“学”，学能“自反”，“知困”即“教”，教能“自强”。最后以“故”这个标志性词语来做总结，水到渠成地过渡到“教学相长”这个结论。如图3所示：

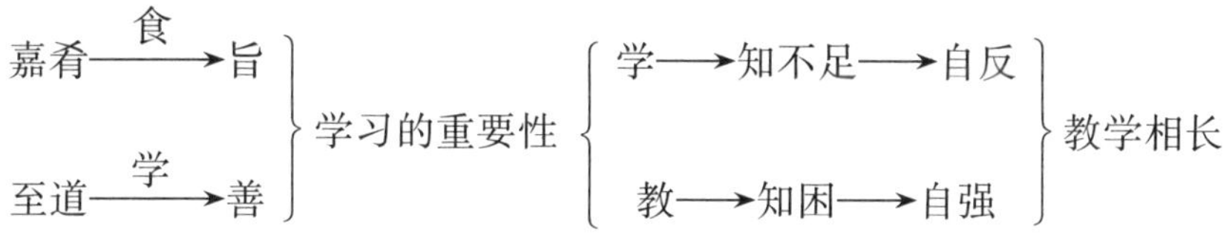


图3 《虽有嘉肴》文章之脉

## 四、细品“嘉肴”,赏语言之妙

前面,我们从文章的角度剖析了课文的行文脉络,接下来我们从语言的角度赏析课文的细部。现在,请看以下句子,并思考问题:

(一)首句中“虽有嘉肴,弗食,不知其旨也”这一句即使删去也不会影响对文章主题的理解,那么是否可以删去呢?为什么?

1.活动设计:小组合作,共同探究。

2.教师点拨:联系以下句子得出共性。

(1)《陋室铭》开头句子:“山不在高,有仙则名。水不在深,有龙则灵。斯是陋室,惟吾德馨。”

(2)《鱼我所欲也》开头句子:“鱼,我所欲也;熊掌,亦我所欲也。二者不可得兼,舍鱼而取熊掌者也。生,亦我所欲也;义,亦我所欲也。二者不可得兼,舍生而取义者也。”

3.明确:文章第一句从“食嘉肴”写起,是为了引出“学至道”,从而引出“学”和“教”的重要性,由浅入深地阐释道理,让读者能更轻易读懂,这种写法叫作类比。

类比修辞是基于两种不同事物或道理间的类似,借助喻体的特征,通过联想来对本体加以修饰描摹的一种文学修辞手法。

(二)文中的“弗”和“不”都含有“否定”之意,能够把它们都改用为同一个词吗?为什么?

1.活动设计:学生反复对比阅读,仔细揣摩。

2.明确:不能,如果改用为同一个词语,读起来感觉拗口,没有朗朗上口的感觉,也就没有了韵律美,兼用两个词语,能够体现本文语言的错综之美、交叉之美。

(三)“是故学然后知不足,教然后知困。知不足,然后能自反也;知困,然后能自强也。”

1.联系自身体验,思考:学习之后知道哪些“不足”,教人之后知道哪些“困”?如何“自反”与“自强”?

(1)活动设计:学生联系自身的学习体验,想象还原,思考自己的“不足”与“困”,并进行讨论交流。

(2)教师点拨:“不足”指的是学习时发现自己在学习过程中知识体系上的短缺和薄弱之处,“困”指的是教别人时发现自己专业知识上迷茫不解之处等,所以要多学习,既要学习理论知识，也要学习实践知识，要拓宽自己的知识范围。要学会向不同的人学习，三人行必有我师，谦逊好学，通过不断学习来弥补自身的“不足”。

（3）趁势拓展：《学记》中关于学习的名句。

①敬孙务时敏，厥修乃来。（敬重道义，谦逊问学，努力学习，时刻学习，尽快实行，那修行的成果才会到来。）

②独学而无友，则孤陋而寡闻。（独自学习而没有朋友间的相互交流，就会孤陋而寡闻。）

2.《虽有嘉肴》这篇70字的短文，“然后”一词竟然出现了四次，那么作者为何要重复使用“然后”这一词呢？

（1）活动设计：学生细细品味四处“然后”，并进行小组讨论交流。

（2）明确：重复四处“然后”，旨在强调。强调“学之后”的“知不足”而后“自反”，“教之后”的“知困”而后“自强”，着重强调“学”和“教”的重要性，“学”和“教”都是促进自我成长的途径，从而得出“教学相长”的意义——“教”和“学”是互相促进的，都是促进自我成长的途径和方式，教别人也能增长自己的学问，也能促进自己的进步与提高。

## 五、深品“嘉肴”，究文化之源

刚才，我们通过前面句子的仔细品味，弄清楚了“教”和“学”的意义与关系，即“教”和“学”是学习主体学习和提升自己的两种方式和途径，“教”是“学”的另一种形式。现在我给大家展示这两个字的甲骨文图形，大家仔细观察一下，加深对“教学相长（教人和学习是相互促进的）”和“学学半（教人占学习的一半）”这两句话的理解。

（一）展示“教”和“学”的甲骨文图形

（教）　　（学）

（二）明确：甲骨文的“教”=爻（算筹）+子（孩童）+攴（手持鞭子、棍杖），表示体罚学子。造字本义：用体罚手段训导孩子作算术。

“教”字在古代写作“敎”，是一个由“𡥈”和“攴”组合而成的会意字。许慎在《说文解字》中将“教”解释为“上所施，下所效也”，将“教”中的左半部分“𡥈”解释为“放也，从子爻声”，清代段玉裁在《说文解字注》中将其解释为“放，逐也，仿相似也”。“爻”字从本义上是“交”“合”的意思，而由交、合也可引申出“仿效”的意思，即所谓效仿、模仿就是使自身的行为与某种作为样板的行为相合。如《广雅·释诂》：“爻，效也。”由此可见，不管从

“爻”的字义还是从“𡥈”的字义，我们都可看出古代的“教”与“仿效”有着千丝万缕的联系。而“教”字的右半部为“攴”，为一个象形字。《说文解字》释：“攴，小击也”，按照其甲骨文的图形，后世一般将其理解为“手持棍棒”。那么由“𡥈”和“攴”组成的“教”字，就蕴含有一种“受指导而仿效”的意味，“教”所指的只是学习主体的一种学习方式、路径而已。

“学”字的甲骨文是由双手、爻和房屋的象形符号构成。双手数爻指的是用算筹学习数学或《易学》，房屋的象形符号表示学习的场所。

## 六、回品“嘉肴”，悟善道之至

回顾这堂课，我们感受到了“嘉肴”韵之美、脉之畅、言之妙、源之深。咀嚼细品，方知其味美；深入体悟，方知其道至：教是教中学道，学是学中学道，“教”和“学”都是为了提高自己，促进自己。

## 七、作业布置

1. 背诵本文。

2. 搜集《学记》中其他跟学习有关的名句。

**板书设计**

虽有嘉肴

嘉肴 —食→ 旨
至道 —学→ 善
}学习的重要性{
学 → 知不足 → 自反
教 → 知困 → 自强
}教学相长

# 读、译、析、品入“大同”

## ——《大道之行也》教学知识(PCK)的择定与建构

深圳市新安中学(集团)　黄慧红

## 第一部分　文本解读综述

《大道之行也》选自《礼记·礼运》。《礼记》,儒家经典之一,西汉戴圣对秦汉以前各种礼仪论著加以编录而成,共49篇,又名《小戴礼记》。《礼记》相传是战国末年或秦汉之际儒家学者托名孔子答问的著述。《大道之行也》一文是《礼记·礼运》的开端部分。

文章围绕大道实行展开论述,阐述“天下为公,选贤与能,讲信修睦”的“大同”社会。在当时的战乱时期下,那个理想即便是不可能实现的,但它依旧是儒家学者在乱世中构想的一个美好的理想蓝图。全文朗朗上口,思想深刻,被选入部编版八年级下册语文教材。

下面从文学常识、思想内涵、对比研究、文本细读四个方面对《大道之行也》一文进行综述。

### 一、文学常识介绍

#### (一)关于《礼记》的作者与编者

相传《礼记》有《大戴礼记》和《小戴礼记》之分,本文所指的是《小戴礼记》。《礼记》可以说是一部以儒家礼论为主的论文汇编。较早提出著作《礼记》的,如《史记·孔子世家》中认为《礼记》传自孔子。到了东汉,《汉书·艺文志》认为《礼记》是孔子弟子及其后学概括,无法确认具体作者。再到唐代,陆德明《经典释文·序录》认为,《礼记》本是孔子门徒共撰所闻的著作。[①]

后世也有很多讨论《礼记》作者的论述,但除了少数单篇作者可以具体落实之外,大

① 礼记·孝经[M].胡平生,陈美兰,译注.北京:中华书局,2016:2.

部分篇章的作者已不可考证。自郑玄以来,传统观点都认为《礼记》是由西汉戴圣编纂成书的。①

### (二)《礼记》的内容和分类

"《礼记》是中国古代一部重要的典章制度书籍,是战国至秦汉年间儒家学者解释说明经书《仪礼》的文章选集,是孔子的弟子、门人和儒家后学传习《礼经》的'记'的汇集,是儒家思想的资料汇编,是春秋末年和秦汉之际儒家学者对'礼'的解说、补充和有关论文的汇编。"②

《礼记》共49篇,其中《曲礼》《檀弓》《杂记》3篇的篇幅较长而各分成上下两篇,因此实际为46篇。《礼记》是研究中国古代社会情况、典章制度和儒家思想的重要著作。它阐述的思想,包括社会、政治、伦理、哲学、宗教等各个方面。刘向最早将《礼记》按照内容进行分类,分为通论、制度、丧服、祭祀、吉事、吉礼、明堂阴阳、明堂阴阳记、世子法、子法、乐记共11类。梁启超则将《礼记》分为记述礼节、记述政令、解释礼经、专记孔子言论、记孔门及时人杂事、杂记制度、考证缺席礼节、通论礼意、杂记格言、专记掌故10类。另外,还有一种分类方法,高明《礼学新探·礼记概说》中主要将其分为通论、通礼、专礼(包括丧礼、祭礼、冠礼、昏礼、乡饮酒礼、射礼等)3类。③

## 二、《礼记·礼运》的思想内涵

### (一)伦理思想

解读者们对《礼记》的伦理思想研究广泛且深入。如薛改辉在《〈礼记〉家庭伦理思想研究》一文中,重点揭示书中所蕴含的仁、义的主要精神,凸显家庭伦理思想在《礼记》中的重要地位和作用。并对《礼记》家庭伦理思想的主要内容和逻辑架构进行解读,对《礼记》以"孝悌"和"妇道"为中心的家庭伦理思想的历史地位和现实影响进行进一步分析。此外,还有专门针对尊老养老思想、孝道思想的细致探究。④

### (二)礼学及人文思想

潘斌在《试论〈礼记〉的礼学思想》一文中详细地分析了《礼记》关于"礼"的论述。礼所象征的是一种秩序,《礼记》所说的"序",实际上是区分万物的标准,同时也是社会的秩序和规范。《礼记》的作者试图在礼的"别"与乐的"和"之间寻求和谐与统一。《礼记》在治国方面则是反复强调礼的作用,是儒家的思想家们重视伦理道德的反映。⑤

---

① 礼记·孝经[M].胡平生,陈美兰,译注.北京:中华书局,2016:3.

② 刘金波.《礼记》整理及文献研究述评[J].图书情报知识,2009(3):73—76.

③ 礼记·孝经[M].胡平生,陈美兰,译注.北京:中华书局,2016:6.

④ 薛改辉.《礼记》家庭伦理思想研究[D].合肥:河南大学.2013.

⑤ 潘斌.试论《礼记》的礼学思想[J].贵州大学学报(社会科学版),2007(3):75—78.

### （三）哲学思想

《礼记》的很多篇目中都蕴含着丰富的哲学思想。郭齐勇在《〈礼记〉哲学诠释的四个向度——以〈礼运〉、〈王制〉为中心的讨论》一文中，主要从四个维度解读《礼记》在哲学思想上的内涵和意义。其中第三个维度——"《礼记》主张满足人民的基本公正合理的要求，主张惠民、富民、教民，缩小贫富差距，对社会弱者予以保护，其推行的文官制度、教育制度，为平民、为农家子弟提供了受教育及参与政治的机会。这包含着对最不利者的关爱，其中涉及政治正义的问题，其天下大同、天下为公的社会理想与社会正义观、公私义利观影响深远。"①这正好符合对于《大道之行也》选段的主题解读。

### （四）诚信思想

不少解读者在研究《礼记》的主题思想时，还注意到了其中蕴含的诚信思想。例如唐贤秋、周怀红的《〈礼记〉中的"诚信"思想及其特征浅析》中，不仅高度赞扬了"大同社会"下人们讲诚信的美德，而且充分肯定了"小康"社会中讲诚信的必要性。《礼记》也对信与礼、孝、义等道德范畴的关系作了界定，还对诚信道德中的"诚"作了伦理意义上的阐述。但是同时也辩证地指出《礼记》中的诚信思想具有宗教色彩和等级性特征。②

### （五）教育思想

对《礼记》中教育思想的解读是较为独特的视角，主要代表文章是范娇的《〈礼记〉中的教育思想研究》，对《礼记》中的教育思想进行整合，把教育思想细化为教育内涵、教育目的、教育内容、教育途径等方面，对《礼记》中的教育思想加以解读，突出《礼记》对群体的教育作用。③

### （六）政治思想

关于《礼记》中乌托邦政治思想的研究始终要围绕《礼记·礼运》来进行，因此政治思想的探究对于解读《大道之行也》一课极为重要。胡伟希在《作为政治哲学的儒家社会乌托邦——兼对〈礼记·礼运〉的分析》一文中提到，《礼运》是作为"三礼"之一的《礼记》中的一篇重要文章。这篇文章之所以重要，在于它是儒家社会乌托邦政治思想的集中写照。所谓"天下为公"的确切意义是：理想的社会与国家应当以公正或公道作为它自己遵守的最高原理。对于儒家来说，理想的社会治理方法是德治，它要实现的社会理想是"大同"；而"大同"社会是一个社会风俗美善与百姓安居乐业的世界。④

---

① 郭齐勇.《礼记》哲学诠释的四个向度——以《礼运》、《王制》为中心的讨论[J].复旦学报（社会科学版），2016(1)：41—52.

② 唐贤秋，周怀红.《礼记》中的"诚信"思想及其特征浅析[J].长春市委党校学报，2003(6)：63—66.

③ 范娇.《礼记》中的教育思想研究[J].太原：山西大学，2015.

④ 胡伟希.作为政治哲学的儒家社会乌托邦——兼对《礼记·礼运》的分析[J].哲学研究，2007(7)：85—90.

## 三、《礼记·礼运》的对比研究

关于《礼记·礼运》的研究中，也不乏有与其他作品的比较，既有纵向比较，也有横向比较。用作比较研究的作品主要有《理想国》《赛亚书》《乌托邦》《大同书》等。例如，张海燕在《柏拉图〈理想国〉与〈礼记·礼运〉的乌托邦思想比较研究》一文中指出，在古代中国，能与柏拉图的《理想国》相媲美的乌托邦思想是《礼记·礼运》中的“大同”思想。任何乌托邦思想都集中反映了思想家本人的价值取向、理想追求和终极关怀。同时，也在某个侧面、某种程度上反映了乌托邦思想产生的特定的文化传统和时代精神的某些特征。作为中西早期乌托邦思想的典型，“理想国”与“大同”世界既有诸多相同相似之处，又存在着区别差异。①

王晓莉在《从〈礼运〉大同篇到〈大同书〉》一文中，论述古代的“大同”学说在近代中国的历史环境中经过康有为的解说而具有了新的意义，梳理了《礼记·礼运》和《大同书》的关系，从《礼记·礼运》到《大同书》，康有为究竟继承了什么，改变了什么，进而分析在中西文化碰撞初期，康有为是如何处理文化转型与发展的。②通过这样的比较，进一步加深对《礼记》中“大同”思想、乌托邦理想的理解，由此帮助我们解读《大道之行也》。

## 四、《大道之行也》的文本细读

### （一）细读文章结构

《大道之行也》是《礼记·礼运》开头部分里的一段话，主旨是阐明儒家理想中的“大同”社会的基本特征。原文此前还有一段文字记述孔子说这番话的来由，将原文前后的文字照录如下（横线部分为教材中节选段落）：

昔者仲尼与于蜡宾，事毕，出游于观之上，喟然而叹。仲尼之叹，盖叹鲁也。言偃在侧，曰：“君子何叹？”孔子曰：“大道之行也，与三代之英，丘未之逮也，而有志焉。大道之行也，天下为公，选贤与能，讲信修睦。故人不独亲其亲，不独子其子，使老有所终，壮有所用，幼有所长，矜、寡、孤、独、废疾者皆有所养，男有分，女有归。货恶其弃于地也，不必藏于己；力恶其不出于身也，不必为己。是故谋闭而不兴，盗窃乱贼而不作，故外户而不闭。是谓大同。今大道既隐，天下为家，各亲其亲，各子其子，货力为己，大人世及以为礼，城郭沟池以为固，礼义以为纪，以正君臣，以笃父子，以睦兄弟，以和夫妇，以设制度，以立田里，以贤勇知，以功为己。故谋用是作，而兵由此起。禹、汤、文、武、成王、周公由此其选也。此六君子者，未有不谨于礼者也。以著其义，以考其信，著有过，刑仁讲让，示民有常，如有不由此者，在埶者去，众以为殃。是谓小康。”

教材中的节选段落的思想内涵大致可分为三层：一是对“大同”社会的纲领性说明

① 张海燕. 柏拉图《理想国》与《礼记·礼运》的乌托邦思想比较研究[J]. 河北学刊，1994(5)：32—37.

② 王晓莉. 从《礼运》大同篇到《大同书》[J]. 牡丹江大学学报，2009(5)：30—32.

(第一、二句话);二是"大同"社会的基本特征(第三、四句话),即人人都能得到社会的关爱,人人都能安居乐业,货尽其用,人尽其力;三是全文的总结(第五、六句话),用现实社会跟理想中的"大同"社会作对比,指出现实社会中的诸多黑暗现象在"大同"社会中将不复存在,取代的将是"外户而不闭"的和平、安宁的局面。可见,本文的结构是非常典型的"总—分—总"的结构类型。

### (二)细读文章教育思想

对于《礼记·礼运》选段《大道之行也》的解读论文极少,已有论文主要围绕其教育功能进行阐释。"大同之世"显然是对原始社会的带有理想化成分的描述,但《大道之行也》却表达了儒家对这种理想社会的向往,它抓住了"天下为公"这一公有制社会的本质特点,肯定了原始民主、平等和互爱互助的人际关系。熊昌源在《浅谈〈大道之行也〉的教育功能》一文中抓住这一特点,认为备课中有几点教育功能不可忽视。第一,道德功能:仁爱。第二,政治功能:"和""德才兼备"。第三,经济功能:树公心、去私心。[①]白玉堂的《在学生心田里播下慈悲的种子——〈大道之行也〉之延伸》,阐释"慈悲"是人的天性,仁慈、良善、同情弱者、助人为乐是我们民族的优良传统,可在现阶段,我们在继承上出现了欠缺,以致在人们的精神层面出现了裂缝,学生的价值观受到了严重的影响,所以,学习这篇课文的重点就是以课文为起点,启发学生的思考,唤醒善良的本性,以构建和谐的社会家园。

### (三)分析文章主旨

本文的主旨是阐明儒家思想中的"大同"社会的基本特征,由此可以看出,孔子是因为生活在变乱纷乘的春秋末期,迫切希望出现一个太平盛世,所以有了这番言论。用现实社会跟理想中的"大同"社会做对比,指出现实社会中的诸多黑暗现象在"大同"社会中将不复存在,取代的将是"外户而不闭"的和平、安定的局面。本文是对"大同"社会的特征的介绍和描述,也通过现实社会与"大同"社会的对比,表达了强烈的愿望和改变社会的迫切需求。

# 第二部分 案例设计综述

## 一、教材编排

《大道之行也》在人教版和调整的部编版教材中均有出现,以下是人教版与部编版教材对该文在编排上的一些不同之处。

① 熊昌源.浅谈《大道之行也》的教育功能[J].教研论坛,2010(3):22.

表1　人教版与部编版教材对《大道之行也》的编排对比

| | 人教版 | 部编版 |
|---|---|---|
| 教材中的位置 | 八年级上册 第二单元 第9课 | 八年级下册 第六单元 第22课 |
| 单元主题 | 本单元所选文言文，题材不尽相同，有叙事的，有夹叙夹议的，有说明事物特征的，文字简洁而意味深长，有些文章还寄托了作者的情怀，都是历来脍炙人口的名篇 | 本单元所选课文都是传统的名家名篇，有对精神自由的渴望，有对学习生活、理想社会的期望，有“不平则鸣”的呐喊，有对民生疾苦的同情。这些诗文有情趣，有理趣，表现了古人的哲思和情怀 |
| 课文前导语 | 早在两千多年以前，我国就有关于人类美好社会的构想，并给它定名为“大同”。读这篇课文，要抓住“天下为公”这个关键词厘清课文的层次，然后把这种社会的风貌想象出来 | 《大道之行也》是《礼记·礼运》中的一段，是孔子对学生言偃说的一番话。体会孔子说话时的情绪。朗读课文，注意其中一些词语古今意义的不同 |
| 课后习题 | 略 | 略 |

## 二、教学内容和教学点梳理

该文的教学设计案例非常少，笔者收集到的公开发表的教学设计主要有如下四篇：

郑文富：《以事解文，体悟“大同”的境界——〈大道之行也〉教学设计与实施》。

沈虹，宋成伟：《妙化清癯为丰腴——谈〈大道之行也〉的史料作用》。

尉文君：《〈礼记·大道之行也〉教学简案》。

吴燕芳：《〈大道之行也〉教案》。

接下来，笔者主要以这四篇教学设计以及网上查找到的六篇教学设计为典型课例，将其中选取的教学内容进行梳理，推论出教师确定的教学点。

表2　十篇课例教学点选择统计表

| 执教老师 | 教学内容 | 教学点 |
|---|---|---|
| 郑文富① | 1. 你对课文中哪句话印象最深？请结合一个故事说说你的理解。<br>2. 你读过的文学作品中，哪个场景“大同”味道最浓？请把原文读给大家听，或把文章介绍给大家。<br>3. 结合现实中的大同景象，仿句：大同就是……，这是…… | 1. 大道之行也，天下为公。选贤与能，讲信修睦。<br>2. 不独亲其亲，不独子其子。<br>3. 货恶其弃于地也，不必藏于己；力恶其不出于身也，不必为己。 |

①郑文富. 以事解文，体悟“大同”的境界——《大道之行也》教学设计与实施[J]. 中学语文：教学大参考，2014(10)：55—56.

续表

| 执教老师 | 教学内容 | 教学点 |
|---|---|---|
| 沈虹、宋成伟① | 1.大同社会的纲领性文字。<br>2.补充古今中外相关的历史故事。<br>3.分析结尾的含义。<br>4.现实社会的对比思考。 | 1.大道之行也,天下为公。选贤与能,讲信修睦。<br>2.是故谋闭而不兴,盗窃乱贼而不作,故外户而不闭。是谓大同。 |
| 尉文君② | 1.厘清思路,指导朗读。<br>2.大同社会的根本特征和基本特征。<br>3.大同社会与陶渊明笔下的"世外桃源"对比。<br>4.描述"你心目中的理想社会"。<br>5.现实社会的对比思考。 | 1.大道之行也,天下为公。选贤与能,讲信修睦。<br>2.货恶其弃于地也,不必藏于己;力恶其不出于身也,不必为己。<br>3.是故谋闭而不兴,盗窃乱贼而不作,故外户而不闭,是谓大同。 |
| 吴燕芳③ | 1.大同社会的根本特征和基本特征。<br>2.历史故事延伸:孟子、陶渊明、孙中山。<br>3.今天的社会有哪些大同社会的特征。 | 1.大道之行也,天下为公。选贤与能,讲信修睦。<br>2.货恶其弃于地也,不必藏于己;力恶其不出于身也,不必为己。 |
| 余映潮④ | 1.朗读课文,说译文。<br>2.吟读课文,说特征。——本文是从哪几个方面来说明"大同"社会的特征的?<br>3.诵读课文,说故事。——陈胜,第一个点燃了农民起义的烈火;汉高祖刘邦,第一个由平民百姓奋斗而成为帝王;"国父"孙中山"天下为公";领袖毛泽东缔造新中国……<br>4.背读课文,做积累。 | 1.大道之行也,天下为公。选贤与能,讲信修睦。<br>2.使老有所终,壮有所用,幼有所长,矜、寡、孤、独、废疾者皆有所养。<br>3.男有分,女有归。<br>4.货恶其弃于地也,不必藏于己;力恶其不出于身也,不必为己。 |
| 余映潮 | 1.一读课文,析词译句。<br>2.二读课文,感知文意。<br>3.三读课文,分析特征。<br>4.四读课文,训练想象力——本文构想了"大同"社会的种种风貌,请大家放飞自己的想象,将这种情景具体化。<br>5.五读课文,背诵积累。 | 1.大道之行也,天下为公。选贤与能,讲信修睦。<br>2.使老有所终,壮有所用,幼有所长,矜、寡、孤、独、废疾者皆有所养。<br>3.男有分,女有归。<br>4.货恶其弃于地也,不必藏于己;力恶其不出于身也,不必为己。 |

①沈虹,宋成伟.妙化清癯为丰腴 ——谈《大道之行也》的史料作用[J].语文教学与研究,2016(13):33—35.

②尉文君.《礼记·大道之行也》教学简案[J].文学教育,2008(12):74.

③吴燕芳.《大道之行也》教案[J].现代语文,2011(2):118—119.

④余映潮.余映潮老师资料八(上)教案设计新点子[EB/OL].https://wenku.baidu.com/view/1d0c538f68dc5022aaea998fcc22bcd127ff4264.html.

续表

| 执教老师 | 教学内容 | 教学点 |
| --- | --- | --- |
| 韩芝红[①] | 1.读——朗读课文,读准字音,正确断句。<br>2.译——梳理重点字词,准确理解文意。<br>3.悟——结合所学《桃花源记》,联系当今社会生活,理解“大同”社会的丰富内涵:文中“大同”社会跟陶渊明描绘的那个“世外桃源”有没有相似的地方?联系生活实际,用自己朴实的语言表述一下,你心中的理想社会生活是什么样子的?<br>4.拓展延伸。 | 1.大道之行也,天下为公。选贤与能,讲信修睦。<br>2.是故谋闭而不兴,盗窃乱贼而不作,故外户而不闭。是谓大同。 |
| 周丹宁[②] | 1.视频导入,初识“大同”。<br>2.朗读体味,感悟“大同”。<br>3.深化“大同”,激发梦想。(1)你知道历史上哪些人物也为此呼吁过,努力过吗?(2)联系生活,你知道政府的哪些行为正是体现了施“大道”,求“大同”?(3)由本文的学习产生的动力?(4)试唱《大道之行也》。 | 1.大道之行也,天下为公。选贤与能,讲信修睦。<br>2.货恶其弃于地也,不必藏于己;力恶其不出于身也,不必为己。<br>3.是故谋闭而不兴,盗窃乱贼而不作,故外户而不闭。是谓大同。 |
| 尤素香[③] | 1.掌握文言实词,疏通文意。<br>2.细读课文,探究讨论“大同”社会有哪些特征。<br>3.划分层次,厘清全文结构。<br>4.比较与拓展阅读:与《桃花源记》比较阅读。<br>5.探讨:“大同”社会跟陶渊明描绘的“世外桃源”有没有相似的地方?<br>6.链接——走向课外:“大同”是一个儒家的理想社会,你知道有哪些历史人物为此而呼吁过、奋斗过?<br>7.我们当今的社会是“大同”社会吗?如果不是,我们该如何努力? | 1.大道之行也,天下为公。选贤与能,讲信修睦。<br>2.使老有所终,壮有所用,幼有所长,矜、寡、孤、独、废疾者皆有所养。<br>3.男有分,女有归。<br>4.货恶其弃于地也,不必藏于己;力恶其不出于身也,不必为己。 |
| 杨广平[④] | 1.先请同学们共同朗读课文,请注意生字和特殊读音。<br>2.通过提问把握课文大意。<br>3.深入研究课文,领会课文实质。<br>4.讨论:我们今天去阅读这些文字,大家想过什么方法可以实践这些设想吗?请大家大胆想象,说出你的设想。 | 1.选贤与能,讲信修睦。<br>2.矜、寡、孤、独、废疾者皆有所养。<br>3.货恶其弃于地也,不必藏于己;力恶其不出于身也,不必为己。<br>4.男有分,女有归。 |

①韩芝红.《大道之行也》教学设计[EB/OL].https://wenku.baidu.com/view/d314067865ec102de2bd960590c69ec3d5bbdbc4.html.

②周丹宁.《大道之行也》教学设计[EB/OL].http://www.wendangku.net/doc/7fd3acad83c4bb4cf6ecd119.html.

③尤素香.《大道之行也》教学设计[EB/OL].https://wenku.baidu.com/view/6ebe7caffbb069dc5022aaea998fcc22bdd14374.html.

④杨广平.《大道之行也》教学设计[EB/OL].http://www.doc88.com/p-9864709743967.html.

表3　十篇课例教学点选择分析表

| 选择的教学点 | 数量 | 占比/% |
|---|---|---|
| 大道之行也，天下为公。选贤与能，讲信修睦。 | 10 | 100 |
| 货恶其弃于地也，不必藏于己；力恶其不出于身也，不必为己。 | 8 | 80 |
| 是故谋闭而不兴，盗窃乱贼而不作，故外户而不闭。是谓大同。 | 4 | 40 |
| 男有分，女有归。 | 4 | 40 |
| 使老有所终，壮有所用，幼有所长，矜、寡、孤、独、废疾者皆有所养。 | 4 | 40 |

通过对十篇典型课例“教学内容”和“教学点”的疏理，笔者发现这些课例有两个共同点：

**1. 重视对文章结构的梳理**

对于“大同”社会，学生在第一次接触时存在知识空白。因此在文意理解上存在很大的难度。在梳理文章“总—分—总”结构的基础上，概括“大同”社会的根本特征和三个方面的基本特征，对于学生理解文章的内容和思想极为重要。

**2. 重视联系人物事例和现实生活**

“大同”社会是以“五帝之世”的传闻为依据，经过加工提炼而后构想出来的一个理想社会模式，它源于“五帝之世”，又高于“五帝之世”。孔子将这个理想社会定名为“大同”也是有深意的。孔子进一步描绘了一幅幅“大同”社会的美好画面，在梳理“大同”社会的基本特征时，穿插中国古今的一些思想家、革命家为这个政治理想而奋斗的历史故事，从而使这样的生活画面鲜活生动起来。在上课时适时恰当地补充一些与文章相关联的历史资料、名人故事等，让学生边涵泳诵读这篇经典名作，边领会古代贤圣的崇高理想，对于实现《大道之行也》这篇课文的人文功能很有帮助。此外，课例中也有与陶渊明笔下的“桃花源”和现实社会作对比的处理方式。

# 第三部分　教学建议

## 一、教材分析

《大道之行也》是部编版语文教材八年级下册第六单元《〈礼记〉二则》中的第二则，前一则是《虽有佳肴》。《虽有佳肴》是有关学习的论述，与学生生活较贴近，而《大道之行也》是《礼记·礼运》中的一段，是孔子对社会状态的描述，学生在理解时难度稍大。

第六单元选取的传统名家名篇，其中有对精神自由的渴望，有对学习生活、社会理想的期望，有“不平则鸣”的呐喊，有对民生疾苦的同情。这些诗文都表现了古人的哲思和情怀,反思社会的生存状态,表达了对美好社会生活的憧憬。单元导读建议学生“在反复诵读的基础上,培养文言语感;注意积累常用文言词语和句式,欣赏课文中精彩的语句;还要学习古人论事说理的技巧,体会他们的人生感悟,从中得到思想启迪和情感陶冶”。

课后习题也强调在背诵《大道之行也》的基础上,归纳儒家的大同社会理想。并且还强调关注《礼记》的艺术特色,例如第三题“这两则短文多运用对偶句,造成铺排效果,增强了文章的气势。试从两篇中各举一例加以分析”。还补充了《礼记》中的一些名言警句,让学生结合自己的生活经验谈理解。

## 二、学情分析

《大道之行也》全文仅仅107字,虽然篇幅短小,但由于该文语言较拗口,且其具备深刻的思想性,学生难理解文意,背诵起来会有点吃力。对于八年级学生来说,他们掌握了一些识字、释义的方法,具有一定的利用工具书和资料理解文言文的能力,但要想把握这篇文章的主旨思想的确有一定的难度。

更重要的是,八年级的学生浅显的人生阅历使他们无法真正领会孔圣人那种“大同”社会的崇高政治理想。[①]因此只注重诵读和译文,即使学生会背了,对文章思想内涵的理解仍然存在难度。这就需要老师进行适时引导、点拨,并通过联系实际生活,拉近文本与学生之间的距离。

## 三、设计建议

王荣生教授认为文言文具有“一体四面”的特征,即文言文集“文言”“文章”“文学”“文化”于一身,这指引着文言文阅读教学的着力点。根据这个观点得出了如下四个结论。第一,文言文的特点,首先体现在“文言”上。第二,学习文言文,实质是体认它们的言志与载道。第三,学习文言文,演习谋篇布局的章法、体会炼字炼句的艺术,是两个重点。章法考究处、炼字炼句处,往往就是作者言志载道的关节点、精髓处。第四,学习文言文,最终的落脚点是文化的传承与反思。文化的主要方面,是文言文所传达的中国古代仁人贤士的情意与思想,即所言志、所载道。一句话来说,文言文阅读教学的着力点,是引导和帮助学生通过“章法考究处,炼字炼句处”具体地把握作者的“所言志、所载道”。所以,对《大道之行也》的教学建议立足于以上理论基础。

### (一)以读入手,充分发挥朗读的作用

朗读是文言文学习和积累的一个重要部分,朗读也是理解文章内容和情感的重要途径。教师在教学过程中应当灵活运用学生齐读、个人读、比赛读、配乐读、整篇读、分层分句读等多种形式,教师也在必要的时候进行示范朗读和针对性的朗读指导。以读带教,

① 沈虹,宋成伟.妙化清癯为丰腴——谈《大道之行也》的史料作用[J].语文教学与研究,2015(6):33—35.

以读带品，让更多的学生动起来，读起来，说起来。

### （二）迁移总结，积累重点文言实词

文言文教学的基础应该立足在“文言”上，对于常用文言实词的积累和总结，对后期学生阅读浅易文言文是很有帮助的。这篇课文中应该特别注意“修”“亲”“分”“闭”“归”“故”“道”等实词，引导学生迁移到过往所学的文言文以及常用成语中，拓展这些实词的其他常见义项。

### （三）不能忽视《礼记》这一传统经典的文学常识和艺术特色

《礼记》作为儒家的重要文献，它有着不可忽视的意义和价值。梁启超曾说，欲知儒家根本思想及其蜕变之迹，则除《论语》《孟子》《荀子》外，最要者实为《礼记》。《礼记》中蕴含着儒家小至修身、大至治国的种种思想。例如这篇《大道之行也》，教师在教学时可以将《礼记·礼运》全文展示给大家阅读，从中了解孔子与学生之间的互动，基本勾勒出儒家的教育、政治等各方面的理论。还可以对《礼记》的文学常识作相关介绍，拓展阅读《礼记》中的有趣故事，激发学生对《礼记》的兴趣，提升学生对传统文学经典的认识，增加学生传统文化的积淀。此外，可以从课文中找出具体的例子，分析《礼记》在对偶、铺排上的艺术特色。

### （四）适当补充相关联的历史资料、名人故事

孩子浅显的人生阅历使他们无法真正领会孔圣人那种“大同”社会的崇高政治理想。建议老师在教学过程中适时恰当地补充一些与文章相关联的历史资料、名人故事等，让学生调动所知的历史知识，联系历史上为“大同”社会奋斗过的人物故事，例如孟子“老吾老”，孙中山“天下为公”等，用具体生动的事例帮助学生理解孔子的政治理想。甚至可以从柏拉图、马克思等人的政治理想入手，帮助学生拓宽视野，同时也增强民族的自豪感，由此产生奋发向上的强大动力。

### （五）合理运用想象法，拉近文本与现实生活的距离

文中关于“大同”社会的基本特征较为抽象，教师在教学中可以启发学生放飞自己的想象，让学生将这种社会情景具体化。可以课堂上分享交流，也可以转化为随笔写作，用现代文细致描绘这种理想的社会状况。真正拉近文本与现实生活的距离，帮助学生理解文章的深刻内涵。

### （六）发挥文章的人文功能，启发学生思考

《大道之行也》为我们刻画了一个生动的大同社会，这是一个充满温情的社会，由于财产公有，人人劳动，人人平等，政治民主，也没有商品交换，因而这个社会的成员心地纯洁善良，团结有爱，诚实无欺。他们和睦地生活在一个大集体之中。人们不只是尊重自

己的老人，而是尊重所有的老人，像疼爱自己的儿女一样疼爱所有的孩子。这就使他们的爱成为无私无畏的博爱。正是有了博爱的基础，有了人人劳动的前提，大同社会的每个人都有得到社会供养和照顾的权利。[①]学习了这篇文章后，讨论这种幸福生活能否实现，在讨论的基础上形成自己的观点。可以设想，在当时，古人提出自己的这一理论时，肯定有他们的根据。如今的时代极其需要这一理论，以增加社会的正能量。从现实意义上讲，需要我们整个民族为之奋斗，而最关键的是要让我们的学生在心田里播下慈悲的种子，以之为出发点，改变我们的整个民族，实现我们的中国梦。[②]所以，学习这篇课文的重点就是以课文为起点，启发学生的思考，唤醒善良的本性，以构建和谐的社会家园。

## 第四部分　参考案例

### 教学目标

1.在反复朗读中，理解文章内容，掌握相关文言词语，翻译并背诵课文。

2.对文章进行多种方式的朗读，整体感知文章，厘清文章脉络，在批注和赏析中，品味本文。

3.理解“大同”社会的基本特征，了解古代名家关于人类社会的伟大理想并为此所做的努力。通过与现实社会的对比，感悟今天的美好生活，启发学生思考，唤醒善良的本性，以构建和谐的社会家园。

### 教学流程

#### 一、导入

同学们，伟大的革命先行者孙中山先生有一个著名的“天下为公”的题词，这一社会理念是从哪儿来的呢？我们刚刚学过《桃花源记》，桃花源里那个美、乐、奇的世界大家还记得吧。那是一个什么样的社会呢？其实早在两千多年前，伟大的思想家、教育家孔子就给出了答案，他称之为“大同”社会。那么，大同社会究竟是怎样的呢？今天，让我们走进《大道之行也》，共同找一找以上问题的答案吧。

#### 二、课文学习

##### （一）读：初见“大同”

朗读课文，读准字音，正确断句。

① 刘明华.大同梦[M].上海文艺出版社，1999:85.

② 白玉堂.在学生心田里播下慈悲的种子——《大道之行也》之延伸[J].时代教育，2015(16):194.

1.学生朗读课文，同桌相互听读，注意断句和节奏；指正错误读音（各1遍）。

2.在学生熟读的基础上，教师做朗读指导（用时3分钟）。

3.齐读课文一遍，教师再指导。

### （二）译：相识“大同”

1.疏字词。

借助课下注释，按照类型梳理、归纳本课的重点字、词，如通假字，古今异义词，一词多义，词类活用，重点实词。同时把自己不理解的字词标示下来。

（1）先由学生提出自己不理解的字、词、句，其他同学帮助解答，教师点拨。

（2）师生共同按类型梳理出重点字、词，由学生完成解释，教师补充明确。

2.译文章。

（1）先由1～2名同学完成翻译，其他同学指正，最后教师补充明确。

（2）多媒体给出参考译文，学生再次通译课文。

### （三）析：走进“大同”

1.析文意。

（1）用自己的话概括《礼记》中“大同”社会的三个基本特征（从哪几个方面来说明“大同”社会的特征的）。相对应的原文是什么？

（2）作者认为治理“大同”社会的最高准则是什么？

2.析结构。

明确：“总—分—总”结构（先抛出对“大同”社会的纲领性说明，再分析其基本特征，最后进行总结）。

3.析句式。

明确：一分为三的句式呼应。

示例1：“使老有所终，壮有所用，幼有所长”，去掉一句行不行？这种一分为三的言语表现智慧，其他文本中有呈现吗？

（从三个不同层面展开分析，并通过相似的句式反复形成一唱三叹的音韵效果。）

示例2：“三”的句式妙用，可联系其他文本打开思维，如《邹忌讽齐王纳谏》《诗经》《西游记》等。

### （四）品：感悟“大同”

1.想象画面。

本文构想了“大同”社会的种种风貌，你对课文中哪句话印象最深？请大家放飞自己的想象，用自己的话描绘具体的画面，将这种情景具体化。

明确：此环节拉近文本与现实的距离，通过想象具体的画面，进一步理解何为“大同”

社会,为下一环节的思考交流做铺垫。

2.思考交流。

(1)“大同”社会实现了吗?联系现实社会来具体分析。

(2)“大同”社会是未实现的理想,这体现了孔子怎样的情怀?

示例①:“使老有所终”,既有现实的观照,也有未来的展望,更有对美好人性的思考。[①]

示例②:“谋闭而不兴,盗窃乱贼而不作,故外户而不闭”,同样有现实的观照,启发学生联系历史思考,为何如今不能实现?未来是否有实现的可能?

示例③:“矜、寡、孤、独、废疾者皆有所养”,联系“和谐社会”,联系当今的社会保障体系帮助学生思考。

3.根据以上对“大同”社会特征的探讨,说一说历史上为了“大同”社会的理想而努力奋斗的人物故事。

明确:一部辉煌灿烂的人类文明史,就是一部歌颂奋斗的英雄史。具有“鸿鹄之志”的陈胜,第一个点燃了农民起义的烈火;汉高祖刘邦,第一个由平民百姓奋斗而成为帝王;“国父”孙中山“天下为公”;领袖毛泽东缔造新中国……他们为了求“大同”,追求政治上的最高理想,留下了许多可歌可泣的故事。

## 三、作业布置

1.小练笔:联系生活实际,以“我心目中的理想社会”为题,用自己朴实的语言表述一下,你心中的理想社会生活是什么样子的?

2.推荐阅读:梁衡《心中的桃花源》。

### 板书设计

大道之行也

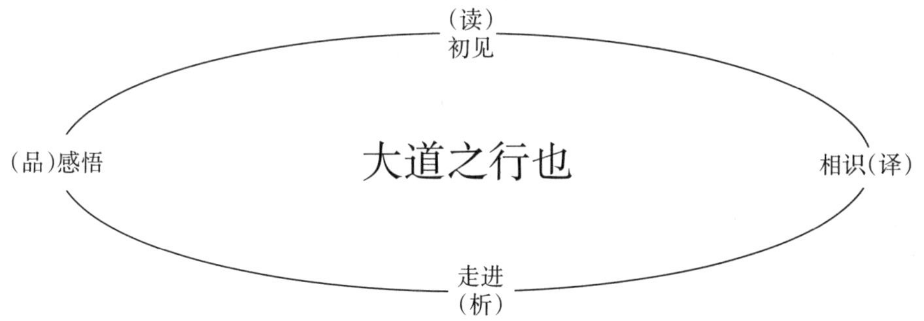


① 汲安庆.隐喻的对话,让学生思维出场——以《项脊轩志》一文的教学为例[J].福建教育,2017(19):46—49.

# 在“起承转合”中体会韩愈的情思潮汐

## ——《马说》教学知识(PCK)的择定与建构

深圳市西乡中学　黄丽雯

《马说》是唐宋八大家之首韩愈的名篇,原是韩愈《杂说》中的第四篇,“马说”题目是后世编者所加。语文版、人教版、苏教版、沪教版、鲁教版以及正在普及的统编本,均选用了这篇经典作品。自1979年以来,专家学者、一线教师在《马说》文本研究和教学实践方面成果众多,为我们解读、教学《马说》提供了极大的便利。

## 第一部分　文本解读综述

### 一、《马说》的写作背景

#### (一)唐朝士子的入仕出路

在唐朝,士子若要做官,先要通过礼部考试,如进士科,还需通过吏部的铨选考试。最难的就是博学宏词科。此科要求考生既要博学,精通社会、百科知识,又要文采斐然。

如果不参加吏部考试,唐人士子也有其他路径做官,如立功边塞、干谒权贵、终南捷径等。“但现实情况是,欲立功边塞,往往‘大小百余战,封侯竟蹉跎’(陶翰《燕歌行》);上书干谒,更是‘惜无金张援,十上空归来’(孟浩然《送丁大凤进士举呈张九龄》;走终南捷径,又为入仕心情迫切的士人所难以忍耐。”①

#### (二)韩愈以及他的“怀才不遇”情结

1. 坎坷身世与刻苦求学

韩愈,字退之。幼年生世坎坷却天资聪颖,七岁开始读书,因生活颠沛流离,学习尤为刻苦。

① 张玉璞.“怀才不遇”情结与韩愈的人才利用思想[J].江西社会科学,1997(8):34—38.

2. 蹉跎求仕与怀才不遇

韩愈19岁便入长安，分别参加户部、吏部考试，前后七次，未能入选。其间，他三次上书宰相，都未得一复；三次登门拜访，也被"阍人所辞"，他失望了，只能怀着"不遇时之叹"，东归河阳。[①]无奈之下，投奔节度使做幕僚。

韩愈一生仕宦三十年，浮浮沉沉。他曾在多篇文章表达"感士不遇"的思想。如他曾在《上宰相书》中抱怨现行科举制度根本不能选拔真正有用的人才。而《马说》就是他的一篇抒发自己"怀才不遇"的愤懑之作，大致创作于韩愈中青年仕途不顺之时。

## 二、"说"的文体特征

《马说》是韩愈的《杂说》四篇之一，虽然题目是编者加的，但《杂说》文体属于"说"的范畴。

### (一)关于"说"这种文体

杂说，即说。主要内容是"议论兼叙说"，是古代杂文的一种体式，即说体文。

"说"与"论"不同。"说"的特点体现为：解说性、譬喻性、夸饰性、情感性和灵活性。

明代吴讷的《文章辨体》称："按说者，释也，述也，解释义理而以己意述之也。"[②]即是说，说体文着重于说明、阐释。

武真真认为，这些说体文的文体特征集中体现为："解说性、譬喻性、夸饰性、情感性和灵活性。"[③]其中，"解说性"是指说体文要对某一事物或某一命题进行阐释、解说，使读者清楚明白；"譬喻性"和"夸饰性"，指的是在说明事理的过程中，为了使得说理说得更加浅显透彻、通俗易懂，可以适当使用比喻或者适当的夸张，来增强言语的感染力，使人产生强烈的认同感，并最终达到说服听者的目的[④]；"情感性"指说体文在说理中融合了作者强烈的情感；"灵活性"多体现在结构的灵活多变上。

《马说》是作者借千里马的不幸遭遇，比喻人才的埋没，融合了作者怀才不遇的强烈情感，结构上灵活多变。

## 三、《马说》的行文结构

### (一)从说体文的说理思路来分析行文结构

从说体文的说理思路来分析，《马说》一文的行文结构为提出论题—反面假设—深入论证—得出结论。

---

① 吴文治. 文起八代之衰的韩愈[J]. 文史知识，1985(5)：82—88.

② 转引自莫顺斌，翟满桂. 古代"杂说"文体略析[J]. 社科纵横，2008(1)：96—97.

③ 转引自武真真. 试论韩愈的说体文[J]. 宜春学院学报，2014(1)：97—101.

④ 武真真. 试论韩愈的说体文[J]. 宜春学院学报，2014(1)：97—101.

孙绍振认为，《马说》从一个故事的寓意出发，运用比喻论证“世有伯乐，然后有千里马”，先立论，然后假设没有遇到伯乐的千里马所遇到的悲惨遭遇，“反面作笔”，以此证明伯乐对于千里马的重要性。再接着深入论证非伯乐身份的食马者对千里马造成的伤害，即千里马连常马都不如。最后得出结论，并揭示主题，即不但要在物质上有充分保障，而且要在精神上理解，才能在使用上得法。[①]

### （二）从“以诗为文”的特点来分析行文结构

吴小如认为，《马说》呈现出“以诗为文”的特点。吴小如解读《马说》，认为其全篇几乎始终通过形象思维来描述千里马的遭遇，只摆出活生生的事实却省却了讲大道理的笔墨，这已经可以说是诗的写法了。[②]

综合以上两种观点分析《马说》的行文结构：《马说》以诗入文，借鉴了诗歌创作中“起承转合”的行文结构，开篇由“世有伯乐”句起调，提出观点；“故虽有名马”句承接“伯乐不常有”，从反面论证千里马不遇伯乐时的悲惨遭遇；“策之”句为转折，叙述视角从前文的“千里马”转向后文用马者（食马者）；最后“其真无马邪”“其真不知马也”两句合尾，得出结论，即用马者要先识得千里马，千里马方能以“千里马”身份存在，以此回应开头句“世有伯乐，然后有千里马”。

## 四、《马说》的主题思想

### （一）怀才不遇的愤懑

《马说》这篇文章以千里马自喻，充满了无奈与惋惜，表达了作者怀才不遇、壮志难酬的愤懑不平。林为挺认为，第一段“不以千里称也”一句将自己感士不遇的满腔悲愤倾泻而出。第二段“安求其能千里也”让悲愤的情绪上升到新的高点。最后一段，“策之”“食之”“鸣之”一组排比，暗示了作者“奔走无路，久居下僚”的境况，呈现出作者“气噎声吞、无助悲凉的心境”，文章最后三句：感叹、反问、感慨，将内心的悲哀化成无边的愤怒，对食马者的蔑视变成严厉的斥责，对自身的命运作无奈感喟，全文起于满腔悲愤，继以凄然悲梗，终于无限感叹与愤怒。[③]

### （二）对统治者埋没、摧残人才的嘲讽和鞭挞

苏杰认为，文章一开始的“伯乐不常有”，矛头直接指向科举制度和封建统治者，表现出作者针砭时弊的极大勇气。[④]第二段着力刻画“食马者”与“千里马”之间的矛盾，突显不识真才者的愚昧专横。第三段刻画了一个不懂装懂、发出了慨叹“天下无马”的食马

① 孙绍振.论说文的析理与抒情——《送东阳马生序》和《马说》对读[J].语文学习，2009(12)：49—53.

② 吴小如.韩愈诗文鉴赏辞典[M].上海：上海辞书出版社，2014：51—54.

③ 林为挺.满腔郁勃，慷慨悲歌——《马说》情感浅析[J].语文学习，2011(1)：45—47.

④ 苏杰.托物寄意，咏叹含蓄——《马说》赏析[J].课外语文，2005(6)：51—53.

者，简直就是对统治者不识人才的深刻讽刺。

### （三）韩愈人才利用思想的集中体现

华军和郑金龙认为本文暗含了识才用才之道，即要重视人才价值的实现，不但要懂得“识马之道”，还要懂得“用马之道”。识马之道重在慧眼识才，且能因材而待之，而用马之道重在善于变通时事，因势利导。[①]也就是说，统治者既要懂得识别人才，又要懂得提拔和任用人才。

## 五、《马说》的语言艺术

### （一）托物寓意的手法

高生杰指出，“作者对权贵当道、扼杀贤智的社会现实非常不满和愤懑，但在文中却没有采用直抒胸臆的写法……他用通篇比喻的手法，以千里马比喻自己和社会上的贤人智者，以伯乐喻统治集团中知人善任的明智人士，以‘奴隶人’‘执策人’喻昏庸无能、贤愚不辨的权贵，用千里马不遇伯乐的悲惨景况喻社会现实。这种通篇不出现本体的托物寓意，借题发挥的写法，不仅构思新颖，曲折委婉，且有分量，耐人寻味”。[②]

### （二）多种句式、语气综合使用

王茂恒认为，《马说》在句法上有独特的运用，合理使用散句和长句，让全文文气婉转流畅，如“是马也，虽有千里之能，食不饱，力不足，才美不外见，且欲与常马等不可得，安求其能千里也”，长句、短句结合，陈述、疑问语气交错，“读起来回环跌宕，格调铿锵，好像游历小巧的园林，觉得咫尺能蓄千里之势”[③]，充分体现了“韩如潮”的特点。

### （三）语言简洁，用词犀利

丁向红发现，《马说》短短151个字，却用了11个“不”，这似乎是韩愈有意为之。她认为，“不”作为入声字和否定词，反复出现，形式多样，不仅用在单句、复句和短句、长句中，还用在对比、排比等修辞中，自如灵活地表达情感，体现出“韩如潮”的磅礴气势。同时，“不”在声情效果上，更加坚决地体现出作者的情感态度，其作为否定词的批判意味也尤为明显，即从反面批判嘲讽食马者的无知愚妄，表达对千里马被摧残埋没的痛惜。[④]

---

① 华军，郑金龙．“伯乐相马”释义——由韩愈《马说》引发的思考[J]．中共石家庄市委党校学报，2008(8)：36—38.

② 高生杰．托物寓意鸣不平——韩愈《马说》简析[J]．新课程(中)，2015(26)：21.

③ 王茂恒．《马说》意象世界层的构成[J]．文史知识，2003(4)：77—81.

④ 丁向红．《马说》11个“不”的意义[J]．语文月刊，2017(7)：76—78.

# 第二部分　案例设计综述

## 一、《马说》教学点与教学内容选择的课例综述

目前学界对《马说》教学方面的研究类别多样，主要有教学设计（教案）、教学实录、课后反思、评课案例、备课素材以及以《马说》教学为例谈文言文教学路径等。笔者通过整理这些资料，发现公开发表的只有9篇教学设计（教案）和3篇教学实录有完整的教学过程，并可据此推断其选择的教学点。因此，本研究以这12篇课例为综述对象。

表1　12篇课例教学点选择统计表

| 课例及授课者 | 教学内容 | 教学点 |
|---|---|---|
| 说说《马说》的教学（含教学思路，类似教学设计），余映潮；《马说》教学实录，余映潮 | 1. 边读边感受11个“不”的语气，其表现了作者的不平和愤慨以及千里马的悲惨遭遇，由此带出反面论证的方法。<br>2. 三个“也”分别代表惋惜、不平、愤慨语气。<br>3. 解释“奴隶人”“其”（关于这个字按老教参理解）、“说”、“之”、“以”、“虽”、“安”等文言实词以及其他词义辨析。<br>4. 本文寓意。 | 1.11个“不”。<br>2. 不以千里称也。<br>3. 安求其能千里也。<br>4. 其真不知马也。 |
| 《马说》教学实录，何志章 | 1. 字音、词义。<br>2. 千里马的遭遇及原因。<br>3. 结合背景理解本文寓意、情感。<br>4. 围绕“作为千里马、伯乐怎么做？当今社会千里马一定要遇上伯乐吗？”等问题展开讨论。 | 1. 千里马常有，而伯乐不常有。<br>2. 食马者不知其能千里而食也。<br>3. 其真无马邪？其真不知马也！ |
| 《马说》课堂实录，赵鑫 | 1. 词义辨析。<br>2. 探讨本文观点：文章第一、二句。<br>3. 伯乐和千里马的关系。<br>4. 千里马被埋没的原因及根本原因“不知马”。<br>5. 托物寓意。<br>6. 阅读本文后的个人启发。<br>7. 表演课本剧。 | 1. 世有伯乐，然后有千里马。千里马常有，而伯乐不常有。<br>2. 策之不以其道，食之不能尽其材，鸣之而不能通其意。<br>3. 食马者不知其能千里而食也。<br>4. 安求其能千里也。 |

续表

| 课例及授课者 | 教学内容 | 教学点 |
| --- | --- | --- |
| 千里马的故事——《马说》写作课，朱翠容 | 1.把课文想象成一匹千里马的故事，包含起因、经过、结果，结合课本内容，想象千里马、食马者、常马等形象。<br>2.通过情景剧表演，分析角色形象，学习人物描写手法。 | 1.一食或尽粟一石。<br>2.食不饱，力不足，才美不外见。<br>3.策之不以其道，食之不能尽其材，鸣之而不能通其意。<br>4.祇辱于奴隶人之手，骈死于槽枥之间。<br>5.执策而临之，曰：“天下无马！” |
| 用情朗读经典以心感知名篇——《马说》教学案例，刘文婷 | 1.本文文体知识。<br>2本文写作年代。<br>3.词义、翻译（基于疏通文意目的的文言知识）。<br>4.体会重要语气词，推敲情感（悲愤、不平），揣摩人物形象（食马者愚蠢）。<br>5.托物寓意的写作手法，以此推导文章主旨。<br>6.探讨为什么开篇说“世有伯乐，然后有千里马”，以此来体会“韩如潮”的语言气势。 | 1.呜呼、其、邪、其、也、安。<br>2.其真无马邪？其真不知马也！<br>3.世有伯乐，然后有千里马。 |
| 《马说》教学案例，邵桂芳 | 1.感知千里马的遭遇。<br>2.词义辨析。<br>3.品味作者思想感情（同情、痛惜、谴责、愤怒、嘲讽）。<br>4.文章观点以及托物寓意写法。<br>5.人才如何实现自己的价值。 | 1.祇辱于奴隶人之手，骈死于槽枥之间。<br>2.食不饱，力不足，才美不外见。<br>3.策之不以其道，食之不能尽其材，鸣之而不能通其意。<br>4.安求其能千里也。<br>5.其真不知马也！<br>6.世有伯乐，然后有千里马。 |
| 《马说》教案，杨青 | 1.“说”是古代的一种议论题材。<br>2.词义辨析。<br>3.千里马被埋没的原因、根本原因。<br>4.托物寓意揭示主题。<br>5.伯乐与千里马谁更重要？<br>6.真正的人才所具备的条件。 | 1.食不饱，力不足，才美不外见。<br>2.食马者不知其能千里而食也。<br>3.策之不以其道，食之不能尽其材，鸣之而不能通其意。<br>4.其真不知马也！ |

续表

| 课例及授课者 | 教学内容 | 教学点 |
| --- | --- | --- |
| 引导合作探究——《马说》教学设计，王克选 | 1.作者观点、思想感情。<br>2.托物寓意。<br>3.词义辨析<br>4.没有伯乐，千里马怎么办（探讨人才问题）。 | 世有伯乐，然后有千里马。 |
| 《马说》教学设计，赵春梅 | 1.介绍作者、“说”的文体特点，明确《马说》就是一篇借物比喻的杂文。<br>2.词义辨析。<br>3.表演课文，阐释各段内容。<br>4.伯乐与千里马的关系。<br>5.千里马被埋没的原因。<br>6.食马者表现。<br>7.托物寓意。<br>8怎样对待人才？人才被埋没该怎么办？ | 1.世有伯乐，然后有千里马。<br>2.食不饱，力不足，才美不外见，且欲与常马等不可得。<br>3.策之不以其道，食之不能尽其材，鸣之而不能通其意。 |
| 《马说》教学设计，程海宾 | 1.字音、词义辨析。<br>2.介绍“说”这种文体。<br>3.假定你是千里马，解说“我的遭遇”。<br>4.作者观点、托物寓意。<br>5.探讨“世有伯乐，然后有千里马”是否符合逻辑。<br>6.“也”和“不”字背后的情感语气。<br>7.拓展延伸，讨论古代士子被埋没的状态。 | 1.世有伯乐，然后有千里马。<br>2.“不”“也”。 |
| 《马说》教学设计，汤春权、王伟 | 1.词义辨析。<br>2.巧用批注，读出作者感情。<br>3.知人论世，明示主旨。<br>4.托物寓意。<br>5.体会“韩如潮”的语言特点和论说气势。 | 世有伯乐，然后有千里马。 |
| 基于文本细读的《马说》课例研究，蔡学红 | 1.字音、词义辨析。<br>2.细读文本每句话，探究问题，把握内容和主旨。<br>3.韩愈其人，写作背景，明确托物寓意的写法。<br>4.千里马和食马者各自的表现。<br>5.中心论点。<br>6.通过“也”体会作者情感。<br>7.千里马和伯乐，谁更重要？<br>8.人才应该怎么得到他人赏识。 | 1.全文每句话。<br>2.不以千里称也。<br>3.安求其能千里也。<br>4.其真无马邪？其真不知马也！ |

从表1对教学内容和教学点的整理来看,《马说》的教学现状主要体现在如下几个方面:

(1)教学内容上,所有课例基本都涉及文言词义、托物寓意、作者情感、千里马被埋没的原因等内容。

(2)何志章、赵鑫、杨青、王克选、赵春梅、蔡学红的课例围绕“在没有伯乐时,人才该如何自处”讨论人才问题。

(3)只有刘文婷,汤春权、王伟的课例涉及“韩如潮”的语言特点。

(4)刘文婷,何志章,汤春权、王伟,蔡学红的课例注意到联系作者生平和写作背景。

(5)刘文婷、杨青、赵春梅、程海宾的课例介绍了“说”的文体特征。

(6)赵鑫、刘文婷、邵桂芳、王克选、蔡学红的课例谈到了文章观点。

(7)朱翠容从写作学习的角度教《马说》。

(8)余映潮、刘文婷、程海宾的课例将文中出现的高频词“不”或者语气词作为关键词,并以此为教学点,展开教学内容,帮助学生理解作者的情感。

## 二、《马说》教学存在的问题及分析

从教学内容的选择来看,几乎所有老师都将文言词义、托物寓意、作者情感作为必要的教学内容,但是大部分老师会忽略“说”的文体特征和对文章观点的解读,对于韩愈的语言特点更是鲜少涉及。而这三个内容应该是《马说》非常重要的教学内容,并且相辅相成。从“说”的文体特征来教,势必涉及文章观点;要分析文章观点,也离不开体会韩愈的语言特点。

从教学内容如何教的角度来看,对作者情感的解读,基本上所有老师都是通过用词去体会,鲜少有提供作者生平、写作背景这样的知识支架以让学生更加深刻理解情感。可见,一线教师基本忽略理解文章要重视“知人论世”这样的原则。

从教学内容和文本教学点的对应关系来看,某些教学内容,比如“说”这种文体、韩愈介绍等,没有对应应该的教学点,即文中的关键词句,只停留在让学生“知道”的层面,对课文理解没有任何辅助作用。多个课例教学点过于零散,几乎面面俱到。教学点与教学内容对应不准确,导致在文章理解上出现偏差,过多关注千里马被埋没的原因,却缺少了对作者情感和观点的分析。甚至像“人才应该怎么办”这样的教学内容在文中并没有对应的教学点,脱离文本,为讲内容而讲内容。

表2　12篇课例教学点选择分析表

| 选择的教学点 | 数量 | 占比/% | 句子的作用 |
| --- | --- | --- | --- |
| 世有伯乐,然后有千里马 | 7 | 58.33 | 起调,观点句 |
| 千里马常有,而伯乐不常有 | 3 | 25 | 观点句的反推论 |

续表

| 选择的教学点 | 数量 | 占比/% | 句子的作用 |
|---|---|---|---|
| 祇辱于奴隶人之手，骈死于槽枥之间 | 3 | 25 | 承接，提出假设，没有遇到伯乐的千里马可能的遭遇，反面着笔。“祇辱”“骈死”透露作者的同情之意 |
| 不以千里称也 | 4 | 33.33 | 不遇伯乐的第一种结果：身份卑微 |
| 一食或尽粟一石 | 2 | 16.67 | 介绍千里马应有的食量 |
| 食马者不知其能千里而食也 | 3 | 25 | 继续假定不遇伯乐的千里马，遭遇不懂马的养马者 |
| 食不饱，力不足，才美不外见，且欲与常马等不可得 | 4 | 33.33 | 阐释千里马被以常马待遇，结果却是比常马还不如。这是千里马在能力上被否定 |
| 安求其能千里也 | 6 | 50 | 反问句，加强语气，情感上升到激愤的程度 |
| 策之不以其道，食之不能尽其材，鸣之而不能通其意 | 6 | 50 | 转变，视角从前文的“马”到这里的“用马者（食马者）”，前两句是对前两段千里马遭遇的总结，第三句点出千里马在精神上受到的折磨 |
| 执策而临之，曰：“天下无马！” | 2 | 16.67 | 生动地刻画了不懂马的人的形象，令人愤愤不平。同时也是对不懂马者强烈的讽刺 |
| 呜呼！其真无马邪？其真不知马也！ | 7 | 58.33 | 把“无马”和“不知马”这一对矛盾尖锐地摆出来，形成一个高潮，极尽沉郁顿挫之致（吴小如），表达了作者强烈的愤愤不平 |
| 否定词“不” | 2 | 16.67 | 表现强烈的愤愤不平 |

如表2所示，12篇课例选择的教学点存在较大差异，其中选择最多的教学点出现了7次，占比为58.33%，最少的有2次，占比为16.67%。

其中，出现了7次的句子有两处，它们分别是：“世有伯乐，然后有千里马。”“呜呼！其真无马邪？其真不知马也！”出现了6次的句子也有两处，分别是：“安求其能千里也”“策之不以其道，食之不能尽其材，鸣之而不能通其意”。

存在的问题是，教学点的选择过于零散，几乎是各家有各点，全文基本每句话都有人作为教学点来教学，这直接导致教学内容上的凌乱，没有阶梯性。从全文内容来看，58.33%的人选择的那两处句子相对聚焦，“世有伯乐，然后有千里马。”“呜呼！其真无马邪？其真不知马也！”基本涵盖了文体知识、文章观点、作品主旨等几个最重要的知识点，可作为主要教学点展开教学内容。

# 第三部分　教学建议

## 一、依循文本体式选择教学点

《马说》是一篇文言文，笔者将根据文言文的一体四面，即“文言”“文章”“文学”“文化”等四个层面来讨论分析。具体分析如下：

从“文言”层面，人们对文中不少字词的理解存在争议，处理这类争议，只要不影响对全文内容的理解，一律以部编本教材的理解为主。文中的其他重要句式，如否定句、反问句、感叹句等，是作者情感的直接体现，不妨重点分析。

从“文章”“文学”层面，《马说》选自韩愈《杂说》四篇中的第四篇，前三篇分别是《龙说》《医说》《崔山君传》，四篇皆属于古代文体中的“说”。本文是韩愈借“马”说自己的人才思想，表达自己对统治者不识得人才的控诉以及自己怀才不遇的愤懑。分析说体文的特点，有助于学生掌握文章的谋篇布局；分析“千里马”的譬喻以及“韩如潮”的语言特点，可以帮助学生理解作者的思想感情以及人才思想。

从“文化”的层面，《马说》以“千里马”喻人才，古已有之，这已是一种文化心态。因此，教学中不妨多展开“千里马”譬喻的例子，让学生有更深入的认识。

综合以上分析，《马说》可选择的教学点可以从表现观点的句子、表达强烈情感的句子等炼字炼句处入手。

## 二、分析学情确定教学点

八年级学生（13—15 岁）已经能对自己的经验进行概括，具备一定的逻辑推理能力，在思维结构上有能力达到“关联结构”，甚至“拓展结构”。因此，这个阶段的学生基本能理解一般说理性的文章，并能分析这类文章的写作思路。

在文体知识储备方面，八年级学生已经学习了叙事抒情性散文、游记、诗歌、小说、书信、传记、说明文等文体，并在八年级上册接触了孟子的两篇论说文，因此对于说体文，学生具备一定的分析能力。但是，《马说》这篇文章借鉴了诗歌的“起承转合”的结构来论述观点，学生理解起来有一定难度，教师不妨将文体知识作为难点来指导学生分析。

文言知识方面，文中绝大部分实词都有明确的注释，学生基本能够通过自身学习，疏通文意；个别实词如“故”“虽”“是”没有注释，但是学生能够根据已学过的知识，融会贯通。个别句子的句式跟作者情感联系紧密，不妨做重点阐释，如“其真无马邪”“其真不知马也”。

文学、文化方面，学生能够非常容易地分析出，千里马比喻人才、伯乐比喻识得人才的统治者、食马者比喻不识人才的统治者，因此“托物寓意”的写作手法能够比较顺利地引导出来。但是学生对“千里马”譬喻的文化现象、韩愈生平及社会背景不太熟悉，教学中，不妨将作者生平和写作背景作为支架，帮助学生更加深刻地理解思想内容。

## 三、依据教学点确定教学内容

那么《马说》具体应该教什么呢？通过对文本体式和学情的分析，《马说》的教学点和教学内容大致确定为以下两个方面：

### （一）世有伯乐，然后有千里马（文章观点句）

教学内容：全文围绕这个观点来阐释，学生需要厘清“起承转合”的行文结构。

开篇“世有伯乐”句起调，提出观点；“故虽有名马”句承接“伯乐不常有”，从反面论证千里马不遇伯乐的悲惨遭遇；“策之”句为转折，叙述视角从前文的“千里马”转向后文用马者（食马者）；最后“其真无马邪”“其真不知马也”两句合尾，得出结论：用马者要先识得千里马，千里马方能以“千里马”身份存在，以此回应开头句“世有伯乐，然后有千里马”。

### （二）其真无马邪？其真不知马也！

此处是作者情感最激愤之处，从全文来看，作者的情感应该是步步深入的：

（1）千里马不被人认作千里马，在身份上被埋没，情感集中在“不以千里称也”；（2）在物质待遇上得不到应有的待遇，能力越发体现不出来，情感集中在“安求其能千里也”；（3）在精神上更是遭到凌辱，集中表现为“策之”排比句；（4）引导学生一边朗诵，一边感受“韩如潮”波涛起伏的语言气势，一起一伏之间感受情感越来越激愤；（5）提供支架，联系作者生平经历以及时代背景，明确文章表面上是作者为千里马（即人才）而愤愤不平，实际上是抒发怀才不遇的愤懑之情。

# 第四部分　参考案例

**教学目标**

1.掌握“说”的文体知识和“起承转合”的行文结构。

2.认识“千里马”的譬喻，理解托物寓意的用法。

3.学习“韩如潮”的语言特点，体会作者情感。

**预习准备**

1.掌握以下字词的读音，读清课文：祇、骈、槽、枥、食、粟、石、外见。

2.把握节奏，读顺句读。

(1)食马者/不知其/能千里/而食也。

(2)且/欲与常马等/不可得。

3.结合注释,读懂文意。

重点留意下列句式的翻译:

①倒装句:且欲与常马等不可得。

②倒装句:祇辱于奴隶人之手,骈死于槽枥之间。

③反问句:安求其能千里也?

## 教学流程

### 一、形象生动叙"马"

1.默读。课前,同学们预习了《马说》,作者在文中向我们介绍了一匹怎样的马呢?请大家边默读边勾画。

解析:不被认作千里马,惨死:"祇辱……"

不被认作千里马,挨饿:"食不饱……"

不被认作千里马,孤独:"鸣之……"

2.追问。文中除了刻画千里马的形象,还刻画了什么形象?

解析:"策之……"形象地刻画了待马者(策马者、食马者、识马者)不懂马的愚昧无知的形象。

3.朗读。作者对千里马、待马者有什么样的情感态度?

教师小结:对千里马的遭遇表示同情,对待马者的无知进行无情鞭挞讽刺。

请带着这样的情感自由朗读课文。

### 二、起承转合议"马"

1.交流。明明是能日行千里的名马,为何有如此悲惨的遭遇?找出能解释原因的句子,交流看法。

解析:

文中能揭示原因的句子有"世有伯乐,然后有千里马""千里马常有,而伯乐不常有""食马者不知其能千里而食也""其真不知马也"。

最根本的原因是待马者不能像伯乐那样懂马。不遇伯乐的千里马,会遭遇悲惨经历:身份卑微,甚至被"奴隶人"奴役;食养不足,能力无法体现,最后造成恶性循环。如图1呈现:

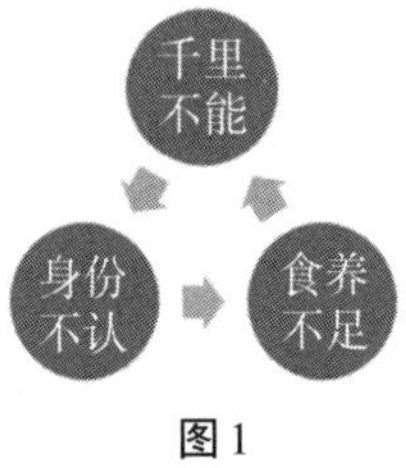

图1

2.追问。由此,作者认为,要让千里马不被埋没,就必须要有伯乐赏识,没有伯乐赏识,千里马也不被称为千里马。那么作者的观点是什么?原文回答。(世有伯乐,然后有千里马。）

3.探究。作者是如何论述这个观点的？

解析：

（1）起调，亮出观点：第一、二句。

这两句是反推关系，世上先有伯乐，然后才有千里马，反过来讲，即便是常有千里马，但是伯乐很少，不经常遇到，千里马会怎么样呢？

第二句为了从反面推论伯乐的重要性，引出下文的内容。

（2）承接，反论观点："故虽有名马"句以及第二段。

阐述不遇伯乐的千里马的悲惨遭遇：身份卑微，甚至被"奴隶人"奴役；食养不足，能力无法体现。

（3）转变，变化深入：第三段"策之"句、"执策"句。

叙述视角发生转变，由前文的千里马转到待马者。着重刻画待马者如何对待千里马，同时又呼应前文，引出后文。

（4）合尾，得出结论：待马者"真不知马也"。

照应推论句"千里马常有，而伯乐不常有"，指出知马的伯乐不常有。因为伯乐不常有，所以导致大量千里马被埋没，也就相当于没有千里马，以此来证明：世有伯乐，然后有千里马。

4.朗读并背诵。尝试根据"起承转合"的行文结构辅助背诵。

## 三、言语如潮诉"马"

1.析题。本文题目为"马说"，是什么意思？

解析："说"是古代一种以"议论兼记叙"为表达方式的文体，又叫"杂说""说体文"。本文课题"马说"，即是对千里马的形象进行记叙、议论。

2.激疑。《马说》依次记叙了"惨死"的千里马、"挨饿"的千里马、"孤独"的千里马，作者为何不把最严重的"惨死"千里马形象放在最后来谈？

解析：千里马"惨死"最触目惊心，最容易激起读者的情感波澜，给人一种无法辩驳的气势。

3.回忆。我们曾经学过另一篇说体文——周敦颐的《爱莲说》，作者是如何阐述"莲花"形象的？

解析：由陶渊明独爱菊、李唐之后世人盛爱牡丹引出"予独爱莲花"，然后阐释莲花的美好品质，接着又从菊的隐喻、牡丹的隐喻逐步谈到莲花的隐喻，最后再感叹陶渊明之爱菊、我之爱莲者稀少，而爱牡丹者众多，表达自己对高尚情操的自持，对尘世俗人的不屑与无奈。

4. 比较。与周敦颐相比，韩愈的表达有什么不同之处？

解析：

周敦颐无论是呈现“莲花”形象，还是表达自己的气节，都显得不急不缓，含蓄内敛。

而韩愈在《马说》开篇便先声夺人，指出“世有伯乐，然后有千里马”，紧接着又以排山倒海之势，依次呈现千里马的“惨死”“挨饿”“孤独”形象，进而又以极尽辛辣之态嘲讽待马者的愚昧无知。可谓气势磅礴，汪洋恣肆。无怪乎苏洵赞其文章“如长江大河，浑灏流转，鱼鼋蛟龙，万怪惶惑”，而南宋的李涂在《文章精义》中则用“韩如潮”来精辟评价韩愈的文章。

5. 交流。“韩如潮”意思是说韩愈的文章如浩荡奔腾的潮水，波澜起伏。小组交流，《马说》除了在内容上体现“韩如潮”的特点，在语言形式方面如何体现这个特点呢？

示例：“策之”句连续三个句子句式相近，构成排比，气势浩荡，呈现“韩如潮”的语言特点。

学生交流分享。

教师小结：韩愈擅长交错运用各种富有表现力的句式，来构成浩荡奔腾、波澜起伏的气势。如“故虽有名马”句，排偶句式与散句结合，错落有致。第二段长句、短句交错使用，参差变化，起起伏伏。文末感叹、反问、强调三句式叠加，情感发挥到极致，可谓潮水最后冲击海岸，掀起万丈浪涛，气势磅礴。

6. 诵读。读出“韩如潮”的起伏变化，磅礴气势。

## 四、怀才不遇托“马”

1. 思考。阅读《汗明见春申君》，想想韩愈的《马说》只是为了说“千里马”吗？如果不是，文中的“千里马”“伯乐”“策马者”“食马者”“识马者”分别代表什么？这是一种什么写法？

解析：不是。这是一种托物寓意的写法。

千里马寓指人才，伯乐寓指识得人才的统治者。策马者寓指人才的使用者，食马者寓指人才的培养者，识马者寓指选拔人才者。

作者想要借“千里马”的悲惨遭遇，表明自己的人才观点：统治者应该尽心培养人才，着力选拔人才，合理使用人才，建立一套完善的人才机制。

2. 交流。阅读以下材料，谈谈作者创作《马说》的缘由。

材料一：唐朝的选官制度。

材料二：韩愈生平经历。

材料一、材料二参见“文本解读综述”部分。

学生交流。

教师小结：长期以来韩愈怀才不遇，满腔忧愤无处宣泄，只得诉诸文字，不平则鸣。

为自己才华无处施展鸣不平,也为天下所有被埋没的人才鸣不平。

3.诵读。明确:《马说》的气势磅礴源于韩愈满腔忧愤郁结,一旦动笔,情感如决堤之水,喷涌而出,学生要读出作者怀才不遇的愤懑,对人才被埋没的惋惜,对统治者不识人才的痛斥。

## 五、教师总结

本文用托物寓意的手法,将千里马比作人才,将伯乐比作识别人才的统治者,讽刺了如食马者一般不识人才的愚昧无知的统治者,表达了先有伯乐,然后才有人才的观点,寄寓了作者怀才不遇的愤懑,对人才被埋没的惋惜,对统治者不能识别人才的痛斥,并期望统治者应该尽心培养人才,着力选拔人才,合理使用人才,建立一套完善的人才机制。

## 六、作业布置

《马说》用托物寓意的手法,以"千里马"的形象,表达作者怀才不遇的情感和重视人才的观念,鞭辟入里。古往今来,还有哪些托物寓意的文章?

请列举一例,要注明文章通过描述什么形象,表达了何种意义。

板书设计

马 说

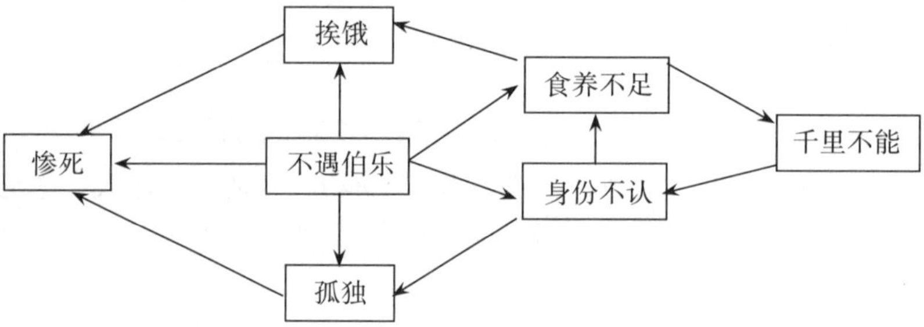

# 以读促思，悟“圣人”情怀

## ——《茅屋为秋风所破歌》教学知识(PCK)的择定与建构

深圳市宝安中学(集团)第二外国语学校　林昭敏　李媛萍　成　竹　王炎炎　张燕芳

## 第一部分　文本解读综述

### 一、写作特色

#### (一)行文上的严整格局

不同学者在提到本诗时都或多或少提及行文格局。王鑫认为本诗可以分成四个部分，其中“八月……塘坳”为第一部分，主要写茅屋破败的情况；“南村……昏黑”为第二部分，承接第一部分，通过对群童抱茅而走的描写，侧面突出诗人当时的处境之艰难；“布衾……由彻”为第三部分，诗人由眼前之苦联想到自己经历过安史之乱以来所遭受到的各种苦楚，是一种概括性描述；余下部分为第四部分，诗人推己及人，百感交集之余祈求上苍。①

张浩逊认为本诗以赋体为主，前半部分叙事，后半部分在叙事的基础上十分自然地转为抒怀，两者一气贯通。②

孙新认为这首即景抒情诗通过层层深入的自然铺叙，激发了人的情感，把诗人自己的苦难与战乱时代紧密相连，为下一步抒情奠定了坚实基础。其中选取了典型环境中的典型事件进行深入描写，将现实生活的写实与后半部浪漫主义的呼喊相结合。③

全诗句句蝉联而下，由写景叙事及咏怀抒情，起、承、转、合，环环相扣，契合得当，具有严整的行文格局，将诗人忧国忧民的情怀和崇高理想表现得淋漓尽致。

#### (二)内容上的鲜明对比

作者选取生活中的典型事物进行对比，给人深刻印象。例如“群童”的“公然抱茅”与

① 王鑫.《杜甫〈茅屋为秋风所破歌〉献疑》之献疑——也说《茅屋为秋风所破歌》的评价问题[J].楚雄师范学院学报，2014(10)：46—51.

② 张浩逊.《茅屋为秋风所破歌》非讽谕之作——与左景仁先生商榷[J].杜甫研究学刊，2006(3)：69—71.

③ 孙新.《茅屋为秋风所破歌》探析[J].吉林师范学院学报，1996(Z1)：12—14.

老杜的"唇焦口燥""归来倚杖"对比，一小一老，一稚一衰，把同是战乱的受害者的不同心态展现得淋漓尽致。"破茅屋"与"广厦千万间"做对比，这是现实与理想的对比，也是人民在水深火热中的期盼与呼声。"吾庐独破"与"大庇天下寒士"的急切心情与伟大志向的对比，也体现了作者崇高的境界。[①]

闵和顺在诗中发现另外一对相对的形象：娇儿和慈父。在这样极恶劣的天气中仍能安然入睡的娇儿和"自经丧乱少睡眠"的父亲，面对如天气一样恶劣的社会环境，不同的人有着不同表现，更显示出这位父亲在黑夜冷雨中的孤独寂寞。此外，还有另外一组不易被察觉的对比：一个清醒地面对这件突发事件的老人和另外一个隐藏在诗歌背后的作者。诗中的老人清醒而孤独，毕竟他可以为黑暗现实大声疾呼，但生活中作者是一个失败者，他从长安逃难到巴蜀，与他曾经的追求相去甚远。[②]

## 二、细节探疑

### （一）"安得"

杜甫喜欢用"安得"句式来表达心中情愫，例如"安得壮士挽天河，洗净甲兵长不用"（《洗兵马》），"安得更似开元中，道路即今多拥隔"（《光禄坂行》），"安得务农息战斗，普天无吏横索钱"（《昼梦》）都真实反映了杜甫对理想社会和理想生活的向往，如萧涤非先生所言，安得，是欲得不能得的一种假想的说法，表现了理想与现实的矛盾。[③]陈荣丽则认为，这个"安得"是作者对更接近于对人生、命运及现实世界的追问，是他一生都未能解出的谜，它是无助的，甚至老迈的诗人也不再期望能够得到解答，是他的一种哀叹，是他此时孤独又崇高的心灵的显示。[④]

鲁克兵认为，这几句以"安得"为开头，是杜甫诗歌中作为"誓言"的独特表达形式，是杜甫受到佛教与儒家思想的影响所显示出来的结果。这种誓言是一种单独誓言，其目标是明确的，即"天下寒士"居于广厦之中，过着幸福的生活；其维持誓言的前提是清晰的，即"吾庐独破受冻死亦足"作为一种特殊的表现形式，反映了作者一种精神上的悲情。[⑤]

### （二）"寒士"

王安石在《杜甫画赞》中以杜甫的口吻写到"宁令吾庐独破受冻死，不忍四海赤子寒飕飕"，认为"寒士"就是"四海赤子"。郭沫若在《李白与杜甫》中提到，寒是穷的意思，因此寒士就是指穷读书人。阮世辉认为这个词泛指一切挨饿受冻的人。"士"在古代上可以

---

① 孙新.《茅屋为秋风所破歌》探析[J].吉林师范学院学报，1996(Z1)：12—14.

② 闵和顺.城中十万户 此地三两家——《茅屋为秋风所破歌》新探[J].云梦学刊，2012(3)：64—68.

③ 萧涤非.杜甫诗选注[M].北京：人民文学出版社，1979：82.

④ 陈荣丽.无可奈何的呼号——重读《茅屋为秋风所破歌》[J].语文天地，2016(35)：40—41.

⑤ 鲁克兵.《茅屋为秋风所破歌》与杜甫的誓言[J].玉溪师范学院学报，2009(5)：33—37.

指百官，下可以指庶民，所以和“人”的用法差别不大，在原诗中，为了音韵的和谐故选用“士”而非“人”。[①]吴瑛认为，在杜诗中指百姓的词多为“黎元”“黎庶”“苍生”“万民”等，与士相连用的词有“战士”“猛士”“壮士”“志士”以及单用的“士者”等，都是指某一类人，无一泛指百姓，因此诗中的“寒士”应指读书人。[②]

### （三）“盗贼”

霍松林先生在赏析该诗时，认为“盗贼”不过是表现诗人因为“老无力”而受欺辱的愤懑心情，绝不是真的给“群童”加上“盗贼”的罪名，要告到官府里去办罪。

“盗贼”“公然”等刻意为之的重词，胡适称它们为“诙谐的趣话”，写年迈衰弱的老人受小孩“欺负”之意。正是这种刻意为之的夸张，更能够凸显诗人的凄苦处境。儿童永远不会知道自己的戏耍行为会给老人带去怎样的冲击，诗人是打心底里焦急痛苦，他惜茅草，而非责难孩童，他心痛不已又无可奈何。

萧涤非先生在《杜甫诗选注》中提到，按《泛溪》诗：“童戏左右岸，罟弋毕提携。翻倒荷芰乱，指挥径路迷。得鱼已割鳞，采藕不洗泥。”此诗作于前一年，所泛溪即浣花溪。据此可知，溪之南北岸原有一批顽童，萧涤非先生疑心诗中“群童”就是这些顽童。他们敢于欺负人，以抱茅为戏，因而激怒了诗人，以致破口大骂。萧涤非先生曾把群童全看成穷孩子，他认为他这种看法是不符合实际情况，至少是很片面的。

总之，《茅屋为秋风所破歌》诗作为杜甫草堂时期的代表作之一，对于杜甫以及那个时代都有着重要意义，值得研究和品读。《杜诗详注》赞其“大有民胞物与意”，《义门读书记》称之“元气淋漓，自抒胸臆，非由外袭也”，《碧溪诗话》则认为其“宁苦身以利人”的境界启发并高于白居易新乐府“推身利以利人”的境界。

# 第二部分　案例设计综述

## 一、各版本教材的编排特点

《茅屋为秋风所破歌》是反映杜甫颠沛流离的境遇、抑扬顿挫的诗风和忧国忧民情怀的经典诗作，多次入选不同版本的教材。不同版本的教材对该文本教学价值的定位不尽相同，现以人教版教材（旧版）、苏教版教材、部编版教材为例进行分析说明。

① 阮世辉．也谈《茅屋为秋风所破歌》中的“寒士”[J]．文史哲，1984(3)：74—75.

② 吴瑛．走出《茅屋为秋风所破歌》解读的误区[J]．六安师专学报，2000(3)：35—36.

表1 《茅屋为秋风所破歌》在不同版本教材中的编排分析

| 教材版本 | 单元位置 | 单元编排 | 单元导语 | 预习提示 | 课后习题 |
|---|---|---|---|---|---|
| 人教版(旧版) | 八年级下册第六单元 | 26.小石潭记<br>27.岳阳楼记<br>28.醉翁亭记<br>29.满井游记<br>30.诗五首<br>饮酒(其五)<br>行路难(其一)<br>茅屋为秋风所破歌<br>白雪歌送武判官归京<br>已亥杂诗 | 本单元所选课文以写景记游的古代散文为主。有的表达旷达胸襟,有的流露自得之乐,有的抒发闲适之情。所记景色不同,写作心境不同,却都是感事抒怀、借景言情的名篇。<br>学习本单元,要借助提示、注释和工具书读懂课文,体会游记散文借景抒情的特点;要品味古诗文名句的思想感情,结合亲身体验加深理解。 | 本课学习的五首诗,有陶渊明饮酒东篱的悠然遐思,有李白困居长安的慷慨悲吟,有杜甫深处茅屋的济世情怀,有岑参送别友人的边塞放歌,有龚自珍辞官还乡的浩荡离愁,无不情真意切,耐人寻味。 | 《茅屋为秋风所破歌》和《白雪歌送武判官归京》都是"歌行体"诗,形式自由,语言流利,格调奔放。请从句式、叙事、抒情等方面说说这两首诗的异同。 |
| 苏教版 | 九年级下册第四单元 | 13.曹刿论战<br>14.邹忌讽齐王纳谏<br>15.《孟子》二章<br>鱼我所欲也<br>生于忧患,死于安乐<br>16.愚公移山<br>17.出师表<br>18.茅屋为秋风所破歌 | 不同的作者有不同的人生际遇、不同的精神追求、不同的文字风格,每一部经典的诞生,都有特定的写作背景,寄寓着作者某种思想感情,都会打上时代的烙印。只有从课本注释、报刊网络和相关的文献中,获得写作背景方面的信息资料,了解作者写作情感的起点,才能真正走进作者,走进作品塑造的人物,走进经典的世界,知人论世,应当是解读经典的一条有效路径。 | | 一、联系作者写作时的生活处境,你认为杜甫这首诗中抒发的情怀与哪位古人在哪篇文章中抒发的情怀基本一致?你还能说出那篇文章中表达作者情怀的名句吗?<br>二、比较下列句子中加点词的含义,说出二者之间的区别。<br>1.八月秋高风怒号;高者挂罥长林梢<br>2.狼不敢前,眈眈相向;秋天漠漠向昏黑<br>3.安得广厦千万间;风雨不动安如山<br>4.自经丧乱少睡眠;窥镜而自视<br>三、背诵课文。诗的最后一段,就是人们常说的"古仁人之心"。背诵时要注意体会诗人的这种情感。<br>四、用现代汉语把课文改写成记叙文。题目另拟,不少于600字。 |

续表

| 教材版本 | 单元位置 | 单元编排 | 单元导语 | 预习提示 | 课后习题 |
| --- | --- | --- | --- | --- | --- |
| 部编版 | 八年级下册第六单元 | 21.《庄子》二则<br>北冥有鱼<br>庄子与惠子游于濠梁之上<br>22.《礼记》二则<br>虽有嘉肴<br>大道之行也<br>23.马说<br>24.唐诗三首<br>石壕吏<br>茅屋为秋风所破歌<br>卖炭翁 | 憧憬美好的社会生活，反思现实的生存状态，是经典作品中的永恒主题。本单元所选课文，都是传统的名家名篇。其中有对精神自由的渴望，有对学习生活、理想社会的渴望，有“不平则鸣”的呐喊，有对民生疾苦的同情。这些诗文有情趣、有理趣，表现了古人的哲思和情怀。<br>学习本单元，要在反复诵读的基础上，培养文言语感；注意积累常用文言词语和句式，欣赏课文中精彩的语句；还要学习古人论事说理的技巧，体会他们的人生感悟，从中得到思想启迪和情感陶冶。 | 杜甫和白居易都是唐代现实主义诗歌的代表诗人。结合注释，初步读懂这三首诗歌，感受诗中所描述的社会现实，体会诗人的情怀。<br>朗读这三首诗，体会古体诗在句式、用韵等方面的特点。 | 思考探究：<br>一、《石壕吏》和《茅屋为秋风所破歌》均为杜甫在安史之乱中的名作，表现了诗人对战争的控诉和对民生疾苦的关怀，但具体的写作手法有所不同。《石壕吏》只是“客观”地叙述，并无情感、态度的直接表露；《茅屋为秋风所破歌》则先描述个人遭际，结尾处借助议论和抒情升华。试结合作品分析这两种写法的表达效果。<br>三、这三首诗中有不少精彩之处，如《石壕吏》的巧妙构思，《茅屋为秋风所破歌》中对恶劣天气和生活环境的描写，《卖炭翁》中对卖炭老人及宫使形象的刻画等。试结合具体诗句做简要分析。<br>积累拓展：<br>一、背诵这三首诗。<br>二、任选一首诗，发挥想象，增加一些细节，改写成一则小故事。 |

《茅屋为秋风所破歌》相对初中阶段大多数古诗而言，篇幅较长，生字词较多，揭示主题更为深刻，初中生学起来有一定的难度。因此人教版(旧版)、苏教版和部编版教材都结合了学情，将这首诗歌放在初中后半阶段学习。其中人教版(旧版)和部编版都将其收录在八年级下册，苏教版将其收录在九年级下册。

单从单元编排来看，三个版本的教材都是以文体组元，将《茅屋为秋风所破歌》收录在文言诗文单元。人教版教材(旧版)将组元形式细化到写景记游的古代文化散文，单元导语基本都在指导写景记游散文的阅读方法，与《茅屋为秋风所破歌》勾连不深。相比而言，苏教版和部编版教材对《茅屋为秋风所破歌》的关注度更高，将《茅屋为秋风所破歌》编入以阅读方法指导为核心目标的第四单元，引导学生以“知人论世”的读书方法学习《茅屋为秋风所破歌》这首诗歌。部编版教材则既强调情感目标，又重视知识目标，首先将《茅屋为秋风所破歌》编排在以“憧憬美好的社会生活,反思现实的生存状态”为主题的第六单元,提出本首诗的情感目标是体会古人的哲思和情怀,同时也提出本单元的知识目标是在“反复诵读的基础上,培养文言语感;注意积累常用文言词语和句式,欣赏课文中精彩的语句;还要学习古人论事说理的技巧,体会他们的人生感悟,从中得到思想启迪和情感陶冶”。

综合分析三个版本的教材关于《茅屋为秋风所破歌》诗的单元导语、预习提示以及课后作业,不难发现:不同版本的教材对这首诗歌教学点的定位也有所不同。

人教版教材(旧版)在预习提示中提醒学生关注诗歌所反映的杜甫的济世情怀,课后习题把“歌行体”的特点纳入拓展延伸的范围。可见人教版教材(旧版)主要将《茅屋为秋风所破歌》定位成一个普通的阅读教学文本,在教学中引导学生理解诗歌主题、把握诗歌形式即可。苏教版教材的单元导语突出了“知人论事”的读书方法,课后习题涉及诗歌主题、文言基础知识和写作练笔等内容。在苏教版教材中,《茅屋为秋风所破歌》不再是只需要解读主题、了解形式的一般文本,而是积累文言知识、探索读书方法的载体。对比人教版教材(旧版),苏教版教材定位该诗教学点的视野更为开阔。部编版教材的单元导语、预习提示、课后习题涉及的教学点较多,可以概括为几点:第一,积累文言词语;第二,反复诵读,体会诗歌在句式和用韵等方面的特点,培养阅读古诗文的语感;第三,读懂诗歌,感受诗歌中所描绘的社会现实,体会诗人的情怀,从中得到思想启迪和情感陶冶。

部编版教材一方面回归诗歌本位,强调诵读在古诗文教学中的重要价值,另一方面也关注到这首诗歌主题和形式上的教学价值,最后的“思想启迪和情感陶冶”则指向对学生“语文核心素养”的培养。相比而言,部编版教材对这首诗歌教学点的定位更加全面,也更加贴合课程标准。

## 二、《茅屋为秋风所破歌》教学课例分析

本文收集了12篇网络上传及期刊公开发表的《茅屋为秋风所破歌》课例,现综合这些材料,对这些课例的教学流程、教学目标、教学内容的选择、教学重难点和教学方法进行分析比较。

表2 《茅屋为秋风所破歌》典型课例教学流程梳理

| 执教老师及课例出处 | 教学流程 |
|---|---|
| 付小玲:《〈茅屋为秋风所破歌〉教学设计》,《中学语文》2015年第10期 | (1)导入:安史之乱的历史背景。<br>(2)简单介绍“歌行体”文学常识;根据韵脚变化给课文分层并拟小标题。<br>(3)从杜甫处境到忧国忧民情怀。<br>(4)拓展:杜甫生平,《登岳阳楼》。<br>(5)作业:无。 |

续表

| 执教老师及课例出处 | 教学流程 |
| --- | --- |
| 王晓惠：《〈茅屋为秋风所破歌〉教学设计》，《语文教学与研究》2008年第25期 | (1)导入：与李白对比，“诗圣”的由来，介绍杜甫诗歌的特点，安史之乱历史背景与杜甫生平经历。方法：朗诵。<br>(2)文言积累：“为……所”句式。<br>(3)歌行体，朗读中赏析。<br>赏析动词“号”“卷”“飞”“洒”“挂罥”“飘转”等以及“老无力”“忍能”“公然”“呼不得”“叹息”。<br>(3)诗歌内容鉴赏：分层拟小标题；“归来倚杖自叹息”，称抱走茅草的孩童为“盗贼”，“丧乱”与“长夜”暗示安史之乱社会背景和漫长的战乱生活；梳理诗人心情变化的词语，体会杜甫忧国忧民的情怀。<br>(4)文化拓展：陕西民歌，郭沫若成都杜甫草堂题词，朱德参观杜甫草堂后题对联。<br>(5)作业：背诵全诗并完成课后练习一。 |
| 潘丹蓉：《〈茅屋为秋风所破歌〉课堂实录》，《教育科学论坛》2010年第9期 | (1)导入：介绍长短不一的句式与歌行体，简介背景和诗人经历。<br>(2)朗读：从“歌行体”的朗读开始，读出停顿和重音，重点读好抒情语调句子“归来倚仗自叹息”“长夜沾湿何由彻”“吾庐独破受冻死亦足”；有文采地译读全文(有详细的朗读方法指导)。<br>(3)赏析：选择喜欢的句子进行赏读；<br>分层概括拟标题，重点鉴赏；<br>综合活动：用自己的话代诗人抒情，与诗人对话；<br>总结：从“小我”到“诗圣”。<br>(4)总结：诗人的悲悯情怀。<br>(5)作业：无。 |
| 潘长虹：《〈茅屋为秋风所破歌〉五步导读》，《语文教学与研究》2004年第10期 | (1)导入：介绍安史之乱背景和诗人经历。方法：诵读。<br>(2)初步朗读：转、丧的读音辨析；<br>歌行体断句：“南村群童／欺我／老无力”“吾庐独破／受冻／死亦足”“大庇／天下寒士／俱欢颜”“何时／眼前突兀／见此屋”。<br>(3)根据诗人情感选择不同语速朗读，分组朗读(有详细的朗读方法指导和情感点拨)。<br>(4)解读：深度解读文意，概括小标题，拟制作者情感曲线图，带情感朗读。<br>(4)拓展：设置情境，观看动画片，配诗朗诵。<br>(5)作业：无。 |

续表

| 执教老师及课例出处 | 教学流程 |
| --- | --- |
| 刘飞耀：《〈茅屋为秋风所破歌〉课堂教学实录》，宁波滨海国际合作学校 | (1)导入：调动学生对杜甫的已有经验印象，激趣导入认识杜甫，如"杜甫很忙"的网络用语(有详细的朗读方法指导和情感点拨)。<br>(2)朗读：读对字音，读懂内容；读出情感；<br>理解："老""力""盗贼""竹去""不得""叹息"都是仄声调，是为了表达激越不平的情感；<br>分析："盗贼""布衾多年冷似铁，娇儿恶卧踏里裂""八月秋高风怒号""安得广厦千万间"等句子。<br>(3)对比解读：白居易与杜甫对比——朗读最后一句，通过平仄分布引导学生读出语句中的抑扬顿挫，进而引导学生体会诗人的不平心境。<br>(4)总结拓展：杜甫的悲悯情怀——用木心诗歌收尾。<br>(5)作业：无。 |
| 吴文博：《〈茅屋为秋风所破歌〉课堂实录》，《语文教学通讯》2005年第7期 | (1)导入：回顾安史之乱历史事件，调动学生对杜甫的已有经验印象。<br>(2)朗读指导："为……所"句式；歌行体；生字词；找准韵脚，读出韵律；注意断句，读出节奏；分层拟标题。<br>(3)赏析解读：背景补充。分析步骤："盗贼"—"安得广厦千万间，大庇天下寒士俱欢颜"—"推己及人，崇高情怀"—"总结：现实主义写作手法"。<br>(4)文化拓展：写作手法与杜甫的"现实主义"诗风。<br>(5)作业：联系现实生活加以研究，写成研究报告或者研究感想。 |
| 岳国忠：《〈茅屋为秋风所破歌〉课堂实录》，《语文教学通讯》2014年第7期 | (1)导入：对联导入，得出关键词——诗史、野老、草堂。<br>(2)整体感知；品读文本；链接课外材料，探究问题；倾听八月秋风——"号""卷""洒""怒"；聆听作者心声——叹息；品读诗人襟怀——诗圣。<br>(3)拓展：对话杜甫，表达自我。<br>(4)作业：无。 |
| 汪洋：《有一种美叫悲壮——〈茅屋为秋风所破歌〉教学设计》，《语文知识》2015年第11期 | (1)导入：一句话导入，怀念杜甫。<br>(2)字词积累。<br>(3)介绍写作背景：安史之乱，杜甫生平。<br>(4)分析诗歌：逐层体会诗人心情—深入理解诗人—总结主题。<br>(5)作业：解答"你认为'寒士'是什么？" |

续表

| 执教老师及课例出处 | 教学流程 |
|---|---|
| 田玲：《守正出新，以诗入诗——〈茅屋为秋风所破歌〉教学全景在现》，载于《第十届“语文报杯”全国优秀中青年教师课堂教学大赛实录·初中组》二十一世纪出版社集团，2016年版 | (1)导入：教师自创有关成都的诗歌——《成都印象》。<br>(2)积累文学常识：歌行体。<br>(3)梳理层次，整体感知。方法：自由朗读，理结构，赏语言。<br>重点抓住“秋风破屋”的动词“飞”“渡”“洒”“挂罥”“飘转”“沉”，“群童抢茅”的“欺”字，“屋漏难眠”的“冷”“铁”“裂”；<br>分析：“丧乱”“安得”；<br>讨论：杜甫是一个怎样的诗人？学生齐背最后一段（深情呼唤）。<br>(4)拓展：联系古今爱国诗人及其爱国名句，培养学生的家国情怀。<br>(5)作业：无。 |
| 杨霄云：《〈茅屋为秋风所破歌〉课堂实录》，山东德州市武城实验中学 | (1)导入：背景。<br>(2)文言积累：“为……所”句式；歌行体；扫除字词障碍，字正腔圆读诗。<br>(3)赏人，悟意，写文。<br>(4)拓展：联系白居易的诗理解儒家“达人”情怀。微写作：杜甫，我想对你说。<br>(5)诵诗（有详细的朗读方法指导和情感点拨）。<br>(6)作业：无。 |
| 郭涛，王平：《析〈茅屋为秋风所破歌〉品杜甫之悲欢离合——〈茅屋为秋风所破歌〉展示课课堂实录》，《中小学教学研究》2015年第11期 | (1)导入：“安史之乱”的战乱情境。方法：自读分享会以学生发言为主。<br>(2)预习重点字词，背诵默写喜欢的诗句。<br>(3)赏析重点句子，学生分享所得。<br>(4)作业：将分享的内容记录在笔记本上。 |
| 倪维浪：《让诵读的声音回荡在语文课堂——〈茅屋为秋风所破歌〉教学课例》，《读写算（教育教学研究）》2012年第54期 | (1)导入：无。<br>(2)诵读中赏析重点字词。重点动词：“飞”“渡”“洒”“挂罥”“飘转”“沉”“叹息”等。<br>(3)在诵读中感悟。用自由朗读、个别朗读、齐声朗读等方式反复诵读。既有整段朗读，也有个别句子的着重朗读（带着表情，换位移情）。<br>(4)作业：无。 |

据上，《茅屋为秋风所破歌》的12篇教学课例或侧重于理解与感受杜甫忧国忧民的理想主义情怀，或侧重于文言积累和诵读。根据以上课例的侧重点，大致可将其分为两类。第一，细读文本，品悟情怀类，例如：王晓惠从文章词句中鉴赏出家国情怀；汪洋从“寒士”入手感受主题和情感的悲壮美；杨霄云从“赏人”“悟意”两个方面得出“达人”情

怀；吴文博、岳国忠、田玲的课例则是由文入情，由深度解读文本引发学生共情，从而引到主旨。第二，以读代解，品读并行类，将品读文章内容，解读杜甫与朗诵相结合，以达到读中赏人、悟情、深化主旨的效果。如刘飞耀，潘丹蓉，郭涛、王平等人对朗读都进行了有层次的、深入的指导，并结合重点句子赏析。而潘长虹、倪维浪则在对重点字词进行简单点拨之后便进行了不同形式的朗读，试图将情感和宏大的主题在朗读中自然呈现。但是，梳理这12篇课例仍发现有以下不足，值得思考：

1.忽视“歌行体”的文体特征。以上12篇课例大部分将教学重点放在赏析语言文字上，从而得出杜甫之情与杜甫之心，这实际是文言文教学的“文字”、“文学”与“文化”方面的教学方法，脱离了诗歌本身的形式特点。

2.朗诵指导不足。根据部编版教材编排的用意，为了感受和领悟作者质朴深沉的情感与作者博大的胸襟，进而呈现文章的开阔意境，须通过突出“歌行体”的诗歌形式，将朗诵与品读深入结合。以上课例中，老师们都重视朗读在诗歌教学中的作用，但大部分没有结合“歌行体”的特点加以朗读指导。田玲、潘长虹、潘丹蓉三人的课例在这一点上做得比较好，这三位老师都抓住“歌行体”的特点，并在朗读中形成了深厚的情感的积淀。

通过对以上12篇课例的研究发现，《茅屋为秋风所破歌》一诗教学目标的设定包括以下几点：

**表3 《茅屋为秋风所破歌》典型课例教学目标分析**

| 教学目标 | 占比/% |
|---|---|
| 扫除生字词、多音字和通假字障碍，积累重点文言字词和句式。 | 41.7 |
| 初步了解“歌行体”相关的知识，体会该诗在句式和用韵方面的特点。 | 41.7 |
| 朗读诗歌，读准字音、读清节奏、读出情感。 | 83.3 |
| 品味诗歌语言，揣摩词语和句子的作用和妙处，在此基础上理解诗人的生活处境，感悟品味诗人的情感。 | 58.3 |
| 结合背景资料了解当时的社会现实，了解诗人的人生经历，理解诗人形象，体会诗人忧国忧民的情怀。 | 83.3 |
| 培养热爱祖国文化的情感，提高文化品位和审美能力。 | 25 |

由以上数据可以看出，《茅屋为秋风所破歌》一诗的教学目标多集中在“诵读诗歌”“揣摩语言，体味情感”“联系背景，体悟情怀”等三个方面。诗歌最主要的功能是表达情感，学习诗歌一个重要的目的就是感悟这首诗中诗人的独特情感。这说明以上课例的教学目标的选择符合文本体式。

表4 《茅屋为秋风所破歌》典型课例教学方法分析

| 教学方法 | 适用教学内容 | 占比/% |
|---|---|---|
| 朗读法 | 歌行体特征、内容大意、体会情感。 | 100 |
| 讲授法 | 作者生平、创作背景、情感内涵、歌行体。 | 100 |
| 比较法 | 歌行体特征、语言风格、写作方法。 | 41.7 |
| 讨论探究法 | 品味语言、体悟情感。 | 83.3 |
| 提问引导法 | 品味语言、体悟情感。 | 83.3 |
| 图表法 | 情感变化、意象归纳。 | 8 |
| 习题练习或微写作法 | 课后习题、对话杜甫、仿写创作。 | 41.7 |

教学方法依据文本形式而选择，杜甫借助“歌行体”这样一种具有较强感染力的诗歌体裁来抒发自己忧国忧民的情怀，这就要求教师在教学过程中不可忽视诵读这一方法。《义务教育语文课程标准》对诗歌的教学建议是诵读古代诗词，注重积累感悟和运用，提高自己的欣赏品位。在教授诗歌时，结合朗诵，可品味诗歌的魅力，以达到读中赏人、悟情、深化主旨的效果。课例中刘飞耀，潘丹蓉，郭涛、王平对朗读进行了有层次的、深入的指导。而潘长虹、倪维浪等人在对重点字词进行简单点拨之后便进行了不同形式的朗读，试图将情感和宏大的主题在朗读中自然呈现。这都是值得肯定的。

## 第三部分　教学建议

《茅屋为秋风所破歌》是学生在初中阶段学习的第一篇杜甫的长诗，并且是“歌行体”的诗歌。学生对这一体裁较为陌生，要介入“文体知识”，辅助学生认识。这首诗特点明显，句子以七言为主，间有二言和九言，句式灵活；用韵自由，随着韵脚的变化，所写内容或表达的意思就有所改变。通过学习，可以让学生感受歌行体诗歌的节奏韵律，快速把握文章内容，感受到歌行体诗歌的魅力，为以后学习歌行体诗歌引路。

初中阶段，学生已经学习了杜甫的《江南逢李龟年》《望岳》《春望》。对于八年级的学生来说，理解《茅屋为秋风所破歌》的内容并不难，但学生无法体会诗歌最后一段中的呐喊，无法体会诗人忧国忧民之情怀，甚至会怀疑这是诗人虚情假意的做作之举。学生对“诗圣”杜甫的认识，一直都停留在会背诵如“沉郁顿挫”“现实主义”等几个概念化的词语之上，而没有真正去理解这一位用生命在书写的诗人。教学《茅屋为秋风所破歌》时，调动学生以前学过的杜甫诗歌的知识，补充相关的名句，让学生对杜甫其人有一个更全面的认识。同时对《茅屋为秋风所破歌》的内容进行分析，结合时代背景及课外拓展资料，让学生对“诗圣”这一称号的内涵有更深刻的认识。

# 第四部分　参考案例

## 教学目标

1.能够字正腔圆、流畅地朗读课文并背诵。

2.了解“歌行体”诗词的特点并结合诗歌内容进行理解和赏析。

3.通过辅助材料、合作探究的方式，认识杜甫的形象，深入认识“诗圣”之担当。

## 预习准备

1.阅读杜甫生平资料，并将自己对杜甫的认识写下来，哪怕是只言片语。

2.根据课本注释预习《茅屋为秋风所破歌》，标记好读音，自读两遍。

## 教学流程

### 一、导入

同学们，猜一猜这个是什么字。

明确：圣（繁体字为“聖”）。

（圣，甲骨文像长着大耳的人，表示耳聪大慧者。华夏祖先很早就意识到，善听是内心宁静敏感者的超凡能力，能在自然环境中辨音识相者，是大觉悟的成道者。）

“何谓圣人？”

材料1：《说文解字注》释“圣”：“圣从耳者，谓其耳顺。”《风俗通》曰：“圣者，声也。言闻声知情。”圣人可以听到不同的声音，并且用自己的口与笔将这些声音中包含的情感表现出来。

材料2：《抱朴子·内篇》：“世人以人所尤长，众所不及者，便谓之圣。”（某些学问或者技巧方面的集大成者，如“书圣”“药圣”“画圣”“棋圣”“茶圣”等。）

“诗圣”谓谁？何以谓“诗圣”？

带着问题，一起学习《茅屋为秋风所破歌》。

### 二、初读辨体，读出一点歌行体的味道

1.对照ppt和课本，进行自由诵读，思考一下，这首诗在形式（篇幅／句式）上有什么特点。（ppt显示以下内容）：

八月秋高风怒号，卷我屋上三重茅。

茅飞渡江洒江郊，高者挂罥长林梢，下者飘转沉塘坳。

南村群童欺我老无力，忍能对面为盗贼。

公然抱茅入竹去，唇焦口燥呼不得，归来倚杖自叹息。

俄顷风定云墨色，秋天漠漠向昏黑。

布衾多年冷似铁，娇儿恶卧踏里裂。

床头屋漏无干处，雨脚如麻未断绝。

自经丧乱少睡眠，长夜沾湿何由彻！

安得广厦千万间，大庇天下寒士俱欢颜！风雨不动安如山。

呜呼！何时眼前突兀见此屋，吾庐独破受冻死亦足！

明确：我们以前学的五言或七言古诗一般都是四句或者八句，篇幅比较短，但是这一篇《茅屋为秋风所破歌》比我们以往学的诗要长许多，这是一篇“歌”。

材料3：“歌”，能唱的诗。本是古代歌曲的一种形式，后成为古诗的一种体裁，称为“歌行体”。这种古诗，讲究押韵，但用韵自由，随着韵脚的变化，所写内容或表达的意思就有所改变。朗朗上口，体现“歌”的特点；用长短句，顿挫相谐，有“行”的动感。

2.请同学范读，其他同学根据“歌”的特点，看看本文在韵律上、句式上有什么特点。

明确：在韵律上，分别依次押ao、i、ie、e、an、u韵，基本每段一韵，换韵即换段，换韵即换义；在篇幅上，不限字数，一般而言篇幅较长；在句式上，以七字句为主，偶见二字句、九字句。

3.回顾我们所学过的古诗，思考一下这首诗该怎么划分节奏才读起来比较有味道。二字句、七字句、九字句分别怎么读？

（1）“呜呼！”相当于“唉”，表示强烈的叹息。

（2）连续用三个感叹号，表示强烈的表达，迫切的呼唤。

（3）七言句断句是“四三式”。

（4）“南村群童欺我老无力”是“四二三式”，“大庇天下寒士俱欢颜”是“二四三式”，“何时眼前突兀见此屋”是“四二三式”，“吾庐独破受冻死亦足”是“四二三式”。

随后请男生齐读，读出歌行体的参差错落的味道。

## 三、再读明意，读出风雨飘摇的波折感

1.默读每一段诗歌，用每一段诗歌中的字组成四字短语概括诗词内容。

明确：秋风卷茅、群童抱茅、屋漏无眠、得厦庇士。

2.通过朗读指导，厘清诗歌的情脉。

明确：引导第一组学生读“秋风卷茅”，第一、二组读“群童抱茅”，第一、二、三组读“屋漏无眠”，全班一起读“得厦庇士”，随着人数的增多，声音越来越大。

读叙事的一、二、三段，引导学生读出一波三折，读出屋漏偏逢连夜雨的层层递进的紧迫感，读出风雨飘摇的无奈与沉重。

读抒情的第四段，引导学生读出人生落魄的杜甫的人生选择，读出这种士大夫之心的坚定和慷慨。

## 四、细读悟情，读出忧国忧民的“诗圣”心

1.读“诗题”获信息。

（题目是文章的眼睛，你从眼睛看到了什么信息？）

一个事件定缘由：茅屋为秋风所破。

一种环境定基调：秋风。

一个句式表情感：“为……所……”被动。

一个动词定状况：破。

因为一间茅屋被风吹破而写一首“歌行体”诗歌，足见这间茅屋为作者所珍惜。结合课前下发材料，补充“茅屋”的信息。

材料4：

公元712年，杜甫出生于官宦之家，年少时他曾“自比稷与契”。青年时期，他以参加科考、交游名人作为获得官职、实现理想的主要途径，但屡遭失败，直到42岁时才被任命为“胄曹参军”。公元755年，安史之乱爆发，唐代由盛转衰，国家陷入一片动荡，民不聊生。时年杜甫44岁。48岁，杜甫辞官。弃官后的他，无奈只能带着全家四处投靠亲友。一年之内，举家三次迁徙，最终到达四川成都。迁徙途中，杜甫贫病交加，全家风餐露宿、饥寒交迫。公元761年的春天，近50岁的杜甫在亲友的帮助下，终于在成都浣花溪畔盖起了一座草堂。这座草堂让杜甫迎来了后半生中一段难得的安定生活。此时的杜甫，早已双鬓染霜，须拄杖而行。不料，苍天并不善待子美，8月，大风破屋，大雨又接踵而至。诗人彻夜难眠，思绪万千，提笔写就这篇千古绝唱。

材料5：

草堂已不仅仅是一座茅屋，它是诗人生命的象征。所以，如王富仁先生所说，这个“人生之窝”具有自我生命的最后一道防线的性质。诗人捍卫它，如同捍卫自己摇摇欲坠的生命。

2.读“诗景”定基调。

（诗景是背景，亦暗推故事的发展，饱含作者的情感。）

问题：哪些诗句写景？在这些诗句中，我听到了（看到了、感到了）风（雨/环境）的______，我猜想杜甫的心情是______。（急、苦）

朗读时注意重读第一段“怒号”“卷”等动词。

写景诗句多为七言句，读起来容易快。在一鼓作气中层层递进，为下文的“何由彻”三个字做铺垫。请学生依次朗读，一一确定：“俄顷风定云墨色，秋天漠漠向昏黑”两句话语气平静，语速正常。从“布衾多年冷似铁”到“雨脚如麻未断绝”越读越快，越读越重，读

出一种欲哭的痛苦，特别是每一句的最后三个字要重读，分别是“冷似铁”“踏里裂”“无干处”“未断绝”。接着读“自经……何由彻”两句可以慢下来，最后三个字，一字一顿，读出漫漫长夜的孤独彷徨。

3.读“人物”晓情怀。

（人物是故事发展的主导力量，而人物在故事中的表现直接影响情感的表达。）

问题1：写了哪些人？（“我”、群童、娇儿、寒士）

问题2：这些人物之间有什么关系？（填写下列表格）

| 人物 | | 关系 | 共同点 | “我”的行为（用原文） | “我”的情感 |
|---|---|---|---|---|---|
| “我” | 群童 | ? | 同是战乱受害者，平民百姓 | ? | ? |
| | 娇儿 | 父子 | 陪我挨饿受冻 | 自经丧乱少睡眠，长夜沾湿何由彻！ | ? |
| | 寒士 | ? | 同是天涯沦落人，有抱负却贫寒 | ? | ? |

注意：学生在填表过程中可能会产生误解，认为杜甫很讨厌这些南村群童，那么就要注意引导学生观察“我”对“寒士”的态度，与“我”没有关系的人，“我”尚且想庇护，更何况与“我”同受战乱之苦的孩童，所以此处用词有“夸大”之意。

问题3：请同学们揣测，“我”在叹息什么？漫漫长夜中“我”在想什么？你能读出一个什么样的诗人形象？感受到作者什么心情？

明确：

“自叹息”

一叹：苍老无力潦倒凄凉的自己；

二叹：“不为困穷宁有此”的群童；

三叹：“存者无消息，死者为尘泥”，倍受战乱之苦的百姓。正如屈原在《离骚》中所写到的“长太息以掩涕兮，哀民生之多艰”啊！

“自叹息”这三个字下得很重，内涵无限，此处可以通过拖音和停顿表达，要读得慢一点，声音低一点。

“难眠彻晓”：自从战乱以来，他经常失眠，不仅仅是颠沛流离，他还觉得愧对家人，担心百姓和国家。从“自经丧乱少睡眠，长夜沾湿何由彻”里读到了诗人内心的焦虑不安和忧国忧民。

明确：

| 人物 | | 关系 | 共同点 | “我”的行为（用原文） | “我”的情感 |
|---|---|---|---|---|---|
| “我” | 群童 | 群童“欺”我，公然“盗”茅 | 同是战乱受害者，平民百姓 | 唇焦口燥呼不得，归来倚仗自叹息 | 心痛、愤懑、无奈、体谅…… |
| | 娇儿 | 父子 | 陪我挨饿受冻 | 自经丧乱少睡眠，长夜沾湿何由彻！ | 愧疚、焦虑、孤独、担忧…… |
| | 寒士 | 无 | 同是天涯沦落人，有抱负却贫寒 | 安得广厦千万间，大庇天下寒士俱欢颜！风雨不动安如山。呜呼！何时眼前突兀见此屋，吾庐独破受冻死亦足！ | 同情，发愿，执着追求，感情激昂…… |

注意：最后一段“千万间”“大庇”“俱欢颜”“安如山”这些词语均要重读，读出作者的坚定和慷慨。最后一句话师生一起讨论，确定朗读的重读和语气。注意“死亦足”，应该读出自我牺牲和慷慨就义的大无畏精神。

## 五、广读思辨，杜甫何以谓“诗圣”？

凄风冷雨，屋漏难眠，诗人自己都无处栖身，他却发出了一个令人惊叹的呐喊。他喊道……学生齐读第四段。

材料6：诗人白居易也曾这样写过：

**新制布裘**

丈夫贵兼济，岂独善一身！
安得万里裘，盖裹周四垠。
温暖皆如我，天下无寒人！

白居易的妻子给他做了一件新的布裘，他穿上倍感舒适温暖才写下此诗。

材料7：

或谓子美诗意宁苦身以利人，乐天诗意推身利以利人，二者较之，少陵为难。然老杜饥寒而悯人饥寒者也，白氏饱暖而悯人饥寒者也；忧劳者易生于善虑，安乐者多失于不思，乐天宜优。或人又谓白氏之官稍达而少陵尤卑，子美之语在前，而《长庆》在后。达者宜急，卑者可缓也。前者唱导，后者和之耳。同合而论，则老杜之心差贤矣。

——黄彻《杜甫之仁心》

“温暖皆如我”就已经很难得了！可是杜甫却是“己未立而欲立人，己未达而欲达人”，他没有抱怨个人命运的悲苦。他心中牵挂忧虑的是天下苍生啊！只要能庇佑天下

续表

寒士，即使自己冻死也心甘情愿！这是何等壮烈、何等博大的胸襟啊！

课前我们说过什么样的人能成为“圣人”。现在我们再看杜甫，才知道，世间对他有时极为残酷，但他却仍以火热的仁者情怀关爱世间，这就是杜甫之为“诗圣”之处，非常人所能及。不管是他的情怀，还是他的写作，他都担得起“诗圣”这一美誉。

## 板书设计

## 六、作业布置

1.课后将整首诗歌背诵。

2.课后观看《百家讲坛》之《诗圣杜甫》视频或者读《康震讲诗圣杜甫》一书，然后将自己对杜甫的认识整理成一篇文章。

# 抓关键句对比，怜卖炭翁之苦

## ——《卖炭翁》教学知识(PCK)的择定与建构

深圳市松岗中学　韩　露

## 第一部分　文本解读综述

《卖炭翁》是唐代闻名诗人白居易的《新乐府》组诗中第32首，他自注云："苦宫市也。"它是用新乐府形式写成的一篇叙事诗。它描绘了一个烧炭老翁谋生的困苦，揭示了"宫市"掠夺本质，表达诗人对劳动人民的深刻同情。

全诗一百多字，却写得简洁且精炼，在概括、剪裁和渲染各方面，都表现出诗人别具匠心的形象塑造。陈寅恪《元白诗笺证稿》第五章《新乐府·卖炭翁》(1950)："此篇小序云：苦宫市也。盖宫市者，乃(唐德宗)贞元末年最为病民之政，宜乐天新乐府中有此一篇。且其事又为乐天所得亲有见闻者，故此篇之摹写，极生动之至也。"这是对《卖炭翁》的主题、背景和文学价值的概述。①

### 一、《卖炭翁》的写作背景

#### (一)关于白居易

白居易(772—846)，唐朝伟大的现实主义诗人，字乐天，号香山居士。原籍太原，后迁居下邽。他出生于河南新郑县的一个中小官僚地主家庭。安史之乱以后，唐王朝由全盛走向衰败。由此他年少时，避乱越中，饱受颠沛流离之苦，但他也因此广泛接触了底层劳动人民，这对其后来创作同情人民群众疾苦的诗歌有积极影响。

白居易从小勤奋好学，常常废寝忘食，日夜攻读，曾至"口舌成疮，手肘成胝"，十几岁就写出了不少好诗。他16岁到长安，用其诗作《赋得古原草送别》赢得了国中名士顾况的赏识；白居易29岁那年中了进士，曾授秘书省校书郎。然后，又担任左拾遗、左赞善大夫。后来，因为上书求请皇帝缉捕惩办刺杀宰相武元衡的凶手而得罪了权贵，被降职为江州司马。这段时间，白居易思想较为消极，大部分时间用在道家、佛家的修仙学佛之上。后来升任为忠州刺史，又调任杭州刺史、苏州刺史，而后他又历任秘书监、河南

① 邓小军.白居易《卖炭翁》与陈寅恪课堂答问[J].安徽师范大学学报(人文社会科学版)，2017，45(4)：419—429.

尹……他晚年隐居于洛阳，直至75岁去世。

白居易有他进步的文学理论，他曾在《与元九书》这篇重要文学著作中写到“文章合为时而著，歌诗合为事而作”，即他主张文学要描述社会现实，反映时代生活。这一理论对唐代的新乐府运动以及晚唐现实主义诗歌的发展有很大的影响，起过积极作用，这也是他的进步性与人民性的一个重要方面。白居易还强调要继承《诗经》的优良传统，反对自六朝以来的形式主义。但白居易也说自己的创作是“唯歌生民病，愿得天子知”，这就是他的“为君”的思想的表现。白居易有著作《白氏长庆集》71卷，存诗2900余首。其中，讽喻诗组《秦中吟》与《新乐府》等170余首，是白居易诗歌之精华部分。他的长篇叙事诗《琵琶行》《长恨歌》也是其代表作。①

### （二）写作缘由及最早抄件的发现

《卖炭翁》这首诗是白居易写的讽喻诗《新乐府》五十首中的一首。

该诗有一个小序写道：“苦宫市也。”这里所说的“宫市”，就是皇宫里面需要物品，就随意到市场里克扣价格，索取货物。唐贞元末年，情形更加严重，利用宦官专管这件事，设“白望”（《资治通鉴》注曰：“白望者，言使人于市中左右望，白取其物，不还本价也。”）其数百人于长安的主要街市上，他们凡看到所需要的东西，便口称“宫市”，仅给很少的钱或不给分文，并命货主自己将物品送到皇宫，倒过来反向货主勒索所谓的“门户钱”“脚价钱”。这真的是在大庭广众之下掠夺人民财物的一种方式。韩愈《顺宗实录》卷二记载了“宫市”的真面目，并且叙述了这样的一件事：“尝有农夫以驴负柴至城卖，遇宦者称‘宫市’取之，才与绢数尺。又就索门户，仍邀以驴送至内（宫中）。农夫涕泣，以所得绢付之。（宦者）不肯受，曰：‘须汝驴送柴至内。’农夫曰：‘我有父母妻子，待此然后食，今以柴与汝，不取值而归，汝尚不肯，我有死而已。’遂殴宦者。街吏擒以闻。诏黜（贬斥）此宦者，而赐农夫绢十匹。然‘宫市’亦不为之改易。”白居易就是以此为素材，创作出了《卖炭翁》一诗。

1959年10月，在新疆若羌县楼兰古城遗址发现了回纥（今维吾尔族）人坎曼尔的《卖炭翁》的抄件，与其同时发现的还有坎曼尔自己的诗三首。《卖炭翁》的抄件上写有“元和十五年抄”。元和十五年相当于公元820年，这可能是《卖炭翁》存世的最古抄件。这为我们进一步研究《卖炭翁》这首诗提供了依据。②

## 二、《卖炭翁》的主题探究

《卖炭翁》这首诗是《新乐府》五十首中的名篇，诗题下有小序曰：“苦宫市也。”说明这首诗是为了揭露“宫市”的为害而写的。这里所谓的“宫市”，是唐朝宫廷里最露骨、最直接地掠夺下层百姓财物的一种方式。宫廷常常派出宫使来，到京城长安的集市里去采购

① 樊运宽.《卖炭翁》讲析[J].广西师范大学学报（哲学社会科学版），1979（2）：86—90.

② 张昌余.《卖炭翁》简析[J].四川师范大学学报（社会科学版），1978（2）：70—73.

所需的货物。他们看中什么东西，不管是谁的，只说一声“宫市”便拿，还强迫卖主送到宫里去，给价很低，或者分文不付，实际上就是一种敲诈勒索。白居易在“宫市”最为频繁、最为放肆的元和初年，写下了《卖炭翁》，更富有针对性和批判意义。

那时，白居易担任左拾遗，侍皇帝左右，掌供奉讽谏之事，职责就是帮助皇帝提供社会政治失缺的事实，方便朝廷“拾遗补阙”，校正时弊。白居易忠于职守，采用民歌以陈时事，揭露了当时社会的一些阴暗面，目的在于引起人们的注意，纠正社会政治经济生活中的一些不正之风。

## 三、《卖炭翁》的艺术特色

### （一）单纯的叙事线索

白居易作诗主张“一吟悲一事”，《卖炭翁》也不例外，整首诗只有一条叙事线索，即卖炭翁的不幸遭遇。开篇交待主人公的身份——卖炭翁，描写了他苦而贫的生活景况。紧接着描绘了他进城卖炭的情状：天寒地冻，独自前行，营造了凄苦的氛围，最后描述了木炭被夺的情形，整个过程脉络分明，完整清晰，将深沉的情感蕴含在清晰的叙事中，诗歌的叙事与抒情都达到高潮。

### （二）第三人称的叙事角度

这首诗采用第三人称的叙事角度，不直接发表议论，也不在主观上渲染气氛，而是以平静客观的第三者角度，将事件的始末娓娓道来，而高妙之处便在于诗人的情感倾向在这样的叙述中自然而然地流露出来，如盐着水，了无痕迹。整首诗分为两个部分，从“卖炭翁，伐薪烧炭南山中”到“市南门外泥中歇”是第一部分，写卖炭翁烧炭卖炭的情景，没有一个字直接表达卖炭翁生活的艰辛，但是诗人以第三者的角度描绘了卖炭翁艰辛的劳动，沧桑的面容，运炭的过程，衣单恕天寒的无奈痛苦心理，读来却字字皆苦，句句血泪。从“翩翩两骑来是谁”到“系向牛头充炭直”是第二部分，写了木炭被夺的不幸遭遇，全诗中没有一句直接抒情达意的话语，但是简单几笔勾勒出的宫使的神态动作，使诗人对卖炭翁的同情，对宫使的厌恶不言而喻，结尾一句“半匹红纱一丈绫，系向牛头充炭直”，在客观事物中寄托着讽刺之意，诗人的爱憎灼然自现。

### （三）勾勒人物的简笔画

诗中无论是对卖炭翁还是对宫使的形象描写，都只是简单的勾勒，“满面尘灰烟火色，两鬓苍苍十指黑”是对卖炭翁的肖像描写，仅此两句，一位终年劳苦的老人的形象就呈现在读者眼前：长年累月的烧炭、卖炭生活让老人的面孔被熏成黑色，尘灰与烟火色、苍白的两鬓、瘦黑的十指，这些都是生存的艰辛与不易留给他的印记。“手把文书口称敕，回车叱牛牵向北”是对宫使的动作描写，简笔画式的描绘令他们装腔作势、仗势欺人、蛮横跋扈的嘴脸活灵活现。诗人用了“把”“称”“回”“叱”“牵”“系”等一系列动词，将宫使的凶残与巧取豪夺展现得淋漓尽致。卖炭翁面对宫使的强盗行径，满含悲愤却无可奈何，只能眼睁睁地看着自己寄托生计的劳动成果被夺走。

### （四）鲜明的对比

全诗有两组鲜明的反差，一组是“可怜身上衣正单，心忧炭贱愿天寒”，表现了卖炭翁复杂痛苦的心理，一方面自己衣着单薄，忍受寒冷的侵袭，一方面又怕自己的炭卖不出去，祈祷天气更加寒冷，对比之下，有一种说不出口的悲哀。这种悲哀本就令人痛苦，接下来的一组对比却让悲哀又添一层浓厚的绝望：“一车炭，千余斤”，“系向牛头充炭直”的却是“半匹红纱一丈绫”。通过这组对比，我们看到的不仅是“宫市”险恶，更是老人愈加艰辛劳苦的生活，在宫使的掠夺之下，老人一定苦苦哀求了，愤愤拼命了，但是一定孤立无援，自己的温饱理想幻灭了，连“身上衣裳口中食”的生存愿望都成了泡影，黑暗的“宫市”制度带给老人深重的灾难与无奈的辛酸，诗人“苦宫市”的创作意图完美地表达了出来。

### （五）浑然天成的语言

《卖炭翁》的整体语言风格是纯真、通俗、朴素、精炼、自然。首先，诗人在句式上采用了三七言结合的民歌体式，长短相间，缓促相济，句式随着叙事与情感的需求变化，坦率而昂扬，但并不显凌乱，读起来自然顺口。其次，诗人运用了生活化、口语化的语言，从生活口语中提炼出来的语言生动自然，不加雕饰。“身上衣裳口中食”“市南门外泥中歇”等都是很好的例子，但白居易诗歌语言的高明之处在于语言浅显而不浅薄，具有强烈的表现力，正所谓浅而能深、近而能远，读着浅显易懂的语句，丝毫没有轻浮之感，反而如闻其声，如临其境，诗人用常得奇，独辟境界。①

# 第二部分　案例设计综述

## 一、《卖炭翁》教学点与教学内容选择的课例综述

这篇古诗被选入部编教材八年级下册第六单元，第24课。在此以前，《卖炭翁》这篇文章也多次被选入初中语文教材。例如近30年它分别被1982版人教社七下语文教材，1989义务教育版七上语文教材，长春版、鄂教版七上语文教材，苏教版七下语文教材，以及河大版八上语文教材选入。但因人教新课标版教材曾18年没有选这篇文章，所以此篇的教学案例不算很多。我尽力穷尽了本篇的课例，我发现：每一个老师在教学点和所选取的教学内容上都有不同。我收集了网络上公开上传的以及期刊公开发表的十则《卖炭翁》课例，并进行梳理，推论出教师们确定的教学点，见下表：

① 哈雪英.根情 苗言 华声 实义——《卖炭翁》审美价值略论[J].文学影视，2016(6)：125.

**表1　十则课例教学内容及教学点选择统计表**

| 执教教师及课例名称 | 教学内容 | 教学点 |
|---|---|---|
| 余映潮.诵读·品析·积累——《卖炭翁》教例评析 | (1)诵读古诗:读准字音、节奏、情感。<br>(2)抓住"苦""炭""对比描写""卖炭翁人物形象""卖炭翁工作环境"等品析课文。<br>(3)练习字词句的理解及续写课文。 | (1)满面尘灰烟火色,两鬓苍苍十指黑。<br>(2)可怜身上衣正单,心忧炭贱愿天寒。<br>(3)黄衣使者白衫儿。<br>(4)半匹红纱一丈绫,系向牛头充炭直。 |
| 严峻.白居易诗二首 | (1)自读课文,借助注释,把握词句。<br>(2)圈画批注,概括人物形象。<br>(3)学习人物描写的方法。<br>(4)学习"对比"的运用。 | (1)满面尘灰烟火色,两鬓苍苍十指黑。<br>(2)可怜身上衣正单,心忧炭贱愿天寒。<br>(3)晓驾炭车辗冰辙。<br>(4)市南门外泥中歇。<br>(5)回车叱牛牵向北。 |
| 姚孟洪.《卖炭翁》教案 | (1)导入,介绍"宫市"。<br>(2)读诗,读活人物。<br>(3)分析鉴赏诗句,学习"对比"中塑造人物形象。 | (1)卖炭翁,伐薪烧炭南山中。<br>(2)满面尘灰烟火色,两鬓苍苍十指黑。<br>(3)卖炭得钱何所营?身上衣裳口中食。<br>(4)可怜身上衣正单,心忧炭贱愿天寒。<br>(5)夜来城外一尺雪,晓驾炭车辗冰辙。<br>(6)牛困人饥日已高,市南门外泥中歇。<br>(7)翩翩两骑来是谁?黄衣使者白衫儿。<br>(8)手把文书口称敕。<br>(9)半匹红纱一丈绫。<br>(10)官使驱将惜不得。 |
| 陈颖莉,李欣.《卖炭翁》教学纪实与评析① | (1)揭示课题,了解诗人。<br>(2)初读文章,整体感知。<br>(3)潜心会文,感悟诗情。 | (1)卖炭翁,伐薪烧炭南山中。<br>(2)满面尘灰烟火色,两鬓苍苍十指黑。<br>(3)卖炭得钱何所营?身上衣裳口中食。<br>(4)可怜身上衣正单,心忧炭贱愿天寒。<br>(5)半匹红纱一丈绫,系向牛头充炭直。 |
| 张自力.我的高效课堂教学设计 | (1)导入,了解背景。<br>(2)朗读,领悟主旨。<br>(3)赏诗,体会人物形象。 | (1)可怜身上衣正单,心忧炭贱愿天寒。<br>(2)卖炭得钱何所营?身上衣裳口中食。 |

① 陈颖莉,李欣.《卖炭翁》教学纪实与评析[J].黑龙江教育,2010(4):8—10.

续表

| 执教教师及课例名称 | 教学内容 | 教学点 |
|---|---|---|
| 李素云.《卖炭翁》教案 | (1)读诗解决字词句诗意。<br>(2)卖炭翁形象分析。<br>(3)对比手法的运用。 | (1)满面尘灰烟火色，两鬓苍苍十指黑。<br>(2)可怜身上衣正单，心忧炭贱愿天寒。<br>(3)伐薪烧炭南山中。<br>(4)晓驾炭车辗冰辙。<br>(5)“一车炭，千余斤”与“半匹红纱一丈绫”。<br>(6)“牛困人饥”与“翩翩两骑”。<br>(7)“衣正单”与“愿天寒”。 |
| 曲云燕.《卖炭翁》教学设计 | (1)初读古诗，理解诗意。<br>(2)品读诗句，领悟情感。<br>(3)拓展研读《蚕妇》《陶者》。 | (1)可怜身上衣正单，心忧炭贱愿天寒。<br>(2)满面尘灰烟火色，两鬓苍苍十指黑。<br>(3)卖炭得钱何所营？身上衣裳口中食。 |
| 陈恒军.《卖炭翁》创新教法举隅① | (1)填补空白点。<br>(2)巧设争议题。<br>(3)改编课本剧。 | (1)伐薪烧炭南山中。<br>(2)晓驾炭车辗冰辙。<br>(3)宫使驱将惜不得。 |
| 肖笃宋.《卖炭翁》课堂教学录要② | (1)诵读。<br>(2)分析卖炭翁人物形象。<br>(3)补写“炭被抢走后”。 | (1)满面尘灰烟火色，两鬓苍苍十指黑。<br>(2)可怜身上衣正单，心忧炭贱愿天寒。<br>(3)晓驾炭车辗冰辙。<br>(4)牛困人饥日已高，市南门外泥中歇。<br>(5)翩翩两骑来是谁？黄衣使者白衫儿。手把文书口称敕，回车叱牛牵向北。 |
| 佟小东.《卖炭翁》“后茶馆”式教学设计③ | (1)初读古文，读准字音，读通句子。<br>(2)二读古诗，理解诗意。<br>(3)三读古诗，体悟作者情感。 | (1)满面尘灰烟火色，两鬓苍苍十指黑。<br>(2)可怜身上衣正单，心忧炭贱愿天寒。<br>(3)一车炭，千余斤，宫使驱将惜不得。 |

① 陈恒军.《卖炭翁》创新教法举隅[J].语文教学与研究，2007(1)：42—43.

② 肖笃宋.《卖炭翁》课堂教学录要[J].湖南教育，1981(7)：28.

③ 佟小东.《卖炭翁》“后茶馆”式教学设计[J].黑河教育，2013(1)：27.

从上述十则课例中选择的教学点来看,有以下两种倾向。一种是采用串讲的方式,逐句描绘卖炭翁的人物形象。几乎每一个句子都是关键句,力求面面俱到,教学内容很零散。以姚孟洪、李素云的课例为代表。第二种情况是选择课文中最关键的两三个句子,联系全文展开充分的学习活动。教学内容相对聚焦,以余映潮、张自力、陈恒军的课例为代表。

王荣生教授认为文言文是"文章"与"文学"的统一。文言文的章法考究处、炼字炼句处,往往就是作者言志载道的关节点、精髓处,"文道统一"。[①]因此第一种倾向是有问题的,没有抓住文本的关键处,在教学中就会面面俱到,难以突出教学重点;第二种倾向是可取的。

因此,针对《卖炭翁》一文,哪些句子才是这篇课文的关键句,哪些句子可以作为教学点,则是需要进一步讨论的。

**表2　十则课例教学点选择分析表**

| 选择的教学点 | 数量 | 占比/% | 句子的作用 |
|---|---|---|---|
| 卖炭翁,伐薪烧炭南山中。 | 4 | 40 | 交代了卖炭翁的身份和他的劳动地点,为下文故事发展和对人物的描写做好铺垫。 |
| 满面尘灰烟火色,两鬓苍苍十指黑。 | 8 | 80 | 运用"白描"的手法,对卖炭翁进行外貌描写。写出老翁劳苦一生。 |
| 卖炭得钱何所营?身上衣裳口中食。 | 4 | 40 | 运用设问句式,强调了卖炭翁对砍柴烧炭这一职业的深重寄托。 |
| 可怜身上衣正单,心忧炭贱愿天寒。 | 9 | 90 | 诗眼。通过对卖炭翁穿着和矛盾心理的描写,揭示诗歌主旨。 |
| 夜来城外一尺雪,晓驾炭车辗冰辙。 | 5 | 50 | 过渡句。写出卖炭的环境恶劣。 |
| 牛困人饥日已高,市南门外泥中歇。 | 4 | 40 | 写出运炭进城的辛苦。 |
| 翩翩两骑来是谁?黄衣使者白衫儿。 | 4 | 40 | 设问。写出掠夺者的身份,穿着,仗势欺人。与卖炭翁形成鲜明对比。 |
| 手把文书口称敕,回车叱牛牵向北。 | 3 | 30 | 动作描写。写出掠夺者的盛气凌人。 |
| 一车炭,千余斤,宫使驱将惜不得。半匹红纱一丈绫,系向牛头充炭直。 | 6 | 60 | 对比。卖炭翁的生存愿望都成了泡影,无情的抢夺,带给他深重的灾难与痛苦,还有无可奈何的辛酸。 |

① 王荣生.文言文教学教什么[M].上海:华东师范大学出版社,2014:8.

如表2所示，十则课例选择的教学点有很大的差异，其中选择最多的教学点有九次，占比90%；最少的有3次，占比30%。其中，出现了9次的句子是“可怜身上衣正单，心忧炭贱愿天寒。”出现了8次的句子是“满面尘灰烟火色，两鬓苍苍十指黑。”出现了6次的句子是“一车炭，千余斤，宫使驱将惜不得。半匹红纱一丈绫，系向牛头充炭直。”出现了5次的句子是：“夜来城外一尺雪，晓驾炭车辗冰辙。”

## 二、《卖炭翁》教学方法的课例综述

以上十则教学案例，主要用到的教学方法及次数和所占比例见表3：

表3　十则课例教学方法选择分析表

| 教学方法 | 次数 | 比例/% |
|---|---|---|
| 品析关键词句，现中心 | 10 | 100 |
| 圈点勾画批注法 | 4 | 40 |
| 反复诵读，其意自现 | 7 | 70 |
| 自主学习与小组合作法 | 5 | 50 |
| 精巧板书，课文的精华 | 4 | 40 |
| 发挥想象，补白、续写、编课本剧 | 8 | 80 |
| 练习巩固法 | 4 | 40 |

有关教学方法的几点补充和说明：

（1）“品析关键词句，提炼文章中心”是以上十则课例均用到的教学方法，也是本单元的训练目标之一。虽然课例品析的具体形式和内容有所不同，但是本诗语言明白，叙事明晰，中心明确，特点明显，因此“品析关键词语”的方法是十分适用于本诗教学的。

（2）圈点勾画批注法：例如本诗中的“可怜身上衣正单，心忧炭贱愿天寒”这句话是本诗的诗眼。不但体现了老人的生活已陷入绝境，贫困到除了“卖炭得钱”外别无出路，而且更深刻地体现了卖炭翁“衣正单”和“愿天寒”的矛盾心理。通过对卖炭老人穿着和矛盾心理的描写，让我们与作者产生共鸣，对这位可怜的老人有了深切的同情之情。

（3）反复诵读，其意自现：本单元要求学生要在反复诵读的基础上，培养文言语感。在诵读的过程中教师要教予学生古诗文诵读的正确方法。要求学生读出重音，读准语调，读出情感。在反复诵读《卖炭翁》的过程中，学生不难产生对文中劳动人民的同情，对“宫市”制度的鞭笞。在诵读过程中可以采用自由诵读，小组互读，指名朗读，教师引读，音像范读等方法。

# 第三部分　教学建议

## 一、依循文本体式选择教学点

《卖炭翁》首先是一篇古诗，是一篇文言文，具有一体四面的特点，学习文言文当然要解决文言问题，但这只是文言文学习较浅的层面，《义务教育阶段语文课程标准（2011年版）》在7～9年级的“阅读教学目标与内容”中指出：“阅读浅易文言文，能借助注释和工具书理解基本内容”，“欣赏文学作品，有自己的情感体验，初步领悟作品的内涵，从中获得对自然、社会、人生的有益启示。对作品中感人的情境和形象，能说出自己的体验；品味作品中富于表现力的语言”；在“阅读评价建议”中指出，“评价学生阅读古代诗词和浅易文言文，重点考察学生记诵积累，考察他们能否凭借注释和工具书理解诗文大意。词法、句法等方面的概念不作为考试内容”。因此，“学习文言文，实质是体认它们所言志、所载道”①以及“品味作品中富于表现力”的“炼字炼句处”。换言之，文言文阅读的要点，集中体现在“章法考究处，炼字炼句处”的“所言志，所载道”。文言文阅读教学着力点，是引导和帮助学生通过“章法考究处，炼字炼句处”具体地把握作者的“所言志，所载道”。而这要落实到理解和感受“章法考究处，炼字炼句处”的文言。②

其实，细读课文可以发现，这首叙事诗所叙述的故事很简单。一个年迈的烧炭老翁，不辞辛苦，冒着风雪来京城卖炭。本想天寒地冻，可以卖个好价钱补贴家用。然而却遇到了宫中差役的抢夺。敢怒不敢言的老翁，只好眼巴巴地看着差役们掠走他的炭，而留下的只是根本没什么用的半匹红纱一丈绫。虽然故事很简单，但意趣生动，主要体现在三个方面。第一是卖炭翁的可怜。文中通过他的外貌描写和心理描写，把他的可怜之处生动地呈现出来。第二是文中对比手法的运用。“一车炭，千余斤”与“半匹红纱一丈绫”，“牛困人饥”与“翩翩两骑”，“衣正单”与“愿天寒”，还有卖炭翁和黄衣使者白衫儿的外貌对比，都突显了全诗的主旨。第三是诗中的留白之处也是十分巧妙的，给读者留下无限想象的空间。这也突出了《卖炭翁》古诗的体式特点。

## 二、分析学情确定教学点

八年级下学期的学生已经学了一定数量的文言文和古诗词了，且《卖炭翁》中也没有特别难理解的词句，他们已经能够在注释和工具书的帮助下，读懂该诗的大意了。在他们疏通文意之后，他们便能够很容易地感受到卖炭翁的可怜与宫使的丑恶行径。在一篇课文的教学中里，语文教师应该是要学生读懂上课之前读不懂的内容，“课文最需要理解

① 王荣生．文言文教学教什么[M]．上海：华东师范大学出版社，2014：24.

② 王荣生．文言文教学教什么[M]．上海：华东师范大学出版社，2014：28.

的地方往往是学生不会的地方”①。

文中写卖炭翁矛盾心理的句子“可怜身上衣正单，心忧炭贱愿天寒”是读懂故事的关键句。这句话让读者对卖炭翁的“可怜”之情达到了高潮，也为下文宫使的掠夺行径做了足够的铺垫，从而通过鲜明的对比反映“宫市”给百姓生活造成的极大危害。

作为一篇叙事诗，学生通过“章法考究处，炼字炼句处”具体地把握作者的“所言志，所载道”，就必须看到“可怜身上衣正单，心忧炭贱愿天寒”这句话的重要性，并能够理解文中的相关语句是怎样围绕这句话展开的。在此基础上，能够理解卖炭翁外貌和心理描写以及后面对比方法运用的文学意味，并能品味这句话“文学的情致”，即通过“满面尘灰烟火色，两鬓苍苍十指黑。卖炭得钱何所营？身上衣裳口中食”一系列的细节描写，表现了卖油翁的沧桑、磨难与可怜。与下文宫使的飞扬跋扈和野蛮掠夺相对比，更明确地体现了本诗的主旨。

## 三、依据教学点确定教学内容

那《卖炭翁》应该教什么呢？白居易写这篇古诗，目的在于采用民歌的方式，把“宫市”的事实陈述给皇帝看。从而揭露社会阴暗面，引起人们的注意，纠正社会政治经济生活中的不正之风。

作为讽喻诗，读懂这篇文章的关键是体会卖炭翁所代表的下层劳动人民所处的被剥削、被掠夺的处境，从而生发对劳动人民的同情之情。

因此，细读课文，首先要抓住卖炭翁外貌描写的句子，领会“可怜身上衣正单，心忧炭贱愿天寒”的含义；其次，比较对宫使的描述，领会作者讽喻的意味。这里可以设计这样一个问题，带领学生去讨论思考：假如你是皇帝，读了这首诗后，你觉得有趣吗？对管理朝政有哪些方面的启示呢？当然，文言文有一体四面的特点，读懂故事的讽喻意味后，还应品读文中留白部分的多层意蕴，如“牛困人饥日已高，市南门外泥中歇”“一车炭，千余斤，宫使驱将惜不得”的留白。体会卖炭翁从满怀希望到面对掠夺无可奈何的心理变化。

在教学中，老师应带着学生反复诵读品味这些句子，也可以用扩写或续写的方式让学生深入体会作者对劳动人民的同情。其中，“泥中歇”“惜不得”是品读的关键词。

由于文言文与现代汉语的词汇、语法系统有着比较大的区别，在教学中，学生能够读通课文是理解课文的基础，所谓读通课文，即学生能够读准字音，读好文中的语气、语调，把握好句子的停顿，这个时候就需要教师在诵读方法上的指导，这是读通课文的教学内容。除读通课文外，课文大意的理解也是很重要的，这可以通过转述故事的活动来教，教的是对词语、句子的理解，同时，在转述故事的过程中，学生对故事的脉络要有所把握，这还需要教会学生故事要素提取的方法。作为讽喻诗，读懂故事的讽喻意无疑是重中之

① 王荣生. 阅读教学教什么[M]. 上海：华东师范大学出版社，2006：37.

重，这就需要教师带着学生找到文中的关键句，并读懂关键句的用意。这个时候可设计批注阅读的活动，教的是品味精准语句的表达作用，学习刻画人物形象的方法。

## 第四部分　参考案例

### 教学目标

1.了解白居易及其创作缘由，反复诵读诗歌，做到熟读成诵。

2.学习抓住关键句批注诗歌的方法以及本文对矛盾心理的描写和对比手法的运用。

3.续写故事练习，体会作者对劳动人民的同情。

### 预习准备

1.为下列字注音。

薪（xīn）　鬓（bìn）　碾（niǎn）　翩（piān）　叱（chì）　骑（jì）

2.借助注释，写出下列词语的意思。

伐薪、苍苍、何所营、忧、贱、辗、市、歇、翩翩、骑、黄衣使者白衫儿、把、敕、叱、牵向北、系、直。

### 教学流程

#### 一、触“怜翁”之韵

导入：同学们，我们一起来读读这些名句——“在天愿作比翼鸟，在地愿为连理枝”“一道残阳铺水中，半江瑟瑟半江红”“日出江花红胜火，春来江水绿如蓝”“野火烧不尽，春风吹又生”“乱花渐欲人眼，浅草才能没马蹄”。这些名句都出自白居易。今天我们就一起来学习他的诗作《卖炭翁》。

1.介“怜翁”之衷

①介绍白居易及其生平。（见文本解读部分）

②介绍白居易的创作主张。（见文本解读部分）

③本诗创作背景。（见文本解读部分）

尽量让学生自己说，教师适当补充。

2.感“怜翁”之情

（屏显）读诗歌思考：

①用你喜欢的方式读课文一遍。

②原作题下有小序——“苦宫市也”，读诗思考，你认为何为“宫市”？作者为何写这个小序？

明确：所谓“宫市”，就是宫廷派宦官到市上去购买物品，任意勒索、掠夺。名为“宫市”，实际上是一种公开的掠夺，是一种极其残酷的剥削方式。

③请复述故事情节。

烧炭————运炭————抢炭

卖炭翁（烧炭、运炭）　　宫使（抢炭）

## 二、析“怜翁”之法

1.批“怜翁”之处

（屏显）

（1）有感情地朗读课文，找出直接表现作者情感的句子。（可怜身上衣正单，心忧炭贱愿天寒。）

（2）此句的关键词是：可怜。

（3）批注这首诗歌，看看作者用了哪些手法，分别从哪些方面刻画卖炭翁的可怜的？

（小组交流批注，推荐优秀批注在班级展示）

批注提示：

①可怜身上衣正单，心忧炭贱愿天寒。

（屏显）为什么“衣正单”，还要“愿天寒”？

明确：“衣单”总该盼天气暖和吧，可老人却“愿天寒”，希望天更冷些。因为老人知道：天暖，炭就贱了；天寒，炭价就会更高一些。为了炭价高一点，他宁愿自己受冻。写出了卖炭翁的困苦处境和矛盾心理。

②牛困人饥日已高，市南门外泥中歇。

（屏显）讨论：你认为老者“泥中歇”的时候在想什么？（请学生补写留白）

③翩翩两骑来是谁？黄衣使者白衫儿。

对比：牛困人饥——翩翩两骑；满面尘灰烟火色——黄衣使者白衫儿。

④手把文书口称敕，回车叱牛牵向北。

动作描写：形象逼真地写出了宫使们蛮横无理的强盗行径。

⑤一车炭，千余斤，宫使驱将惜不得。

心理描写：宫使赶着就要走，（老翁）舍不得也没有办法。

⑥半匹红纱一丈绫，系向牛头充炭直。

A.“直”同“值”，价钱、代价。

B.“半匹”“一丈”极言其少，与“千余斤”的炭形成强烈的反差。再说这些无用的纱、绫对卖炭翁来说，既不能充饥，又不能遮体。（运用对比手法写出卖炭翁一年的辛苦就这样付诸东流，满怀的希望就这样成了泡影。）

2.悟“怜翁”之深

再读诗歌思考：

(1)全文分别从哪些方面表达对“卖炭翁”的怜悯之情？请结合具体诗句说一说。

明确：

卖炭翁之老——两鬓苍苍十指黑

卖炭翁之穷——身上衣裳口中食

卖炭翁之苦——心忧炭贱愿天寒

卖炭翁之痛——宫使驱将惜不得

(2)作者怜悯的只是卖炭翁一个人的悲惨命运吗？

明确：不是，还怜悯像卖炭翁一样的穷苦劳动人民，他们和卖炭翁一样在“宫市”的欺诈交易中艰难地维持着生计，面对“宫市”的无情掠夺他们也只能默默忍受。

(3)除了怜悯外，你还能从诗中读出什么情感？

明确：恨。

(4)怜与恨是怎样表现出来的？

明确：对比手法。

卖炭翁　　　　　　　　宫使

牛困人饥————翩翩两骑

满面尘灰烟火色————黄衣使者白衫儿

宫使驱将惜不得————手把文书口称敕

一车炭，千余斤————半匹红纱一丈绫

怜　　　　　　　　　　恨

(5)在怜与恨中反映本诗怎样的主题？

明确：通过记叙卖炭翁的遭遇，揭露了宫市的弊端及带给劳动人民的不幸，同时也表现了作者对下层劳动人民的深切同情。

## 三、拓“怜翁”之系

1.续写古诗(300字)

当卖炭翁一车炭被抢，饿着肚子走回终南山时，又在想些什么呢？他往后的日子，又该怎样过呢？

2.完成1+X拓展阅读：杜甫《石壕吏》、韩愈《顺宗实录》。写600字读后感。

石壕吏

杜甫

暮投石壕村，有吏夜捉人。老翁逾墙走，老妇出门看。

吏呼一何怒！妇啼一何苦！听妇前致词：三男邺城戍。

一男附书至，二男新战死。存者且偷生，死者长已矣！
室中更无人，惟有乳下孙。有孙母未去，出入无完裙。
老妪力虽衰，请从吏夜归。急应河阳役，犹得备晨炊。
夜久语声绝，如闻泣幽咽。天明登前途，独与老翁别。

尝有农夫以驴负柴至城卖，遇宦者称“宫市”取之，才与绢数尺。又就索门户，仍邀以驴送至内（宫中）。农夫涕泣，以所得绢付之。（宦者）不肯受，曰：“须汝驴送柴至内。”农夫曰：“我有父母妻子，待此然后食，今以柴与汝，不取值而归，汝尚不肯，我有死而已。”遂殴宦者。街吏擒以闻。诏黜（贬斥）此宦者，而赐农夫绢十匹。然“宫市”亦不为之改易。

——韩愈《顺宗实录》

## 板书设计

卖炭翁
白居易

卖炭翁 | 宫使
牛困人饥——对比——翩翩两骑
满面尘灰烟火色——对比——黄衣使者白衫儿
宫使驱将惜不得——对比——手把文书口称敕
一车炭，千余斤——对比——半匹红纱一丈绫
怜 | 恨

对劳动人民的深切同情